반자유주의의 해부
왜 그들은 자유주의를 싫어하나?

반자유주의의 해부
왜 그들은 자유주의를 싫어하나?

2025년 5월 5일 초판 인쇄
2025년 5월 10일 초판 발행

지은이 | 민경국
펴낸이 | 이찬규
펴낸곳 | 북코리아
등록번호 | 제03-01240호
주소 | 13209 경기도 성남시 중원구 사기막골로45번길 14
　　　우림2차 A동 1007호
전화 | 02-704-7840
팩스 | 02-704-7848
이메일 | ibookorea@naver.com
홈페이지 | www.북코리아.kr
ISBN | 979-11-94299-41-7(93320)

값 25,000원

The Anatomy of Anti-Liberalism

왜
그들은
자유주의를
싫어하나?

반자유주의의 해부

민경국
지음

북코
리아

머리말

> "오로지 물리학만을 하는 물리학자는 1급 물리학자가 될 수 있고 사회의 가장 가치 있는 구성원이 될 수 있다. 그러나 누구든 오로지 경제학만을 하는 경제학자는 결코 훌륭한 경제학자가 될 수 없다. (중략) 경제학만을 하는 경제학자는 사회의 골칫거리가 되거나 아니면 사회에 해를 끼치는 사람이 될 뿐이다."(Hayek, 1966: 123)[1]

이 책은 자유주의의 이론적·철학적 토대를 비판하는 반(反)자유주의를 해부(解剖)하여 그런 비판의 잘잘못을 가려내고 이로써 진짜 자유주의란 무엇인가를 보여주어 자유주의를 싫어하는 사람들을 계몽하기 위한 것이다. 자유주의라는 이념은 예를 들면 공리주의, 자연권론, 사회계약론, 칸트의 윤리학, 진화사상 등 하나로 통합할 수 없을 만큼 다양하고 이질적이다. 나는 오늘날 자유와 자유주의는 심각한 위험에 처해 있다고 믿는다. 자유와 자유주의를 주장하는 사람들을 정신 나간 사람, 시대착

---

[1] 본문의 인용된 문단 바로 앞에서 하이에크(Friedrich von Hayek)는 이렇게 말했다. "다른 분야의 교육을 희생하고 생리학이나 혹은 화학 분야에 집중하여 생리학자나 혹은 화학자가 되겠다고 결정한다고 해도 그는 훌륭한 화학자, 생리학자가 될 수 있을 것이다. 그러나 사회를 연구할 때 하나의 특화된 영역에만 집중하는 것은 치명적으로 해롭다. 그렇게 하면 매력적인 동료나 훌륭한 시민이 될 수 없을 뿐만 아니라 우리가 적절한 분야에서 혹은 적어도 우리가 수행해야 할 가장 중요한 과제들 가운데 대부분을 위해서 발휘할 능력을 훼손한다."(Hayek, 1966: 122-123)

오적 인간이라고 비아냥거리기도 하고 극우(極右)라고 매도하기도 한다.
자유주의에 대한 비판점을 정치철학자 장동진은 이렇게 요약·표현하고
있다.

> "자유주의가 개인주의, 무한정 경쟁, 불평등을 정당화하여 사회
> 적 화합과 공동선의 추구를 훼손한다. 특히 이런 관점은 자유시장
> 논리와 연결하여 이해한다. 즉, 자유주의는 현실적으로 시장 기제
> 를 통해 무한 경쟁을 유발하고 사회경제적 불평등을 배태하며, 사
> 회경제적 약자들을 보호할 장치를 결여하고 있어, 기본적인 사회
> 안정성을 확보하기가 어렵다는 것이다."(장동진, 2006: 108)

그 같은 반자유주의적 비판은 일시적인 유행은 아니다. 존 로크의
국가철학이 등장한 이래 그런 비판은 반복적으로 등장하는 서구적 정치
문화의 특징이다. 그렇다고 이 책이 반자유주의의 역사적 전개 과정을 제
시하는 데 목적이 있는 것은 아니다. 20세기 후반에 생성하여 21세기에
도 자유주의에 대해 변함없이 가혹한 비판으로 사람들에게 매력적인 인
상을 주고 있는 듯이 보이는 반자유주의의 정치·철학적 패러다임들에
관한 분석이다. 이 책에서 다룰 반자유주의적 패러다임은 다음과 같다.
   첫째, '현재 상황'의 급진적 개혁과 변화를 수용하는 것이 옳은가?
개혁과 변화의 속도를 줄이거나 제한해서 현재 상태를 지켜야 한다고 목
소리를 높이는 이념이 보수주의다. 그런 목소리는 개혁과 변화에 대한 두
려움과 새로운 것에 대한 불신에서 나온다. 보수주의는 추상적이라는 이
유로 상상에 따른 사회이론과 원칙의 수용을 혐오하는 보수주의는 수많
은 사람의 노력을 자유시장 스스로가 조정할 수 있다는 사회이론도 믿기
어렵다고 한다. 그런데 보수주의가 지향하는 사회는 귀족사회, 오늘날 엘
리트가 지배하는 사회'다.

둘째, 우리는 현대의 자본주의가 불러오는 불평등 수준을 참고 내버려두어야 하는가? 20세기 가장 큰 영향을 미친 철학자로 알려진 존 롤스(John Rawls)는 그런 문제를 해결할 정의론을 제공했다. 그는 서민층의 삶을 돌보지 않는 자유사회는 심각한 불의를 저지르고 있다고 설파하면서 경제적 자유를 제약해서라도 공정한 기회의 평등을 실현하고 서민층에게 유리한 방향으로 작동하도록 소득과 재산의 불평등을 관리해야 한다고 주장했다.

셋째, 자유주의는 '간섭이 없는 상태'로서의 자유를 최고의 가치로 여기는 체제이지만 이런 체제는 독재자 또는 주인의 아량이 넓어 일일이 간섭받지 않는 노예를 자유인이라고 본다고 비판한다. 그런 자유라는 개념을 '지배가 없는 상태'로 바꿔야 한다고 주장하면서 등장한 공화주의는 시장경제의 중요한 가치 가운데 하나인 자발적 합의의 도덕적 가치를 부인한다. 시장경제는 강자가 약자를 지배할 수 있게 하는 구조적 취약점이 있다는 이유에서라고 한다.

넷째, 자유주의가 추구하는 개인의 자유를 문제시하며 그 대안으로 자율을 제안하면서 등장한 게 자율론이다. 그런 자유에 맡길 때는 개인의 자율성을 높이는 복지, 문화 그리고 과학과 같은 극히 중요한 재화의 산출이 불충분하거나 전혀 산출될 수 없고 그래서 사람들의 다양한 노력의 조정은 불완전하게 된다고 자율론의 지지자들은 목소리를 높인다. 자유주의에 대한 그런 비판이 옳은가? 자율성이라는 가치가 자유라는 가치의 대안이 될 수 있는가? 개인의 자율성이라는 가치를 위해 국가가 개인의 자유를 침해할 할 때 오히려 그 가치를 악화시킬 뿐이 아닌가?

다섯째, 자유사회가 전적으로 독립적인 원자적, 그래서 물리적·심리적으로 고립된 인간들이 사는 사회라고 보면서 그런 사회가 도대체 어떻게 안정적인 공동체가 될 수 있는가? 이 문제에 대한 분석 틀을 제공하는 것이 마이클 샌델(Michael Sandel), 알래스데어 매킨타이어(Alasdair

MacIntyre) 등이 제공한 공동체주의다. 이들은 자유사회는 그런 '원자적 인간들'을 사회적으로 통합하는 힘이 없기에 인간의 소외, 사회적 갈등, 범죄의 증가, 공동체의 파괴 등으로 사회가 붕괴한다고 설파하면서 원자적 인간 대신에 '공동체'의 공동선에 얽매인 '사회적 인간'이 사는 사회체제로 전환해야 한다고 주장한다.[2]

　　자유주의에 대한 다양한 비판적 패러다임들의 활발한 활동은 2008년 미국발 금융위기 이후 더욱 강력해졌다. 1991년 저서의 제목으로 표현했듯이, 프랜시스 후쿠야마(Francis Fukuyama)의 '역사의 종언'이라는 선언이 있었지만[3] 그 후에 전개된 이념적 그리고 실천적 세상을 본다면, 유감스럽게도 그의 예상과는 다르게 자유사회가 아닌 '리바이어던'과 같이 자유를 억압하는 다른 방향으로 굴러가고 있다는 것을 어렵지 않게 알 수 있다.[4] 오히려 자유주의에 대한 비판은 시민들의 마음을 끌 만큼 더욱 매력적이었고 현실의 정치로부터도 강력한 힘을 받고 있다.

　　그렇다고 한다면, 다음과 같은 질문을 할 수 있다. 반자유주의들이 지적한 바와 같이, 자유주의에는 개인들의 상호작용이 벌어지는 사회의 전체영역을 파악하는 고유한 방법에 치명적 결함이 고질적으로 내재한 것이 아닌가? 간단히 말해 자유주의에는 반자유주의자들이 싫어하는 고질적인 원인이 있는 게 아닌가? 바꾸어 말한다면, 반(反)자유주의가 사회

---

2)　그 밖에도 기본소득론, 숙의민주주의가 있다. 이런 이념을 다루었지만 마지막 편집에서 제외하기로 마음먹었다. 그 일부는 이미 다른 장소에서 다루었기 때문이다. 특히 숙의민주주의에 관해서는 민경국(2016: 120-142)을 참조.

3)　1989년 옛 소련과 동유럽 사회주의가 붕괴한 직후, 후쿠야마는 1991년 『역사의 종언』에서 정치적으로 자유민주주의가 그리고 경제적으로는 시장경제가 승리했다는 의미에서 사회주의와의 이념전쟁은 끝났다고 선언했다.

4)　1986년 노벨경제학상을 받은 제임스 뷰캐넌(James Buchanan)은 생산수단의 사적 수단을 전면적으로 허용하지 않는 관리사회주의(managerial socialism)는 소멸했지만, 분배사회주의 등을 비롯한 다양한 사회주의적 또는 보수주의적 정책이 허용된 리바이어던은 아직도 계속 살아가고 있다고 한다(Buchanan, 1992).

전체를 바라보는 방법에는 시민들에게 매력적인 진실이 잠재해 있는 것이 아닌가? 만약 그게 사실이라고 한다면 자유사회는 어떤 형태로든 정당화될 수가 없고 따라서 자유주의자들은 이념적 허무주의[5]에 빠질 것이 아닌가?

반자유주의를 분석하여 그런 문제를 해결하는 데 목적을 두고 쓴 것이다. 따라서 우선 제1부에서 자유주의란 무엇인가의 문제를 다루는 것이 필요한 것 같다. 두 가지 이유 때문이다. 첫째로 반자유주의적 패러다임처럼, 자유주의 패러다임도 한 가지만 존재하는 것이 아니라, 매우 다양하다는 이유에서다. 둘째로 반자유주의가 비판의 대상으로 여기는 자유주의 패러다임들 가운데 반자유주의적 비판이 적용될 수 없는 패러다임이 있음에도 불구하고 이런 자유주의를 제쳐놓고 나머지 자유주의를 비판한다면, 그런 비판은 설득력이 없기 때문이다. 그들이 비판의 대상에서 제외한 자유주의는 진화사상을 기초로 하는 자유주의이다. 따라서 진화사상의 관점에서 반자유주의적 패러다임들을 다음과 같이 검토할 것이다. 제2부에서는 자유사회의 변화와 개혁을 싫어하는 보수주의를, 이어서 제3부에서 자유사회에서 고질적으로 야기되는 분배의 불평등을 비판하는 롤스의 정의론을, 그리고 제4부에서 자유주의가 최고의 가치라고 여기는 개인적 자유를 비판하는 공화주의를 해부할 것이다. 이어서 마찬가지 관점에서 자본주의적 사회는 개인의 자율성을 극도로 제한한다고 비판하는 자율론을(제5부), 그리고 이기적·원자주의적 인간을 주축으로 하는 자유사회에는 공동체적 마인드가 없고 그래서 사회는 응집력이 없다고 비판하는 공동체주의(제6부)를 다룰 것이다.

이런 분석을 통해서 진화사상에 기초를 둔 자유주의(이하 진화사상 또는 진화론적 자유주의)야말로 자유주의에 대한 반자유주의적 시각이 잘못되었

---

5) 이념적 허무주의란 지금까지 인간을 지배했던 최고의 가치가 무의미해진 상태 그리고 그 상태를 극복할 새로운 가치도 도래하지 않은 진공상태를 의미한다.

다는, 그래서 반자유주의적 패러다임들은 진화사상에 대한 대안이 될 수 없다는 것이 여실히 드러난다. 따라서 마지막 제7부에서는 진화사상은 자유 사회를 보는 매우 현실적인 관점이라는 그리고 그런 사상이 자유주의를 위해 전도유망한 패러다임이라는 점을 보여주기 위해 진화론적 자유주의의 이론적 그리고 정책적 원칙을 종합하여 체계화할 것이다.

CONTENTS

V 자율과 자유주의   277

VI 공동체주의와 자유주의　　　　　　　　　339

I

자유주의란
무엇인가?

"나는 기득권의 힘이 사상의 점진적인 침투와 비교해서
지나치게 과장되었다고 믿는다. (중략)
선이든 악이든 결국 위험한 것은 기득권이 아니라 이념이다."

Keynes, 1938: 384

"장기적인 관점에서 자유주의자의 임무를 조망해야 한다.
자유사회가 보존되거나 회복돼야 한다면,
확산되어야 할 대상은 특정한 순간에 실행 가능한
이해관계가 아니라 바로 이념이다."

Hayek, 1997: 163

1.
자유주의의 다양성

　　모든 자유주의자는 개인의 자유와 선택에 우선성을 부여하는 데 동의한다. 우리는 이로써 자유주의를 사회주의, 공동체주의, 공산주의, 파시즘, 나치즘, 권위주의적 집단주의, 민족주의 등의 다양한 브랜드와 구별한다. 그러나 자유주의 진영에서도 반자유주의 진영만큼 매우 다양한 패러다임이 서로 경쟁하고 있다. 예를 들면 뷰캐넌의 사회계약론, 존 로크, 로버트 노직(Robert Nozick), 머리 로스바드(Murray Rothbard)의 자연권 사상, 칸트의 정언명령, 그리고 데이비드 흄, 애덤 스미스, 하이에크 등의 진화사상 등이다. 반자유주의가 어떻게 이들을 비판하는가를 알기 위해서 그들의 핵심주제를 설명할 것이다.

1) 자연권 사상

　　자연권 이론은 인간을 권리 담지자(right-holder)로 본다. 개인의 권리와 이에 따른 도덕규칙은 사회 이전에 이미 주어져 있고 그런 권리는 순수 이성을 통해서 찾아낼 수 있다고 한다. 그런 권리로부터 자유와 법을 도출한다. 존 로크, 로버트 노직, 머리 로스바드 등이 자연권 교리의 대표주자다. 이들은 모두 자연권을 기반으로 하여 자유주의를 개발한 사상가들이다. '자연권'이란 사회와 국가가 존재하기 전부터, 다시 말하면 인간들이 태어날 때부터 지니고 있다고 믿는 권리, 그래서 천부인권이다. 자유, 재산, 생명, 건강 등이 자연권이다. 인간은 타인들의 권리를 침해해서는 안 될 의무가 있다. 침해하지 않는 범위 내에서 인간은 자유로이 자신의 권리를 행사할 수 있다. 이런 이론을 권리 이론적 자유주의 또는 리버태리언니즘(libertarianism)이라고 부른다.[1]

자연권 교리가 전제하는 자연상태는 홉스(Thomas Hobbes)가 전제한 것처럼 그렇게 먹고 먹히는 야생의 정글이 아니다. 정부가 없는 상태일 뿐, 극히 혼란 상태는 아니다. 사람들이 자연법에 예속되어 있다. 자연법이란 신이 부여한, 그러나 이성에 의해서 발견할 수 있는 도덕 규칙이다. 이는 누구도 남의 생명, 건강, 자유, 재산에 피해를 주어서는 안 된다는 규칙이다. 국가의 존재 이유는 개인의 권리를 설정하기 위해서가 아니다. 하늘이나 신으로부터 이미 주어진 권리를 보호하기 위해서다. 법과 정의는 통치자 또는 입법자의 산물이 아니라 자연권에서 도출된 것이다. 법과 정의를 국가의 함수로 여기는 법실증주의와는 달리 그것들을 자연권의 함수로 여긴다. 자연권이 국가권력을 제한하는 역할을 한다. 자유와 재산권을 무시하거나 억압하는 통치자는 부도덕하다. 시장을 경제적 번영과 같은 결과로 이해하기보다 윤리적으로 이해하는 것이 자연권론의 장점이다.

자연권론의 개척자로서 오늘날에도 그 탁월성을 인정받고 있는 로크는 자연권을 유린하는 통치 권력에 대해 시민들은 복종할 의무도 없으며, 오히려 그런 통치자에 대한 저항이 자연권이라고 선언했다. 어떤 정부도 무구한 시민들의 소유를 약탈하거나 재분배할 윤리적 권리가 없다는 것이다. 국가가 없으면 여러 가지 이유로 사람들에게 불편하다. 그래

---

[1] 모든 문제를 권리와 관련하여 바라본다. 예를 들면 왜 국가의 간섭이 나쁘냐고 묻는다면, 그것은 사람들이 X를 할 권리를 침해하기 때문이라고 한다. 이런 자유주의에서는 일단 개인의 권리가 정당하다면, 국가의 간섭은 이런 권리를 침해하기 때문에 당연히 그것은 나쁘다고 주장한다.

서 자연권을 집행할 권한을 부여받은 조직이 필요하다는 것이 로크의 생각이다. 번영을 위해서 국가가 집행할 것은 정의인데, 이는 사적 소유의 인정이 없이는 존재할 수 없다. "소유가 없는 곳에는 정의도 없다"라고 로크가 말했던 것도 그런 연유다.

20세기 중반 이후 미국을 비롯한 서구사회는 고용, 노후, 건강, 복지 등의 문제를 비롯하여 소수파의 삶을 국가가 책임지는 복지확대로 국가 권력은 점점 더 커졌다. 우리에게 요구하는 세금도 더욱더 높아졌고 우리의 자유도 점차 줄어들었다. 노직은 자유·재산·생명 보호만을 과제로 하는 최소국가를 정당화했다. 그의 이론적 특성은 첫째로 사회계약론 대신에 애덤 스미스 전통의 '보이지 않는 손'을 통해서 최소국가의 등장을 설명했다는, 그리고 둘째로 권리의 존재를 신이 아니라 개인의 자율성으로 정당화하고 있다는 점이다. 노직의 국가론이 돋보이는 것은 국가가 어떻게 생성되는가의 문제를 다루었다는 점이다. 다른 모든 국가론은 국가의 존재 이유를 국가의 필요성에서 찾기 때문이다.

흥미로운 것은 노직의 분배 정의다. 습득과 이전(移轉)의 원칙에 합당하게 재화를 소유하고 있는 사람은 자신의 소유물에 대한 정당한 권리를 갖는다. 개인들의 행동이 정의롭다면 이로부터 생겨나는 분배는 정의롭다. 이는 노직의 의무론적 개인주의로부터 나온 것이다. 노직의 유토피아적인 개인주의는 시장관계에 대한 불개입 원칙과 절차적 정의로 구현된다. 정의를 통해서 보호하는 것이 계약의 자유와 재산권이다.

2) 칸트의 윤리학

칸트는 순수이성을 통해서 자유사회의 도덕적 원리를 개발한 사상가다. 인간 이성은 제일의 원리를 찾아서 자유와 번영을 기약하는 사회질서를 설계할 수 있는 능력이다. 이런 믿음은 앞에서 설명한 자연권 이론과도 맥을 같이한다. 그가 자본주의 윤리에 대한 이해를 위해 제공한 틀이 정언명령이다. 정언명령의 프레임은 인간들의 상호작용 경험과 관찰이 아닌 개별 인간의 이성을 통해 도덕규칙 시스템 전체를 의도적으로 계획할 수 있다는 전제에서 출발하는 합리주의적 도덕론이다. 행동목표, 동기와 전적으로 독립적인 도덕만이 정당하다는 논리다. 예를 들면, 형무소에 갇혀 사는 게 제아무리 좋다고 해도 타인을 살해해서는 안 된다. 즉 살인 행위를 절대적으로 금지하는 행위준칙이 정언명령을 충족하는 것이다. 복지 또는 분배와 같은 특정한 목적을 달성하기 위해 시장을 규제하려는 간섭주의를 칸트가 반박하는 이유다.

정언명령은 복지를 중시하는 호의, 즉 이타심과 같은 동기로부터 발생하는 행동과도 관련이 없다.[2] 칸트는 정언명령에 의존하여 우리가 무엇을 해서는 안 되는가와 같은 '소극적' 의무, 즉 타인에 대해 특정한 행동을 해서는 안 될 의무의 윤리를 개발하여 법과 법의 지배를 확립하려고 했다. 이로써 칸트에게 타인에 대한 이타적 행위를 의무로 만드는 것은 법의 역할이 아니다. 공리주의처럼 행복과 같은 실현할 목적은 보편적 실현 가능성 테스트를 이겨낼 수 없다. 하지만 정언명령은 자명한 공준으로부터 도출된 것이 아니다. 그래서 정언명령에 관한 설명은 정언명령의 도출과정보다는 보편성에 관한 설명으로 가득 차 있다.[3] 칸트에게 법의 보

---

2) 미제스(Ludwig von Mises)는 칸트의 선의지(good will)를 복지선동가들이 좋아하는 이타심으로 이해하고 있다(Mises, 2010: 1638). 칸트에 대한 그 같은 오해는 미국의 여류 리버태리언인 에인 랜드(Ayn Rand)에게서도 발견할 수 있는데, 그는 칸트를 타인을 위해 희생하는 것이 바람직한 행동이라고 주장하는 이타주의자로 해석했다. 선의지로부터 정의를 도출하는 파시즘의 선구자요 인류 역사상 최악의 인간이라고까지 비판했다. 이런 해석을 통해서 에인 랜드는 칸트를 고전적 자유주의의 대열에서 분리했다. 그 결과, 미국의 자유주의자들이 한때는 칸트사상에 접근하기를 꺼려했다.

3) 예를 들어 보편화 가능성을 설명하자. 돈을 갚겠다고 거짓 약속하는 것이 도덕적으로 옳으냐? 다른 사람들도 나같이 거짓으로 약속한다면 다시 말하면 거짓 약속이 보편적 규칙이 된다면 약속 자체가 불가능하다. 이같이 특정한 행동을 보편적으로 적용할 경우 행위자 자신

편성은 나라를 다스리는 데 법치국가가 행해야 할 중요한 법의 성격이다. 그도 역시 리버태리언들과 똑같이 최소국가, 즉 자유와 재산을 보호하는 과제에 치중하는 보호 국가의 역할을 중시했다. 이런 역할을 그가 '법치국가(Rechtstaat)'라고 명명한 국가의 역할로 여겼다.

칸트는 그런 법을 통해 확립된 자유만을 타고난 유일한 자연권으로 인정했다. 자유는 멋대로 행동해도 좋다는 것을 의미하는 방종이 아니다. 한 사람의 자유권의 행사가 타인들의 자유와 충돌한다. 조용한 휴식을 즐기는 주택가나 평화로운 거래로 분주한 상가(商街)에서 시위하는 행위는 타인의 존엄을 무시하는 행위다. 시위의 자유는 무제한일 수 없다. 그런 자유는 모든 사람의 자유와 공존할 수 없기 때문이다. 모든 사람의 자유권 행사가 합일될 수 있도록 하는 것, 다시 말하면 모든 개인의 자유와 존엄을 차별 없이 보호하는 것, 이것이 법의 역할이다. 소득분배, 중소상공인 지원 등 특정한 목적을 달성하기 위한 법은 법이 아니다.

나라다운 나라는 첫째로 누구나 차별받지 않고 동등한 자유 속에서 사는 나라다. 칸트에게 있어서 예외를 인정하여 특혜를 부여하는 사회, 내로남불(내가 하면 로맨스이고 남이 하면 불륜이라는 뜻), 전관예우, 유전무죄-무전유죄 같은 차별과 예외를 인정하는 나라는 불의의 나라다. 둘째로 인간을 수단만이 아니라 목적 자체로 대우하지 않는 나라는 나라답지 못하다. 국가가 왜 필요한가! 시민사회에서만이 네 것 내 것에 대한 분쟁해결이 가능하고 분쟁에서 사람들이 소유권을 인정하지 않으면 자연상태가 지배한다는 이유에서다. 그래서 시민적 헌정체제, 즉 법치국가에 들어가도록 강요해야 한다는 것이 칸트의 인식이다.

에게 그 피해가 발생하여 결국 그런 행동은 모순이 발생한다. 정언명령이란 보편화 가능성을 논리적으로 테스트하기 위한 도구다. 정언명령에 관한 자세한 설명은 민경국(2018: 152-165)을 참조.

3) 공리주의

　　공리주의에서 중요한 것은 효용개념이다. 이는 알려진 목표들을 위한 수단의 유용성을 의미하는데, 이 유용성을 '효용'이나 '쾌락'이라는 용어로 표현한다. 벤담과 그의 학파는 효용을 극대화하는 이기적이고 합리적인 인간의 관점에서 행동 또는 규칙이 초래할 쾌락과 고통을 계산하여 그 행동(행동 공리주의) 또는 규칙(규칙 공리주의)의 적정성을 판단한다. 특정 종류의 자유주의자들은 공리주의 교리를 고수하여 사회복지를 '극대화'하는 데 맞춰 비용-편익 계산을 수행한다. 제러미 벤담(Jeremy Bentham)에게서 영감을 받은 그런 사고방식은 존 스튜어트 밀을 거쳤으며 경제학의 신고전주의적 복지 경제학의 핵심적인 내용이다.[4]

　　이와 같은 공리주의를 비롯하여 앞에서 설명한 자연권 사상, 정언명령 등 합리주의적 자유주의는 인간 이성에 대한 무한한 신뢰로 현실에 정면으로 맞서는 야심에 찬 이론적 장치다. 그런 합리주의는 자연과 사회에 독립적으로 존재하는 정신이라는 개념과 밀접하게 연관되어 있다. '자아' 또는 '나'는 외부적 혹은 물리적 영향에서 완전히 차단되어 독립적으로 존재할 수 있다는 데카르트적 이원론의 믿음이다. 이런 믿음에 따라 인간은 사회와는 완전히 독립으로 개발된 이성을 통해 사회 전체의 도덕 시스템 또는 문화를 만들어낼 수 있다는 프랑스 계몽사상의 견해가 생겨난 것이다. 이런 지나친 야심은 합리주의적 자유주의 개발에만 그친 것이 아니었다. 마찬가지로 프랑스 계몽사상에서 비롯된 반자유주의적 패러다임에 속하는 사회주의와 전체주의적 교리에도 강력한 영향을 미쳤다. 그들은 합리주의적 반자유주의의 등장을 조장했다. 역사, 자연법, 사회계약론은 루소, 마르크스, 콩트(Auguste Comte) 등이 집단주의 이론을 세우는 데 큰

---

4)　공리주의와 신고전파 경제학은 원래 자유주의에 포함될 수 없다. 그러나 반자유주의자들이 그것들을 자유주의로 취급하기 때문에 편의상 이 책에서는 자유주의에 포함하여 다룰 것이다.

효과를 발휘했다. 현실과 거리가 먼 추상적인 것은 지적인 마음을 매혹하지만, 그 결과는 인류에게 치명적일 수 있다. 마르크스와 루소의 사상을 실제로 실현했던 결과로부터 우리는 그런 역사적 사실을 충분히 경험할 수 있다. 그런 경험에도 불구하고 한국 사회에서는 계몽주의라고 말하면 이를 프랑스 계몽주의만을 의미하고 이와는 전혀 다른 인식론에서 출발하는 스코틀랜드 계몽주의를 모르거나 아니면 똑같은 것으로 취급하고 있다는 것은 매우 유감스럽고 슬픈 일이다.

4) 진화사상: 진화와 자생적 질서

앞에서 설명한 자연권 사상, 칸트의 윤리학, 공리주의, 그리고 사회계약론은 인간은 타고난 이성을 통해 사회 전체의 도덕 시스템 또는 문화를 만들어낼 수 있다는 구성주의적 견해를 한결같이 깔고 있는 프랑스 계몽사상에서 비롯된 자유주의다. 이에 반해 데이비드 흄, 애덤 스미스 그리고 하이에크 등 스코틀랜드 계몽철학자들은 인간이성에 대해 매우 회의적이었다. 인간들은 그런 제도들을 계획하여 인위적으로 만들 수 있는 지적 능력이 없다는 것이다. 스코틀랜드 계몽사상가들이 진화사상을 통해 인간들의 상호작용이 벌어지는 거대한 열린 사회에 접근하려고 했던 이유다.[5] 예의범절, 직업윤리, 종교윤리, 화폐, 시장, 상관행·관습, 약속 이행, 인격·소유 존중 등 인간들의 상호작용을 안내하여 그들의 삶에 유익하게 작용하는 제도들은 수많은 세대가 겪은 경험들의 시행과 착오 과

---

5)   나는 하이에크를 따라 스코틀랜드 전통의 계몽사상을 '진화론적 합리주의'라고, 그리고 프랑스 전통의 계몽사상을 '구성주의적 합리주의'라고 명명하여 한국에서 최초로 두 가지 계몽주의를 소개했다(민경국, 2000: 131-156). 내가 소개하기 전에는 스코틀랜드 계몽주의가 있다는 사실조차도 한국학계에는 알려지지 않은 것 같다. 알려져 있었던 것은 오로지 프랑스혁명은 루소, 로크 등의 계몽사상으로부터 영향을 받은 것이라는 사실뿐이었다.

정을 통해 의도하지 않게 생겨난 결과, 즉 진화적 결과로 이해한다. 진화 사상가들은 개별적인 인간 이성에 대한 믿음 대신에 사회적 과정을 믿었던 것은 그런 제도들이 수많은 세대를 거치는 동안 인간들이 겪은 경험과 지식을 반영한다는 이유 때문이다. 행동규칙들은 '지식의 저장고'라 말하는 것은 그래서다. 그리고 그런 지식은 오랜 사용으로 보증된 지식이다(Kasper & Streit, 1998: 192). 그와 같은 지식으로 뭉쳐진 행동규칙들이 존재하기 때문에 사람들끼리 서로의 행동에 대한 기대의 형성이 가능하고 개인들은 타인들과 교환관계를 가질 수 있다. 이로써 행동들이 자생적으로 상호 조정된다. 이같이 자생적으로 조정되는 질서가 행동질서다.

여기에서 우리는 이를 게임에 비유하여 게임규칙과 게임 자체를 구분하는 것처럼, 행동규칙과 행동질서를 구분할 수 있다. 행동질서의 결과는 지식의 축적, 소득, 고용, 생산성 등 풍요로운 번영뿐만 아니라 인구의 증가를 의미한다. 그런데 그런 자생적 질서의 기초가 되는 행동규칙들은 인간 이성에 의해 계획해서 만든 게 아니라 진화적 선별과정을 통해서 확산한 것이다. 문화적 진화의 특성으로서 그룹선별이 중시된다. 행동규범들이 선별되고 확산했던 것은 이들을 지켰던 그룹들이 다른 그룹들보다 더 번창하고 성장했다는 사실 때문이다(Hayek, 2018: 55).

문화적 진화는 수용한 관행들과 도덕규범들로부터 개인들이 얻는 편익이 아니라 그룹들이 얻은 편익을 통해 조종되는 여과 과정으로 인식한다. 행동규범들이 살아서 확산했던 것은 이들을 실시한 그룹들이 그렇지 않았던 그룹보다 성공적이었고, 그래서 이 후자의 그룹들을 흡수했기 때문이다. 이때 성공 기준은 '행동질서'의 효율성인데 이는 지식의 축적, 고용 생산성과 번영이다. 행동질서의 효율성을 말하는 그런 요소들은 그룹의 존립에 매우 중요하다.[6] 그런 편익을 주는 행동규칙이 선택되는 과

---

6) 행동규칙의 생성과 변동은 두 가지 차원의 상호작용의 의도하지 않은 결과다. 첫째로 규칙에 따르는 행동과, 둘째로 이런 행동을 통해서 형성되는 포괄적인 행동질서. 펠트만(H.

정은 장구한 역사 속에서 이루어지는 시행과 착오 과정이다. 이 과정에서 선택되는 규칙들이 왜 효율적이고 도태된 것들이 어떤 성격이었는가를 그 과정 속에 사는 사람들은 알 필요가 없다.

흥미로운 것은 문화적 진화의 그룹 선별과정에서 형성되는 행동규칙의 성격이다. 인구가 증가하고 사회의 규모가 커지면서 행동규칙들은 점차 추상화되고 보편화된다. 특정한 목적을 달성하기 위한 명령이나 지시 등이 점차 사라졌다. 금지나 터부가 제거되거나 철폐되었다. 이로써 점차 개인들의 사적 영역이 넓어지면서 그들은 타인들이나 그룹의 침해로부터 점차 더 많이 보호되고 개인의 자유가 펼쳐지면서 문명이 발전될 수 있었다. 근원적으로 새로이 등장한 것은 개인의 재산권 제한 철폐, 계약이행 의무, 동종 사업들의 경쟁, 다양한 가격 차이의 도입, 이자를 받고 돈을 빌려주는 제도 등이다(Hayek, 2018: 712).

그런 제도는 처음에는 관습에 어긋나는 금기의 대상이었다. 관습을 어기고 새길을 개척한 사람들은 자신에게 이익이 되기 때문에 그렇게 한 것인데 의도치 않게 수많은 사람에게도 이익이 되는 시장질서의 거대 사회로 펼쳐지는 초석을 세웠다. 문화적 진화는 구체적 행동규칙을 추상화하여 보편적 행동규칙으로 변화하는 과정이다. 그런 성격이야말로 시장에서 자생적으로 질서가 형성될 조건으로서 법이 갖추어야 할 성격이다. 자유, 정의로운 행동규칙, 사법(private law), 법의 지배 등 자유사회의 기초가 되는 제도들은 인위적으로 계획해서 만든 것이 아니라 자생적으로 생성된 것, 즉 문화적 진화의 선물이다.

Feldmann)은 이 두 가지의 상호작용과 관련하여 다음과 같이 주장했다. "행동질서는 행동규칙들이 얼마나 잘 환경에 적응되어 있는가, 그리고 그룹구성원들에게 사회 전체에 분산된 지식의 효율적 이용을 어느 정도로 가능하게 하는가의 여부에 좌우되어 효율적으로 부의 증가를 가져올 수 있다. 행동질서가 다른 그룹의 그것보다 상대적으로 더 효율적이면 그 구성원들은 자신들의 욕구를 더 잘 충족하여 인구 증식의 기회가 클 것이다. 동일한 이유로 다른 그룹의 구성원들도 이에 매력을 갖고 그 그룹에 동참할 것이다. 그래서 그 그룹은 다른 그룹보다 더 빨리 성장할 것이다."(Feldmann, 2005: 16)

2.
자유주의와 관련된 몇 가지 개념적 오해

　　인간은 말을 한다. 언어는 생각이나 느낌을 음성이나 문자 등으로 전달하는 수단이다. 시장과 함께 언어는 하이에크의 유명한 '자생적 질서'의 전형적인 예다. 언어의 생성으로 추상적 사고능력도 생겨난 것이다. 정치사상, 경제사상이 생겨난 것도 언어가 가져다준 사고능력 때문이다. 언어가 생산적인 소통역할을 수행할 수 있으려면 언어는 그 의미가 분명해야 한다. 특히 사상적 언어는 중요한 정치적 귀결을 함축하고 있기 때문이다.

　　하이에크가 1988년 유명한 『치명적 자만』에서 "만일 말이 옳지 않으면 (중략) 국민은 손발을 둘 곳이 없어진다"라는 공자(孔子)의 말을 인용하여 어휘의 정확한 의미의 중요성을 강조하듯이, 말이 의미를 잃게 되면 우리는 손과 발을 움직일 여지가 없고 그래서 자유를 상실하게 된다. 그런데 자유주의와 관련된 잘못된 언어가 있다.

1) 자유방임주의는 프랑스 계몽사상에서 비롯된 것

　　많은 잘못된 정보를 가지고 논평자들은 자유주의자들은 자유방임주의와 '야경국가'를 옹호한다고 주장한다. 19세기 초 영국의 경제학자 토머스 칼라일(Thomas Carlyle, 1795-1881)은 "무정부 상태와 경찰"이라는 말로 자유주의를 조롱했다. "국가는 국방과 치안만 잘 유지하면 되고 경제는 손을 안 대도 시장의 수요와 공급의 원리에 의해 알아서 잘 돌아가니 그대로 놔두라는 것"으로 요약한다. 그러나 그런 자유방임은 스코틀랜드 전통의 진화론적 자유주의에는 맞지 않는다. 스코틀랜드 사상가들은 "인간의 타고난 선(善)이라든가, 혹은 이해관계의 자연적 조화의 존재 등과 같이 단순하고 소박한 견해를 갖지는 않았다. 그들은 이해의 갈등을 해소하기 위한 교묘한 제도와 전통이 필요하다는 점을 알았다"(Hayek, 2023: 103).

스코틀랜드 전통의 사상가들이 집중했던 것은 "공공이익을 촉진하도록, 인간 본성의 보편적 동력인 이기심을 어떻게 가이드할 수 있는가"의 문제였다. 이들의 개별적 노력을 전체 사회에 유익하게 만드는 것은 '자연적 자유'가 아니라, '생명, 자유, 그리고 소유'를 보장하도록 진화되어 온 제도였다.[7] 대표적인 예가 바로 애덤 스미스의 국부론에 나타난 정치경제 이론이다. 이는 자신의 일관된 법철학과 입법이론으로 볼 수 있다. 특정한 제도적 조건이 없이는 '보이지 않는 손'은 결코 작동할 수 없다는 그의 생각은 법에 관한 관점, 즉 그의 자신의 고유한 법관(法觀)의 핵심을 드러난다.

자유방임주의는 그 언어가 프랑스어인 것처럼 프랑스의 합리주의 전통의 일부, 즉 자연권을 중심으로 한 자유주의이며, 그것의 의미를 스코틀랜드 전통의 사람들 가운데 누구도 변호하지 않았다. 그들은 개인들의

---

7) 우리가 각별하게 유의해야 할 것은 애덤 스미스는 경제체제의 원활한 작동이 의존하는 것은 '자연적 자유'가 아니라 법 아래에서의 자유라는 것을 그의 국부론에서 분명히 표명했다는 점이다: "영국법은 모든 사람에게 부여하여 그들이 각자 노동의 과실을 누릴 수 있게 해주는 안정은 다른 수십여 개의 터무니없는 상업 규제에도 불구하고 모든 나라를 풍요롭게 만들기에 충분하다. 그리고 이러한 안정은 풍요가 정착되는 그 시점에 대변혁에 의해 완성되었다. 자유와 안정이 보장될 때 개개인은 자신의 조건을 개선하기 위해 자연스럽게 큰 노력을 기울이게 된다. 이로 인해 어떤 도움 없이도 그것 자체만으로도 사회에 부와 번영을 가져다 줄 뿐 아니라 어리석은 인간법률조차 이런 작동을 방해하는 수많은 장애물을 극복하게 해준다."(Smith, 2015: IV.v.43)

노력을 사회적으로 유익한 목적으로 성공적으로 연결하는 것은 마술이 아니라 '잘 구축된 제도'의 진화라는 점을 후대의 비판자들보다도 더 잘 알고 있었다. 따라서 중농주의자들에게 많은 신세를 지고 있다는 애덤 스미스의 믿음 때문에 사람들은 그와 케네(François Quesnay)를 하나로 함께 묶으려는 버릇이 생겨났지만, 그런 버릇을 당장 버리는 것이 좋을 듯하다.

제7부에서 설명할 정부의 세 가지 기능에서 볼 수 있듯이, '스미시안(Smithian)' 자유주의자들의 주장은 자유방임주의의 논리적 귀결인 반(反)국가주의나 무정부주의에 이르지 않는다. 오히려 그들은 '야경국가'의 제한된 범위를 훨씬 넘어서 광범위하고 중요한 공공 활동영역을 포괄하고 있다(임일섭, 2024: 136-178). 경제정책의 주요 기능인 재산을 보호하고 계약을 이행하기 위한 일반적인 행동규칙의 수립과 그런 규칙의 실현조차도 간단한 최소한의 과제와는, 그리고 단정적인 과제와는 아주 거리가 멀다. 현대사회에서 법적 규칙의 틀은 무한히 복잡하며 국가마다 다르고 시간이 지남에 따라 끊임없이 변화한다. 이는 행정부, 입법부, 사법부의 흔들리지 않는 주의(主意), 심의 그리고 매우 중요한 역량을 전제로 한다. 이 사실에 심오한 주의를 기울였으며, 재산과 계약 규칙의 복잡성과 경제에 대한 최고의 중요성을 부여했던 인물은 하이에크다.

반복하자면, 고전적 자유주의자는 정부의 중요한 기능을 믿지만, 사회주의자나 사회민주주의자와는 달리 이러한 기능이 제한되어야 한다고 주장한다. 독일 경제학자 발터 오이켄(Walter Eucken)에 따르면 정부는 자유시장 경제의 제도적 틀을 공급하는 책임을 맡고 있지만, 특히 자원 배분에서 가격과 생산에 관한 개인들의 의사결정과 같은 시장과정 자체에는 개입해서는 안 된다. 이는 사적 행위자의 배타적 영역이라는 이유에서다. 따라서 고전적 자유주의자는 정부의 직책을 공정한 '심판' 또는 '심판원'이라는 측면에서 특징지어 '게임의 규칙'을 지지하지만, 심판 또는 심판원과 같은 정부는 '게임' 자체에 개입해서는 안 되며, 게임의 결과를 미리 프로그래밍하거나 조작해서도 안 된다.

현대사회에서 정부 활동에 대한 고전적 자유주의는 공공재를 제공하고 일반규칙의 틀을 수정하고 개선하는 것과 같은 해야 할 과제와 그리고 사유재산과 가격에 간섭하는 것과 같은 특정한 일을 하지 말아야 할 과제의 혼합적 개념이다. 서구에서 정부의 해야 할 의제는 상당히 잘 발달했으며, 특히 재산과 계약 규칙의 포괄적 프레임을 공급하고 시행하는 데 있어서 그렇다. 그러나 공공 영역이 가격과 생산에 대한 자의적인 간섭으로 빠져들어 '사회정의'라는 모호한 이름으로 만연한 재분배 활동에 참여하면서 해서는 안 될 측면은 고의로 무시되었다.

역설적으로 보일지 모르지만, 개발도상국에서는 해야 할 기능과 해서는 안 될 기능에 대한 인식이 부족하다. 한편으로는 개인의 사적 경제 활동에 대한 자의적인 간섭이 너무 많고 개인의 소극적 자유를 무시하고 있다. 다른 한편으로는 사법 규칙(rules of private law)의 공급에서 공공재의 제공에 이르기까지 해야 할 의제의 광범위한 영역이 미개발되어 있다.

2) 신자유주의는 자본주의에 대한 사회주의의 비판적 언어

신자유주의란 무엇인가? 우선 사회주의자들이 의미하는 신자유주의부터 설명한다면, 첫째로 복지축소, 탈규제 민영화, 감세 등 예를 들면 1980년대 영국의 대처(Margaret Thatcher) 수상과 미국의 레이건(Ronald Reagan) 대통령의 개혁정책 그리고 이 개혁을 추종했던 각국의 개혁정책을 뜻한다. 그런 정책의 특징은 자유시장에 대한 믿음을 전제로 한다는 점이다. 그것은 둘째로 갑을 관계, 양극화, 실업, 경제위기의 주범, 즉 좌파가 말하는 '사회의 모든 악의 화신'이라는 체제 비판적 내용을 포괄하는 뜻이 들어 있다. 셋째로 좌파가 사용하는 신자유주의의 체제 비판적 내용에는 작은 정부, 큰 시장은 모든 악이 구조화되어 있기에 국가가 나서서 경제에 대한 규제와 간섭이 필요하다는 국가주의를 내포하고 있다. 넷째로 경제적 자유만을 중시할 뿐, 정치적 자유, 즉 누가 지배할 것인가를 결정하는 일에 참여할 권리를 무시하는 게 신자유주의라는 것이다.

요컨대, 사회주의자들이 말하는 신자유주의라는 말속에는 마치 자유방임주의처럼 시장경제에 대한 비웃음이 내포돼 있다. 신자유주의는 상업 사회를 "이기심이라는 화강암으로 지어진 웅장한 궁전"으로 이해하는 시카고학파(Stigler, 1975: 237)를 좌파들이 조롱하기 위한 용어가 된 것이다. 그들은 이기적인 인간들이 사는 상업 사회가 어떻게 도대체 작동하여 구성원들이 평화롭게 풍요를 누릴 수 있단 말이냐고 의심한다. 신자유주의라는 이름으로 시장의 보이지 않는 손을 "시장의 마법"(Solomon, 1993: 543) 또는 "마법의 손"(장경덕, 2023: 132)이라고 비아냥거리는 목소리가 매우 크다.

이기심이 '보이지 않는 손'을 통해 보편적 번영을 불러온다는 내용이 애덤 스미스의 사상의 핵심이라는 잘못된 믿음은 사실상 반(反)자유주의 · 반자본주의 정서를 불러왔다. 자유방임, 보이지 않는 손, 이기심과 같은 개념들은 좌파에게는 시장 간섭을 정당화하기 위한 정치적 수단이 되었다. 제3부에서 자세히 설명하겠지만, 롤스는 이기심을 본질로 하는 시장경제는 정의감을 연마하고 습득하기에 적합한 체제가 아니라는 이유에서 경제적 자유를 홀대한다(Rawls, 2020: 450). 제6부에서 다룰 공동체주의는 원자화된 인간들로 구성된 자본주의에서는 공동체의 해체를 불러온다고 한다(Sandel, 1998). 따라서 시장경제에 대한 그릇된 해석으로 인해 반자유주의 정서와 친사회주의 정서가 심화 · 확산하게 되었던 것은 대단히 큰 유감이 아닐 수 없다.[8]

---

8) 이기심을 격찬한 대표적인 책은 현진권 엮음, 『사익론: 사익이 세상을 발전시킨다(백년동안, 2015). 발전의 원동력도 이기심이 결코 아니다. 현진권이 지은 책 제목은 이념이 중요하다는 말도 모르고 붙인 제목이다.

자유주의 진영의 일각에서도 1947년 4월 하이에크가 주도하여 설립한 몽펠르랭 소사이어티(Mont Pelerin Society)의 이념을 신자유주의라고 부르고 있음을 아주 드물게 볼 수 있다. 설립 취지가 흄, 스미스, 칸트 등의 고전적 자유주의 버전을 변화된 사회에 맞게 '갱신'하는 데 있다는 이유에서다. 마지막으로 1938년 파리에서 열린 자유주의자들의 모임에서 신자유주의라는 말이 최초로 생겨났다. 유럽의 일각에서 신자유주의를 말하는 경우가 있는데, 고전적 자유주의가 강조한 국가의 과제(개인의 생명·재산·명예의 보호, 초등교육과 공공재)에다 독과점 규제정책과 복지정책을 새로운 과제로 추가했기 때문에, 고전적 자유주의에 대비하여 신자유주의라는 용어를 사용했다. 애덤 스미스 전통의 고전적 자유주의는 시장의 독과점과 빈곤 문제를 도외시했기 때문에 20세기 중반 사회주의와의 이념전쟁에서 고전적 자유주의가 패배했다는 진단에서 그 두 가지 정책과제를 추가했다.

한국에서 신자유주의라는 말은 자유주의 진영에서는 사용하지 않는다. 그런 말은 오로지 한국 좌파의 문헌에서만 시장을 만능적인 것으로 그리고 국가를 적(敵)으로 여긴다는 조롱이 섞인 의미, 즉 앞에서 언급한 네 가지 의미로 사용하고 있다.

3) 극우(極右)란 무엇인가?

이념들은 다양하다. 흔히 우파, 좌파 또는 중도우파 등으로 표현한다. 이런 이념들의 관계를 설명하기 위해서 아래 그림에서 보는 바와 같이 일차원적으로 직선 위에 표시한다. 이런 분류는 대단히 막연하여 현실에서 말하는 이념들을 구분하는 데 전혀 적합하지 않다. 그리고 이념적 관계를 직선 위에 표시하는 것도 이념의 관계를 설명하는 데 별로 도움이 되지 않는다. 예를 들어보자. 흔히 사회주의자들과 보수주의자들은 성매매를 반대한다. 하지만 성인들의 자발적인 합의에 따르는 것인 한, 자유주의는 성매매를 찬성한다. 사회주의는 동성애 그 자체를 찬성할 뿐만 아니라 성 소수자라는 이유에서 우대정책을 통해 성 소수자의 처우를 개선해야 한다는 입장이다. 보수주의자들은 동성애를 허용하지 않는다. 이에 반해 자유주의자는 신분 평등 또는 법 앞의 평등이라는 입장에서 동성애에 대해 관대한 입장이지만 동성애자에 대한 좌익의 우대정책을 반대한다. 이런 간단한 예시를 통해 우리가 확인하려는 건 모든 사안들을 보수, 진보 또는 좌익 또는 우익이라는 범주로 구분할 수 없다는 점이다.

좌익과 우익

좌익과 우익은 사회적·정치적·경제적 입장을 표현하는 가장 오래된 이념적 스펙트럼이다. 이는 프랑스혁명(1789-1799) 이후 프랑스 의회의 좌석 배치를 지칭하며, 급진주의자는 좌파, 귀족은 우파에 있었다. 귀족은 오른쪽에, 평민들은 왼쪽에 앉았으므로 우익정치, 좌익정치라는 용어가 생겨났다. 급진주의는 프랑스혁명을 지지하는 세력의 표현이다. 좌익정치란 평민들을 위한 평등주의의 이념적 노선이다. 그 이후 사유재산을 없애는 데 공통점을 지닌 공산주의와 사회주의를 일반적으로 좌파로 간주했다.

우파의 귀족은 프랑스혁명의 반대파로서 당시 프랑스의 귀족체제를 고수해야 한다고 주장했던 보수주의자들의 신분이었다. 이들이 마르크스가 표현했던 반동주의자였다. 세습 귀족의 존재를 인정하는 우파와 그것을 없애고 평민을 지배계급으로 만드는 데 치중했던 좌파로 분류하기 곤란한 것이 프랑스혁명에 관한 스코틀랜드 계몽주의 전통의 자유주의 입장이다. 이 입장은 세습 귀족에 대한 법·제도적 특권을 전적으로 반대했다. 자유주의적 반대 논리는 인간의 신분적 평등 또는 정치적 평등이라는 관점이다. 이런 자유주의적 입장에 가까운 게 세습 귀족의 존재를 반대했던 사회주의적 입장이다.

주목할 것은 극우의 입장이다. 극우의 핵심적 세계관은 유기체론, 즉 사회가 완전하고 조직적이며 동질적인 생명체로 기능한다는 믿음이다. 이 정치적 스펙트럼은 우익의 가장 끝에 위치하며, 자기애와 타자 공포증을 선호하게 하거나, '우리'가 '그들'을 배제하는 이상화를 선호하게 한다. 파시즘, 나치즘, 민족주의, 외국인 혐오증, 반이민, 반세계화 등이 극우 이념에 속한다. 그런 극우 이념은 반(反)다양성 혹은 반(反)다원주의를 선호한다. 질서 이론적으로 엄밀히 따지면 극우 이념은 '자생적 질서'의 존재를 부인하고 특정한 공동의 목적 또는 목적들의 위계를 중시하는 계획된 질서, 즉 '조직'을 중시한다는 점에서 공산주의 또는 사회주의나 다름이 없다. 조직된 사회에서는 목적들의 우선순위에 따라 목적들을 공동으로 달성하기 위해 구성원들을 동원하고, 도덕적 기초로서 우리의 본능에서 유래하는 유대(soldarity)에 호소한다. 구성원들은 극우적 그리고 좌파적 목표를 위한 수단으로 여긴다.

흔히 히틀러의 나치즘을 극우라고 표현하지만, 그 이념적 원천은 민족사회주의(National-sozialismus)라는 명칭이 보여주듯이 강제적인 평등과 이를 위한 전체주의와 독재를 수반하는 사회주의였다. 전체주의적·배외적(排外的) 정치이념으로서 그런 이념과 유사한 이탈리아 무솔리니의 파시즘(fascism)도 지도자에 대한 절대복종과 반대자에 대한 가혹한 탄압을 특색으로 한다. 1930년대 루스벨트(Franklin Roosevelt) 대통령의 이른바 뉴딜

정책의 입안 및 실행에서 중요한 역할을 했던 그의 행정부의 주요 인물들이 무솔리니의 정부에서 요직을 담당했던 인물들이었다는 사실을 염두에 둬야 할 것이다. 파시즘의 원천도 사실상 자생적 질서의 존재를 부인하고 계획된 조직질서를 중시하는 사회주의라는 점을 우리는 직시할 필요가 있다. 극우는 좌·우파와 똑같이 인간 이성을 신뢰하는 구성주의적 합리주의 미신을 철저히 믿고 있다.

원래 극우라는 용어는 히틀러의 나치즘과 똑같은 이념적 원천에서 유래한 독일의 사회당이 전자에 낙인을 찍어 국민의 지지를 얻기 위한 전략으로 사용했다. 그리고 나치즘과 파시즘이 연합하여 사회주의였던 옛 소련에 대항하여 싸웠기 때문에 사회주의자들이 그들을 극우라고 불렀다. 어쨌든 극우는 자생적 질서의 존재를 인정하는 그리고 개인의 자유와 법치, 제한된 정부를 지향하는 자유주의와 전혀 관련이 없는 이념이라는 점을 주지해야 할 것이다. 이상의 설명에서 우리가 확인할 것은 이념을 직선상에 좌우로 구분하여 자유주의의 위치를 표시할 수 없을 뿐만 아니라 이념들끼리의 관계를 기술하는 것은 어떤 의미도 없다는 것이다.

4) 중도(the middle way)란 없다

중도란 무엇인가? 중도란 직선 위(그림 1 참조)에 좌우(진보와 보수)의 중간 지점에 자리한 이념을 의미한다. 중도란 공공선택론에서 중위 투표자가 선호하는 정치적 입장이라고 한다. 중위란 다수결 투표에서 정치노선 좌 또는 우로부터 시작하여, 승리가 예상된 49%+2% 중에서 2%에 해당하는 투표자를 의미한다. 우리가 분배정책 또는 국가지출 규모 또는 조세 체계와 관련하여 중위 투표자가 선호하는 정치 노선을 제3의 길이라고 말한다.

중도이념이란 사실상 독립적인 것이 아니라 기껏해야 다양한 이념의 요소를 혼합한 것 이외에는 아무것도 아니다. 그것은 이념적 '짬뽕'이다. 임의의 요소들을 적절히 배합하여 만든 것, 다양한 이념적 요소들 가운데, 좋게 말해, 장점이라고 생각하는 요소들을 혼합한 것이다. 예컨대, 자유주의에서의 자유와 사회주의에서의 평등을 서로 조합한 것을 중도라고 부른다. 이를 두고 사회적 자유주의라고 말한다. 사회적 시장경제에서 시장경제는 더 이상 시장경제가 아니다. 사회적이라는 용어는 마치 족제비가 계란의 껍데기는 전혀 손상하지 않고 속에 든 내용물만을 전부 먹어 없애버린다는 뜻에서 "족제비 같은 말(weasel word)"이기 때문이다(Hayek, 1988: 114).[9] 중도란 독자적인 이념적 목표가 없다는 뜻이다.

---

9)   한글판(Hayek, 1996: 218)에서 "weasel word"이 "애매모호한 말"로 번역되어 있음.

3.
진화사상과 관련된 몇 가지 이해와 오해

진화사상에 대해 오해도 많다. 진화사상에 관한 문헌을 보면 제일 먼저 나오는 얘기는 찰스 다윈에 관한 것이다. 그가 진짜 진화론의 창시자인 것처럼 말이다. 이런 오해부터 풀고 나서 진정으로 진화사상을 이해하는 게 합리적이다.

1) 진화사상의 원조는 다윈이 아니다

오늘날 많은 사람은 진화사상을 다윈이 개발한 생물학적 진화론에서 유래한 것이라 여기고 있다. 그러나 진화란 언어, 도덕, 관행, 관습, 분업, 시장 등 자생적 질서에서 볼 수 있듯이 그 구조가 "내생적으로 점차 성장하고 복잡해져가는 과정"으로 이해할 수 있는데(Hayek, 2018: 84-85), 이런 진화 개념은 실제로 다윈의 이론보다 훨씬 오래된 것이다. 데이비드 흄, 애덤 스미스, 애덤 퍼거슨(Adam Ferguson), 액턴(Acton) 경(卿) 등 18세기 스코틀랜드 계몽주의자들이 그런 진화 개념을 개발했다. 그들의 진화사상에서 힌트를 얻어 생물 세계에 적용한 것이 찰스 다윈의 진화이론이다(Hayek, 2018: 62).[10]

---

10) 진화사상을 발견한 것이 다윈이 아니라 법과 언어 그리고 도덕과 같은 문화적 요소를 설명

하지만 진화사상을 배우기 위해 다윈을 필요로 했던 19세기 다윈 이후의 사회과학자들이 사회다위니즘이라는 이름으로 진화사상을 불신하게 만든 견해들을 생산했다. 그들은 자기 분야에서 이미 개발했던 문화적 진화사상을 망각한 채 생물학에서 이 생각들을 재수입하고, 사회과학에는 잘 어울리지 않는 '자연도태' '생존투쟁' '적자생존' 등과 같은 개념을 빌려 쓰게 된다. 약자에 대한 강자의 지배, 즉 강대국에 대해서는 제국주의를 정당화하는 논리가 바로 사회다위니즘이라고 한다(이나미, 2020: 86).[11] 일본의 국권침탈이 한국인의 실력 부족에서 나온 것으로 인식한 20세기 초의 한국 지식인들이 부족한 실력을 양성하여 부국강병을 이룩해야 한다고 주장했듯, 약소국에 대해서는 실력양성론을 사회다위니즘으로 정당화했다.(최기영, 1999: 32; 박정신, 1999: 45-51).

그러나 사회 진화에서 결정적 요소는 유전 가능한 특성들의 자연선택이 아니라, 테스트를 거친 성공적인 제도와 습관의 모방을 통한 선별인 것이다. 이 선별은 개인과 집단의 성공을 통해서 작동하지만, 그 결과로 나타나는 것은 유전적 특질이 아니라, 학습과 모방에 의해 전달되는 도덕, 관행, 관습이라는 문화적 요소의 진화인 것이다. 이런 진화사상은 행동규범들이 형성되고 확산하는 이유를 이들을 지켰던 그룹들이 다른 그룹들보다 더 번창하고 성장했다는 사실에서 찾고 있다(Hayek, 2018: 56). 이때 주목할 것은 그룹에 주는 편익을 가능하게 하는 사회규범들이 형성되

하기 위해 진화론적 접근을 시도했다는 것을 말해주는 하이에크의 문헌으로서 Hayek(2018: 62), Hayek(2023: 98-90)를 참조.

11) 이는 이사야 벌린(Isaiah Berlin)이 자신의 저서 『자유론』(2006)의 서문에 쓴 다음과 같은 주장과 동일한 맥락이다. "불간섭이론이 (사회진화이론이 그러하듯이) 정치적으로 그리고 사회적으로 파괴적인 정책을 지탱하는 도구로 악용되고 약한 사람들 및 다정하고 온유한 사람들을 무참히 짓밟아버리는 난폭한 강자, 재주나 행운을 많이 타고나지 못한 사람들을 고려할 줄 모르는 무자비한 우등 인간들의 기세를 올려주는 무기로 활용되어왔다는 것은 두말할 필요가 없는 사실이다. 이리 떼의 자유가 양 떼에게는 죽음을 뜻하는 경우란 흔한 것이다. 경제적 자유주의와 고삐 풀린 자본주의 경제에 관한 피로 얼룩진 이야기들을 오늘날 새삼 강조해야 할 필요가 없을 정도이다."(Berlin, 2006: 129)

고 전통, 교육, 모방에 의해 전달하는 행위는 전적으로 개인적 차원에서 벌어진다는 점이다.

따라서 문화적 진화는 이같이 집단적 차원과 개인적 차원의 상호작용에서 야기되는 의도하지 않은 결과다. 그 결과는 정직성, 계약, 소유, 교환, 무역, 경쟁, 이득, 프라이버시 등을 다루는, 그리고 주로 특정 행위를 금지하여 사적 영역을 확립하는 내용으로 구성된 행동규칙들의 아주 느리고 점진적인 등장이다(Hayek, 1996: 37). 그러함에도 사회다윈주의자들은 집단적 차원에만 집중한 나머지 국가가 나서서 부족한 실력을 양성하여 부국강병을 이룩해야 한다고 주장했다. 그 결과, 기존의 행동규범을 준수하거나 위반하는 행동 또는 새로운 행동방식을 모방하고 학습하는 행동 등 개별적인 차원을 모두 무시함으로써 사회'진화론'을 일종의 사회'계획론'으로 변화시켰다.

2) 진화사상은 복잡계이론이다

진화사상에 관한 문헌을 보면 우선 복잡계(complex system)라는 개념을 어렵지 않게 만날 수 있다. 그것은 이미 잘 알려져 있듯이 '수많은 구성요소의 상호작용을 통해 구성요소 하나하나의 특성과는 전혀 다른 새로운 현상과 질서가 나타나는 시스템'이라고 요약될 수 있다(Hayek, 1967: 25-27). 기존의 연구들은 복잡계 개념을 좀 더 구체적으로 설명하기 위해 창발(emergence), 스스로 조직하는 시스템 또는 스스로 조정하는 시스템이라는 말을 사용한다. 창발이라는 개념은 복잡해 보이는 현상 속에 질서를 부여하는 성질이 나타나는데, 그런 현상을 불러오는 행위자로서 구성요소들이 자발적으로 상호 간 작용하고 반작용을 함으로써 혼돈이 아닌 새로운 질서가 자생적으로 생성하는 것을 의미한다. 개체들이 만나 서로 결합하였을 때 개별적으로 가지고 있지 않던 성질의 질서가 불현듯 나타나는 현상, 즉 전에는 없었던(nie dagewesen) 질서가 갑작스럽게 나타나는 현상을 창발이라고 한다. 창발이란 개체를 초월한 현상인 이유다. "전체는 부분의 합보다 크다"로 요약한 창발 이론이 진화개념을 가장 잘 설명해 주고 있다. 창발적 현상의 예를 들면 H_2O라는 분자 수조 억 개가 모이면, 물이라는 액체적 현상이 나타나는 것, 두뇌작용의 물리적인 것이 정신적인 것으로 전환되는 현상도 창발적이다. 개미를 한 마리씩 집어서 일정한 자리에 옮겨보면 처음에는 시들시들하면서 의미 있는 행동을 하지 않는다. 그러나 이들 개미의 수가 일정한 수에 도달하면 개미 특유의 사회적 행동을 나타내기 시작하는 것이다. 개미사회가 창발된 것이다.

개인이 자발적으로 모여 의도하지 않았지만 거대한 집단의 힘을 발휘한다는 '창발성'의 시각은 집단적 지성(collective intelligence)과도 맥을 공유한다. 집단지성의 구성요소로서 개체들은 제한된 지적 능력을 지니고 소통하며 협력적으로 활동할 때 전체적으로 고도의 지적 존재처럼 보인다. 개미 개체는 무지한 존재이지만 기능별 협력체계로 결합한 개미집단은 고도의 지적 행동 양식을 보여준다. 개별 신경세포는 전기신호 전달체에 불과하지만, 이들이 네트워크로 결합한 두뇌(brain)는 고도의 지적 사고를 수행한다.

집단지성을 통한 창발의 대표적인 예로 흔히 드는 것은 위키피디아다. 이것은 비전문가들이 독립적으로 참여하여 만든 온라인 백과사전이다. 하지만 전문가들이 만든 백과사전 이상의 가치를 지니고 있다고 평가받고 있다. 이런 사실을 볼 때마다 연상되는 것은 18세기 이성적·합리주의적 태도로써 근대적인 지식과 사고 방법을 전파했으며 당시 쟁쟁한 전문가들이었던 디드로, 볼테르, 케네 등 프랑스의 '백과전서학파'다. 이 학파가 인위적으로, 즉 계획해서 만든 백과전서는 인류를 독재의 소굴로 밀어넣었던 프랑스 대혁명의 사상적 배경이 되었다. 이것이야말로 개별적인 인간의 이성은 믿을 것이 아니라는 것을 입증한다.

우리는 시스템, 즉 질서라는 관점에서 복잡계를 설명한다. 대표적인 예로서, 실리콘밸리의 경우 정부의 개입 없이도 산·학·연의 자생적 상호작용을 통해 새로운 트렌드를 선도하는 산업 클러스터로 인정받고 있다. 리드의 "나는 연필이다"라는 연필 이야기(최병선, 2023: 13-24)에 등장하는 연필의 분업적 생산과 그리고 시브라이트의 "와이셔츠 이야기"(민경국, 2016: 38-41)에 등장하는 와이셔츠의 분업적 생산과 관련하여 우선 생각해볼 점은 개별적인 지성은 그런 것을 생산하는 데 중요한 투입요소라는 것은 논쟁의 여지가 없다. 그렇다고 그런 개별적인 지성이 분업적 생산의 유일한 성공적인 요인이 될 수 없다. 그리고 그것이 구성주의와 과학주의를 정당화할 수도 없다. 이들의 분업적 생산은 의도적인 기획의 산물이 아니라 비인격적 혹은 집단적 지성의 발현이라는 이유에서다.

3) 하이에크와 문화적 진화

하이에크는 복잡계를 확장된 질서로서 '자생적 질서'라는 말로 표현한다. 간단히 말해 자생적 질서는 진화하는 복잡계다(민경국, 2021: 130-133). 이것은 특정한 공동목적을 위해 인위적으로 만든 조직과는 달리 개인들이 각자 자신의 목적을 위해 자신들의 행동들을 상호 간에 적응하는 과정에서 자생적으로 등장하는 질서다. 이런 질서는 아무도 예상하지 못했다는 점에서 창발적이다. 질서를 잡는 역할을 하는 사령탑이 없다고 해도 스스로 질서가 예기치 않게 형성된다는 의미에서 스스로 조직되는 질서다. 이것도 창발적인 현상일 뿐만 아니라, 집단적 지성의 발현이다.[12]

---

12) 약간 다른 예이기는 하지만, 모기, 물고기, 새 떼의 경우 개별 운동 능력이 있음에도 가끔 무

온라인에서 자생적 질서를 찾는다면 그 대표적 예는 온라인 게임 커뮤니티다.

> "온라인상에서 개별적으로 게임을 즐기던 사용자들이 다양한 방법으로 상호작용하기 시작하면서 온라인 게임 내의 질서 유지를 위한 규칙이 필요하다는 것을 서로 인식하기 시작한다. 암묵적으로 서로 동의한 규칙에 따라 이를 동조하는 사람들이 온라인 집단을 형성하기 시작하고 이를 내재화하고 이끌기 위해 권한을 양도받은 리더가 등장한다. 집단과 구성원들은 지속적으로 상호작용하면서 새로운 규칙을 만들고 조정해 나가면서 서로의 정보를 공유해 나가고 온라인 게임 콘텐츠를 더 효율적이고 창의적인 방법으로 소비하게 된다. 이러한 일련의 과정은 어느 누구의 강요도 없이 온라인상에서 흔하게 관찰된다."(이승환, 2010)

하이에크의 관심은 '자생적 질서와 진화의 쌍둥이 이념'을 기초로 하여 독자적인 진화사상을 개발하는 데 있었다. 즉, 오늘날 우리가 목격하는 '확장된 질서(extended order)'의 생성과정과 변동을 문화적 진화론으로 설명하려는 것이다. 이 확장된 사회는 분업과 교환이 소규모의 그룹에서부터 지역이나 국가 전체로까지, 심지어 오늘날에는 범세계적으로까지 확장된 질서를 말한다. 확장된 사회는 소규모 사회와 대비되는 애덤 스미스의 거대 사회이고 닫힌 사회와 비교되는 칼 포퍼의 열린 사회다. 하이에크가 문화적 진화에서 초점을 맞추고 있는 것은 사유재산, 정직성, 계약, 교환, 무역, 경쟁 등을 다루는 행동규칙들의 점진적 출현이다(Hayek,

---

리를 지어 다니는 경우가 있는데, 이때 하나의 집단처럼 형태를 유지하기도 한다. 이것은 개체들이 개별적으로 상호작용을 함으로써 거리를 유지하며, 집단 전체와 상호작용하면서 형태를 유지하는 질서가 스스로 생성·유지되기 때문이다.

1996: 37). 이런 제도들은 "인간이 다른 동물과 비슷한 상태를 벗어나서 체면을 알게 되고 예술을 가꾸며 개명된 가치를 받아들여 이성을 자유롭게 사용할 수 있게 한다"(Hayek, 2023: 706). 기어츠(Clifford Geertz)는 문화와 인간의 관계를 이렇게 말했다. "인간은 문화를 통해서 성장하는 불완전한 존재다. 인간은 문화를 떠나, 본능에 따라서만 살 수 없다. 그리고 인간의 신경계는 기본적으로 문화적 교류 속에서 발전한 것이다."(Geertz, 1973: 44)

그런 문화적 요소들이 어떻게 형성된 것인가? 합리주의 전통은 그런 행동규칙들을 합목적으로 형성할 수 있는 지적 및 도덕적 능력이 인간에게는 있다고 가정하지만, 스코틀랜드의 진화론자들은 설계가 아니라 성공한 것들의 존속에서 제도들의 기원을 발견했다. 그들은 힘들게 획득한 시행착오의 누적적 결과라고 스코틀랜드 계몽사상을 계승한 하이에크는 목소리를 높인다(Hayek, 2023: 98). 문명화된 사회의 행동규칙들은 수백 년의 장구한 발전과정에서 그 의미에 관한 성찰도 없이 개인들이 각자 배워 습득한, 그리고 매우 복잡한 '거름 과정(filtering process)'의 산물로 보고 있다. 즉 문명화된 사회의 행동규범들은 계획에 의해서 또는 인위적인 통제를 통해서 그룹에 제도화하거나 변동하는 것이 아니다. 진화론자들은 행동규칙들이 언어 또는 버릇처럼 우연에 의해 새로이 생성되기는 하지만, 그들 가운데 어떤 것이 생존하여 성공할 것인가는 우연의 결과가 아니라 선택과정(생물학적으로 표현한다면 자연도태 과정)의 결과로 본다.

행동규범들이 형성되고 확산하는 것은 이들을 지켰던 그룹들이 다른 그룹들보다 더 번창하고 성장했기 때문이라고 스코틀랜드 진화론을 기초로 하는 자유주의를 개발한 하이에크는 목소리를 높인다. 스코틀랜드 이론가들은 "인간이 계획하여 만든 문명의 구조가 얼마나 취약한가를 잘 알았다. 이같이 만든 문명은 원시적이고 흉포한 인간 본성에 기반하고 있으며 이 본성은 설계하지도 않았고, 또 통제할 수도 없이"(Hayek, 2023: 103) 진화된 제도에 의해 길들여질 그리고 수정될 대상이었다.

4) 사회다위니즘(social darwinism)의 정체는?

　　다윈의 자연관을 이용하여 자본주의를 비판하는 사회다위니즘도 잘
못된 것이다. 그것은 다윈의 생존투쟁을 갈등으로만 해석한 나머지 오류
를 범하고 있다. 첫째로 다윈에 대한 해석의 오류다. 다윈은 생존투쟁이
라는 개념을 순전히 갈등의 의미로만 사용한 것이 아니다. 그는 동물 세
계의 공생과 협력관계를 강조하고 있다.[13] 사회다위니즘이 잘못이라는
것은 진화심리학에 의해서도 입증된다. 동물이나 인간의 경우 무자비한
갈등보다는 공생과 협력의 길을 본능적으로 택했음을 보여주는 것이 진
화심리학이다(Ridley, 2006; Rubin, 2002). 그리고 인류학적 증거가 보여주는
바와 같이 수렵채취인들은 갈등 대신에 협조와 분업, 그리고 교환의 장점
을 인식했다(Bowles & Gintis, 2004: 17-28).

　　둘째로 문명화된 인간도 협력을 위한 평화적인 경쟁과 비교할 때 무
자비한 호전적 공격이나 갈등이 완화될수록 지식의 축적과 발전을 통해
개인들의 복지가 증대한다는 것을 보고 배웠다. 자본주의에서 경쟁도 하
이에크가 입증하듯이 새로운 것을 발견하고 유익한 것을 선택하고 오류
를 찾아내어 수정하고 학습하는 과정이다. 이런 과정에서 실패한 자가 있
게 마련이다. 그러나 경쟁이 실패한 자를 파괴하는 것은 아니다. 경쟁은
그의 행동의 기반이었던 지식이 잘못이었음을 알려줄 뿐이다. 그는 피드
백을 고려하여 성공한 사람의 행동을 모방하거나 혁신을 통해 새로운 지
식을 습득한다. 모든 것을 미리 전부 아는 인간이 존재한다면 경쟁은 불
필요하다. 인간 이성의 구조적인 무지에 대한 적응이 경쟁이다. 이런 경

---

13) 다윈은 『종의 기원』(한글판 2006: 93)에서 생존경쟁을 넓은 의미로 사용한다는 것을 명확히
　　하고 있다. 그는 이렇게 쓰고 있다. "하나의 생물이 다른 생물에 의존하는 것을 포함한(이것
　　은 한층 더 중요한 것이다), 더 나아가 개체의 생명을 유지하는 것뿐만 아니라, 계속해서 자
　　손을 남기는 것까지도 포함하여 폭넓고도 은유적인 의미로 사용한다."

쟁은 문화적 진화의 선물이다.

　문명은 인간들이 원해서 이루어진 것이 아니라 의도하지 않게, 그래서 자생적으로 진화했다고 해서 프로이트(Sigmund Freud)가 주장했던 것처럼 그렇게 병적인 억압과 치료 불가능한 신경질의 원천이라고 볼 수도 없다. 자유의 제도를 가진 확장된 열린 사회는 원시사회에 형성되었던 그리고 아직도 우리의 마음속 깊이 잠복된 다양한 본능들(사회성, 그룹에 대한 애착심, 의식주, 성적 욕구 등)을 더 잘 충족시키기 때문이다.

　셋째로 다윈의 자연관이 자본주의를 비판할 근거가 되는가? 거대한 공동체 내에서 친족관계도 아닌 수많은 유기체끼리 또는 종(種)들끼리 상대적으로 조화로운 공존을 가능하게 하는 원리는 무엇인가의 문제에 대한 해답을 찾는 것이 다윈의 『종의 기원』이었다. 그 해답은 어떤 창조주의 기획도 아니고 현명한 공학자의 청사진에 의한 것도 아닌 자연선택이다. 그런데 흥미롭게도 다윈이 제기한 문제는 애덤 스미스가 자신의 저서 『도덕감정론』(1759)과 『국부론』(1776)에서 다루었던 문제였다. 스미스가 다룬 문제는 서로 다르고 서로 알지도 못하는 수많은 인간에게 상대적으로 평화로운 공존을 가능하게 하는 원리는 무엇인가였다. 그는 이에 대한 답을 정부의 인위적인 계획과 간섭이 아니라 '보이지 않는 손의 원리', 즉 하이에크의 '자생적 질서의 원리'로 보았다. 다윈은 인간 사회에 대한 애덤 스미스의 생각에 견줄 만한 것을 생물의 세계에서 찾고자 했던 것이다.

　다윈에게 영향을 미친 맬서스(Thomas Malthus)를 보자. 맬서스는 인간과 동물 그리고 식물 등, 모든 생명체는 자연이 먹여 살릴 수 있는 것보다 더 많은 후손을 생산한다고 주장한다. 필연적 결과는 과잉인구라는 것이다. 자연이 수용할 수 있는 수준으로 줄어들 때까지 죽음이 확산한다고 한다. 다윈은 자연선택에 의한 진화론의 기초로서 맬서스가 강조한 생존경쟁을 채택하여 생존경쟁의 상황에서 유리한 변이는 존립하고 불리한 것은 소멸하고 그 결과는 새로운 종의 형성이라고 주장했다.

그러나 맬서스의 인구위기는 잘못된 이론의 결과다. 인간 사회에는 부를 창출하는 제도의 진화가 있다는 것을 보지 못했다. 확장된 열린 사회의 기초가 되는 사유재산제도의 진화가 그것이다. 하이에크의 진화사상의 핵심적 주제가 보여주듯이(Hayek, 2018: 702-741), 문화적 진화의 산물로서 확장된 분업, 자유경제, 그리고 자유를 지키는 제도를 가진 사회는 증가하는 인구를 먹여 살릴 수 있는 재화와 서비스의 생산을 증대시켰고 조기 사망률을 감소시켰고 평균수명도 연장했다. 이 같은 문화적 진화로 인해 인구위기를 극복했을 뿐만 아니라 수십억의 인구를 먹여 살리고 있다. 생존경쟁이라는 원시사회의 도태압력을 급진적으로 완화했던 것도 문화적 진화의 결과였다.

5) 진화법칙이 존재하는가?

사회진화론에 관한 불신을 불러온 또 다른 중요한 오해는 콩트, 헤겔(Georg Wilhelm Friedrich Hegel)과 마르크스의 역사발전 단계이론에서 볼 수 있듯, 진화이론은 진화법칙으로 이루어졌다는 믿음이다. 그런 발전단계 이론은 유기체나 사회제도의 발전이 예정된 경로를 따라간다는 순전히 신화적인 필연성에서 비롯된 것이다. 방법론적 집단주의에 따른 그런 역사주의적 발전 단계는 어떠한 과학적 증빙도 없기에, 그런 의미의 진화 개념을 거부하는 것이 마땅하다. 그리고 발전단계는 진화이론과는 전혀 관련이 없다. 진화론은 과정에 관한, 예컨대 '선별과정'에 관한 기술에 초점을 맞춰야 할 이유다. 그러나 그 과정은 그 전체를 알 수 없을 만큼 너무나도 많은 사실에 좌우되기 때문에 우리는 진화의 원리에 관한 설명 또는 진화과정의 결과에 관한 추상적 패턴(유형)예측에만 국한시켜야 한다(Hayek, 2018: 63; Hayek, 1990: 78).

특수한 상황과 독립적인 패턴예측이란 예를 들면 다음과 같다. 유전적으로 전달 가능한 변종들을 복제하여 생존 기회가 높다고 판명되는 변종들을 경쟁적으로 선택하는 메커니즘 때문에 시간이 지남에 따라 점차 환경에 적응하는 다양한 구조들이 생성된다(Hayek, 1967: 31). 또 다른 간단한 예를 들면, '자유로운 경쟁이 존재한다면 기업가들은 경쟁적으로 새로운 지식을 창출·발견하려고 애쓸 것이고 그 결과, 매우 이질적인 상품들이 공급될 것이라는 예측'이 패턴예측이다. 이런 일반적인 종류의 패턴이 생성한다는 예측은 사실에 관한 특수한 가정이 아닌 일반적인 가정에 기초를 둔 것이다. 즉, 시장의 진·출입이 자유롭다. 낮은 이윤기회보다 높은 이윤기회를 더 좋아한다는 등의 가정이 그것이다.

이같이 우리는 인간 사회의 복잡계에 관한 상세한 예측 또는 상세한 설명 대신에 패턴예측 또는 원리의 설명에 우리의 지적 노력을 제한할 수밖에 없는 이유는 기상학이나 생물학에서처럼, 우리가 고려해야 할 변수들의 수효가 인간 정신이 확인할 수 있거나 혹은 효과적으로 조작할 수 있는 것보다 훨씬 더 크기 때문이다. 하이에크는 "모든 분류도구는 이에 의해 분류되는 대상들이 소유하고 있는 것보다 더 큰 복잡성의 구조를 가지고 있어야 한다"라는 일반원칙을 적용하여 "인간정신은 자기 자신의 활동을 완전히 설명할 수 없다"라고 한다(Hayek, 2000.8.69: 316). 다시 말해, 이는 논리적으로 모순이고 그래서 절대적으로 불가능하다. 하물며 수많은 정신이 상호작용하는 사회적 과정을 완전히 설명하는 것은 두말할 필요도 없다.

그런 인지적 불가능성 때문에 사회적 과정의 구체적인 예측과 통제라는 이상은 달성할 수 없을 뿐만 아니라, 역사학파처럼 관찰을 통해서 개별 사건들 사이의 규칙적인 연결을 발견할 할 수 있다는 것은 환상일 뿐이다. 복잡계의 설명과 예측은 원리의 설명과 패턴예측에 머물러야 할 이유다(Hayek, 1967: 34; 민경국, 2015: 3-27).

II

보수주의와
자유주의

"보수주의자는 단지 좀 더 지혜로운 사람이 변화를 감시하고
감독한다는 것을 확신할 때만, 그리고 오로지 뛰어난 당국이
질서 있는 변화가 이루어지도록 책임지고 있음을 확인했을 때만
안전과 만족을 느낀다."

Hayek, 2023: 609

"보수주의는 위계적 순위에서 낮은 위치에 있는 사람들을 자신의
행위에 대해 책임질 능력이 없다고 여긴다. 개인의 책임은
자체로서 그리고 개인의 자유의 당연한 결과로서 이해되는데,
그런 책임은 사회질서의 안정을 지원하는 경우를 제외하고
보수적 가치 척도에서 큰 비중을 차지하지 않는다."

Buchanan, 2005: 8

한국 사회에서 자유주의라는 말은 듣기가 어렵다. 그 대신에 보수주의라는 말이 널리 사용되고 있다. 이 말은 어떤 의미로 사용하는가? 보수주의라고 자처하는 보수 시민단체와 지식인들은 단순히 보수주의라는 명분으로 좌 편향정책에 대한 반대가 적극적이다. 그들은 반공주의를 보수주의로 이해하기도 한다. 그러나 스스로 보수정당이라고 자처하는 정당은 좌파정책을 서슴없이 채택하면서 자신이 지향하는 이념을 '따뜻한 보수주의'라고 말한다. 자칭 또는 타칭, '보수신문'이라는 매체도 자유주의와는 다른 이념체계를 선호한다. 이 글에서 다룰 문제는 도대체 보수주의란 무엇인가, 왜 보수주의가 자유주의를 싫어하는가의 문제다.

이어서 보수주의 원조라고 취급되는 에드먼드 버크(Edmund Burke, 1729‑1797)와 자유주의의 거성 하이에크를 비교함으로써 보수주의는 자유주의와 전적으로 다르다는 것을 설명할 것이다.

1.
보수주의의 등장배경

　　보수주의는 '현재 상태'를 중시하는 기질적인 성향이다. 하나의 사실(fact)로서 현재 상황(status quo)이란 '도덕적 기준, 전통, 관행, 관습, 조정 규칙'과 같은 '비공식 규칙' 혹은 헌법구조를 비롯한 경제 · 사회 · 정치 제도와 같은 '공식 규칙'으로 구성된 현재의 모습이다.[1] 그리고 현재 상황은 신하와 지배자 또는 주인과 대리인의 역할이 사람들에게 할당된 현재의 모습을 그린다. 그렇다면 보수주의가 추구하는 가치는 무엇인가? 그것이 자유주의가 최고의 가치로서 추구하는 개인의 자유인가? 보수주의는 시대 상황이 변할 때마다 다양한 방식으로 사회제도의 변화에 대응했다.

　　보수주의의 등장을 촉진한 시대적 배경을 세 가지로 나누어 설명하자. 하나는 18세기 영국의 정치사상가 에드먼드 버크를 중심으로 한 보수주의 이념의 등장 배경이다. 둘째는 19세기 산업혁명의 시기이면서 자유주의 시대에 등장한 영국의 콜리지(Samuel Taylor Coleridge)와 프랑스의 보날드(Louis de Bonald)를 중심으로 한 보수주의의 등장이다. 그리고 마지막으로 20세기 사회주의 시대에 등장한 보수주의, 특히 다니엘, 어빙 크리스톨(Irving Kristol) 등을 중심으로 미국에서 등장한 보수주의이다. 역사적 등장 배경의 설명을 통해서 확인할 수 있는 것은 보수주의가 추구하는 가치

---

1)　그러나 미국의 헌법처럼 자유를 보호하는 구조로 되어 있는 것은 아니다. 예를 들면 한국의 헌법을 보면 알 수 있듯이 대부분의 나라가 가진 헌법은 자유, 분배 평등, 민주, 복지 등 매우 이질적 가치들로 구성되어 있다.

는 개인의 자유가 아니라 안정이라는 사실이다. 그 안정을 기존의 질서와 동일시하고 있다. 변화는 안정을 해친다는 이유에서 변화에 신중해야 한다는 것이 보수주의다.

1) 18세기 프랑스혁명과 보수주의

보수주의는 주지하다시피, 1789년의 프랑스혁명 시기에 일어난 일련의 사건에 대해 저항한 결과였다.[2] 혁명이 사회의 근본 자체를 위협할 가능성 때문이었다. 프랑스혁명은 무소불위의 이성, 그리고 보편적 권리에 대한 믿음과 신념에서 비롯된 것이다. 이런 신념은 인간 이성은 이상사회를 계획하여 실현할 수 있는 무한한 능력이 있다는 구성주의적 합리주의 전통이다.[3] 이런 전통이 확립되는 데 결정적인 영향을 미친 인물은 데카르트, 토머스 홉스, 장 자크 루소 등 프랑스 계몽사상가들이다. 이런 계몽사상에서 비롯된 것이 프랑스혁명이었다.

그 혁명의 목표는 과거로부터 전수된 모든 관행과 관습, 전통, 법 규칙, 헌법 등 인간들의 사회적 관계를 유도하는 제도들을 타파하여 사회를 새로이 구성하는 것이었다. "바꿔! 바꿔!"가 혁명의 화두였다. 거짓, 기만, 조작 그리고 혐오의 광란 등으로 점철된 프랑스혁명의 현대판은 1917년 러시아 혁명과 1930년대의 나치즘, 1968년 중국의 문화혁명이고, 2017년 한국의 '촛불혁명'이다. 오랫동안 확립되어온 모든 제도는 불합리한 것이기 때문에, 새로이 기획하여 합리적으로 사회제도를 재구성

---

2) 물론 그전에도 종교개혁 시기, 특히 영국의 신학자인 리처드 후커(Richard Hooker) 등의 글에서 그 태동을 볼 수 있지만, 실제로 보수주의가 그 관점을 영향력 있게 발언하기 시작한 것은 버크의 논설문 『프랑스혁명에 관한 성찰』 이후라 할 수 있다.

3) 구성주의적 합리주의란 개별 이성은 모든 사회제도를 원하는 바대로 개혁하여 새로이 구성할 수 있는 지적 능력이 있다는 미신이다(Hayek, 2018: 42-50).

해야 한다는 것이다. 한 번도 경험하지 못한 세상을 만들겠다는 허황한 야심에서 과거의 전통과 단절하고 새로이 사회를 재구성하는 것, 이것이 인류가 질곡에서 해방하여 번영의 길로 갈 수 있는 최선의 방식이라고 여겼다. 전래한 모든 것은 척결할 대상이었다. 인간들끼리의 전통적인 위계 질서와 권위관계도 없애고, 전통적인 주인-대리인 역할, 전통적인 지배자 역할도 깨끗이 청산하고 새로이 지정하는 것, 이것이 혁명의 목적이었다. 백지에 그림을 그리듯이 합리주의적 계획에 기초한 급진적인 사회개혁을 시도했다.[4]

버크가 프랑스혁명에 대해 비판한 핵심내용은 기존의 사회질서, 즉 전래한 전통, 관습, 관행, 도덕적 잣대, 법질서, 생활양식 등과 같이 인간들의 상호작용을 안내하는 현행 사회제도에 대한 위협이었다. 그는 전래한 모든 사회제도를 구습이라는 이유로 전부 개혁하겠다는 것이 얼마나 위험하고 파괴적인가를 보여주면서 동시에 한 사회를 엮어놓은 역사와 전통이 인간 사회의 안정에 얼마나 중요한지를 일깨워주었다.

버크가 지키고자 했던 중요한 가치는 사회질서의 안정이었다는 점에 주목할 필요가 있다. 안정은 미래 전망적 가치가 아니라 과거 회고적 또는 현재 지향적 가치다. 보수가 개혁을 싫어하는 이유다. 혁명적 개혁은 그 같은 가치의 훼손이라고 여겼다. 전통과 관행이 가치가 있는 것은 그들이 개인의 자유를 보호하기 때문이 아니라 오래되었다는 사실 때문이다. 이 같은 시각이 버크의 보수주의가 애덤 스미스와 데이비드 흄, 카를 멩거(Carl Menger), 프리드리히 하이에크 등 스코틀랜드 계몽주의 전통의 자유주의와 다른 점이라고 본다. 애덤 스미스가 당시 보수주의자들과 동맹하여 프랑스혁명을 반대했지만,[5] 그 반대 이유는 안정이라는 가치가

---

4) 당시의 슬로건은 전통적인 것, 과거의 것은 전부 버리고 새로이 시작해야 한다는 것이었다(민경국, 2004: 21).

5) 애덤 스미스는 『도덕감정론』 제6판에서 프랑스혁명을 반대하는 논리를 이렇게 쓰고 있다.

아닌 자유의 파괴, 즉 '자연적 자유의 체제'의 파괴를 불러오기 때문이었다. 기존의 사회질서 자체에 대한 위협보다 개인의 자유와 자유로운 거래를 보호하는 현행제도에 대한 위협 때문이었다. 자유주의가 전통과 관행을 중시한 것은, 보수주의가 주장하는 것처럼 그런 제도가 오래되었다는 이유에서가 아니라,[6] 자유와 시장의 생성과 발전에 공헌하고 있다는 이유에서다.

자유주의자로서 데이비드 흄은 특권을 누리는 귀족제도와 국교(國敎)를 반대하고 종교의 자유를 주장했다. 나중에 자세히 설명하겠지만, 반면 버크는 영국의 오랜 전통이라는 이유에서 귀족제도와 국교를 적극적으로 지지했다. 그가 프랑스혁명을 반대했던 것도 혁명이 오랫동안 프랑스 사회의 전통이 되었던 귀족제도와 그 가문의 사회적 특권 그리고 교회의 사회적 특권의 철폐로 이어지리라는 우려 때문이었다. 그런 혁명에 대한 그의 강력한 비판이 프랑스 귀족을 비롯한 기득권자들로부터 강력한 지지를 받았던 것은 결코 우연이 아니다.

2) 19세기 자유주의 시대와 보수주의

사회주의가 등장하기 전이었던 19세기 전반 자유주의 시대는 영국을 비롯하여 유럽까지 산업화의 물결로 점철되어 있었다. 농업과 수공업

"체제인(man of system)은 거대한 사회를 구성하는 서로 다른 구성원들을 마치 장기판 위에서 손으로 말들을 배열하는 것만큼이나 아주 쉽게 배열할 수 있다고 생각하는 것 같다. (중략) 인간 사회라는 거대한 장기판에는 모든 말 하나하나가 자기 자신의 운동 원리를 가지고 있는데 이것은 입법기관이 그들에게 부과하는 것과 전혀 다른 것이다."(Smith, 2009: VI. ii. 2. 17: 443) 인용문에서 체제인은 로베스피에르(Maximilien de Robespierre, 1758-1794)를 지칭한 것이다(Otteson, 2011: 85).

6) "초창기부터 우리 공화국을 이끌어온 오래되고 검증된 진리들은 오늘날 우리에게도 잘 맞을 것이다."(배리 골드워터, 1960/2019: 36)

시대와는 전적으로 다른 사회로 변화하기 시작했다. 생산방식이 변화했음은 물론 시장이 광범위하게 확대되어 갔다. 이전의 시대에 비해 경제활동도 자유로웠고 세계화라는 개념이 실제 상황을 기술하기에 적합할 정도로 국제적인 무역의 자유도 확대되었다.

이런 사회적 변화는 프랑스혁명에 의한 사회적 변화처럼 미리 계획된 인위적이고 집단적인 결정에 따르는 것이 아니라, 개인들과 인간 그룹들이 제각각 개별적으로 정한 목표를 위해 각자가 지닌 지식을 동원하는 과정에서 생겨나는 변화였다. 이런 변화는 누구도 의도하지 않은, 간단히 말해서 자생적으로 생겨난 것이었다. 따라서 산업'혁명'과 프랑스'혁명'에서 말하는 혁명은 똑같이 변화를 의미하지만, 변화의 원천에서 상이하다는 점을 우리가 직시해야 한다. 산업혁명을 통한 사회변동은 사회의 내부로부터 생겨난다는 의미에서 내생적 변화 또는 아래로부터의 변화였다. 이에 반해 프랑스혁명에 의한 사회변화는 사회의 외부로부터 생겨난다는 의미에서 외생적 변화 또는 위로부터의 인위적 변화다.

그러나 사람들은 산업혁명이라는 자생적 변화에 대해서도 몹시 두려워했다. 이 두려움을 표현하면서 등장한 것도 보수주의였다. 니스벳(Robert Nisbet)이 1986년 유명한 『보수주의』에서 보여주고 있듯이, 쿨리지(Calvin Coolidge), 사우디(Robert Southey) 등 영국의 보수주의자들은 상업의 발달과 산업화는 분열적이고 파괴적이고 사회를 해체한다는 이유로 시장경제의 발전을 비판했다(니스벳, 2007: 103-104).

산업혁명에 대한 보수주의적 비판은 프랑스도 예외가 아니었다. 드 메스트르(Joseph de Maistre), 보날드를 비롯한 보수주의자들은 상업·산업·도시화가 프랑스혁명과 자연권적 교의만큼 파괴적이라고 주장했다. 도시 생활이 개인들끼리의 사회적 유대를 파괴하고 혼인과 가족의 유대까지도 이완시켰다고도 했다. 그래서 그들은 토지에 기반을 둔 농업사회의 회복을 강조한다. 사회주의가 등장하기 전 19세기 전반, 자유주의 시대에 자유주의 개혁정책과 자본주의에 대한 보수주의의 적대감은 매우 컸다. 그래서 영국의 페이비언(fabian) 사회주의를 이끌었던 버나드 쇼(Bernard Shaw)가 자본주의에 대한 보수주의의 비판은 사회주의자들의 비판보다 더 격렬했다고 논평했다.[7]

　　유럽에서의 보수주의의 등장요인은 상업의 발달로 인해 기존의 사회질서에 대한 위협과 사회의 혼란에 대한 두려움 때문에 기존의 사회질서를 보호하려는 동기였다. 개인적 자유의 확대와 시장경제의 발달은 혼란을 불러오고 인간을 원자화하여 사회적 결속을 해체한다는 것이다. 요컨대, 보수주의는 급격한 변화에 대한 필연적이고 광범위한 반대의 태도다. 프랑스혁명 이후 한 세기 반 동안 유럽정치에서 중요한 역할을 해왔던 보수주의가 20세기 초 사회주의가 등장하기 전까지 대립각을 세웠던 대상은 자유주의였다.[8]

---

7)　영국에서 곡물법(곡물의 수입을 막기 위해 높은 관세를 도입)의 폐지를 반대했던 보수주의자들이 그런 폐지를 찬성한 자유주의자들과 대립적이었던 것은 잘 알려진 사실이다. 인간들 간의 사회적 거리를 더욱 멀어지게 만들어 가족과 같은 유대감을 파괴한다는 이유로 상업사회를 반대했던 것도 프랑스의 보날드가 이끈 보수주의였다. 독일에서 자유무역은 같은 발전 수준에 있는 나라들끼리나 가능하지만, 후진국이 발전된 나라에 대해 문을 열게 되면 후진국에게 늘 불리하다는 이유로 보호무역을 주창한 것도 프리드리히 리스트(Friedrich List, 독일 역사학파의 창시자)를 중심으로 했던 보수주의였다.

8)　하이에크가 확인했듯이 미국의 역사에는 이에 상응하는 갈등이라는 것이 없었다. 유럽에서 '자유주의'라고 불렸던 것이 미국의 정치체제가 기초하고 있는 공통의 전통이 되어있었기 때문이다. 그러므로 미국 전통의 수호자들은 유럽적 의미에서는 자유주의자들이었다. 이 같은 기존의 혼동은 미국 전통에 낯선 특이한 성격의 유럽식 보수주의를 미국에 이식하려는 최근의 시도로 인해 더욱 악화되었다. 그리고 이러한 시도가 있기 전 얼마 동안 미국의 급진주의자들과 사회주의자들은 자신들을 '자유주의자'라고 불렀다.

3) 20세기 사회주의 시대와 보수주의

홍미로운 것은 20세기 사회주의 시대에 자유주의는 보수주의와 동맹하여 사회주의와 이념전쟁을 감행했다는 점이다. 미국에서 사회주의 시대의 전형은 1960년대 존슨 행정부의 '위대한 사회(the Great Society)'라는 정책 프로그램이었다. 이것은 전후 미국의 좌파적 이념의 최고 절정이었다. 소수파와 빈곤층에 대한 법적 보호와 재정적 지원으로 구성된 '우대정책'은 급진적인 사회개혁으로서 법적·정치적 그리고 경제적으로 매우 심각한 문제를 불러왔다. 여성의 일자리 할당, 인종·성 소수자에 대한 우대정책 등 차별금지법은 사실상 역차별을 불러왔다. 이런 배경에서 미국에서는 러셀 커크(Russell Kirk), 배리 골드워터(Barry Goldwater), 다니엘 벨, 어빙 크리스톨 등을 중심으로 사회주의를 비판하면서 보수주의가 등장했다. 영국에는 로저 스크루턴(Roger Scruton)이 활동했다.

사회주의가 등장하기 전의 19세기 자유주의 시대에 보수주의는 자유주의의 적(敵)이었다. 그 대표적인 것이 곡물법의 폐지를 반대했던 보수파의 대표자 디스레일리(R. Disraeli)와 폐지를 주장한 자유파에 속했던 필(R. Peel)의 대결이었다. 19세기와는 달리 20세기 반(反)사회주의 투쟁을 위해 보수주의와 자유주의 사이에 동맹이 형성된다. 모든 개혁은 실제로 개인의 자유와 사적 소유를 파괴하는 방향으로 작용하기 때문에 그런 개혁을 사회주의라고 여길 수 있었다. 그런데 사회주의 변혁운동이 개인의 자유에 대한 침해를 지지할 때는 자유를 소중히 여기는 사람들은 사회주의 운동을 반대하는 데 모든 힘을 집중했다. 그러나 대개 습관적으로 변화에 저항하는 보수주의자들과 같은 쪽에 서 있었다. 하지만 양 진영의 동기는 전혀 다르다는 점을 직시할 필요가 있다. 자유주의가 사회주의를 반대했던 이유는 후자가 개인의 자유와 재산을 제약하기 때문이다. 그러나 개인의 자유를 상대적으로 덜 걱정하는 보수주의가 사회주의 개혁을 반대하는 근본적인 이유는 이것이 전통적 가치에 기반을 둔 기존의 사회질서를 위협하기 때문이다. 그 같은 개혁은 사회적 혼란을 부른다는 이유에서 사회주의를 반대했다.

하지만 사회주의자들이 오랫동안 세력을 키울 수 있었기 때문에 보수주의자는 자유주의자들의 방향보다는 사회주의자를 추종하는 경향이 있었으며, 일정한 시간적 간격을 두고 급진파의 선전에 의해 평판이 좋아진 사회주의자의 사상을 채택했다. 자기 자신들의 고유한 목적 없이 중도노선의 지지자인 보수주의자들은 진리가 양극단 사이의 중간에 놓여 있다는 믿음을 따랐고, 그 결과 그들은 자신들의 입장을 매번 양쪽 날개에서 나타난 좀 더 극단적인 운동 쪽으로 이동시켰다. '따뜻한 보수' 또는 '개혁적 보수'라는 이름이 생겨난 것은 그래서다. 그러므로 언제나 보수주의로 적절히 기술할 수 있는 입장은 현존하는 경향의 향방에 의존한다. 20세기 중반 내내 발전이 일반적으로 사회주의적 방향이었기 때문에, 보수주의자나 자유주의자 모두 주로 그러한 움직임을 저지하는 데 열중했다.

그러나 자유주의의 핵심은 어느 한 지점에 머물려는 것이 아니라, 다른 곳으로 가기를 원하는 것이다. 자유주의는 결코 과거 지향적 교리가 아니라는 뜻이다. 자유주의는 진화와 변화에 적대적이지 않다. 그리고 자생적인 변화가 정부 통제에 의해 질식되었던 곳에서 자유주의는 급격한 정책변화를 요구한다. 현재 이루어지고 있는 많은 정부 조치를 보면, 현대세계에서 자유주의자들이 현상 유지를 원할 어떠한 이유도 없다. 자유주의자에게 세계의 대부분 지역에서 가장 긴급하게 필요한 것은 자유로운 성장의 방해물을 철저하게 일소시키는 것으로 보인다.

2.
보수주의적 인간관: 변화에 대한 혐오

　보수주의의 등장 배경에서 우리가 확인할 수 있는 것은 보수주의가 추구하는 최고의 가치는 '현재 상황(status quo)'의 유지와 안정이라는 사실이다. 그 이념은 개혁과 변화는 안정을 해친다는 이유로 싫어하고 현재 상황을 옹호한다. 여기에서 제기되는 문제는 두 가지다. 첫째로 왜 보수주의가 안정이라는 가치를 중시하여 개혁과 변화보다도 '현재 상태'에 더 큰 가치를 부여하는가이다. 이에 대한 해답은 보수주의의 인식론적 입장이다. 인간의 이성은 불완전하다는 이유에서 변화의 결과를 예측할 수 없다는 것이다.

1) 이성에 대한 보수주의적 불신

　흥미로운 문제는 보수주의가 제도의 장래 변화보다는 제도의 현재 상황을 중시하는 이유다. 이는 인간 이성에 대한 비관주 때문이다. 보수주의자는 제도의 변동이 자생적이든 인위적이든 그 변화가 장차 초래할 다양한 형태의 구체적인 결과를 알 수 없다는 이유에서 변화를 싫어한다. 보수주의가 낯선 것, 새로운 것을 싫어하는 이유다. 하이에크는 "보수주의의 근본적인 특징 중 하나는 변화에 대한 두려움"이라고 한다(Hayek, 2023: 608). 뷰캐넌도 적절히 지적하듯이, 보수주의란 "모르는 것을 수락하기보다는 현재가 나쁘다고 해도 이를 참고 견디는 것이 더 좋다는 태도"다(Buchanan, 2003: 2).[9] 보수주의 인식론적 기초는 다음과 같이 세 가지 요소로 구분할 수 있다(Barry, 1998).[10]

① 보수주의는 합리주의를 조잡하다고 비판한다.
② 보수주의는 개별적인 이성 대신에 수 세대를 거쳐 형성된 집단적 경험과 지혜의 우월성을 신봉한다.
③ 우월성을 구현한 것이 전통, 관행, 관습, 사고방식 그리고 헌법 등 전래한 사회제도로 기술될 수 있는 현재 상황이다.

요컨대, 보수주의는 경험과 전통을 중시하는 이념이다. 이 같은 인식론적 입장은 스코틀랜드 계몽사상과 일치한다. 이미 앞에서 설명했듯이 진화사상을 전제한 자유주의자는 모든 사회제도를 자신의 개별 이성에 의해 기술된 패턴에 따라 재구축하기를 원하는 조잡한 합리주의로부터 떨어져 있다. 자유주의는 이같이 이성에 대한 불신을 보수주의자와 공유한다. 그런 인식론적 관점에서 프랑스혁명을 비판했다. 그런 혁명은 앞에서 설명했듯이, 자연권 사상과 함께 개별적인 인간의 이성에 대한 무제한의 신뢰를 부여했던 프랑스 계몽주의 전통에서 비롯된 것이었다.

보수주의는 자연권적 개인주의를 기반으로 하는 로크의 전통과 로버트 노직, 머리 로스바드의 '권리 이론적 자유주의'도 반대한다. 보수주의가 반대하는 것은 여기에서 멈추지 않고 더 나아가 공리주의는 물론 칸

---

9) 슈메이커도 다음과 같이 말했다. "현대 보수주의는 전통적 보수주의와 마찬가지로 (사회의 바탕을 해칠지도 모르는) 사회개혁의 예기치 못할 결과를 두려워한다."(슈메이커, 2010: 337)

10) 보수의 원조 버크를 노먼은 이렇게 평가했다. "버크는 추상적인 탁상공론과 형이상학적인 사람들을 못 견뎌한다. 『프랑스혁명에 관한 고찰』에서 그는 다음과 같이 말한다. '자유로운 정부라는 교리를 쪼개고 원자화하는 이들이 있다. 그게 마치 추상적인 문제라도 되는 듯이 말이다'."(Norman, 2013: 289)

트의 윤리학도 반대한다. 합리주의를 전제한 이념이라는 이유에서다. 보수주의는 합리적·철학적 논리적이면서 동시에 추상적 권리개념을 반대한다. 게다가 추상적이라는 이유에서 원칙과 이론도 싫어한다. 『보수주의의 의미』로 유명한 영국의 보수주의 정치철학자 스크루턴이 자연권을 기반으로 하는 자유주의를 제일의 적(敵)으로 간주했던 이유다.

1953년 저서 『보수주의 정신』으로 유명한 보수주의 정치철학자 러셀 커크의 사상도 매우 흥미롭다. 미국의 자유주의 전통에 대한 해석에 로크의 자연권 이론을 도입했던 하르츠(F. Hartz)의 시도를 거부하고 그 대신에 버크의 보수주의에 입각해 미국의 정치적 전통을 재해석했던 인물이 커크였다. 제러미 벤담을 중심으로 한 '급진적인 철학'으로서 공리주의도 보수주의와 거리가 멀다. 사회를 개인의 합에 지나지 않는다고 보는 공리주의는 모든 제도와 정책을 사회적 행복(사회적 후생함수)의 합리적인 테스트에 예속시키기 때문이다.

이같이 보수주의는 인간 이성의 한계를 진화론적 자유주의와 공유하고 있다. 그렇다고 하더라도 그런 자유주의는 비합리적인 전통과 관습에 대해 신비주의에 의존하는 보수주의와도 전적으로 다르다. 자유주의는 그런 전통과 관습의 가치를 입증하는 노력을 경멸하지 않는다. 그리고 보수주의자는 자신의 무지를 초자연적인 권위에 호소하지만, 자유주의자는 기꺼이 자신의 무지와 직접 대면하고 우리가 얼마나 조금밖에 모르는가를 인정한다. 자유주의의 핵심적 특징인 관용을 유지하게 하려면 어느 정도 그런 겸양은 필요한 것으로 보인다. 그렇다고 이것이 자유주의자에게는 종교적 믿음이 없는 무신론자일 이유는 전혀 없다. 프랑스혁명의 합리주의와는 달리 진정한 자유주의는 전혀 종교와 갈등을 빚지 않는다. 자유주의를 보수주의와 구별 짓는 것은, 자유주의자는 아무리 자신의 종교적 믿음이 깊다고 하더라도 결코 자기가 타인에게 그것을 강요할 특권을 받았다고 생각하지 않는다는 점이다. 그리고 자유주의자에게 '영속'과

'세속'은 혼동되어서는 안 될 서로 다른 공간이라는 점이다.

2) 신비주의적 보수주의: 과거 회고적

얼핏 보기에는 보수주의도 진화론적 자유주의와 똑같이 인간 이성에 관한 인식론적 비관주의를 전제하는 것 같지만 매우 상이하다는 점을 직시할 필요가 있다. 첫째로, 보수주의는 신비주의 혹은 불가지론을 전제한 나머지 모든 이론적 사유나 원칙론까지도 반대한다. 이에 반해 스코틀랜드 계몽주의 전통의 반합리주의적 자유주의는 개별 인간의 이성에 대한 불신과 집단적 경험과 지혜의 우월성을 강조했다. 그러나 그런 전통의 자유주의는 이론적 사유와 원칙론을 반대하는 것이 아니라, 그 전통에 고유한 질서이론, 즉 스스로 생성·유지되는 질서로서의 자생적 질서이론과 이런 이론적 사유로부터 개인의 자유, 제한된 정부, 그리고 법의 지배와 관련된 원칙을 도출했다.

둘째로, 보수주의는 전통과 제도가 세대에서 세대로 전수된 것이라는 사실 자체에 의미를 부여하고 그것을 존중한다. 이런 의미에서 보수는 과거 회고적(backward looking)이다. 현재 '있는 것(being)'을 '지키는(conserve)' 이념이 보수주의다. 아직 없는 것을 지킨다는 것은 언어의 남용이다. 이에 반해 자유주의는 존재하는 모든 것을 보유해야 할 이유가 없다고 본다. 아무리 오래되었다고 해도 진화와 변화를 방해하는 법적 제도나 정책이 있다면 이들을 가차 없이 제거하는 것이 자유주의의 입장이다. 변화에 대해 매우 낙관적이라는 이유에서 자유주의는 미래 전망적(forward looking) 이념이다(Hayek, 2023: 624).

그러나 유감스럽게도 보수주의는 이 같은 입장을 변화와 진화에는 적용하지 않는다. 이것은 변화를 몰고 오는 자유에 대한 두려움 때문이

다. 그러나 자유주의자들은 변화가 어떤 구체적인 결과를 초래하는지 알
수 없다고 해도 스스로 변화하도록 내버려두고 새로운 것의 발견을 즐길
"용기와 자신감"(Hayek, 2023: 608)이 있다. 그런 배짱은 자생적 변화와 진화
에 대한 낙관에서 나온다. 첩첩이 쌓인 정부 규제들로 그런 변화가 질식
되면 지체하지 말고 경제적 자유의 확대를 위한 급진적 개혁까지도 요구
하는 게 자유의 철학이다. 시장은 어떤 변화든 잘 소화해 빈곤, 실업, 저성
장의 문제를 스스로 해결한다는 자생적 힘에 대한 확고한 인식 때문이다.

3) 구조적 무지를 위대한 지도자론으로 극복

변화를 두려워하는 보수주의자들은 한편으로는 변화를 막고 그 속
도를 제한하기 위해 정부의 권력을 이용하는 경향이 있다. 다른 한편으로
는 유능하고 도덕적인 누군가를 통한 지배를 그리워한다. 그런 지도자를
노래하는 보수주의적 태도에 대한 설명이 필요하다. 보수주의자들은 변
화가 필요한데 그들은 변화를 두려워한다. 두려움을 극복하기 위해 우상
화할 만큼 현자의 지배를 선호한다. 그런 현자가 있는가? 보수주의자는
인간이라고 해서 모두가 다 같은 것이 아니라 그들 사이에는 타고날 때부
터 우열(優劣)이 있다고 한다.[11] 그래서 사회적 신분에서나 경제적 지위에
서 위계질서가 핵심이고 인간들 사이에 불평등은 자연스러운 것이라고
믿는다.

보수는 사회적 위계질서를 지지·보존하려고 한다. 인간의 불평등
에 기인한 위계질서를 중시하는 보수주의에 따르면, 서열에서 우월한 사

---

11) 뷰캐넌이 2005년 자신의 저서 『나도 보수주의자가 아니다』에서 보여주는 바와 같이 플라톤은 어
     떤 사람은 노예로 태어나고 어떤 사람은 주인으로 태어난다고 말함으로써 자연적 위계를 주장한
     다(Buchanan, 2005: 4). 이것이 보수주의의 인간관을 구성한다.

람들이 공공의 문제에서 다른 누구보다 더 많은 영향력을 행사해야 한다고 한다(Barry, 1987: 90; 슈메이커, 2010: 324). "개명된 지도자들"이 나라를 다스려야 한다고도 말한다(슈메이커, 2010: 325). 이는 보수가 전형적인 엘리트주의라는 점을 입증하는 송복, 박지향 등과 같은 한국의 보수주의자들의 전형적인 주장이다. 이들의 보수주의는 '예(禮)는 군자(君子)에게 미치며 소인(小人)에게는 미치지 않는다'는 옛 유교 예론의 엘리트주의(설혜심, 2024)를 보는 것 같아 흥미롭다.[12]

엘리트주의의 역사적 실현의 대표적 예가 귀족주의다. 보수주의는 탁월하고 우월한 자들에게 전통적으로 전수된 도덕적 기준 및 가치, 그리고 그들의 사회적 역할과 지위들은 그들이 독점해야 하고 특혜적 조치를 통해서 보호받아야 한다고 주장한다. 이 같은 생각을 반영한 것이 전통적 보수주의가 지향했던 귀족주의이다. 탁월하고 우월한 자들은 지배적 위치에 있는 귀족 가문이다. 하지만 보수주의는 점차 변동하여[13] 오늘날에는 신분적 귀족주의 대신에 엘리트주의적 이상(理想)을 수용했다. 이는 계급, 가문, 성별, 인종과 관계없이 능력이나 도덕적 품성이 높은 사람이 정치적 지배구조에서 높은 자리를 차지해야 한다는 원칙이다.

보수주의는 자유주의와 어떻게 다른가? 자유주의자들도 인간의 본성과 양육의 다양성, 즉 능력과 잠재력의 폭넓은 차이가 인류의 가장 큰 특징이라는 것을 인정한다. 하지만 자유주의자들은 인간들을 우열로 분류하지 않는다. 그 같은 분류를 위한 객관적인 도덕적 잣대 혹은 분류기준을 찾아낼 수 있는 지적 능력이 없다는 이유에서다. 그 잣대나 기준은

---

12) 조선일보, "르네상스 땐 깨끗한 콧구멍, 18세기엔 날씨 얘기 않는 게 매너", 2024년 10월 26일자 A19면 서평에서 인용했다.

13) 왜 귀족주의에서 능력주의로 변동했는가의 이유는 다양한 사회계급의 출신도 여러 재능과 덕성을 지닐 수 있다는 점을 인정했기 때문이다.

주관적일 수밖에 없다. 그래서 엘리트가 지배해야 한다는 주장을 싫어한다. 귀족주의에서 볼 수 있는 것처럼 보수주의는 서열상 우월한 사람들의 가치나 지위를 보호하기 위해 그들에게 특권이나 특혜를 부여한다. 운동선수 또는 대학원생의 징집유보, 전관예우 등에서 볼 수 있는 특혜도 보수주의의 정책이다. 잘하는 기업에게 국가가 차등 지원하는 이른바 차별화 정책 — 사실상 이런 정책은 특혜정책일 뿐이다 — 도, 정치와 경제의 협력을 의미하는 조합주의(corporatism)도, 그리고 정경유착도 사실상 보수주의 정책이다.

그러나 자유사회에서는 보호받을 능력이나 가치에 대한 특권이란 존재할 수 없다. 특권부여는 진화론적 자유주의의 유서 깊은 정치적 이상으로서 제7부에서 다룰 법치 원칙에 치명적인 위반이기 때문이다. 설사 엘리트라고 해도 다른 사람들과 똑같은 법적·제도적 조건 아래에서 자유경쟁을 통해 자신들의 지위를 스스로 지키도록 내버려둬야 한다는 것이 자유주의 원칙이다. 그러나 그런 경쟁은 위계질서를 파괴하여 변화의 결과를 예측할 수 없다는 이유에서 법치와 자유경쟁을 반대하는 것이 보수주의다.

4) 노블레스 오블리주는 귀족사회의 유물

보수사회는 귀족주의든 엘리트주의든 선민(選民)의 중요성을 강조하고, 그래서 그 같은 사회는 엘리트의 자만심과 거드름을 부추기는 사회라고 말할 수 있다. 엘리트의 우쭐댐을 잠재우기 위해서 생겨난 개념이 '노블레스 오블리주(nobles oblige)'다. 귀족의 의무에 대한 현대적 표현이 특권을 누리는 지배계층의 사회적 책임이다. 이는 특권을 누리는 사람이 의무와 책임을 짊어져야 한다는 뜻이다. 귀족사회의 유물이지만 오늘날에도 지배계층에게 특권을 부여하고 이에 상응하는 의무를 부여하는 제도가 많다. 이 전통에 따라 엘리트주의를 강조하는 현대 보수주의자도 이를 강조하고 있다.

오늘날 노블레스 오블리주를 요구할 수 있는가? 그것은 암묵적으로 특권과 같은 것의 존재를, 그리고 위계질서가 고정되어 있다는 것을 전제한다. 그러나 자유사회에는 법적으로 보호받을 어떤 특권도 인정되지 않는다. 그래서 고정된 '노블레스'는 존재할 수 없다. 더구나 개인들의 재산과 지위는 제주와 능력, 위험선택, 운과 시장 상황 등 수많은 요인에 의해 결정되기 때문에 같은 사람이나 그 자손이 항상 성공한다는 보장도 없다. 그래서 사회의 위계도 고정돼 있는 것이 아니라 매우 유동적이고 불안정하다. 부자가 가난해지고 가난한 자가 부자가 되는 세상이 자유사회다.

노블레스 오블리주는 현대적 의미로 해석한다면 부자의 '사회적 책임'에 지나지 않는다. 부자의 사회적 책임을 통해 엘리트주의에서 생겨나는 불평등의 사회적 문제를 해결하려고 하고 있다. 그러나 자유사회에서 부의 축적은 특권에 의해 이루어진 것이 아니라 시장의 수요자들에게 가치 있는 재화나 서비스를 공급한 대가다. 이미 상응한 대가를 치렀기 때문에 별도의 의무나 책임이 없다. 그래서 자유사회에는 노블레스 오블리주를 요구할 조건이 없다. 보호받을 특권도 없고 분배적 위계도 유동적이고 부의 축적은 이에 해당하는 대가를 지불했기 때문이다. 자유주의자는 부자들에게 사회적 책임 또는 노블레스 오블리주를 요구할 수 없다.

3.
보수주의의 사회질서관: 사회유기체

보수주의의 사회관과 관련된 세 가지가 흥미롭다. 첫째로 사회에 관한 전통적 보수주의의 유기체론적 관점이다. 정말로 인간 사회를 유기체의 생물학적 구조에 비유할 수 있는가, 보수주의가 어떤 의도로 인간 사회를 유기체에 비유하려고 했는가? 둘째로 자유와 질서의 관계에 대한 보수주의적 입장이다. 마지막 셋째는 보수주의가 시장경제를 어떻게 보고 있는가의 문제다.

1) 사회를 유기체로 보는 보수주의: 박지향

보수주의는 유기체론을 전제하고 있다는 것은 한국의 보수주의를 대표하는 학자로 알려진 박지향이 잘 말해준다. 그는 "위기의 대한민국… '보수의 길'을 묻다"와 관련된 조선일보와의 인터뷰(2016.12.6)에서 다음과 같이 말했다.

> "정치철학으로서의 보수주의는 사회가 유기체(有機體), 즉 살아 있는 생명체라는 인식에서 출발한다. 사회구성원들은 생명체가 살아남을 수 있도록 각자의 위치에서 최선을 다해야 한다. 머리·심장·팔다리 가운데 어느 하나라도 제 역할을 하지 못하면 사회

는 썩고 죽어간다. 하지만 누가 사회를 이끌어가는 머리가 되느냐는 매우 중요하고 민감한 문제다. 보수주의는 능력·성실·노력, 특히 도덕적 엄격함을 갖춘 사람이 머리가 돼야 한다고 본다."(박지향, 2016)

유기체의 생물학적 구조는 자연적으로 형성된 질서다. 이는 인간에 의해서 계획하여 만들 수 있는 구조가 아니다. 스스로 생성되는 특징을 가진 자연적 진화의 결과다. 그런데 유기체의 특징은 그 구조에서 위계적이라는 점이다. 최하 단위가 세포다. 세포의 존재 이유는 상위의 기관(器官), 예를 들면 간, 위, 허파 등의 존립을 위해서다. 세포로부터 두뇌에 이르기까지 유기체의 구조를 형성하는 개별적인 요소들은 제각각 독자적인 목표가 없다. 그들은 상호 의존적이면서 동시에 유기체의 생명 유지라는 최종목표에 봉사한다.

보수주의가 사회를 유기체로 이용한 것은 보수가 지향하는 위계질서의 권위 또는 엘리트(선민)를 정당화하기 위해서였다(슈메이커, 2010: 324; Barry, 1987: 90).[14] 다시 말해, 유기체론은 특정 그룹의 특권, 인간들의 차등, 명령과 복종 관계, 특정 개인들의 기득권, 그들의 특수 지위나 역할의 유지를 옹호하기 위해 사용한 개념이다(Hayek, 2018: 105). 인간 사회를 유기체에 비유하는 것이 타당한가의 문제가 제기된다. 주목할 것은 유기체는 외부의 간섭이 없이도 내적인 질서가 생성·유지되는 질서라는 점이다. 인간 사회도 스스로 생성·유지되는 자생적 질서(spontaneous order)다.

그러나 보수주의가 인간 사회의 그런 점을 강조하기 위해서 유기체

---

14) 슈메이커는 사회에 대한 보수주의의 시각을 다음과 같이 표현하고 있다. "유기체적 사회는 서열로 이루어져 있다. (모발과 편도선처럼) 인간의 몸에 중요한 부위와 덜 중요한 부위가 있듯이 정치체 내에서도 더 중요한 인간과 집단이 있는가 하면 덜 중요한 인간과 집단이 있을 수 있다."(슈메이커, 2010: 324) 자연권 이론적 자유주의자로 분류할 수 있는 호페도 확인하고 있듯이(호페, 2001/2004: 307), 보수주의는 자연적 위계를 중시한다.

론을 택한 것이 결코 아니다. 오로지 사회의 자연적 위계(권위)를 정당화하기 위해서 그 같은 개념을 도입했다. 유기체의 각 기관은 위계적으로 고정된 위치와 기능을 지니고 있다. 이에 따라 보수주의는 인간 사회의 구성원들도 그 기능에 따라서 고정된 위치가 할당되어 있다고 여기고 있다. 간이나 위 또는 두뇌와 같이 유기체를 구성하는 중요한 특수기관들의 위치를 바꾸거나 역할을 억제하면 유기체가 치명적인 것과 같이 위계적인 기존의 사회질서를 개혁·교체할 경우 사회의 안정이 위태롭다는 것이다.

유기체는 그것이 일단 성숙하면 유기체를 구성하는 개별 요소들이 차지한 고정된 위치를 일거에 전부 보유한다. 유기체는 원칙적으로 수가 고정된 요소들로 구성된 일정 불변적인 시스템이다. 그리고 유기체적인 구조를 구성하는 요소들은 유기체 그 자체의 목적(즉 유기체 구성요소들의 공동목적)에 예속되어 있다. 그들은 그래서 유기체의 부속품이라고 보아도 무방하다. 유기체 전체의 생존을 위해 각 기관에 역할이 배정되어 있다. 각 기관은 스스로 지식을 동원하여 자신의 목표를 추구할 수 있다는 의미에서 자율성도 없다. 유기체는 공동목적을 위해 인위적으로 만든 조직과 같은 의미이다. 보수주의가 권위주의적 질서를 전제하고 있는 이유도 그 같은 질서관 때문이다. 보수주의는 권위주의를 전제한다는 강정인 교수의 주장은 전적으로 옳다(강정인, 2010: 51).

자유주의가 보는 질서관은 무엇인가? 그 질서관은 유기체론과 어떻게 다른가? 사회질서를 '자생적 질서'로 이해한 유일한 자유주의는 진화사상에 기반을 둔 자유주의뿐이다. 이 질서의 특징은 주지하다시피 보호되는 기득권도 없고 특권계급도 없다. 그리고 위계질서가 아니라 수평적 질서다(민경국, 2021: 125). 자생적 질서는 권위주의적 질서가 아닌 이유다. 흥미로운 것은 자생적 질서를 구성하는 요소들(기업, 가계, 개인, 민간집단)의 경제적 위치가 고정된 것도 아니고 그들의 사회적 기능도 주어지거나 고정된 것도 아니라는 점이다. 그들의 위치나 기능이 자생적으로 신속히 변동한다. 예를 들면 부품 공급을 위한 기업은 내적 구조에서 스스로 변동할 뿐만 아니라 다각화를 통해서 사회적 역할도 변동한다. 노동자가 주식투자를 통해 자본가의 역할을 할 수 있다. 사회의 자생적 질서에서 그 구성요소들은 공동으로 달성할 공동의 목적도 없다. 요소들의 수나 그들의 기능도 끊임없이 변동하면서 내적인 구조도 변동하고 지역에서 국가적 차원(영토적 의미)으로 그리고 국제적으로까지 확장된다.

2) 보수주의자들에게 자생적 질서의 개념은 없다

앞에서 설명한 바와 같이 보수주의는 사회적 위계를 정당화하기 위해서 유기체 개념을 도입했다. 외부의 간섭이 없이도 내적인 질서가 생성·유지되는 질서라는 점을 강조하기 위해 도입된 것이 아니다. 보수주의자들은 권위가 없이는 사회의 질서와 안정은 기대할 수 없다고 주장한다. 이 주장은 자생적 질서의 존재를 부정하고 인위적 질서를 옹호한다는 내용의 주장이다. 자유주의는 경제·사회적 환경변화에 대해 사회질서가 스스로 적응할 수 있는 자생적인 힘을 믿는 데 반해 보수주의는 외적인 어떤 현명하고 선한 권위(초자연적 권위)가 없이는 질서의 생성·유지가 가능하지 않다고 한다. 하지만 시장경제는 변화하는 환경에 적응할 자생적인 힘이 있다는 사실을 받아들이는 것이 자유주의의 중요한 부분이다. 이에 반해 사회질서와 시장경제는 지혜로운 사람의 의식적 통제가 필요하다고 믿는 것이 보수주의의 핵심이다.

보수주의자들이 그 같은 믿음을 갖는 이유는 무엇인가? 근본적인 이유는 사회질서 이론, 구체적으로 말해서 수많은 인간의 행동들을 조정하는 일반적인 힘을 설명하는 이론 즉, 경제적 메커니즘에 관한 이론이 없기 때문이다. 보수주의 전통의 핵심은 추상적인 이론에 대한 불신이다(Hayek, 2023: 614; 호페, 2004: 316).[15] 경험이 입증하는 것 이외에는 논증의 힘도, 그리고 이론적 상상도 믿지 않는 것이 보수주의 전통이다.[16] 그들이 믿는 것은 앞에서 언급한 바와 같이 '개명된 지도자'의 지혜와 이타적 의지뿐이다(Hayek, 2023: 608; 슈메이커, 2010: 325).

보수주의는 경제적 메커니즘에 대한 이론을 불신하기 때문에 정책의 원칙도 불신한다. 자생적인 적응을 불러오는 힘을 이해하지도 못하고 오히려 이를 불신하기 때문에 원칙의 정치에 대한 헌신도 없다. 상황 변화에 따라 그때그때마다 필요한 기회주의적이고 실용주의적인 간섭을 허용한다. 그래서 '현대적' 보수주의는 필요한 때는 자유주의의 정책(예를 들면, 레이거노믹스 또는 대처리즘)을 혹은 사회주의 정책(개혁적 보수 또는 예컨대 조지 부시 미국 대통령의 따뜻한 보수)[17]을 이용한다. '원칙의 정치'는 자생적 질서를 전제로 한다. 보수주의의 취약점은 이미 버크에서부터 예정되어 있었다. 그에게는 이론이 거의 없었다. 그러나 애덤 스미스를 비롯한 자유주의자는 '보이지 않는 손'의 이론을 개발했고 이것이 바로 자생적 질서 패러다임의 전통이 된 것이다.

보수주의는 사회질서의 자생적인 힘을 이해하지 못하고 따라서 정책의 원칙을 구성하기 위한 기초를 소유하고 있지 못한 것, 이것이 자유

---

15) 이론을 불신하는 점에서 보수주의는 역사학파와 동일하다(호페, 2010: 316).

16) "전통적 보수주의는 옛 사회질서를 옹호하며, 이성과 과학만으로는 신, 영혼, 도덕의식, 정치 공동체의 여러 미묘한 측면과 같은 문제를 이해할 수 없다고 주장한다. 전통적 보수주의자들은 궁극적인 존재나 인간 본성, 사회 등의 문제에 대해 고전적 자유주의자들이 제시한 과학적 구성 방식보다 전통적 이해 방식으로 다스리는 것이 좀 더 훌륭한 방법이라고 보았다. 이들은 사회를 유기적 실체로 이해하고 사회 발전은 서서히 그리고 조심스럽게 이루어져야 한다고 보았으며, 종교의 권위를 깎아내리거나 종교를 순전히 사적이고 개인적인 문제라고 생각하지 않았다." 이 문단은 보수주의가 추상적 이론을 싫어하는 이유를 제일 잘 표현한 것이라고 볼 수 있다. 유감스럽게도 그 문단의 출처를 아무리 찾아봐도 찾을 수가 없었다.

17) 따뜻한 보수(compassionate conservatism)는 미국의 대통령 부시(George Walker Bush) 행정부(2001~2009)가 실시했던 복지정책이었다.

주의와 전적으로 다르다. 자유주의가 추구하는 원칙의 정치는 정부지출은 줄이고 규제는 풀고 법의 지배를 세우는 일을 수행하는 것이다. 자생적으로 질서가 형성된다는 확신은 원칙의 정치에 대한 이론적 뒷받침이다. 나중에 다시 논의하겠지만 원칙과 이론을 무시하는 것은 보수주의의 치명적인 결함이 아닐 수 없다. 보수주의는 이념전쟁에서도 승리할 수 없다. 이론은 이념전쟁을 위한 중요한 무기이기 때문이다.

3) 자본주의의 위기는 가치의 위기인가?

보수주의자들은 설사 시장경제의 존재를 긍정적으로 인정한다고 해도 이에 대한 비판도 만만하지 않다. 러셀 커크는 도시화와 산업화로 대중이 뿌리를 상실했다고 말한다. 이는 시장의 자유를 부정하는 발언이다. 벨과 크리스톨은 보수주의 이념을 성찰하면서 사회주의를 부정하고 경제적 자유주의를 제한할 필요성을 강조했다.[18] 그 이유는 이렇다. 즉, 자본주의는 물질적 측면에서는 성공했지만, 이 체제는 스스로 해결할 수 없는 가치의 위기를 불러온다는 것이다. 다시 말해, 자본주의와 자유사회는 내적으로 자기 파괴적 요소가 있다는 것이다. 지나친 자유와 개인주의는 내적 결속을 파괴한다는 뜻이다. 인간을 모래알처럼 어떤 인연도 없이 뿔뿔이 흩어지게 한다는 의미에서 인간을 원자화한다고도 한다. 자유사회의 위협은 사회주의 복지에서만 오는 것이 아니라 자유사회 그 자체에서 온다고 한다.

자유주의에 대한 이 같은 비판은 1930년대 자유주의가 몰락했을 때 그 원인을 말했던 독일의 경제학자 류스토브(W. Rüstow)의 비판과 흡사하다. 물질

---

18) 벨은 『자본주의의 문화적 충돌』에서 그리고 크리스톨은 『자본주의의 두 얼굴』에서 같은 주장을 한다.

적인 풍요만으로는 충분하지 않고, 인간은 사회적 존재이고 그래서 공동체적 결속이 필요하다는 것이다. 자유주의는 이 같은 욕구를 무시한다는 것이다. 산업노동자는 높은 소득을 가지고 있음에도 농부보다 덜 행복하다는 것이다. 사회의 원자화와 이익집단들의 경쟁 등 이들이 통합을 방해하는 요인들이라는 것이다. 우리가 처해 있는 거대한 위기는 경제위기라기보다는 통합의 위기라는 것이다. 보수주의의 이와 같은 진단에 따른다면, 2008년 미국발 금융위기도 "월가의 탐욕을 억제할 도덕성의 결여가 큰 문제였다"고 한다.[19] 그 원인이 정부의 잘못된 주택정책과 통화정책에 있었음에도 말이다. 보수주의가 경제위기의 원인을 인간의 탐욕에서 찾는 것은 좌파와 다름이 없다.

자유주의자들이 또렷하게 보여주고 있듯이, 20세기 위기는 가치의 위기가 아니라 반(反)시장적인 국가개입으로 야기된 경제위기였다. 정부개입은 지대추구를 조장하고 이것은 결국 사회적 갈등을 불러들인다. 갈등은 공동체 정신, 배려의 도덕, 책임감 등 자유사회의 도덕적 발전도 파괴한다. 직시해야 할 것은 시장질서는 자유를 보장하는 법(정의의 규칙)이 엄격하게 확립되어 있으면, 배려의 도덕, 책임감, 성실성, 정직성 등과 같은 소중한 도덕적 가치도 시장의 내부로부터(내생적으로) 형성되고 유지된다는 점이다. 교환시스템은 스스로 적절한 개인적 윤리를 창출하고 확산시킨다. 이 같은 확산은 시장경제의 발전을 촉진한다. 그래서 시장경제와 도덕규칙은 서로 공진화(co-evolution)의 관계에 있다는 것을 잊어서는 안 된다.

그러나 시장질서는 자신을 파괴하는 자유를 포함하고 있다고 보수주의자들은 목소리를 높인다. 그들은 경제적 자유를 반대하는 내용의 소설·영화·TV 방송·출판 등 이들이 시장 자유의 산물이라고도 한다. 정

---

19) 이런 진단에 관해서는 손병두(2023: 335)와 리처드 포스너(2013)를 참조.

부가 반(反)시장적 출판물을 금지해야 한다고 한다. 그러나 자유주의에 비춰볼 때 그 같은 보수주의적 태도는 옳지 않다. 관용이라는 도덕적 가치를 중시하는 것이 자유주의가 아니던가! 반시장적 산업을 억제하는 유일한 방법은 교육을 통해서 시민들의 반시장적 태도를 변화시키는 일이다. 이념교육이 자유주의자들이 감당해야 할 중요한 과제들 가운데 하나인 이유다.[20] 이런 맥락에서 흥미로운 것은 고등학교 역사 교과서의 시장실패라는 이유에서 역사 교과서 국정화를 지지했던 것은 바로 보수주의자들이었다는 점이다.

4) 자유주의 입장에서 본 역사(歷史) 교과서 논쟁[21]

박근혜 대통령의 국회 국정연설(2015.10.27)로 한국사 교과서 국정화(國定化) 강행이 재확인됐다. 국정화의 바탕에는 국사 교과서 발행을 시장에 맡겼더니 사실 왜곡과 친북적 좌 편향의 극히 '불량상품'이 독점하게 됐다(시장실패)는 인식이 깔려 있다. 이는 당장의 어려움 때문에 '자유의 원칙'을 포기하는 보수주의의 해법이다. 현행 불량 교과서로는 웅대한 대한민국 역사(歷史)를 젊은이들에게 가르쳐 개인적 · 정치적 삶을 개척할

---

20) 흥미로운 것은 2008년 금융위기의 원인이다. 보수주의자들은 탐욕적인 자본가의 탓으로 돌렸다. 시장은 이런 탐욕을 조장할 뿐 이를 조절할 능력이 없다는 것이다. 사회 공학적 사고를 전제한 금융공학이 그 같은 탐욕을 실행에 옮기다가 당한 것이 금융위기라는 것이다. 정부가 나서서 이 탐욕을 효과적으로 규제하고 감시해야 함에도 탈규제를 통해서 탐욕을 조장한 결과가 2008년 금융위기라고 목소리를 높였다(O'Hara, 2011: 245). 그러나 메인라인 자유주의는 금융위기의 원인을 시장의 내적인 오류 때문이 아니라 외적인 요인 즉, 방만한 통화정책(그리고 주택정책)에서 찾았다.

21) 이 글은 『문화일보』 2015년 10월 27일자에 게재했던 나의 국정화 반대론이다. 이런 반대론을 가지고 박근혜 대통령의 역사 교과서 국정화론을 둘러싼 보수파와 좌파 간의 논쟁에 자유주의자로서 내가 뛰어들었다. 당시 자유기업원 원장이 국정화를 지지했다. 그런 이유로 자유기업원은 나중에 문재인 좌익정부로부터 직 · 간접적으로 핍박을 받았다.

지적 힘을 키울 수 없다는 보수 진영의 진단은 전적으로 옳다. 그렇다고 역사 해석을 국가가 독점하는 국정화가 대안이 될 수는 없다. 교과서의 자유로운 시장이야말로 학생들에게 자신들의 삶을 위한 창조적이고 역동적인 힘을 키울 수 있는 교과서 체제라는 자유주의의 해법을 직시해야 한다.

우선, 국정화의 논거로 이용한 시장실패 개념부터 틀렸다. '특정 시점'에 분배, 경제력 집중, 독점 등 원하지 않는 시장 결과가 생기면 무엇이든 시장실패로 낙인찍는다. 시장실패 개념은 '스냅숏의 오류'를 범하는 쓸모없는 개념이다. 시장실패 논리라면, 좌 편향이 심각한 교육, 출판, 미디어도 국유화해야 할 것이다. 그 논리는 보수주의적 논리이지 자유주의적 논리가 아니다. 검정제의 교과서 경쟁에서 좌파에 처절하게도 완전히 패하고 말았다. 그 이유는 첫째로 좌파 집단들이 조직적으로 강압과 폭력을 이용해 교학사가 출판한 교과서의 자유 선택을 방해했기 때문이다. 그런 강압을 방지하고 선택의 자유를 보호할 책임이 정부에 있음에도 정부는 이를 방관했다. 둘째로, 좌파의 사실 왜곡과 좌 편향을 체계적으로 밝혀 교과서 수요자들을 설득하는 경쟁력 있고 멋진 여러 종의 교과서를 공급할 우파 사학계의 능력 부족 때문이리라. 보수 진영은 취약한 경쟁력을 극복하기 위해 싱크 탱크나 훌륭한 역사학자를 양성하는 등 다방면의 노력 대신 정치권력과 손잡고 말았다. 정부의 힘을 얻어 이념적 승리를 거두겠다는 것이다. 어려운 일이 있으면 늘 정부에 손을 벌리는 게 보수적 국가주의가 아닌가. 물론 국정화 통해 사실 왜곡과 좌 편향이 완화된 교과서를 펴낼 수 있을 것이다. 그러나 좌파 정권이 들어서면 맨 먼저 교과서를 손볼 것이다. 유감스럽게도 이를 막을 방도가 없어져버렸다. 검정제는 바른 교과서를 만들어 좌파와 경쟁할 가능성이라도 있다. 그러나 국가독점은 그 가능성도 기대할 수 없게 된다. 자유경쟁의 싹을 도려내는 게 국가독점 체제다. 단기적 편익을 위해 자유를 포기한 결과는 치명적이다. '정치가 역사를 주무르는' 상황이 오게 될 건 뻔하다. 그래서 중요한 게 정치와 독립적인 시장의 자유경쟁이다. 이것이야말로 역사 해석의 옳고 그름을 판정하고 새로운 해석을 발굴하는 생산적 절차임을 명심해야 한다.

국정화는 국가의 독점적 역사 해석이 옳다는 믿음을 전제한 것이다. 그러나 그건 치명적 자만이다. 역사 해석에는 항상 오류가 있을 수 있고 또 개선의 여지가 늘 있다. 오류나 개선의 길이 자동적으로 밝혀지는 게 아니다. 자유로운 경쟁이 필요하다. 그래서 역사 교과서에 대한 국가독점을 포기하는 게 옳다. 국가가 할 일은, 교과서 수요자들의 선택할 자유를 방해하는 좌파 집단의 행동을 엄격히 억제하는 일이다. 이 과제야말로 국가의 정당한 책무다. 단기적 이익을 위해 원칙을 버리면 기다리는 건 자유의 상실이요 '노예의 길'이라는 하이에크의 경종을 곰곰이 따져볼 필요가 있다. 자유는 쉽게 얻을 수 있는 게 아니다. 이미 가진 자유를 버리는 우(愚)를 범해서는 안 될 것이다.

4.
보수주의의 국가관: 권위주의

　　보수주의자에게는 자유주의자로 하여금 아무런 걱정 없이 변화를 받아들이도록 하는 자생적인 조정능력에 대한 신뢰가 없다. 그래서 보수주의자는 지혜롭고 이타적인 위대한 지도자가 변화를 감시하고 감독한다는 것을 확신할 때만, 그리고 오로지 당국이 변화를 '질서정연하게' 유지할 책임을 갖고 있다는 것을 확인했을 때만 안전과 만족을 느낀다. 통제되지 않은 사회적 힘에 맡기기를 두려워하는 것은 첫째로 자유에 대한 오해와, 둘째로 국가권위에 대한 선호 때문이라고 본다.

1) 권위주의적 국가를 옹호하는 보수주의

　　보수주의에 따르면 인간은 이기심과 탐욕 때문에 자발적인 협조가 불가능하다. 인간들에게 자유를 허용하여 그대로 놔두면 그 결과는 혼란이라는 것이다.[22] 자유와 질서는 갈등관계가 있다는 것이 보수주의 입장이다. 그래서 자유 대신에 질서를 선택하고 있다. 이는 토머스 홉스의 관점과 유사하다. 자유와 질서의 조화로운 관계를 간파한 인물이 스미스,

---

22)　사회를 유기체로 보는 보수주의 시각은 유기체는 외부의 간섭이 없이도 내적인 질서가 유지된다는 입장을 강조하기 위해서 사용된 개념이 아니라 오로지 사회의 자연적 위계를 정당화하기 위해서 그 같은 개념을 도입한 것이다.

흄, 멩거, 하이에크 등 스코틀랜드 계몽주의 전통의 자유주의자들이었다. 이들은 자생적 질서와 이에 속하는 시장경제에서 자유와 질서의 자생적인 조화를 보았다.

그러나 보수주의는 국가 없이는 안정적인 사회질서와 시민들의 도덕적 삶도 불가능하다고 목소리를 높이면서 강한 국가를 요구한다. 국가에 대한 신뢰가 대단히 큰 이념이 보수주의다. 보수주의자들에게 국가는 법과 도덕의 원천이다. 이미 앞에서 설명한 유기체론에서 보았듯이 국가가 없이는 개인도 의미가 없다. 나의 존재는 국가의 존재 덕택이라고 여긴다. 이것이야말로 반(反)자유주의적 법 개념이고 법실증주의의 전형이다. 국가에 대한 신뢰와 의존심을 갖게 된 이유는 무엇인가? 현명하고 자선적 의지를 가진 정부를 상정하고 있기 때문이다. 정부가 현명하고 국리민복에 헌신의 의지를 가진 사람들의 수중에 있으면 그들의 권력을 엄격하게 제한할 필요가 없다고 한다(Hayek, 2023: 610). 이것이야말로 정치에 대한 낭만주의다. 보수주의 성격은 선민사상과 권위주의를 혼합한 것이다.

그러나 자유주의는 "옳지 않은 것도 참이 되는 곳이 정치"이기 때문에 정부 기관을 설계할 때 "모든 사람은 악한(惡漢, knave)이다"라는 전제에서 출발한다(Hume, 1742/1985: 42-43).[23] 악한들이 지배한다고 해도 그의 피해를 최소로 줄이는 정치체제를 옹호한다(Hayek, 2023: 765 Fn.803).[24] 법치를 통해서 사적 및 국가 자의적인 권력을 제한하고 그런 제한된 권력의 테두리 내에서 이루어지는 정치적 및 경제적 경쟁도 자의적인 권력을 제한하

---

23) 흄에 관한 자세한 설명은 민경국(2018: 305-306)을 참조할 것.

24) "사악한 인간들의 피해를 최소화할 수 있는 시스템을 발견한 것이 애덤 스미스와 동시대인들이 지지했던 개인주의의 주요 공로다. 그런 시스템은 이를 운영할 선한 사람들을 우리가 발견할 수 있는가 혹은 모든 사람이 현재보다 더욱더 선하게 되는가의 여부에 의존하지도 않는 사회 시스템이기는 하지만, 종종 선하기도 하고 악하기도 하며, 또한 종종 지성적이기도 하고 더 우둔하기도 한 다양하면서도 복잡한 성격을 지닌 모든 사람을 이용하는 사회체계인 것이다."(Hayek, 1997: 26)

여 바람직한 결과를 초래한다고 믿는다. 자유주의가 바라는 것은 '강한' 또는 권위주의적 정부가 아니라 '제한된 정부'다.

2) 민주주의는 보수주의의 가치가 아니다

천민 민주주의는 자유 이념이 아닌 보수 이념으로부터 생겨난 개념이다. 이는 인간을 천민과 양민으로 구분한다. 이런 구분을 정치에 이용한 인물이 플라톤과 니체가 아니던가! 이들은 유가(儒家)와 함께 엘리트·권위주의를 강조하는 보수주의의 원조였다. 보수주의자들에게 1인 1표(一人一票) 원칙은 틀린 것이다. 하이에크와 뷰캐넌이 분명히 밝히고 있듯이, 보수주의는 민주주의를 좋아하지 않았다. 인간들은 질적으로 위계적이라는 인간관을 전제하기 때문이다. 선하고 유능한 정부의 존재에 대한 보수적 믿음은 플라톤적·헤겔적 국가관과 이런 국가관을 전제하여 개발한 후생경제학의 전통이 된 것이다. 그런 낭만적인 믿음은 정부의 비대화를 말하는 리바이어던의 문제와 정치가의 기회주의를 의미하는 주인-대리인 문제에 접근하기가 곤란한 것은 물론이다. 그런 문제에 대한 이론적 접근을 자유주의가 제공한 것은 '공공선택론'이다. 자유주의의 주요 관심은 리바이어던의 문제였다.

자유주의자들은 공공선택론을 이용하여 왜 민주주의에서 예를 들면 정부지출과 차별적 규제가 증대하는가를 설명한다. 민주적 정치과정에서 야기되는 그런 증대는 개인의 자유와 재산에 대한 침해로 이어지기 때문에 민주를 제한하지 않으면 그것은 자유와 충돌한다는 것도 공공선택의 분석에서 얻은 중요한 헌법 경제학적 인식이다. 이런 인식에서 우리는 자유주의가 전제하는 민주는 자유를 보호하는 데 적합한 헌법 장치를 통해서 민주적 권력을 제한해야 한다는 것도 배웠다.

한국의 보수주의자들이 즐겨 사용하는 자유민주주의는 동거할 수 없는 두 개의 서로 다른 가치의 조합이라는 것을, 그래서 자유민주주의에 내재한 충돌을 그들은 전혀 알지 못한다. 그런 충돌관계를 발견한 것은 자유주의자들이었다. 보수주의자들은 사회주의자들과 똑같이 누가 국가 권력을 행사하는가에 관심이 있을 뿐, 국가권력은 제한돼야 한다는 사실은 관심 밖의 문제였기 때문이다.[25] 따라서 사회주의와 마찬가지로 보수주의는 자유민주주의 개념의 내적 충돌을 막을 장치가 없다.

3) 따뜻한 보수주의란 사회주의에 대한 항복

우리가 주목해야 할 것은 복지정책은 보수주의에 새로운 것이 아니라는 점이다. 복지국가는 보수주의의 산물이다. 보수주의는 세 가지 관점에서 복지정책을 선호한다. 첫째로, 복지정책의 전통을 지키기 위해서 그런 정책을 지지한다. 국가로부터 받을 복지에 대한 정당한 기대가 복지 전통을 통해서 형성되었다고 여긴다. 국가는 그런 기대를 버려서는 안 된다고 한다. 보수가 무상교육을 반대하지 않는 이유도 이것이 하나의 전통이 되었기 때문이다. 그런 논리는 전통과 관습에 의해 정당화된 기대를 수포로 만들어서는 안 된다는 것과 똑같은 논리다.

둘째로, 보수주의는 가부장적 온정주의 요소를 내포하고 있다. 보수주의는 서열상 낮은 계층에 있는 사람들이 자신의 행동에 대한 책임을 질 능력이 적다고 생각한다. 보수주의 가치에서 개인의 자유와 책임의 비중이 자유주의만큼 크지 않은 이유다(Buchanan, 2005: 8). 이 같은 온정주의와 직결되는 것이 복지정책이다. 노블레스 오블리주, 즉 엘리트의 사회적 책

---

25) 근본적으로, 보수주의는 자유주의보다 개인의 자유를 덜 존중한다. 그래서 보수주의에는 국가권력으로부터 개인의 자유를 효과적으로 보호할 장치에 대한 논의도 빠져 있다.

임도 개인적 차원에서 하층계급에 대한 배려와 사회윤리의 차원에 해당하는 복지정책을 정당화하기 위한 개념이다.

마지막 셋째로, 복지 요구가 사회적 분위기를 압도하여 이를 거부할 경우, 거부 결과가 두려워서 보수주의는 복지 요구에 순응한다. 독일의 비스마르크 재상과 영국의 처칠 수상에서 볼 수 있듯이 오늘날과 같은 복지제도의 뿌리는 보수주의라는 것은 우연이 아니다. 그들은 모두 당시 급격히 부상하던 사회주의 세력의 정치적 헤게모니를 막기 위한 고육책(苦肉策)이라고 볼 수 있다.

따뜻한 보수, '개혁적' 보수는 사실상 좌익에게 바치는 항복문서나 다름이 없다. 이같이 좌파에 대한 그 같은 순응이 보수주의자들로부터 생겨나는 이유는 보수주의는 원래 원칙의 정책을 반대하기 때문이다. 그 순응은 일종의 기회주의적 타협과 다름이 없다. 보수주의가 복지정책이 넘어서는 안 될 경계선을 정하지 못한 것, 이것이 보수주의의 치명적인 결함이 아닐 수 없다. 넘어서는 안 될 경계선이 보수주의자들에게는 있을 수가 없다. 선하고 현명한 온정주의 국가를 전제했기 때문이다. 그래서 보수주의는 권력의 행사에서 강한 정부를 요구할 뿐, 권력 행사에서 제한된 정부를 생각하지 못했다. 그러나 하이에크의 주선으로 자유주의자들의 학술단체로서 1947년 '몽펠르랭 소사이어티'를 창립한 이래 자유주의에서는 복지정책은 시장 법칙을 최소로 침해하는 것이어야 한다는 원칙이 확립되었다.[26]

---

26) 몽펠르랭 소사이어티 학술회의에서 복지정책을 투입해야 할 것인가 아닌가가 아니라 어떻게 이를 추진할 것인가가 문제라는 점에서 모두 일치된 생각이었다(민경국, 2011: 83; 민경국, 2011a: 30). 하이에크에 의하면 사람들의 안정에 대한 욕구가 증가했는데 이를 무시할 수 없다는 것이다. 실업자의 생계나 빈곤에 대한 대비책은 국가의 중요한 역할이라고 주장한다.

4) 보수주의와 국가의 과제: 국가주의

보수주의가 상정하는 국가의 과제는 데이비드 흄, 애덤 스미스, 하이에크 등 자유주의자들이 상정했던 과제와는 성격이 전혀 다르다. 상황에 따라서는 수시로 그 과제가 증가할 수 있다. 원칙을 싫어하는 기회주의 또는 편의주의의 속성을 가진 것이 보수주의이기 때문이다. 중요한 몇 가지 예를 들어 그 과제를 설명하면 보수주의적 국가의 과제는 원칙보다도 그런 편의주의에서 비롯된 것임을 어렵지 않게 알 수 있다.

(1) 경제안정

경제안정에 대한 보수주의 입장은 다음과 같다(O'Hara, 2011: 174). 즉, 금융위기에서 볼 수 있듯이 시장의 변동은 역동적이기 때문에 그 변동을 안정화하는 것이 국가의 과제라고 주장한다. 시장에 맡기는 것이 최적 해결은 될 수 없다고 한다. 은행과 대기업의 도산 등은 구제 금융을 통해 해결해야 한다고 한다.[27] 이 같은 정책을 통해 야기되는 도덕적 해이나 납세자의 조세 부담 또는 경제의 왜곡보다도 실업이나 주민들의 소득 상실과 같은 경제 불안을 더 중시하는 것이 보수주의다.

보수주의는 20세기 중반까지 금본위제를 옹호했다. 그런 제도를 옹호했던 것은 그런 제도가 지배하고 있었다는 사실 자체 때문이지 그 제도가 국가의 통화 권력을 제한하고 인플레이션을 억제하는 기능 때문이 아니었다. 그러나 1960년대 이후 케인스주의가 지배했을 때 이를 환영했던 것도 보수주의 측이었다. "우리는 모두 케인스주의자다"라는 유명한 말을 남겼던 닉슨(Richard Nixon) 대통령이 보수주의 진영의 인물이 아니던가!

---

27) 도덕적 해이의 문제가 있지만, 도산을 방관하는 것은 값비싼 대가를 지불해야 한다는 것이다.

요컨대 지배적인 이데올로기가 무엇인가에 따라 정책을 변동하는 것이 보수주의다.

(2) 산업정책

연구개발과 혁신기업에 대한 지원 등과 같은 산업정책을 중시하는 것도 보수정책에 속한다. 정부가 유망산업을 발굴하여 금융·조세특혜 보조금을 통해 그런 산업을 지원한다. 국익을 위해서라고 한다. 어느 한 보수주의자는 산업정책을 명분으로 하여 '잘하는 기업'을 지원해야 한다고 목소리를 높인다. 이런 목소리는 자유주의가 엄격히 반대하는 전형적인 조합주의적 정경유착을 좋아하는 엘리트주의적 목소리다. 특혜와 특권을 필요에 따라 언제든 허용할 준비가 되어 있는 것이 보수주의다. 법의 지배란 그런 보수주의자에게는 사치품에 지나지 않는다. 보수주의자는 어떤 산업이 유망산업이고 이를 누구에게 맡겨 어떻게 지원할 것인가의 문제가 이미 해결된 것처럼 생각하고 있다. 그런 문제는 해결된 것이 아니라 해결해야 할 문제이다. 해결하기 위해 문제와 관련된 이론적 지식은 물론 특별히 중요한 사실에 관한 지식이 필요하다. 그러나 그런 지식을 누가 어떻게 습득하여 이용할 수 있는가! 이것이 하이에크 이후 유명해진 '지식의 문제'이다.

어떤 산업이 유망산업인가를 알려면 유망산업을 결정하는 수없이 많은 요인에 관해 알고 있어야 한다. 예를 들면 유망산업이 될 제품에 대한 국내는 물론 국제적 수요뿐만 아니라 유망산업과 경쟁관계에 있는 다른 제품들, 장차 생겨날 산업의 성격 등을 알아야 한다. 그러나 정부에서 일하는 사람들을 비롯하여 모든 사람은 그런 사실에 관한 지식을 가질 수 없다. 어느 한 사건에 미치는 상황은 너무도 많아서 전부 파악하는 것은 단지 실천적으로 불가능할 뿐만 아니다. 인간 정신은 스스로를 완전히 아는 것은 논리적으로 모순이고 그래서 그것은 절대적으로 불가능하다. 하물며 수많은 정신의 상호작용을 어느 한 정신이 상세히 설명·예측하는 것은 불가능하고 또 불가능하다.

픽업(pick up)된 분야를 누구에게 맡길 것인가를 누가 결정하는가? 잘하는 사람에게 맡겨야 한다고 주장하지만, 누가 잘하는가를 도대체 누가 결정하는가? 자유주의자들이 강하게 거부하는 것은 누가 어떤 점에서 우월한 사람인가를 결정할 권한이 보수주의자들 자신이나 또는 그 밖의 어느 한 정신이나 기관에 있다는 전제다. 따라서 그런 지식의 문제에 대한 매우 효과적이고 천재적인 현명한 해법은 시장의 경쟁에 맡기는 것이다. 시장의 기반이 되는 경쟁이야말로 그런 문제를 발견하고 동시에 해결책을 찾아내는 발견의 절차라는 것은 하이에크 이후 잘 알려진 사실이다. 그러함에도 정부가 유망산업을 지정·육성하기 위해서 인위적으로 선택한 분야와 기업에 재정·금융 특혜를 부여한다면 경쟁질서의 왜곡을 초래한다는 점을 직시할 필요가 있다.

(3) 보호무역

자유무역에 대한 보수주의 입장은 전통적으로 불분명하다. 보수주의 아버지라고 불리는 에드먼드 버크 또는 디스레일리 등처럼 18~19세기에 자유무역을 반대했다. 자유무역은 단순히 고전적 자유주의의 도그마라고 비판하면서 이는 사회의 진정한 이익을 침해할 뿐이라고 믿는 보수주의자도 있었다. 오늘날에도 보수주의는 전면적인 자유무역을 주장하지 않는다. 교육·의료 부문과 같이 문화적으로 중요한 부문은 국가로부터 보호받아야 하고 환경이나 윤리적 고려에서 상품의 수입 여부를 결정해야 한다고도 한다. 리처드 포스너(Richard Posner)처럼 경제를 불안정하게 한다는 이유로 자본자유화도 반대하면서 금융 부분에 대한 엄격한 국가의 감시 감독의 중요성을 강조한다(Posner, 2013).

(4) 특권 허용

특수한 자에 대한 군 면제 또는 특별 국방의무(국가대표 운동선수 군 면제, 대학원 졸업자에 대한 군대 특별대우), 장관 자녀 공무원 특별채용 등, 이런 정책들 모두는 특권이다. 전관예우도 그런 특권에 해당한다. 그런 특권의 원천이 귀족주의 또는 엘리트주의를 전제하는 보수주의라고 볼 수 있다. 자유주의가 강력하게 반대하는 이 같은 특혜와 특권이 있는 곳에는 항상 보수주의가 자리하고 있다. 국회의원의 수없이 많은 특권도 보수주의적 선민의식의 발로가 아닐 수 없다.

(5) 도덕적 영역

보수주의는 부도덕한 것이기 때문에 성인들의 음주, 동성애, 도박, 기름진 음식, 포르노그래피, 매춘 등을 법으로 금지할 것을 주장한다. 보수주의자들은 개인에게 맡겨야 할 도덕의 세계에 대한 국가개입을 옹호한다. 이런 보수는 자신의 가치를 타인들에게 강제한다는 의미에서 온정주의다. 그러나 자유주의는 이런 행동은 개인들이 스스로 절제하도록 맡긴다. 그 같은 행동은 타인들의 자유와 재산을 침해하는 행동이라고 볼 수 없기 때문이다.

5) 보수주의가 자유주의를 싫어하는 이유

　　보수주의자가 자유주의를 싫어하는 이유는 다섯 가지다. 첫째, 보수가 추구하는 최고의 가치는 기존 질서의 보호를 통한 안정이다. 안정이라는 가치는 변화에 대한 불안과 혐오에서 비롯된 것이다. 보수주의가 자유를 싫어하는 것도 기득권에 대한 위협이요 예측할 수 없는 혼란을 가져오리라는 두려움 때문이다. 따라서 보수주의는 언제든지 개인의 자유를 제한하거나 포기할 준비가 되어 있다.

　　둘째, 보수주의는 자유의 확대와 개인주의는 혼란을 초래한다는 믿음에서 사회질서와 시장경제는 지혜로운 정부의 의식적인 통제가 필요하다고 말한다. 보수주의가 그 같은 믿음을 갖는 근본적인 이유는 시장경제의 자기 조정 메커니즘에 관한 이론을 부정하기 때문이다. 자유로운 시장경제의 자생적인 힘을 이해하는 이론적 뒷받침이 없다. 보수주의 정책은 원칙의 정치가 아니라 실용주의적이고 때로는 기회주의적일 수밖에 없는 이유다. 보수주의의 정책은 이익단체 정치의 희생물이 될 위험성에 노출되어 있다.

　　셋째, 자유철학과 보수철학은 인간들은 다양한 차원에서 상이하다는 것을 인정한다. 그러나 보수주의는 한 걸음 더 나아가서 인간들의 우열을 구분하고 귀족주의를 전제했다. 현대에서는 보수주의는 종전의 귀족주의 대신에 엘리트주의를 그 핵심으로 한다.

　　넷째, 보수주의는 국가 없이는 안정적인 사회질서가 불가능하다고 여긴다. 그래서 강한 정부를 요구한다. 국가 없이는 도덕도 불가능하고 개체성도 의미가 없다고까지 말한다. 국가는 법에 정당성을 부여하는 원천이라고 말하여 법실증주의를 채용하고 있다. 흥미로운 것은 현명하고 선한 정부의 필요성을 강조하고 있다는 점이다. 따라서 유감스럽게도 보수주의의 성공 여부는 그 같은 정부의 존재 여부에 달려 있다. 그러나 자유주의는 악한 사람이라고 해도 그의 악행을 최소로 줄이게 할 수 있는 체제이다. 강한 정부가 아니라 '제한된 정부'가 자유주의가 추구하는 정부 형태다.

다섯째, 사적 영역과 공적 영역을 구분하기 위한 이론이 없다. 보수주의 정책은 원칙이 없는 이유다. 선한 정부의 재량적인 손에 맡겨버렸다. 원칙 없는 보수주의 정책은 실용주의나 기회주의로 흐를 위험성이 있다.

여섯째, 흥미롭게도 복지정책은 보수주의의 전통이다. 그러나 복지정책이 넘어서서는 안 될 한계가 없다. 그 경계를 분명하게 정한 것이 자유주의이다. 복지정책은 시장 법칙을 결코 침해해서는 안 된다는 것이 그 경계선이다.

자유주의와 보수주의 비교

구분	자유주의	보수주의
최고의 가치	개인의 자유(재산)	기존 질서의 안정
인식론적 입장	반합리주의	신비주의
사회관	자생적 질서	인위적 질서
국가관	제한적 정부	강한 정부
정치	정치적 평등(제한된 민주주의)	정치적 불평등(권위주의)
복지	시장원리를 지키는 복지정책	온정주의적 복지정책

결론적으로 보수주의는 정치적 평등을 기반으로 하는 민주주의는 물론 법 앞의 평등을 의미하는 법의 지배 원칙을 옹호하는 이념이 아니다. 보수주의는 자유주의의 전제로서 개인주의의 기본원칙을 전폭적으로 수용하기를 거부하는 이념이다. 보수주의는 능력, 재주, 노력 그리고 도덕적 역량에 따라 정치 사회적·경제적 지위를 결정해야 한다는 능력

주의를 일종의 분배 정의로 여기는 이념이다. 일종의 귀족주의의 특혜적 차별을 완화하기 위해 생겨난 개념이 '노블레스 오블리주'다. 이것에 대한 현대적 표현이 부자의 사회적 책임이다.

5.
프리드리히 하이에크 vs. 에드먼드 버크

    버크는 18세기 보수주의의 아버지로서 알려져 있다. 하이에크는 영국의 유명한 주간지 『이코노미스트』가 평가했듯이 "20세기 가장 위대한 자유의 대변인"이다. 이 두 석학에게는 우선 세 가지 분명한 공통점이 있다. 첫째로 그들은 사회계약론, 공리주의 또는 리버태리언니즘, 칸트의 선험적 윤리학과 같은 합리주의의 지적 전통을 반대한다. 인간행동들을 인위적으로 조정하는 데 개별적인 이성의 역할에 대한 불신을 공유하기 때문이다. 둘째로 그들은 전통과 확립된 제도와 관습을 중요시한다. 그러나 보수주의자, 버크는 모든 전통·문화 그리고 민족적으로 정의한 믿음과 관습 등을 중시하는 데 반해, 하이에크는 그런 것들 가운데 구성원들의 자유를 보호하거나 증진하는 데 이바지하는 것들에게 방점을 찍는다. 마지막 셋째로, 원자적 인간관을 반대하고 그 대신에 인간을 사회적 자아로 본다는 점에서 공통점이 있다. 하지만 버크와 하이에크 사이에는 차이점도 많다. 그 차이를 통해서 우리는 자유주의와 보수주의는 전혀 다른 패러다임이라는 것을 분명히 알 수 있다. 그들의 공통점과 차이점을 밝혀내기 위해 하이에크를 통해 버크를 읽을 것이다.

1) 자생적 질서에 관한 하이에크와 버크

　이미 잘 알려져 있듯이 하이에크와 버크는 주어진 인간 사회 자체로부터 논의를 시작한다. 그들의 출발점은 홉스, 로크, 루소와는 달리 어떤 허구적인 자연상태가 아니라는 사실에 주목해야 한다. 이들과는 달리 하이에크와 버크[28]에게 인간은 비(非)사회적이거나 반(反)사회적인 원자와 같은 존재가 아니다. 인간은 지적으로나 도덕적으로 나약한 동물이다. 인간은 사회에서 배우고 성장하며 인간다움은 사회에서 비롯되는 본능에서부터 사회적 자아다.

　우리의 앞에는 여러모로 서로 다른 사회들이 있다. 그리고 그런 사회질서는 오랜 세월에 걸쳐 무수한 상호작용을 거쳐 구축된 제도, 관습, 전통, 습관, 기대 등이 얽히고설켜 형성된다. 얽히고설켜 형성된 그것들, 즉 예의범절, 관습, 관행, 소유 존중 등 전통적인 행동규칙들을 사람들이 지킬 때, 수많은 사적인 상호작용들, 즉 행동질서가 형성된다. 이 두 가지 차원은 게임규칙 그리고 게임규칙의 테두리 내에서 벌어지는 게임 자체의 구분과 관련이 있다. 우리는 이 모두를 문명이라고 부른다.

　하이에크에 따르면 문명의 성장은 수많은 개인의 새로운 지식의 습득과정에서 점진적으로 생겨난다. 사회질서는 의도적인 디자인의 결과라기보다는 각자 자신의 목적을 추구하는 수많은 사람이 분업과 전문화를 통해서 자발적으로 서로 연합하는 과정이다. 그런 연합의 바탕에는 관습, 몸가짐, 예의범절, 직업윤리, 소유의 존중 등 다양한 행동규칙들이 깔려 있고 사람들은 이들을 공동으로 지키기 때문에 중앙의 계획이 없이도

---

28)　버크가 전제한 인간관에 관해 제시 노먼은 이렇게 썼다. "중요한 점은 원자로서의 개인이 아니라 국민이나 사회로 간주되는 개인들이 만들어내는 집단적 역량이다. 그렇다면 버크는 인간이 사회적 동물이라고 주장한 아리스토텔레스의 뒤를 잇는 셈이다. 인간은 사회를 이루고 살려는 속성이 있는 동물이라는 주장 말이다."(Norman, 2013: 294)

그들의 서로 다른 심지어 서로 충돌하는 행동들이 조정되는 결과로서 사회질서가 가능하다. 그런 행동규칙들 속에는 공동체의 수많은 개인의 상호작용을 안내하는 데 필요한 새로운 지식이 저장되어 있기 때문이다. 사회질서가 중요한 것은 그것이 구성원들끼리 공유되는 지식과 대물림되는 지식의 보고(寶庫)라고 볼 수 있기 때문이다.

(1) 자생적 질서와 하이에크

하이에크의 이런 입장은 라흐만이 보여주었듯이 막스 베버의 제도이론과 매우 흡사하다. 모든 경제·사회제도는 우리의 다양한, 흔히 암묵적 그리고 의식을 초월한(supra-conscious) 지식의 사회적 이용을 가능하게 하는 소통과정으로 이해하는 것이 막스 베버(Max Weber) 전통의 제도이론이다(Lachmann, 1971: 50). 제도의 지식전달 역할에 관한 하이에크의 인식을 잘 파악한 인물은 랭글로와다. 그는 사회제도를 인간들의 다양한 사회적 행동들을 상호 간에 조정하기 위한 "지식의 저장고"라고 했다(Langlois, 1986: 237). 우리가 타인들에 의존하여 우리의 목표를 달성하기 위해 그들에 관한 상세한 지식을 습득하고 소화하고, 그들의 장래 행동에 관한 상세한 기대를 형성할 필요가 있다. 하지만 우리의 이성의 한계 때문에, 그런 기대의 형성이 불능하다. 그런 만큼 그들에 관한 지식을 완전히 습득하기가 불가능하다.

그런데 사회제도는 타인들에 관한 상세한 지식이 없이도 우리가 그들의 행동에 관한 어느 정도 정확한 기대를 형성할 수 있게 한다. 제도적 틀 내에서 이루어지는 지식의 소통을 통해 그런 기대의 형성이 가능하게 되는 상황을 하이에크는 "자생적 행동질서"라고 부른다. 그런 상황에서 인간들과 인간 그룹들끼리 자유로운 교환관계가 이루어질 수 있다. 이런 교환관계는 제도의 틀 내에 이루어지는 시장경제의 자생적 질서다.

자생적 질서는 인식론적 전제를 함축하고 있다. 그 전제는 인간 정신은 질서와 번영을 산출하는 방식으로 사회를 만드는 데 필요한 지식과 지혜가 없다는 것이다. 사회주의 몰락을 초래한 것도 인간 정신이 사회 전체의 계획에 필요한 모든 사실에 관한 복잡한 지식을 가질 수 없었기 때문이다. 인간 이성의 한계 때문에 사회주의 계획이 불가능하고, 또한 관료 시스템에는 새로운 지식을 창출할 인센티브가 없다면 개인들이 각자 가지고 있는 지식을 자신의 목표를 위해 사용하거나 새로운 지식을 찾도록 그들에게 자유를 확립하고 이를 유지하는 것이 합목적적이다.

> "개인의 자유는 우리의 목적과 복지의 성취를 좌우하는 많은 요인에 관한 우리 모두의 불가피한 무지의 인식에 기인한 것이다. 만약 전지전능한 인간이 있어서 그가 우리의 현재의 소망뿐만 아니라 미래의 욕구와 욕망의 달성에 영향을 미치는 모든 것을 알 수 있다면 자유가 존재할 의미도 없다."(Hayek, 2023: 55)

개인의 자유는 소유, 특히 생산수단의 소유, 이주, 직업선택, 영업, 투자, 생산, 입지 선정 등 모든 경제적 자유를 비롯하여 연합할 자유, 언론·출판 등 모든 시민적 자유를 포함한다. 자유는 하이에크의 자생적 질서 사상에 필수 불가결하다. 자생적 질서는 자유의 질서인 이유다. 게다가 자생적 질서는 구성원들이 공동으로 추구할 특정한 목표(또는 단일 목표 체계)를 위해 인위적으로 만든 것(조직)이 아니다. 자생적 질서는 그런 공동의 목표에 봉사하지 못하는 이유다. 오히려 자생적 질서에서는 개인들이나 인간 그룹들이 제각각 정한 다양한 목표들을 추구할 수 있다. 자생적 질서를 다목적 체제라고 부르는 이유다. 하이에크는 자생적 질서와 구성주의적 합리주의를 엄격히 구분했다. 후자는 인간 이성을 무한히 신뢰한 나머지, 국가가 사회를 특수한 목적을 위해서 조직하는 데 뜻을 둔 조직사상의 인식론적 기초다.

(2) 자생적 질서와 에드먼드 버크

린다 래더는 버크가 "자유의 제도들은 계획하지 않은 자생적 성장의 산물로 인식했다"고 한다(Raeder, 1997). 우리는 법, 예의범절, 관습 등 각종 전통에 대해 경외감을 가져야 한다는 것이 버크의 인식이었는데, 이런 의미에서 버크를 전통주의자라고 부르는 래리 안하트의 해석은 전적으로 옳다(Arnhart, 2007: 129). 버크를 비롯하여 보수주의자들은 전통을 특정한 목적을 위해 만든 게 아니라는 의미에서 비합리적이라기보다 신비롭게 여기고 있었다. 이같이 성장한 전통적 제도에 대한 그들의 경건한 그리고 애착이 어린 관심과 연구 덕분에 데이비드 흄, 애덤 스미스, 애덤 퍼거슨 등이 언어, 버릇, 관습, 관행, 예의범절, 법 그리고 비인격적인 사회적 힘 등, 그런 것들이 상호작용하여 생겨난 산물이라는 진화사상을 개발할 수 있었다(Hayek, 2023: 608).

버크를 하이에크의 자생적 질서로 읽을 수 있는 것은 그런 행동규칙을 지킴으로써 자생적으로 형성되는 시장질서에 관한 버크의 관점이다. "사고팔 자유를 무제한 허용하는 것이 생산과 공급의 위대한 원칙"이라고 여겼던 버크(Barrington, 2019: 152)는 1795년에 썼던 경제학적 소책자 『희소성에 관한 생각과 세부사항』[29]에서 시민사회에서 사회경제적 활동의 복잡성을 인정하고 인간 이성에 한계가 있다는 이유에서 시장의 활동에 대한 정부의 규제를 비판했다.

1780년대 영국은 흉년이 들어 전 지역에 곡물의 공급이 줄어들자 빈곤과 아사(餓死)가 급증했던 1790년대 초에 노동자의 노임을 인상하도

---

29) 버크의 논문은 다니엘 클레인(Daniel B. Klein)의 서문과 함께 *Econ Journal Watch*, vol. 16 no. 1, 2019, pp. 155-179, http://econjwatch.org./BurkeMarch2019에 등재되어 있다.

록 농업에 보조금을 지원할 것을 제안하는 사람들이 있는가 하면, 곡물 가격을 고정시키기 위해 곡물 시장의 정부 독점을 해야 한다고 제안하는 사람들도 있었다. 그들은 부의 불평등을 비난하고 빈부의 갈등이 고조하고 있다고 목소리를 높이기도 했다. 만약 윌리엄 피트(William Pitt) 행정부가 아무것도 하지 않으면 당시 혁명으로 몸살을 앓고 있었던 프랑스에서처럼 극단적인 사회적 혼란을 초래할 것이라는 말도 버크는 빼놓지 않았다.

그러나 빈곤과 기아를 극복하기 위해 정부가 개입해 곡물 가격과 농업 노동의 임금을 관리하면 취업이나 공급에 해를 끼친다고 버크는 목소리를 높였다.[30] 농민들과 농업 노동자들 간의 다양한 고용계약을 효과적으로 규제하는 데 필요한 지식, 즉 곡물 가격과 노임을 결정하는 "세부상황"에 관한 지식(Burke, 2019: 161) ─ 하이에크가 의미하는 "시간 및 장소와 결부된 특수한 상황"에 관한 지식(Hayek, 1945: 524) ─ 을 정부는 가질 수 없다는 이유에서다. 정부보다 더 잘 알고 있는 개별 시장참여자에게 그런 지식의 사용을 허용한다면, 혼란이 아니라, 스스로를 규제하여 질서가 생성·유지된다고 믿었다. 버크는 '보이지 않는 손'이라는 용어를 명시적으로 사용하지 않았지만, "선량하고 현명한 만물의 관리자"(Burke, 2019: 162)[31]를 상정하여 개인의 목표 추구를 공동선과 연결했다.

요컨대 농업사회에 적용된 버크의 사회질서 사상은 자생적 질서의 세 가지 특징을 전부 지니고 있다. 첫째로, 인간 정신이 시장현상의 복잡한 성격을 이해하는 데 고질적인 한계가 있다. 둘째로, 곡물 시장에서 소비자들, 중간상인들 그리고 생산자들 사이의 상호작용을 안내하는 보이

---

30) "노동은 (중략) 상품이다. (중략) 따라서 노동도 모든 법칙과 원칙에 예속된 것이지, 그것들이 낯선 규제에 예속된 것이 아니다."(Burke, 2019: 163)

31) "선량하고 현명한 만물의 관리자(benign and wise disposer)는 사람들이 원하든 원하지 않든 그들 자신의 이기적인 관심을 추구하면서 공동선을 그 자신의 개인적인 성공과 연결할 의무를 지운다."(Burke, 2019: 162)

지 않는 손(즉, 버크가 말했던 '선량하고 현명한 만물의 감독자'라는 가상의 인물)을 통해서, 셋째로, 혼란이 아니라 일반적 선(Burke, 2019: 162), 즉 공공이익을 보장하는 특수한 종류의 질서가 생성된다. 어떻게 일반적 선을 달성하는가? 일반적 선의 개선은 자생적으로 형성된 가격기구와 행동규칙의 소통 역할 덕택이라는 하이에크의 탁월한 인식을 얻기까지는 180년 이상을 기다려야 했다(민경국, 2024: 64).

2) 국가의 역할에 관한 하이에크와 버크

두 사람은 국가의 역할과 관련해서도 차이가 있다. 버크의 경우에는 이해관계에 따른, 즉 다시 말해 실용주의적 성격의 정책인 반면에 하이에크에는 원칙에 따른 정책이다.

(1) 하이에크의 원칙에 따른 정책

하이에크가 자생적 질서를 중시한다고 해서 그가 국가의 역할을 무시하는 것은 아니다. 『자유헌정론』(제15장 "경제정책과 법치")과 『법·입법 그리고 자유』(제14장 "공공부문과 민간부문")에서 국가의 역할에 관한 문제를 매우 상세히 취급하고 있다.[32] 그가 제안한 경제정책들 가운데 대표적인 예를 들면, 시장의 자유를 해치지 않고 궁핍한 사람들에게 국가가 최소생활을 보장하는 것, 살아가는 과정에서 혼자서는 막기 어려운 공통된 위험에 대비하여 개인들이 보험을 조직하는 데 국가가 도움을 주는 것, 그리고

---

32) 하이에크는 국가의 강제 기능과 서비스 기능을 구분한다. 전자는 자생적 질서의 생성·유지를 위한 기능이다. 서비스 기능은 필요한 경비조달을 위한 과세를 제외하고는 강제할 수도, 독점할 수도 없는 국가의 역할이다(Hayek, 2023: 349-350).

출구(exit)가 없는 독점(예컨대 사막에서 어느 한 개인이 오아시스에 독점력을 행사하는 경우, 또는 심장마비로 당장 의사의 도움이 없으면 죽을 위험이 있는 환자에 대한 의사의 의료서비스 공급거부 행위 등 파국적 상황)에 대한 규제(민경국, 2021: 56-57) 등이다. 국가의 직접적인 간섭에 의한 강제적인 보통교육, 특정한 독극물의 사용 금지 또는 그 사용에 대한 특별한 예방조치의 의무화, 특정한 위생시설의 의무화 등도 국가의 과제다(Hayek, 2006: 79-80).

하이에크가 국가의 과제로서 열거한 그런 예는 시장의 경쟁을 해치지 않으면서 교환경제의 불완전성을 완화하기 위한 것들이라는 점을 주목해야 한다. 간섭을 위한 그런 제안들은 시장의 자유로운 경쟁을 억제하지 않는다고 말했다. 그는 최소국가를 옹호하지 않았다. 그가 중시하는 것은 국가 활동의 규모(quantity)가 아니라 질(quality)이다. 이런 면에서 그는 결코 리버태리언이 아니었다. 하지만 버크는 특정한 부문과 기업에 특혜를 부여함으로써 경쟁을 계획적으로 제한하려고 했다. 이런 정책은 질적으로 나쁜 정책이다.

(2) 버크의 편의주의에 따른 정책

버크가 스스로 질서를 잡아가는 시장의 성격을 인정한다고 해도 결코 자유방임주의 또는 최소국가를 지지하지는 않았다. 오히려 그는 18세기 특정한 계층과 공적 기관의 특혜를 또는 수많은 공공정책을 정치적 연설문의 형식을 빌려 지지했다. 이들을 하이에크의 자생적 질서의 관점에서 읽는다면 우리는 많은 어려움을 만난다. 타계할 때까지 "경제적 자유의 견고한 지지자"라고 여겨졌다던(Collins, 2017: 565) 버크가 실망스럽게도 17세기와 18세기 동안 유지해온 영국의 항해법을 지지했다. 이 항해법은 영국과 영국 식민지의 재화 수송은 영국선 및 영국 선원에 의해서만 행할 수 있다는 것을 규정한 일종의 무역 규제였다. 그가 이런 무역 규제를 지지했던 것은 그런 규제를 통해서 영국의 해군력을 강화했고 영·미의 식민지 관계를 견고하게 했다는 이유에서였다.[33] 그는 항해법을 안전보장을 넘어서 보수주의가 중시했던 패권적 힘과 제국의 영예(imperial glory)를 높이기 위한 중요한 수단으로 여겼다.

버크는 영국산 아마포에 대한 아일랜드 보호주의 조치를, 그리고 영국과 프랑스의 자유무역 관계를 지지하는 의회의 입법을 반대했다. 예를 들면 영·프 간의 자유무역 증진을 목표로 했던 1789년 영·프 상업조약을 반대했다. 프랑스가 영국을 희생하여 제국주의를 범지구적으로 확대하기 위해서 그런 조약을 활용할 것이라는 믿음 때문이었다(Collins, 2022: 389). 영·프 간 식량과 재화의 교환을 제한하고, 영국에서 프랑스로 항해하는 선박의 보험을 금지하고, 프랑스에서 영국인들이 빈번히 행했던 땅 투기를 금지하는 1793년 「매국노통신법」안을 승인했다. 이런 법안이 실현되면 영국인들이 두 나라에 그들의 충성심을 분산하지 못하도록 막을 것이라고 믿었기 때문이었다(4쪽). 이같이 버크는 애국심과 충성을 중시하는 보수주의의 특성을 잘 보여주었다.

18세기 영국 정치에서 특정한 공적 기관과 민간 그룹에 경제적 특혜와 권력을 허용하는 수많은 중요한 정책을 지지했던 인물이 버크였다. 예를 들면 지주에게 편익을 주는 곡물 장려금, 인도의 시장을 오염시키기는 하지만, 영국의 법규, 제국의 영예, 정책 개혁의 적절한 속도라는 이유에서 동인도회사의 무역 독점 유지 (Collins, 2019) 등이다. 이것도 보수주의의 또 다른 특징이다. 항해조례, 곡물 장려금, 영·프 상업조약, 「매국노통신법」안 동인도회사 등은 18세기 영국의 주변적 정책이 아니라 영국과 그 식민지에서 펼친 상업정책의 형성에 막대한 영향을 미쳤다(Collins, 2022: 389). 그런 정책들은 권력을 집중시키는, 그리고 국가의 간섭으로부터 자

---

33) 이에 관해서는 1774년에 버크가 쓴 연설문 "Speech on American Taxation"을 참조.

유로운 개인들의 행동들이 자생적으로 조정되는 과정을 방해하는 의식적인 노력이다. 이쯤에서만 보아도 버크는 시장을 상황의 압력에 굴복하여 펼치는 현실 정치와 대영제국의 영예(glory)에 예속시키고 있다. 그를 '하이에키안(Hayekian)'으로 해석할 수 없는 이유다.

3) 세습 귀족의 존재를 옹호한 버크

버크의 생각에는 자생적 질서의 프레임에 맞지 않는 것이 또 있다. 세대에서 세대로 물려받은 소유를 보호했던 상속법과 세습 귀족을 지지했던 점이 그렇다. 1790년대 영국에서 발발했던 귀족에 대한 반대 운동에 맞서서 그리고 전통과 귀족에 대한 특혜에 대항하여 싸운 프랑스혁명에 맞서서 세습 귀족과 상속법을 더욱 강력하게 옹호했던 인물이 버크였다는 사실을 아는 사람은 극히 드물다. 상업 사회와 일상적인 삶의 변덕스러운 변동을 억제하고 군주의 권력 집중을 견제하는 장치로서 세습소유는 정치·사회 질서의 안정과 지속성을 제공한다는 이유에서다(Collins, 2022: 401).

버크에게 특정한 가문의 걸출함, 타고난 선호, 재주 등은 부자연스러운 것도 아니고 불의도 아니고 졸렬한 것도 아니다. 지주는 갖지 않은 사람보다도 의회를 비롯한 정치에서 더 큰 영향을 행사할 수 있어야 한다고 했다. 세습 귀족을 옹호했던 버크의 말은 프랑스혁명에 대한 공격의 표현이다. 프랑스혁명의 목적 가운데 하나는 토지 귀족의 제거였기 때문이다. 세습 귀족은 첫아들이 아버지의 재산을 전부 소유할 권리가 있다는 장자상속제도에 의해 강화되었다.

그러나 앞에서 논의했듯이 하이에크는 (뷰캐넌과 함께) 세습적이든 아니든 귀족제도를 강력히 반대했다. 특정한 계층에게 어떤 형태의 특권이라고 해도 그런 특권을 부여하는 것을 반대한다. 자생적 질서의 기초가 되는 도덕률은 무엇보다도 신분에 따라 차별해서는 안 된다는 법 앞의 평등인데 세습귀족제도는 바로 영국 전통인 법 앞의 평등과 저촉한다는 이유에서다. 하이에크에게 주요한 것은 자생적 질서다. 그 질서 속에서는 어떤 이에게는 근본적인 문제일지라도 다른 이는 서로 다른 목적을 추구할 수 있어야 한다. 자유주의자에게는 어떤 유형의 온정주의라고 해도 도덕적·종교적 이상도 강제의 대상이 될 수 없다는 이유다.

하이에크에게 항해 조례, 곡물 보조, 특권적인 동인도회사 같은 영국의 국교 제도, 세습 귀족, 장자상속제는 경쟁적 시장과정의 산물 또는 분권화의 산물이 아니라, 영국의 정부가 영국 사회의 특정한 계층에게 사회적·종교적 특혜를 확립하기 위해 계획된 노력의 산물이다. 보수주의자로서 버크는 그런 특혜는 영국의 안정된 사회질서를 위해 필요하다고 믿었다. 자생적 질서 자체만으로는 사회의 문명을 증진하는 데 충분한 조건이 될 수 없다는 것이 버크의 인식이었다. 그러나 그런 인식은 문명의 성장은 정치적 중앙집권이나 의도적인 디자인이 없이 개인들의 자발적인 행동의 결과였다는 하이에크의 생각과 전혀 다르다.

4) 자생적 질서의 문명사적 역할에 관한 하이에크와 버크

우리가 자생적 질서에 관한 이해를 좁은 의미의 경제학을 넘어서 하이에크가 늘 그렇게 하듯이 전통, 예의범절, 관습, 법 관행을 포함한다면, 버크와 하이에크 사이에는 유사점과 차이점은 무엇인가? 문명이란 수 세대를 거쳐 생성된 세련된 관행, 관습, 예의범절의 미묘한 산물로 이해될 수 있다. 우선 문명에 관한 인간들의 상호이해에서 출발하여 자유, 이성 그리고 전통 간의 관계에 관한 그 두 학자의 유사점을 밝히고자 한다.

"사회에서 지식의 이용"이라는 유명한 논문(Hayek, 1997: 117-135)[34]에서 하이에크는 시장을 비롯한 사회적 과정과 관련하여 분권화와 경쟁적인 가격 시스템을 열정적으로 지지했다. 분권화와 가격 시스템은 개인들이 보유한 복잡한 지식을 다른 모든 개인이 이용할 수 있도록 사회의 구석구석에 복잡한 지식을 확산하는 역할을 한다. 분권적인 가격 시스템을 통해, 지식이 확산함으로써 사람들은 가격 시스템이 없으면 이용할 수 없게 될 지식의 이용이 가능하게 된 것이다. 이것이야말로 문명의 진보가 아니고 무엇인가!

지식을 확산하는 가격 시스템 이외에도 또 다른 매개물이 있다. 그 매개물이 언어, 공식, 상징, 관행, 버릇, 그리고 행동규칙 등과 같이 하이에크가 강조하는 문화적 유산이다. 흥미롭게도 우리는 그 의미를 이해하지 못하면서도 꾸준히 사용하는 문화적 유산을 통해서 우리가 개별적으로 소유하지 못한 지식의 도움을 받는다. 그런 "전통과 제도들은 우리가 구축한 문명의 기초를 강화하는 데 도움을 주었다"(Hayek, 1997: 131).

하이에크는 문명의 성장을 도왔던 그 같은 제도들을 자신의 논문집 『개인주의와 경제질서』에 수록된 논문, "개인주의: 진짜와 가짜"에서도 밝히고 있다. 전통과 관습은 자유사회가 제대로 기능을 발휘하기 위해서는 매우 중요하다. 비공식 규칙으로서 강제하지 않고서도 사람들이 일상적으로 스스로 지키는 행동규칙이기 때문이다. 사회계약론, 자연권 사상, 칸트의 정언명령, 공리주의처럼 자유를 인간 이성의 창조물로 여기는 프랑스 전통을 거부하면서 자유를 도덕, 관습, 제도 등 문화적 진화의 선물이라고 믿는 영국 전통을 중시했다(민경국, 2021: 40-42). 도덕, 언어 및 법은 누적적 성장 과정에 의해 진화해왔다는 이유에서다. 성공적인 자유사회는 항상 전통에 의해 형성된 사회라는 것이 하이에크의 입장이다. 바

---

34) 원래 이 논문은 *American Economic Review*, 1945 XXXV, No. 4, pp. 519-530에서 재인쇄되었다.

로 시장교환이야말로 전통의 손에 묶여 있다고 한다. 진화적 선물인 그런 "제도적 틀이 있어야 그 안에서 그리고 그 틀과 함께 인간 이성이 성장하고 성공적으로 기능할 수 있다"(Hayek, 2023: 99).

하이에크를 통해서 에드먼드 버크를 읽는다면 그도 역시 이성을 중시하는 모더니스트는 아니었다. 데이비드 흄, 애덤 스미스 등 계몽사상가들은 인간 이성을 회의적으로 봤다. 그러나 버크는 전통에 대해 신비주의자였다. 하이에크처럼 버크에게도 인간은 원자(atom)로서의 개인이 아니라 사회를 이루고 살려는 속성을 지닌 동물이다(Burke, 2019: 286-291).[35] 원자로서의 인간이라는 개념은 의미가 없다. 인간의 자아는 예의범절, 도덕 그리고 관습을 지키는 사회적 자아다. 하지만 버크와 하이에크는 인간들이 습득한 도덕심의 밑에 깊이 숨겨져 있는 본능적이고 반사회적인 충동들을 경계하면서 이들이 자유롭고 평화롭게 공존할 수 있도록 특정한 행동을 억제하고 금지하는 도덕적 전통의 권위를 약화하는 모든 교리를 반박하려고 했다.

사회질서의 기초를 구성하는 예의범절, 도덕, 법 그리고 관습이 내생적으로 성장하는 현상, 즉 문명이라는 것은 추상적인 추측 또는 의도적인 계획의 산물이 아니라 장구한 역사적인 진화의 선물이라는 그리고 자유라는 보물도 자연권이 아니라 역사적으로 어렵게 얻은 문화적 진화의 산물이라는 버크의 시각도 하이에크와 같다. 문명화된 거대 사회의 기초가 되는 그런 문화적 제도들은 이성에 의해 설계된 것이 아니라 오히려 그것들이 이성을 인도하고 이성에게 지시를 내린다. 그 결과가 앞에서 논의한 바와 같이 그런 확장된 사회질서를 구성하는, 예컨대 가족, 친구, 마을, 그리고 독립 부문과 같은 하위질서의 등장이다. 하위질서 내에서 개

---

35) 버크는 1756년에 쓴 『자연발생적 사회를 옹호함(*A Vindication of Natural Society*)』에서 홉스, 로크, 루소에서 흔히 볼 수 있는 '자연상태'에서 인류, 국민이라는 개념을 어떻게 규정해야 하는지에 대한 의문을 제기했다.

인들은 유대감과 이타심과 같은 본능적인 행동이 계속 작용하여 자유사
회를 유지한다. 문화적 진화와 이를 통해 창출되는 문명이 인간들의 차이
와 개인주의 그리고 부의 증가와 인류의 거대한 확장을 가져왔다.

5) 국교(國敎)의 문명사적 역할을 중시했던 버크

　　버크와 하이에크의 차이 가운데 또 다른 하나는 종교에 관한 것이
다. 버크에게 시민사회의 궁극적 기초는 종교이고 종교는 도덕의 원천
이라고 믿었다. 종교가 없으면 시민사회는 위태롭게 된다고 했다(Raeder,
1997: 77). 가톨릭 신자였던 그는 가톨릭과 그 반대자들에 대한 종교적 관
용을 열렬히 환영했다. 그는 종교를 증진하고 자유의 정신과 종교의 정
신을 연결하려면 국가기관이 필요하다고, 그리고 특히 국교는 정부에 대
한 국민의 애착심을 강화한다고 믿었다(Collins, 2022: 393). 그에게 국가는
인간들이 스스로를 개선하도록 그들에게 신이 부여한 신성한 수단이었
다(Raeder, 1997: 77).

　　버크는 신앙자들을 끌어들이기 위해서 종교들이 서로 경쟁하는 원
리에 따라 종교가 작동해야 한다고 주장하지 않았다. 그런 주장은 애덤
스미스와 전혀 다르다. 스미스는 상업은 물론이고 종교적 지시에서도 독
점을 반대했다. 그는 다양한 종교들의 자유로운 경쟁이 종교적 관용을 촉
진한다고 한다(Smith, 2015: V. I. 3: 966). 이와는 달리 버크는 충성의 대상으로
서 국가 개념을 자신의 종교사상과 혼합했다. 기독교적 영국에서 종교와
국가는 혼연일체라고 보았다. 그는 국교를 인정했다. 교회는 국가를 신성
하게 하고 종교적 윤리를 국가의 이름으로 시민들에게 가르쳐야 한다고
역설했다. 종교경쟁은 도덕질서의 과소 공급을 부른다는 이유에서 종교
적 독점을 주장하는 것과 흡사하다(Anderson & Tollison, 1992).

그러나 스미스와 함께 종교의 경쟁 원리를 강조했던 인물이 철저히 무신론자였던 하이에크다. 본능의 강한 반발과 이성의 비난에 대항하여 확장된 질서를 가능하게 하는 도덕체계, 관행, 관습 등 제도들이 보존될 수 있었던 점은 전적으로 종교의 덕택이라는 것이 그의 인식이다. "상징적 진리"로서 종교는 그런 제도의 존재를 정당화한다(Hayek, 1988: 156). 다시 말해, 유익한 전통은 신비로운 종교적 신념의 도움으로 전승되고 보존되었다. 이같이 "종교가 제아무리 조잡한 형태라고 하더라도 그것은 인간의 추리와 철학이 있기 훨씬 이전에 이미 도덕규칙의 판단을 위한 잣대로 이용되었다"(Smith, 2008, III.v.4: 305). 그런데 전통의 수호자로서 종교들이 경쟁할 때 어떤 종교가 승리할까? 하이에크에 따르면 개인의 소유와 가족을 지지한 종교만이 살아남게 된다고 한다. 그는 사유재산을 존중하지 않는 종교는 마르크스 사상처럼 사라진다고 주장한 최초의 인물이다.

요컨대 안정적인 정치·사회 질서를 위해 종교가 제대로 작동하려면 종교의 국유화가 필요하다는 버크의 생각을 통해 알 수 있듯이 그에게 종교는 국가의 의식적인 제도이지 자생적 실험의 산물은 아니다. 따라서 종교는 시장의 경쟁 원리로부터 단절해야 한다는 버크의 지론을 하이에크의 자생적 질서와 조화롭게 만들기는 무척 어렵다.

6) 상업 사회의 문명사적 역할을 중시했던 하이에크

두 학자는 문명을 시장 활동 이외에도 전통의 점진적 발전으로 이해하고 있다. 그러나 시장이 문명의 성장에 어떻게 도움이 되었는가와 관련하여 그들은 전적으로 서로 다른 입장이었다. 버크에게 경제·사회·정치적 삶에서 경쟁, 자발적 교환, 가격 시스템은 문명의 성장을 위해 충분하지 않다고 한다. 그는 문명의 원천은 로크의 사회계약도 아니고, 시장의 경쟁과 시행착오의 실험에 의존하는 것도 아니라, 그런 실험과 독립적으로 축적된 예의범절, 사랑, 종교, 귀족 등의 영속적인 묶임에 의존하는 것이라고 한다. 이같이 그는 시장의 교환(계약)과는 독립적으로 수 세대를 거쳐 존속하는 사회조직의 구조를 강조했다(Collins, 2022: 400). 그는 상업적 확대는 물질적 번영을 불러오지만, 공동체의 도덕 감정을 약하게 만든다고 한다. 자발적 계약과 경쟁으로부터 관습과 예의범절 같은 전통을 보호할 것을 강력히 주장했던 것은 그래서다. 이런 믿음은 보수주의의 공통된 생각이다.

하이에크도 역시 버크처럼 프랑스혁명의 합리주의를 비판했다. 인간 이성의 한계와 사회의 복잡성을 무시했기 때문에 그런 혁명은 파괴적이었다고 한다. 그가 소중하다고 여긴 자생적으로 형성된 자유를 보호하는 데 중요한 전통과 관습까지도 없애버리는 것이 프랑스혁명의 목표였다. 그는 상업 사회와 경쟁의 자유가 번창하기 위해 그 영역을 광범위하게 확대해야 한다고 했다. 사회질서의 생성과 유지에 이바지하는 진화적 경쟁의 자생적 힘, 자발적 교환을 그가 버크보다 더 많이 강조했던 이유다.

흥미롭게도 하이에크는 시장이 전통, 관행, 관습, 문명의 성장에 충실히 이바지한다고 본다. 도덕질서는 하이에크가 말하고 있듯이 장구한 역사적 과정에서 시행과 착오를 거쳐 형성된 것이다. 사람들은 이유도 제대로 모르면서 자신들의 삶을 성공시킨 전통적 규칙들을 모방하여 습득하고 실행하는 과정에서 그들을 내재화한 것이다. 시장경제가 발달할수록 도덕의 발달을 초래하고 도덕의 발달이 이루어지는 경우 시장경제도 발달하는 공진화 과정에서 인간들은 도덕규칙의 습관화가 이루어진다. 시장경제가 발달한 나라일수록 상도덕도 발달하는 이유가 바로 그런 습관화, 또는 내재화 때문이다. 이런 내재화는 우리의 사고와 인지 그리고 행동을 안내하는 역할을 한다.

이런 행동규칙의 존재 때문에 비로소 인간들은 합리적으로 행동할 수 있다. 하이에크의 이런 인식은 상업적 확대로 품격 있는 예의범절을 물론이거니와 정의가 생겨났다(Ratnapala, 2003: 223)는 데이비드 흄, 애덤 스미스 등의 믿음과 일치한다. 『도덕감정론』을 통해 우리에게 알려준 스미스의 탁월한 인식은 도덕의 신장과 개발에서 상업의 역할이 매우 중요하다는 것이다. 정의의 규칙을 비롯하여 친절, 우정, 유대, 고마움과 같은 미덕, 절약, 근면 등과 같은 신중의 미덕 등 대부분의 도덕규칙은 상업 사회에서 내생적으로 형성된다(민경국, 2023: 43-56). 순전히 합리적이고 이기적인 인간관 대신에 부분적으로는 자신의 이해관계를 쫓지만, 사회 지향적이면서 타인들의 동감적 지지와 시인(是認)에 민감한 인간을 전제했다. 상업적 결정과 협상에 참여할 때 사람들은 도덕적으로 행동한다. 인간들은 경쟁시장에서 만족스럽지 못한 합의를 반대하거나 회피할 능력과 권리가 있는 사람들과 마주해야 하기 때문이다.[36]

자본주의는 도덕의 개발에 중요한 역할을 한다는 스미스의 인식은 스승이자 은사였던 데이비드 흄에게서도 풍부하게 찾을 수 있다. 상업 사회에서 사람들은 야만적 민족처럼 고립하여 흩어져 사는 것이 아니다. 그들은 도시로 몰려가 지식을 주고받기를 좋아하고 자신들의 재치와 교양을 보여주기를 좋아한다는 것이 흄이 시장을 관찰한 결과다. 따라서 상업 사회는 인간의 사회성을 높여준다. 사람들은 서로 대화하고 서로의 기쁨과 즐거움을 함께하기에 인도주의적 심성의 증가를 느끼지 않을 수 없다는 것도 시장사회의 장점들 가운데 하나다.(Hume, 1742/1985: 271).

그렇다고 해서 하이에크는 문명의 원천으로서 상업활동 너머에서 활동하는 인간행동의 중요성을 무시한 것은 아니었다. 경쟁과 가격 메커니즘의 범위 밖에서 형성되는 관행과 관습이 문명의 발달은 물론 시장의

---

36) 중요한 것은 단순히 인정받고 싶은 욕구가 아니라 진정으로 가치 있는 시인을 받기를 열망하는 욕구다. 이런 욕망이야말로 도덕적으로 행동할 동기를 촉진한다(Smith, 1790/2009: III. ii. 7: 221-222).

상업활동을 위한 기초를 제공한다는 것도 그의 **빼어난** 인식이었다.[37) 『치명적 자만』의 마지막 장 '종교와 전통의 수호자'에서 종교의 역할을 이렇게 썼다.

> "유익한 전통은 신비롭고 종교적인 신념의 도움으로 (중략) 오랜 시간 동안 보존되고 전승될 수 있었다. (그 결과) 그것을 따르는 집단은 성장하고 자연 선택 혹은 문화적 선택을 통해 널리 퍼질 기회를 가질 수 있었다. 싫든 좋든 그것이 의미하는 바는 과학적인 진술과 동일한 의미에서 참이 아닌, 즉 증명할 수도 또는 검증할 수도 없는, 확실히 합리적인 논거의 결과가 아닌 믿음으로부터 지지를 받아 특정한 관행과 그 관행에서 나온 문명을 보존할 수 있게된 것이다."(Hayek, 1988: 136-137)

우리의 도덕과 문명뿐만 아니라 우리의 삶 자체를 가능하게 한 전통을 이해하기 위해서는 과학적으로 받아들일 수 없는 주장을 인정해야 한다. 프랑스혁명처럼 우리가 사실에 입각한 것이 아닌 믿음이라고 여기는 것을 조급하게 버린다면 그 결과는 치명적이다. 우리가 지금 누리고 있는 확장된 질서의 장구한 역사적 발전을 지지할 강력한 기반을 잃게 되었을 것이고 또한 참이든 거짓이든 그런 믿음을 잃게 되면 오늘날에도 커다란 어려움을 겪게 된다는 것이 하이에크의 탁월한 인식이었다. 그런 믿음의 대표적 예가 "생육하고 번성하여 땅에 충만하라, 땅을 정복하라"(창1:28)고 하는 성서의 가르침이다. 종교적 믿음에 힘입어 사람들이 그런 가르침을 성실히 지킬 수 있었고 그 결과는 시장경제의 발전으로 수십억의 인구

---

37) "생산과 무역에 관한 '노하우' 못지않게 우리가 하루 일정을 짜고 옷을 입고, 음식을 먹고, 집을 정리하고, 말하고, 쓰고, 문명의 수없이 많은 도구와 연장을 사용하기 위해서 우리가 배우고 익혀온 방식도 문명화 과정에 우리가 이바지할 때 근거해야 할 토대를 지속적으로 제공한다."(Hayek, 2023: 64)

가 먹고살 수 있게 되었다.

소유, 교환, 경쟁과 관련된 자유사회의 행동규칙들은 문화적 진화의 선물이다. 이들은 빈번히 본능과 충돌한다. 그런 충돌을 해결·극복하기 위해 종교와 같은 신비로운 신념이 필요했다. 지난 2,000년 이상 동안 마르크스 사상을 비롯하여 많은 종교가 생성됐지만, 오직 개인의 소유와 가족을 지지하는 종교만이 존립했다. 이런 인식에서 하이에크는 가족과 개인의 소유 등과 같이 우리의 문명을 형성·증진했던 가치와 종교 사이에는 의심의 여지 없이 역사적 연관이 존재한다는 사실을 확인했다. 이런 사실에 비추어본다면 소유를 반대하고 가족을 반대하는 (따라서 종교를 반대하는) '공산주의'는 존립할 수 없다. "우리는 공산주의와 사회주의 사회에서 종교적 신념의 자연 선택이 적응하지 못한 그런 신념을 어떻게 처리했는가를 보아왔다."(Hayek, 1988: 137)

7) 정의를 중시한 하이에크와 공공이익을 중시한 버크

버크가 프랑스혁명을 반대했던 이유는 유럽 문명을 형성했던 유서 깊은 관습과 전통을 옹호하는 기질뿐만이 아니다. 오래된 것일수록 좋다는 것을 의미하는 전통주의 때문이었다. 그가 자유와 이를 보호하는 각종 제도를 옹호했던 것도 자유를 최고의 가치로 여겼기 때문이 아니라 자유와 제도들이 영국의 오랜 전통이 되었기 때문이었다. 이런 경우에는 기존의 전통들을 판단하고 그들을 제거하거나 개혁하기 위한 방향을 제시하는 역할을 하는 정의는 불필요하다. 그러함에도 항해 조례, 곡물 보조, 특권적인 동인도회사 같은 영국의 국교 제도, 세습 귀족처럼 인위적인 국가 개입을 그가 왜 옹호했는가의 문제가 있다.

그의 정치적 정의관은 전통과 관행의 자생적 진화에 포함돼 있는 것이 아니다. 따라서 전통과 관행을 초월하는 정치적 규칙이 필요했다. 이는 서로 경쟁적인 이해관계들을 '공동선(common good)'으로 통합할 것을 요구한다. 그런 역할을 의회가 가지고 있다고 한다. 의회를 안내하는 것은 지역적 목적 또는 편향성이 아닌 일반적 선이다. 일반 선을 찾기 위해서는 광범위하게 분산된 이해관계들을 찾아서 이들을 비교하고 서로 절충해야 한다. 그 대표적인 예가 영국과 프랑스 사이의 교역을 제한하는 1793년의 반역 통신법안이다. 이는 버크가 열렬히 지지했다. 국가의 목적은 상업의 증진이라는 목표보다 상위에 있어야 한다는 이유에서다. 영국의 상업은 높은 차원의 이익, 즉 영국의 대외적 안전·영예 등 영국의 국익, 즉 공동선을 위한 수단이었다. 상업 정신이 그런 가치들을 파괴하는 성향이 있다면, 그것을 억제해야 한다는 것이 버크의 생각이었다. 입법자가 추구해야 할 '공동선'은 국가가 상업적 이익을 낮추고, 정치적·윤리적·영토적 순결성에 중요한 목표다.

그러나 하이에크에게 공동선은 버크와 같이 결과 지향적인 것이 아니다. 그것은 과정 지향적인 것으로서 개인들이 각자 사적인 야심을 충족할 안정적인 법적 환경을 뜻한다. 그는 "자유사회에서 일반적 선은 알려지지 않은 개별적인 목적을 추구하는 것을 용이하게 하는 데 있다"고 했다(Hayek, 2018: 267). 물론 하이에크도 자유를 보존하기 위해서는 국가의 합리적 디자인과 강제의 요소들이 필요하다는 것을 그리고 자생적 성장 과정의 불완전성을 수정하기 위해서 의도적인 입법이 필요하다는 것도 인정했다(156-158쪽). 하이에크는 부르노 레오니(Bruno Leoni)가 예찬한 법관의 법(Leoni, 2000: 85-104; 민경국, 2016: 340-350)을 논평하면서 사법(私法)의 영역에서도 입법의 필요성을 강조했다(Hayek, 2018: 254 Fn. 36). 주인과 노예, 지주와 소작자, 신용공여자와 차입자의 관계, 그리고 현대에 이르러 조직된 사업과 고객들의 관계와 관련된 판례의 정의롭지 않은 규칙을 체계적으로 수정하기 위해서는 정의의 일반원칙이 필요하다(158쪽).

목적과 결부된 종족 사회와는 달리 규칙과 결부된 열린 사회에서 정의의 일반원칙은 모든 사람을 동일한 규칙에 따라 취급해야 한다. 정의관은 법 앞에 평등한 자유인의 열린 사회로 접근하기 위한 안내자가 되었다. 하이에크의 정의론은 절차적이다. 특수한 결과가 아닌 규칙에 의존하여 행위들을 판단하는 것이다. 이것은 열린 사회를 가능하게 했던 단계였다. 따라서 정의란 구체적인 사례에서 문제가 되고 특수한 이해관계들 또는 특정한 인간 부류의 이해관계들을 절충하는 것이 결코 아니다. 그것은 정의롭다고 간주하는 어떤 특수한 상황을 창출하는 데 목표를 두고 있는 것도 아니다. 그것은 어떤 특정한 행동이 실제로 발생시킬 결과와 관계가 없다(Hayek, 2018: 320-321). 따라서 자유사회에서도 정부의 기획과 강제가 불가피하다면, 이들은 개인의 자유와 자생적 질서를 확립·유지하기 위해 필요하다. 국가의 목적도 공동선과 똑같이 소극적이다. 즉 개인들이 각자 자신의 알려져 있지 않은 선호를 찾아 이를 자유로이 추구할 조건을 배양하는 일, 이것이 자유주의가 뜻하는 공동선이다.

"정부를 필요로 하는 공공재화 중에서 가장 중요한 것은 어떤 특수한 욕구들을 직접 충족하는 것이 아니라 개인들과 소규모의 그룹들이 각기 자신들의 욕구를 충족하기 위한 유익한 기회들을 찾을 수 있는 조건들을 확립하는 것이다. 공적으로 배려할 일차적인 것은 알려진 특수한 욕구가 아니라 자생적 질서를 유지하기 위한 조건을 마련하는 일이다. 이 자생적 질서야말로 국가 관리들이 전혀 알 수 없는 방식대로 개인들에게 자신들의 욕구충족을 가능하게 하는 질서다. 바로 자생적 질서의 조건을 마련하는 것이 정부가 해야 할 가장 중요한 과제라는 것은 역사의 대부분을 통해 잘 알려진 사실이다. 자유라는 현대적 이상의 기초가 되는 생각들을 표명했던 고대의 철학자들, 예컨대 스토아 학자들 및 키케로 등에

게 공공이익과 정의란 동일한 것이었다."(Hayek, 2018: 367)

국가의 제일 목적은 자생적 질서와 개인의 자유가 번창할 정치적·법적 환경을 확립하는 일이다. 그런 환경을 위해서 무엇보다도 필요한 것은 특정한 성격을 지닌 법 규칙이다. 목적과 결부된 부족사회(혹은 목적의 지배)로부터 규칙과 결부된 열린 사회(혹은 법의 지배)로 확장됨에 따라, 그런 규칙들은 구체적인 목적들에 대한 의존성을 급진적으로 털어버려야 했고, 이러한 검증을 통과함으로써 점차 그들은 추상적이고 소극적으로 변화되어야 했다. 정의는 자유사회에서 서로 다른 개인들이 제각각 서로 다른 목적을 추구하게 하는 특수한 사실에 관한 우리의 무지에 대한 적응이다.

요컨대, 하이에크의 정의관은 인간 이성에 관한 회의(懷疑)주의를 기초로 하는, 따라서 공동의 목적 추구라는 목적론을 거부하는 절차적 정의를 특징으로 한다. 이런 정의에서 주목할 것은 불의(不義)의 행동을 보편적으로 이유 여하를 막론하고 금지하는 내용으로 구성되어 있다는 점이다.

8) 다원주의에 관한 하이에크와 버크

"서로 다른 삶의 지향점을 품고 살아가는 개인들", 즉 상이한 목적들을 추구하는 개인들이 "어떻게 한 공동체 내에서 조화롭게 지낼 수 있을지"의 문제에 초미의 관심을 가진 정치철학자는 오크숏(Michael Oakeshott)이다(김지훈, 2024: vii). 이런 문제를 해결하기 위해 그가 구분한 두 가지 종류의 사회를 보자. 특정한 목표를 추구하는 기업형 결사체와 법이 지배하는 결사체로 구분했다(67쪽). 이런 구분과 관련이 있는 것이 목적이 지배하는 사회(teleocracy)와 규칙이 지배하는 사회(nomocracy)다.

하이에크는 특정한 목적 또는 목적순위가 모든 구성원들이 공동으로 추구해야 할 구속력이 있는 사회를 목적이 지배하는 사회라고 부른다. 이는 특정한 목적, 또는 특정한 순위대로 정한 목적을 향해 구성원들을 지시하는 '조직(taxis)'에 해당한다. 이는 구성주의적 합리주의자들이 수용하기에 더욱 적합하다. 합리성 기준이 알려진 특수한 목적을 위한 구체적인 질서, 즉 조직이기 때문이다. 이런 조직이야말로 중앙에서 설계한 질서다. 이것이 오크숏의 기업형 결사체다.

이에 반해 규칙이 지배하는 사회는 전적으로 보편적 규칙에 의존하는 '코스모스(cosmos)'에 해당한다. 구성원들이 정의로운 보편적 행동규칙을 준수함으로써 생겨나는 추상적인, 그리고 특정한 목적 또는 목적순위와 무관한 사회적 코스모스는 자생적 질서와 동일하다. 거대한 사회로서 자생적 시장질서는 목적들의 합의된 순위가 없다는 비판의 소리를 흔히 듣는 이유다. 그러나 이것이야말로 개인의 자유와 이 자유의 모든 가치를 가능하게 한 거대한 공로이다. 열린 거대한 사회는 인간들이 제각각 추구하는 특수한 목적들에 대해 합의하지 않고서도 평화적으로, 그리고 다른 사람들에게 편익을 주면서 상호 간 공존할 수 있는 유일한 사회다. 이런 다원주의에 관한 하이에크의 생각이 어떻게 발전되어왔는가를 콜린스에 의존하여(Collins, 2022: 406-409) 재구성한다면, 하이에크는 『노예의 길』에서 중앙에서 계획하여 조직한 사회는 개인의 자율성을 파괴한다는 점을 강조했다. 상상력과 지식의 한계로, 우리는 복잡한 사회에서 다양한 목적들의 우선순위를 정하는 것, 그리고 특정한 목표의 순위에 따라 목적을 달성하는 것이 절대적으로 불가능하다는 이유에서 정치공동체는 "정해진 한계 내에서 개인이 다른 사람이 아닌 자신의 가치나 선호를 따라 행동하도록 허용할 수밖에 없다"(Hayek, 1944/2006: 107).

하이에크는 그와 같은 개인의 자율성을 자신의 다원주의 입장과 그리고 자생적 질서의 비(非)목적론적 설명에 매끄럽게 통합하고 있다(Collins, 2022: 407). 그는 『자유헌정론』에서 "인간의 목표가 열려 있다는 것은 (중략) 자유 사회의 특징"이라고 목소리를 높였다(Hayek, 2023: 65). 그 같은 인식은 자신의 철학적 프레임을 안내하는 핵심주제다. 우리가 인간으로 남기를 원한다면 열린 사회로 향하는 길뿐이라는 것이다. 그 이유는 이렇다. 즉 왜 우리가 이것, 또는 저것을 선으로 여기는지, 또는 무엇이 좋은지 나쁜지를 놓고 시비하는 사람들을 볼 때 누가 옳은지 우리는 모르기 때문이다. 인간이 문명의 피조물인 것은 지식에서만이 아니고 목표와 가치에서도 그러하다.

가치들은 진화의 산물이라는 이유만으로 그들이 확실한 도덕적 기초에 의해 지지받고 있다거나, 그 같은 이유로 그들이 우리의 가치가 되어야 한다는 믿음은 잘못된 것이라고 한다. 그에 대한 비판자들과는 전혀 다르게 팽글로시안(panglossian)이 아님이 확실한 이유다.[38] 즉 그는 진화낙관주의자는 아니라는 것이다. 그러나 "분명한 것은 우리의 지성을 만들어낸 바로 그 진화의 힘들에 의해 그 가치들도 창조되고 변경되었다는 점이다"(66쪽). 하이에크가 특정한 관행의 행사에 윤리적인 신뢰를 부여하는 것에 조심스러워하는 이유다. 그 대신에 그런 관행을 불러온 진화과정에 도덕적 정당성을 부여한다.

하이에크는 『법 입법 그리고 자유』의 제10장에서 교환을 의미하는 카탈락시로서 시장질서의 성격을 다룬다. 여기에서 그는 다원주의라는 그의 상표를 카탈락시로 표현하고 있다. 구성원들이 경쟁적인 목표들의

---

38) '팽글로스'는 볼테르(Voltaire, 1694~1778)의 소설 『캉디드(*Candide*)』에 등장하는 인물이다. 이 소설은 당시의 지배계급이었던 로마 가톨릭교회 예수회와 종교재판소 등 성직자들의 부패상을 묘사해 큰 파문을 일으킨 작품이다. 풍자적으로, 팽글로스는 세상은 최선으로 이루어져 있다고 믿는다. '모든 것은 최선의 상태에 있다'는 뜻이니, 지금 우리가 사는 이 세상을 유토피아로 보는 이상주의자인 셈이다. 현재 '팽글로시안(Panglossian)'은 '근거 없이 낙천적인'이라는 형용사로, '팽글로스'는 '근거 없는 낙천주의자'로 해석된다.

순위를 정해놓고 그 순위에 따라 그들을 공동으로 달성하려고 노력하는 이코노미(economy)와는 달리 시장이라는 코스모스는 그런 순위가 없다. 개인들이 각자 추구하는 개별 목적만이 존재할 뿐이다. 자유사회는 특정한 목적들을 공동으로 추구할 우선순위가 없는 다원주의 사회라는 것을 강조한다. 거대한 사회에서 협조가 공동의 목적을 전제하는 한, 서로 다른 목적을 가진 사람들은 필연적으로 동일한 수단을 놓고 서로 투쟁할지도 모를 적들이다. "오로지 교환을 도입하는 것만이 상이한 개인들이 최종목표에 동의하지 않고서도 그들 상호 간의 이익을 가능하게 했다."(Hayek, 2018: 420) 상업활동의 부정적인 결과를 완화하기 위해 결과 지향적 도덕과 사회윤리가 필요하다는 주장을 강력히 반대했다.

그러나 버크는 하이에크의 다원주의와는 다르다. 국교와 세습 귀족의 예에서 볼 수 있듯이 그는 특정한 종교를 지원하고 개인들에게 신분과 사회적 안정을 유지하게 하는 것이 국가의 역할이라고 보았다. 그 밖에도 그는 목적들의 순위를 정하여 공동으로 추구할 목표체계를 선호했다. 비록 그런 목표체계를 어떻게 계획할 수 있는가에 대해 체계적으로 설명하지 않았지만 말이다. 그런 목표순위에 관한 그의 생각은 프랑스혁명에 관한 글에서 찾을 수 있다. 한 나라의 성격이 형성되는 때 상업활동보다 종교, 도덕, 그리고 예의범절에 중심적 가치를 부여했다. 그는 귀족과 성직자에 의해 형성된 기초로서 예의범절의 도덕적 기초야말로 상업경제의 성장을 위해 불가피한 것이라고 여겼다. 가치에는 우선순위가 있다는 버크의 주장은 부(富)에 제일 순위를 부여하지 않았다는 사실에서 입증된다. 영국의 상업적 부는 높은 차원의 목표를 위해 탐욕의 본능을 길들이는 정치적·종교적 제도를 통해서 상쇄되어야 한다고 주장했다.

9) 맺는말: 원칙의 정치 vs. 이익의 정치

우리는 20세기 자유주의를 이끈 하이에크의 자생적 질서의 관점에서 18세기 보수주의를 창시한 버크를 보았다. 사회질서를 인간 이성의 산물이 아닌 문화적 진화의 선물로 이해하는 하이에크에게 사회질서가 중요한 이유는 그것이 당대의 구성원들끼리(행동질서)와 세대들끼리 (규칙질서) 지식소통을 가능하게 하기 때문이다. 그가 자생적 질서를 중시한다고 해도 국가의 역할을 무시한 것은 결코 아니다. 그는 시장의 자생적 질서를 보존하고 이를 강화하기 위한 '원칙의 정책'을 옹호했다.

사회질서에 대한 하이에크의 그 같은 사상을 버크의 경제사상에 적용한다면, 버크도 하이에크의 자생적 질서를 유추할 만한 주장을 찾아볼 수 있지만, 그가 보여준 정책들은 국가 개입주의에 기울고 있다. 개입주의는 자유인들의 행동들이 자생적으로 조정되는 과정을 방해하는 의식적인 노력이다. 이것은 시장 상황의 압력에 굴복하여 펼치는 현실 정치와 대영제국의 영예에 예속시킨 실용주의적 보수주의 정책이다. 버크의 이런 정책은 하이에크의 원칙의 정책과 대비되는 '이익의 정책'이다.

버크의 사상에는 자생적 질서의 프레임에 맞지 않는 것이 또 있다. 세습 귀족을 지지했던 점이 그렇다. 상업 사회와 일상적인 삶의 변덕스러운 변동을 억제하고 군주(君主)의 권력집중을 견제하는 장치로서 세습 소유는 정치·사회 질서의 안정과 지속성을 제공한다는 이유에서다. 이것이 바로 하이에크와 뷰캐넌이 반대했던 보수주의의 특징이다. 버크에게 가문의 걸출함, 타고난 선호, 재주 등은 부자연스러운 것도 아니고 불의도 아니고 졸렬한 것도 아니다. 그는 지주 귀족은 평민보다도 의회를 비롯한 정치에서 더 큰 영향을 행사할 수 있어야 한다고 했다. 하이에크는 (뷰캐넌과 함께) 정치적 불평등(하이에크) 또는 온정주의(뷰캐넌)라는 이유로 귀족제도를 강력히 반대했다. 하이에크에게 세습 귀족, 장자상속제는 경쟁적 시장 과정의 산물 또는 분권화의 산물이 아니라 계획된 노력의 산물이다. 보수주의자로서 버크는 그런 특혜는 영국의 안정된 사회질서를 위해 필요하다고 믿었다.

버크와 하이에크의 차이는 규칙 질서로서 종교에 관한 것이다. 종교는 도덕의 원천이라고 믿었던 버크는 종교를 증진하고 자유의 정신과 종교의 정신을 연결하기 위해 국교가 절실하다고 여겼다. 종교경쟁은 도덕질서의 과소 공급을 부른다는 이유에서 종교적 독점을 주장하는 것과 흡사하다. 스미스와 함께 종교의 경쟁 원리를 강조했던 인물이 하이에크다. 종교들도 문화적 진화의 걸음 과정에 예속되어 있다는 것이 하이에크의 관점이다. 개인의 소유와 가족을 지지한 종교만이 살아남게 된다고 한다. 그래서 본능의 강한 반발과 이성의 비난에 대항하여 확장된 질서를 가능하게 하는 도덕체계, 관행, 관습 등 제도들이 보존될 수 있었던 점은 전적으로 전통의 수호자로서 종교의 역할 덕택이라는 것이 그의 인식이다.

시장이 문명의 성장에 어떻게 도움이 되었는가와 관련해서도 하이에크와 버크는 전적으로 서로 다른 입장이었다. 버크에게 경제·사회·정치적 삶에서 경쟁, 자발적 교환, 가격 시스템은 문명의 성장을 위해 충분하지 않다고 한다. 그는 문명의 원천은 로크의 사회계약도 아니고 시장경쟁과 시행착오의 실험에 의존하는 것도 아니라, 그런 실험과 독립적으로 축적된 예의범절, 사랑, 종교, 귀족 등의 영속적인 묶임이라고 한다. 그는 상업의 확대는 물질적 번영을 불러오지만, 공동체의 도덕 감정을 약하게 만든다고 한다. 이런 믿음은 보수주의자들의 공통된 생각이다.

그러나 흥미롭게도 하이에크는 시장이 전통 관행 관습 문명의 성장에 충실히 이바지한다고 본다. 시장경제가 발달할수록 도덕의 발달을 초래하고 도덕의 발달이 이루어지는 경우 시장경제도 발달하는 공진화 과정에서 인간들은 도덕규칙의 습관화가 이루어진다. 시장경제가 발달한 나라일수록 상도덕도 발달하는 이유가 바로 그런 습관화 또는 내재화 때문이다. 그러나 버크는 상업적 확대로 품격 있는 예의범절은 물론 정의까지도 생겨났다는 데이비드 흄, 애덤 스미스 등 당대 학자들의 믿음과 정반대였다. 그렇다고 해서 하이에크는 문명의 원천으로서 상업활동 너머에서 활동하는 인간행동의 중요성을 무시한 것은 아니었다. 경쟁과 가격 메커니즘의 범위 밖에서 형성되는 관행과 관습이 문명의 발달은 물론 시장의 상업활동을 위한 기초를 제공한다는 것도 그의 빼어난 인식이었다.

마지막으로 기존의 전통들을 판단하고 개혁하기 위한 방향을 제시하는 역할을 하는 하이에크의 정의관은 목적론을 거부하는 절차적 정의를 특징으로 한다. 이런 정의에서 주목할 것은 불의(不義)의 행동을 보편적으로 이유 여하를 막론하고 금지하는 내용으로 구성되어 있다는 점이다. 이 맥락에서 거대한 사회는 인간들이 제각각 추구하는 특수한 목적들에 대해 합의하지 않고서도 평화적으로, 그리고 다른 사람들에게 편익을 주면서 상호 간 공존할 수 있는 유일한 사회다. 버크는 그 대신에 서로 경쟁적인 이해관계들을 통합할 것을 요구하는 '공동선(common good)'을 중시한다. 상업 정신이 그런 가치들을 파괴하는 성향이 있다면, 그것을 억제해야 한다는 것이 버크의 생각이었다. 입법자가 추구해야 할 '공동선'은 정치적·윤리적·영토적 순결성에 중요한 목표다. 따라서 이런 목표가 우선하는 한, 버크의 세계는 다원주의적일 수 없다.

III

존 롤스의
정의론과
자유주의

"자유로운 인간들이 서로 나란히 지낼 수 있고,
서로 부추겨주고, 방해하지 않으면서 발전할 수 있으려면,
이것은 오로지 어떤 보이지 않는 경계를 인정함으로써만 가능하다.
그 한계 내에서 개개인들의 존재와 각 존재의 실현이 비로소
안전하고 자유로운 영역을 얻을 수 있다. 경계를 정하고,
또 자유 영역을 정하는 규칙이 법이다."

Savigny, 1840: 331-332*

"모든 국가의 지혜는 될 수 있는 대로 좋게 사회의 힘을 이용하여
국가의 권위에 예속되어 있는 사람들이 상대방의 행복을
방해하거나 해치지 못하도록 제한하려고 존재한다.
이러한 목적을 위해 국가의 지혜에 의해 확립한 규칙은
각 나라의 민법과 형법을 구성한다."

Smith, 2009. VI. ii. 서론 2: 413

---

*   Hayek(2018: 218 Fn 8)에서 재인용했음.

자유사회는 정의의 규칙(rules of justice)에 의해 지탱되는 사회다. 그런 규칙은 정의롭지 않은 행동을 금지하는 역할을 한다. 정의롭지 않은 행동은 예를 들면, 살인하는 행동, 간음하는 행동, 도둑질하는 행동, 거짓말을 하는 행동, 남의 재산을 탐하는 행동 그리고 자발적 계약을 존중하지 않는 행동 등이다. 문화적 진화과정에서 무엇이 정의롭지 못한 행동인가에 관한 관점이 생겨났다.

정의의 규칙의 테두리 내에서 생산과 교환이 이루어지고 이런 교환과정에서 개인의 재산과 소득이 형성된다. 그런데 자유사회의 이런 소득과 재산의 분배를 비판하면서 등장한 패러다임이 있다. 분배 정의(사회정의 또는 경제정의))의 이상(理想)을 가지고 자유 자본주의를 비판하는 철학이 그것이다.

이런 비판을 주도한 대표적인 인물은 "20세기 가장 탁월한 철학자"(Nussbaum, 1999: 424)로 평가받았던 존 롤스(John Rawls, 1921-2002)다. 그는 일생 내내 시장경제에 대해 매우 부정적인 생각을 지니고 있었다. 자본주의 사회는 결코 정의롭지 못한 사회, '심각한 불의(grave injustice)'로 점철된 사회라고 믿었다. 그러니까 자유시장을 대신할 대안이 필요하다는 것이다. 20세기 가장 탁월한 학자로 인정받은 이유도 그런 생각 때문이었다. 그의 분배 사상의 초점은 '서민층'이다. 서민층의 삶의 개선이 정의사회의 제일의 과제다. 그가 일생 내내 서민층을 대변했다는 이유에서 그를 하버드 성인(聖人)이라고 불렀다. 1960년대 초 이후 미국 존슨 대통령의 '위대한 사회'의 기치를 걸고 미국 사회를 지배하기 시작했던 서민층에 대한 '우대정책(affirmative action)'을 반영한 이념체계다. 롤스의 분배 정의는 서민을 위한 철학이라고 보아도 무방한 이유다.

우리가 주목하는 것은 세 가지다. 첫째로 롤스가 시장경제를 어떻게 이해하고 있는가, 둘째로 그의 사상의 오류는 무엇인가, 그리고 마지막 셋째는 그의 사상이 자유주의의 대안이 될 수 있는가의 문제이다. 그의 사상은 달성하고자 하는 가치(서민층의 보호)를 실현할 수 없고, 오히려 서민층의 삶을 더욱 어렵게 만들 뿐이라는 것, 자유주의만이 서민층을 효과적으로 보호할 수 있다는 것, 따라서 그의 사상은 자유주의의 대안이 될 수 없다는 것을 보여줄 것이다.

1.
롤스의 정의론의 구조

롤스는 주류 경제학이나 공리주의처럼 사회적 문제를 희소한 자원의 '효율적 배분'으로 파악하는 것도, 자유주의처럼 사회적 문제를 '행동 조정'으로 보는 것도 아니다. 그에게 사회문제는 자유, 기회, 자긍심 그리고 소득과 재산 등의 '분배 문제'다. 이 문제를 해결하는 것이 모든 사회 제도의 존재 이유라고 믿고 있다. 개인들의 삶의 전망에 막중한 영향을 미치는 정치적 헌법과 경제·사회 제도와 같은 '사회의 기본 구조'도 사회 구성원들끼리 협력한 결과로서 생겨난 편익을 분배하기 위한 제도로 이해하고 있다. 그는 "사상체계의 제1의 덕목이 참인 것처럼 사회제도의 제1의 덕목은 정의다"라고 말하면서(Rawls, 2003: 36), 정의의 역할을 이렇게 설명했다.

> "사회는 인간들 상호 간의 혜택을 위한 협조적 사업이라고 하더라도 그것은 전형적으로 이해관계의 갈등은 물론 이해관계의 동일성을 특징으로 한다. (중략) 그런 혜택의 나눔을 결정하는 다양한 사회제도 가운데 선택하여 적절한 분배 몫의 나눔에 관한 합의를 달성하기 위해 일련의 원칙이 필요하다."(37쪽)

요컨대 분배적 관점에서 사회를 보는 것이 롤스의 입장이었다. 주목할 것은 어떤 분배형태가 왜 정의로운가의 문제에 대한 그의 생각이다.

이를 설명하기 전에 우선 시장경제의 분배결과에 대한 그의 도덕적 비판과 (그가 제시한) 분배결과를 수정해야 할 당위성을 검토할 것이다.

1) 정의론의 등장 배경

롤스가 서민층 또는 소수파에 대해 각별한 관심을 보였던 배경, 그의 정치철학이 소수파 또는 서민층을 관심의 대상으로 만든 이유는 1960년대 미국에서 일어난 소위 '가난과의 전쟁'이었다. '가난으로부터의 자유'를 기치로 하여 '위대한 사회'를 만들겠다고 나섰던 존슨 대통령의 국정철학은 당시의 사정을 잘 반영한다. 빈곤층이 문제였다. 롤스가 해결하고자 했던 것도 바로 그 문제였다. 1960년대의 소수파에 대한 차별, 서민층에 대한 차별, 성차별 등, 이런 차별을 억제하려고 했던 롤스의 시도는 훌륭했다. 1876년 '유색인'으로부터 백인을 분리하는 법률, 속칭 「짐크로(Jim Crow)법」이 통과된 이래 백인과 흑인이 동등한 존재로서 접촉하는 것을 강제로 막았다. 예를 들면 대중교통에서의 인종 분리, 공립학교, 공공장소, 화장실, 식당, 식수대에서 백인과 흑인을 분리하는 데 목적을 둔 법이었다. 미국 군대에서도 백인과 흑인은 분리됐다.

이런 차별법을 반대하는 운동이 끊임없이 발발했다. 1954년, 공립학교에서의 인종차별은 위헌이라는 연방대법원의 판결은 「짐크로법」의 폐지를 가속시켰다. 그 후 「짐크로법」은 1964년 「민권법」과 1965년 「선거권법」으로 인해 효력을 상실했다. 인종 분리로 흑인들은 백인들보다 경제적 후원, 주거지 등에서 열등한 대우를 받았으며 이것은 경제, 교육, 사회 등에서의 불평등을 낳았다. 합법적인 분리는 주로 미국 남부에서 이루어졌지만 사실상 몇 년 동안 북부에서도 불공평한 조합 업무를 포함한 강제적인 집 계약, 대출 관행, 직업적 차별대우 등 인종차별이 존재했다. 이런 정치 사회적 배경에서 롤스는 자유의 원칙으로 그 같은 차별을 극복하고자 했다. 그가 오류를 범한 것은 이런 차별을 없애는 것을 넘어선 서민층과 소수파를 위한 우대정책, 특혜정책의 형태이다. 이런 정책은 그의 공정한 기회균등의 원칙과 그리고 차등 원칙으로부터 도출된 것이다.

2) 정의의 세 가지 원칙

소득과 재산분배의 결정요인에 관한 롤스의 생각은 무엇인가? 그는 다음과 같이 말했다.

> "기존의 재산·소득분배는 (중략) 자연적 재산, 즉 타고난 재주와 능력의 불평등 분배가 누적되어 생겨난 결과다. 그것들이 개발되지 못했거나 혹은 실현되지 못했던 것은 사회적 환경의 탓이거나 행운과 뜻밖의 사고와 같은 우연 때문이다. 그리고 사회적 환경과 우연에 의해 그 재주나 능력은 유리하게 사용될 수 있고 불리하게 사용될 수 있다."

요컨대 개인의 재산과 소득은 재주와 능력, 노력, 용모와 같은 타고난 개인적 특성 그리고 출신 배경과 양육조건에 의해 좌우된다는 것이다.[1] 그런 것들은 개인들에 따라 서로 차이가 있다. 재주가 탁월한 사람이 있

---

[1] 롤스는 개인의 소득과 재산은 자연적 자산, 즉 자연적 재주와 능력의 분배, 나이, 성, 종족, 색깔, 그리고 가정과 부모의 재산, 종교, 출신지역 등과 같은 사회적 요인들의 누적적인 결과로 이해했다. 이런 요인을 임의로 확대할 수 있다. 자아의 형성을 결정하는 요인은 수없이 많다. 우리가 주목하는 것은 우리의 삶을 성년이 되어 시장에서 경제주체로 활동하는 시기와 그리고 그 이전, 태어나서 부모의 슬하에서 삶을 준비하는 기간으로 구분하고 이 후자의 기간만을 고려한다.

는가 하면 그렇지 못한 사람도 있다. 용모가 타인들에게 호감을 또는 비호감을 주는 사람, 부잣집에서 또는 가난한 집안에서 태어난 사람 등 차이가 심하다. 인간은 본성과 양육부터가 불평등하다. 이런 의미에서 인간은 태어날 때부터 사실상 평등하다는 프랑스 인권선언은 틀렸다. 흥미로운 것은 개인들이 지닌 능력, 재주, 용모, 건강 등의 차이를 갖게 된 것은 그들 각자의 노력의 결과가 아니라 우연의 결과라는 것이다. 그런 차이는 '도덕적으로 자의적'이라고 한다.

이런 주장을 기반으로 하여 롤스가 내린 결론은 이렇다. 즉, 우연적 요인들이 분배를 결정하도록 내버려두는 경제체제는 정의로운 경제체제가 아니라는 것이다. 정의롭지 못한 경제체제 가운데 하나가 애덤 스미스의 '자연적 자유 체제'라고 한다. 이런 체제는 정부의 모든 규제가 없는, 오로지 소유의 존중, 계약의 자유와 자기 책임만이 지배하는 체제다. 이런 체제가 불의의 체제인 이유는 '도덕적 관점에서 볼 때 대단히 자의적인 요인들에 의해 재산과 소득분배가 부적절하게 영향을 받도록 허용'하기 때문이다.

롤스가 주목한 것은 '자연적 로또의 희생자', 즉 제비뽑기에 당첨되지 못한 계층이다. 이 계층이 서민층('최소 수혜자')이다. 자기 탓으로 가난한 것이 아니다. 부자도 자기 탓이 아니다. 모두가 행운의 여신의 자의적인 장난 때문이다. 이런 장난을 통해서 희생당한 사람들에게 보상하는 체제가 정의사회라는 것이 그의 믿음이다. 도덕적으로 자의적인 이유에서 서민층이 된 사람을 어떻게 보상하는 것이 정의로운가?

잘 알려져 있듯이, '공정으로서의 정의'라는 롤스의 정의론은 사회의 기본 구조에 적용할 세 개의 원칙으로 구성되어 있다. ① 자유의 원칙이다. 그가 공식화한 이 원칙은 다음과 같다. "각자는 평등한 기본권과 자유들에 입각한 완전한 적정구조를 요구할 동등한 권리를 가진다." ② 공정한 기회균등 원칙이다. 공정한 기회균등은 형식적 기회균등보다 더 많은 것을 요구한다. 누구나 직위와 직책에 접근할 기회는 자신과 유사한 자연적 능력을 지닌 사람과 실질적으로 동등해야 한다는 것이다. ③ 차등 원칙: 자연적 능력의 격차에서 발생하는 경제적 불평등은 사회의 최소 수혜자들에게 최대한의 이익을 가져다줄 수 있어야 한다는 것이다.

세 가지 정의의 원칙은 엄격한 우선순위가 있다. 공정한 기회균등을 보장하거나 최소 수혜자의 최대편익을 가져다주는 분배를 창출하기 위해 자유의 원칙은 위반될 수 없다. 어떤 특정한 시민단체가 정부의 성장정책에 대해 비판적이라는 이유로 그 단체의 활동을 허용하지 않는다면 이것은 자유 우선의 원칙에 대한 위반이다. 사회적으로 가장 피해가 덜 가는 방식으로 군대를 육성한다는 이유로 차별적 징병제 법을 정당화할 수 없다(Rawls, 2020: 446). 자유의 원칙은 공정한 기회균등을 보장하거나 최소 수혜자의 최대편익을 가져다주는 분배를 창출하기 위해 위반될 수 없다. 마찬가지로 어떤 사회도 특정한 직위와 직책에 접근할 평등한 기회를 허용하지 않고 최소 수혜자에게 줄 몫을 극대화하기 위해서 기회의 불평등을 조성해서는 안 된다. 어느 한 특정한 시민단체에 정치적 자유를 허용하면 그 단체가 그런 자유를 활용하여 경제적 효율성과 성장정책을 반대한다고 해도 그런 시민단체에 평등한 정치적 자유를 주지 않을 수 없다(Rawls, 2020: 446).

어쨌든 체제를 자유방임(laissez-faire) 체제, 복지국가(welfare state), 명령경제의 국가사회주의로 분류한 롤스는 그런 체제는 자신의 세 가지 정의의 원칙에 적합한 체제가 아니라고 한다. 그에게 가장 적합한 체제는 생산수단의 사적 소유를 인정하는 그러나 자본 분산을 중시하는 재산 소유 민주주의 체제(property owning democracy) 또는 생산수단의 사적 소유를 인정하지 않고 기업에 소속한 노동자들의 소유로 하는 자유 민주적 사회주의 체제(liberal democratic socialism) 혹은 노동자 자주관리제도라고 한다.

3) 정의의 원칙의 도덕적 정당성

사회계약 이론은 흥미롭게도 국가의 권위에 대한 정당성을 제공한다. 국가는 항상 지배 및 강제와 결부되어 있을 뿐만이 아니라 개인의 자유에 대한 위협이라는 사실을 고려한다면, 어떤 권위가 정당하고 정의로운가의 문제가 매력적으로 들린다. 우리가 국가에 주기로 동의했다면 국가는 우리에게 주권을 행사할 수 있다. 토머스 제퍼슨(Thomas Jefferson)은 독립선언서에서 "정부는 사람들끼리 만들어지는 것이며 정부의 정당한 권력은 통치받는 사람들의 동의에서 나온다"라고 썼다. 이 말은 정부의 정당성은 통치받는 사람들의 승인에서 나온다는 생각을 반영한다.

도덕, 상관행, 재산 소유, 계약, 약속이행 등 인간들의 사회적 삶에 유익하게 작용하는 제도들은 합리적인 인간들이 합의를 통해 계획해서 의도적으로 만든 결과로 이해하고 있다. 그런 이해는 다음과 같은 반대를 불러왔다. 첫째로 데이비드 흄이 지적했듯이, 우리가 역사를 되돌려본다면 우리가 사는 사회를 구성하는 제도들을 동의한 바가 결코 없다. 그래서 만약 우리가 모여서 사회계약을 체결한다고 한다면 어떤 헌법적 질서를 선택할 것인가를 묻는다. 따라서 사회계약은 필연적으로 가설적일 수밖에 없다. 하지만 실제 사람들이 가설적 계약에 어떻게 구속될 수 있는가라고 흄은 묻는다.

둘째로 사회계약론은 이미 잘 알려져 있듯이 "어떤 사람에게도 자신의 행동에서 발생하지 않는 의무가 있을 수 없다"는 토머스 홉스의 격언을 기반으로 한다. 누구든 스스로가 명시적으로 정한 것이 아니면 어떤 규칙도 그리고 어떤 의무도 생겨날 수 없다는 것이다. 따라서 인간들의 사회적 행위를 구속할 어떤 행동규칙도 존재하지 않는, 다시 말해 사회라고 볼 수 없는 상태를 전제할 수밖에 없다. 따라서 사회계약은 사회와 독립적으로 존재하는 정신과 밀접하게 연관되어 있다.

그러나 우리는 고립된 채로 세상에 태어나지 않았고 사회가 없이 혼자서 고립된 채로 살 수가 없다. '자아' 또는 '나'는 사회적 혹은 물질적 영향에서 완전히 차단되어 독립적으로 존재할 수 없다. 인간들은 합리적으로 따져 합의가 없었다고 해도 자발적으로 지키는 행동규칙들이 대부분이다. 오히려 그런 행동규칙들의 존재 때문에 인간들은 타인들과 상호작용 과정에서 각자 자신들의 삶을 위해 합리적으로 행동할 수 있다. 그런데 바로 그런 행동규칙의 등장은 이를 전제조건으로 하는 합리성을 통해 설명하는 것은 논리적으로 불가능하다. 이같이 가장 큰 설득력을 지닌 비판은 진화사상이 제공한다.

그리고 셋째로 토머스 홉스, 존 로크, 장-자크 루소, 임마누엘 칸트, 존 롤스와 같은 사회계약 이론가들 사이에는 의견 불일치가 존재하는데 이는 모든 가상 계약의 세부사항이 논쟁의 여지가 있음을 보여주고 있다. 많은 사람이 그 개념 전체가 쓸모없다고 생각할 정도로 논쟁적이다. 이런 반대의견은 사회계약 이론을 사용하여 권리와 법을 적극적으로 정당화하려고 시도하는 경우에만 타당하다. 그러나 이 이론의 가치는 주로 소극적이다. 그것은 제안된 정의의 원칙을 받아들일 수 없음을 보여주려면 그 원칙이 시민의 보편적 동의를 얻어낼 수 없다는 것을 보여주어야 한다. 이런 방식이 아마도 칸트와 뷰캐넌이 고안한 방법인 것 같다(Buchanan, 1977: 132). 가장 불쾌한 원칙, 즉 노예제도, 유전적 귀족주의, 다른 모든 사람을 조금 더 행복하게 만들기 위해 일부에게 엄청난 고통을 가하는 종류의 공리주의, 그리고 식량을 살 수 있는 수단이 없는 사람들은 굶을 권리가 있다는 것을 수반하는 리버태리언의 형태는 배제된다.

정치적 정당성이 합의에 달려 있다면, 앞에서 논의했던 사회계약론에 관한 흄의 인식이 옳다. 이에 따르면 합의는 가상적인 것이 아니라 실제로 있어야 한다. 왜 우리가 합의에 동의해야 할 것인가? 아마도 그렇게 하는 것이 우리에게 이익이 되거나 아니면 합의할 도덕적 의무가 있을 것이다. 둘 다 설득력 있는 이유다. '만인에 대한 만인의 투쟁'이라고 말할 수 있는 토머스 홉스의 세상처럼 법적 의무가 없는 세상은 대단히 무서운 곳이다. 우리는 서로에게 정의롭고 합법적인 세상을 만들어낼 의무가 있다.

롤스는 두 번째 이유를 강조했다. 그의 핵심 아이디어는 '상호존중'이라는 가치를 사회계약의 궁극적인 기초로 만드는 것이었다. 그는 다른 근거는 도덕적으로 무관하다고 여긴다. 예를 들어, 로크와 비교한다면, 롤스는 인간은 신의 피조물이기 때문에 신이 부여한 의무가 있다는 로크의 주장과 같은 것에 의존하지 않는다. 로크에게 신이 부여한 의무란 생명, 건강, 자유, 재산에 대한 자연권을 존중해야 한다는 것이다. 로크의 세상에서는 사람들이 그런 자연권을 보호하기 위해 사회계약을 체결한다. 롤스는 재산에 대한 정치 이전의 권리가 있고 이를 사회계약을 통해 보호해야 한다는 로크의 생각을 거부한다. 롤스의 관점에서 볼 때, 로크의 사회계약 개념은 더 많은 재산을 가진 사람들이 덜 가진 사람들에 대해 불공평한 권력을 행사할 수 있도록 했다.

로크에게 법은 자연권에 속하는 재산권을 보호하기 위한 것이다. 법은 자연권의 함수다. 이에 반해 롤스에게 재산권은 자연권이 아니라 법의 인공물이다. 재산권은 법의 함수다. 그에게 정치 생활은 사람들이 자연상태에 앉아 있을 때 시작되지 않았다. 따라서 롤스는 로크보다 더 광범위하게 계약주의(contractarianism)에 의존한다. 롤스에 따르면 우리의 권리는 사회계약을 통해 비로소 지정되므로 그 권리는 공정한 사회계약이 무엇인지에 따라 달라지게 된다.

롤스는 사회의 기본 구조, 즉 사회정의가 가상의 '원초적 상태'에서 합의될 조건이라면 공정할 것이라고 주장했다. 그 상태는 '무지의 장막'에 의해 가려진 가상된 선택 상황이다. 당사자들 가운데 누구도 어떤 종교에 속하든 부유하든 가난하든 타고난 인간의 특성이 무엇이든, 도덕적으로 무관한 사실을 알 수 없도록 장막을 친다. 당사자들 자신에 관한 정보가 이같이 스스로에게 제한되면, 그들은 평등한 자유의 원칙과 그리고 차등 원칙에 동의할 것이라고 한다. 공정한 상황에서 채택되었다는 이유에서 정의의 원칙을 '공정으로서의 정의'라고 불렀다.

이처럼 롤스는 가상적인 사회계약을 이용하여 적극적으로 특정한 정의의 규칙을 정당화하고 있다. 롤스는 철학자이기 때문에 가상적 계약주의를 적극적으로 이용한다고 정치경제학자 제임스 뷰캐넌은 지적한다. 그는 차등원칙과 같이 사회계약의 특정한 결과(contractual end-state)에 치중하기보다는 계약과정(contractual process)에 초점을 맞추어야 한다고 한다(Buchanan, 1977: 131-133). 계약주의를 소극적으로 이용해야 한다는 뜻이다. 가상적 상황이라고 해서 오로지 어떤 특정한 정의의 규칙만의 등장을 설명하고 그것을 정당화할 수 없다는 이유에서다.[2]

흥미롭게도 롤스의 사고에서도 가상적이며 동시에 소극적인 계약주의는 중요한 역할을 한다. 다시 말해 그가 기술한 원초적 상황에서 벌어지는 계약과정에서 당사자들이 받아들일 수 없는 결과를 배제한다. 그것을 감수하는 것은 비이성적이라는 이유에서라고 롤스는 목소리를 높인다. 예를 들면 종교적 박해와 세습 귀족주의를 배제한다. 일부 사람들이 자신의 삶이 너무 처참하거나 욕구가 충족되지 않아 자신의 상태를 개선하기 위해 폭력을 허용하는 마르크스주의도 배제한다. 그는 부의 분배가 정치적 자유의 평등을 위태롭게 해서는 안 된다고 주장한다.

롤스는 이같이 선정된 정의의 원칙은 우리의 마음속에 가장 잘 확립된 그리고 가장 잘 숙고한 도덕적 판단과 일치한다고 한다. 자연적 제비뽑기의 결과로서 우월한 재능과 재주는 개인의 소유가 아니라는 이유에

---

2) 롤스가 기술하고 있는 무지의 장막에서 사람들이 위험을 극도로 싫어하는 경우에만 선택대안들 가운데 최소를 극대화하는 것을 선택하는 것이 합리적이라는 것이다(Maximin Principle). 그러나 그런 무지의 장막에서 최소에 지나칠 정도로 높은 비중을 두고 있다. 위험에 대해 중립적인 사람들은 최소와 중간 그리고 최대에 동일한 비중을 둔다면 차등원칙 이외의 다른 원칙을 정의의 원칙으로 정당화할 수 있다.

서 그런 요인들에 의해 벌어들인 소득과 재산은 응분(應分)의 대가가 아니라는 것이다.[3] 그리고 그때의 소득과 재산의 분배 격차는 정의롭지 않다는 것, 분배 격차가 자연적 분배에서 낙오된 사람의 삶의 전망을 개선할 수 있는 경우에만 그것이 정의롭다는 것, 이것이 우리의 마음속 깊이 뿌리를 박고 있는 도덕적 직관이라는 것이다. 그러나 우리의 도덕적 직관이 롤스의 분배원칙과 일치한다는 주장도 무조건 옳은 것은 아니다. 나중에 다시 논의하겠지만 그는 개인들의 능력이나 노력, 재주 등 생산에 이바지하는 개인의 특성은 공유재로 취급할 것을 요구한다. 하지만 이런 요구가 과연 한국인 또는 미국인의 일반적 직관과 일치된다는 보장이 없다.

---

[3] '받아 마땅한 것'의 뜻은 형법상의 개념이다. 인과응보의 의미이다. 그러나 '소유 자격(entitlement)'은 민법상 개념이다.

2.
롤스의 자유론의 치명적 오류

　　롤스의 정의론은 사회의 기본 구조에 적용할 세 개의 원칙으로 구성되어 있다. 기본 구조는 개인이나 정부의 관리들이 비로소 선택 가능한 제도적 틀이다. 이는 헌법이나 경제체제와 관련된 것이다. 주목할 것은 자유 원칙을 통해서 보호받을 자유들이다. 롤스는 언론·집회·사상·양심의 자유, 심리적 억압, 신체적 폭행·절단 등을 포함하는 인신의 자유(인신의 온전성), 자의적인 체포나 구속이 없는 자유(이런 자유들을 전부 시민적 자유라고 부르자), 그리고 개인적 재산(personal property)을 소유할 권리와 직업선택의 자유(경제적 자유), 그리고 마지막으로 정치적 자유(참정권)를 들고 있다(Rawls, 2003: 106; 2020: 443). 이런 자유들은 입법에 의해 보호할 기본권들이다.

　　롤스는 열거주의를 택하고 있다. 열거한 것만을 중시하라는 뜻이다. 현행 한국 헌법도 사실상 열거주의를 택하고 있다. 헌법 37조 제1항은 헌법에 열거되지 않았다고 해서 자유와 권리는 경시되어서는 안 된다고 천명하고 있지만, 헌법에 열거된 자유와 권리의 종류가 개헌할 때마다 늘었다. 이는 한국 헌법의 사실상 열거주의라는 뜻이다. 롤스가 열거한 기본적 자유권을 보면 유감스럽게도 특정한 종류의 재산(생산수단)을 습득·보유하고 이용·처분할 자유에 대한 권리나 계약자유에 대한 권리는 자유 원칙에 의해 보호받을 수 있는 기본권이 아니다. 그의 정의로운 세상에는 광범위한 경제적 자유권이 허용되어 있지 않다.

1) 진정한 자유란 특정한 행동을 허용·허가하는 것이 아니다

우리가 주지해야 할 것은 자유의 용도는 다양할 수 있지만, 자유 자체는 하나라는 사실이다. 사회라는 우주(cosmos)와 똑같이 자유도 하나로서 작동하는 것이라는 점은 스코틀랜드 계몽주의 전통의 중요한 인식이다.[4] 그러나 프랑스 계몽주의 전통에서 흔히 볼 수 있듯이, 롤스는 자유를 자유'들'(liberties)로[5], 즉 단수(單數)가 아닌 복수(複數)로 사용하고 있다. 복수로 사용할 때 그것은 어떤 정치적 의미가 있는가?

복수로 사용할 때는 개인의 자유는 분할·분리 가능하다는 전제가 깔려 있다. 분할 가능하다는 것의 정치적 의미는 어떤 자유는 허용하고 다른 어떤 자유는 허용하지 않는다는 것을, 또는 어느 한 자유를 어떤 사람에게는 허용하고 다른 어떤 사람들에게는 허용하지 않는 것을 뜻한다. 특혜, 허가, 면제의 의미로 자유를 사용할 때 복수의 단어로 표시한다. 주목할 것은 복수의 자유 개념에서 특정의 행동을 허용·인가하고 특정의 행동을 면제하는 경우 인가·허가한 또는 면제받은 행동만을 할 수 있을 뿐, 허용하지 않은 행동, 인가되지 않은 행동은 해서는 안 된다는 점이다. 따라서 복수로 표현되는 자유의 개념은 정부가 특정의 행동을 지정하는 행동만을 수행하고 그렇지 않은 행동은 해서는 안 된다는 것이다. 자유를 이런 식으로 사용하는 자유 개념은 대륙적이다. 이와 관련하여 독일 트리어대학의 철학 교수였던 라트니츠키는 이렇게 말했다.

"해도 되는 것, 허용할 것만을 정하는 것이 유럽의 정치적 사고

---

4) 영미 전통, 즉 스코틀랜드 계몽주의 전통에서는 복수 대신에 단수로 자유라는 말을 사용한다(Ruggiero, 1927: 347-350).

5) 황경식 교수는 복수로 표현된 자유를 충분히 고려하여 자유의 평등원칙을 번역하지 않았다. 예를 들면 그의 번역본 105쪽을 참조. "equal basic liberties"를 "평등한 기본적 자유"로 번역.

방식이다. 이에 반해 영미의 사고방식에서는 해서는 안 되는 것만을 정한다."

유럽식으로 사용하는 '복수'의 자유들에서는 사람들은 허용한 것만을 하고 허용하지 않은 것은 할 수가 없다. 이에 반해 영미식의 사고방식에서는 금지되지 않은 것은 무엇이든 해도 된다는 식의 사고방식이다. 이런 사고방식에서는 자유를 '단수'로 사용한다. 유럽의 사고방식에 따른 사회질서는 닫힌 사회다. 반면에 영미식에 따른 사회질서는 열린 사회다. 그런데 우리가 염두에 두어야 할 것은 특정의 행동을 지정·인가하는 것은 진정한 의미에서 자유가 아니라는 것이다. 하이에크는 『자유의 헌법』 제1장 "자유와 자유들"에서 복수로 표시하는 자유들과 관련하여 이렇게 말했다.

> "자유의 용도는 많겠지만 자유는 하나다. 자유들(liberties)은 자유가 없는 곳에만 등장한다. 이 자유들은 곧 나머지 사람들은 대체로 부자유할 때 특정한 개인과 집단이 가지는 특권과 면책이다. 역사적으로 자유를 향한 행로는 특정한 자유들이 성취한 길을 통과한다. 이 역시 '하나의 자유(a liberty)'로 불리기는 하지만 어떤 특정의 일을 하도록 허용하는 것이 곧 자유는 아니다. 자유는 어떤 일들을 허용하지 않는 것과 양립할 수 있지만 그렇다고 해서 우리가 하는 대부분의 일에 대한 허가가 필요하다면 그런 때 자유는 존재하지 않는다. 자유와 자유들의 차이는 일반적 행동규칙들을 통해서 금하지 않는 모든 것은 허용되는 상황과 명시적으로 허용되지 않은 모든 것은 금지하는 상황 간의 차이다."(Hayek, 2023: 39)

진정한 자유란 특정의 일을 허용·허가하는 것이 아니라, '보편적' 행동규칙을 통해서 금지하지 않은 모든 것이 허용되는 상황이다. 보편성이란 모든 사람에게 예외 없이 적용될 수 있는 성격의 의미다. 그런 성격의 행동규칙은 특정인이나 특정 그룹을 지정하여 특혜를 부여하거나 차별하는 내용이 없다. 보편적 행동규칙은 달성하고자 하는 목적이나 동기가 없다. 그래서 탈(脫)목적적이다. 이 같은 의미에서 그런 행동규칙은 추상적이다. 추상적 성격의 행동규칙은 대부분 특정한 행동을 당연히 금지하는 내용으로 구성되어 있다. 이런 행동규칙이 진짜 '정의의 규칙'이다(민경국, 2021: 281 이하).

2) '자유'와 '자유들'의 차이점: 가치 vs. 목적

　자유는 분할 가능한 것이 아니다. 자유는 하나라는 이유에서다. 그런데 존 롤스의 기본적 자유권의 목록에는 용도별로 자유가 분리 가능하다는 전제가 깔려 있다. 그런 전제는 다양한 자유들은 제각각 작동한다는 것을 의미한다. 하지만 그런 전제는 틀렸다. 집회·언론·표현·출판의 자유가 없이는 종교의 자유가 활발히 전개될 수 없다. 반대로 종교의 자유를 억압하는 사회에서는 언론 집회의 자유들이 불완전하다.

　롤스의 기본적 자유권 목록에 들어 있는 모든 자유는 서로 의존되어 있다. 서로 의존되어 있다는 뜻은 각각의 자유는 다른 자유의 존재를 위한 전제조건이라는 뜻이다. 그래서 자유는 하나로 작동한다. 마치 시장을 정책적으로나 이론적으로 부분 시장으로 나눌 수 없는 것이나 다름이 없다. 단수로 사용하는 자유와 복수로 사용하는 자유들의 차이는, 전자는 '자생적 질서'의 기초가 되는 자유 개념이고 후자는 특정의 목적을 위한 '조직'의 기초가 되는 자유 개념이다. 따라서 단수 자유와 복수 자유들의 개념적 차이는 법 이론적 관점에서도 구분할 수 있다. 단수 자유의 개념에서 법은 일반적, 추상적이고 확실성을 가진 법 규칙을 통해서 확립된 자유다. 탈목적적이고 특정의 행동을 금지하는 내용을 지닌 행동규칙이다. 이에 반해 복수 자유들의 개념에서는 달성하고자 하는 행동 목적과 의도를 내포하고 있고 특정의 행동을 지시하고 명령하는 형태의 법과 관련되어 있다.

3) 시민적 자유는 경제적 자유와 분리할 수 없는 하나다

롤스의 기본적 자유권 목록에는 생산수단의 취득·이용·용익·처분의 자유 그리고 계약의 자유, 투자·입지 선택의 자유 등 광범위한 경제적 자유를 포함하지 않고 있다. 그의 자유론은 경제적 자유가 없이도 기본적 자유권이 확립·유지가 가능하다는 전제가 깔려 있다. 다시 말해, 경제적 자유와 다른 자유들은 서로 분리·가능하다는 것을 의미한다. 분할 가능하다는 전제는 자유들은 제각각 작동이 가능하다는 것을 의미한다. 정말로 그런가?

첫째, 수전노(守錢奴)와 같은 순수한 경제적 목표는 없다. 돈을 버는 목적은 모든 다른 가치나 목적을 위한 수단이다(Hayek, 2023). 종교적 목적, 자선적 목적, 문화·예술의 취향을 위해서 경제활동을 한다. 종교, 예술, 언론 등 모든 비경제 활동 자체도 이윤 마인드를 지닌 경제활동이 없이는 불가능하다. 교회나 자선단체를 운영하는 것도 경제적 마인드가 없이는 가능하지 않다. 대학교 운영도 기업가적 마인드 없이는 불가능하다. 경제적 자유가 다른 자유만큼 중요한 이유다.

둘째, 경제적 자유가 없이는 언론·사상·표현의 자유가 존재할 의미가 없어진다. 언론의 자유가 만개할 조건은 언론 매체의 설립, 운영 그리고 매체의 활동, 정보생산에서의 자유다. 투자도 자유롭고 투자에서 생기는 이윤을 챙기는 것도 자유로워야 한다. 사상과 표현의 자유도 출판업의 개시에서부터 판매에 이르기까지 모든 단계에서 광범위한 경제적 자유가 전제되어야 하는 것도 물론이다. 또 다른 예를 들면 최저임금의 급격한 인상은 취약 근로계층의 실업을 불러오고 자영업의 도산을 초래하는 것으로 끝나는 것이 아니다. 실업자들의 종교활동은 물론, 영화나 음악회 등 문화생활에도 직간접적으로 강력한 영향을 미친다. 경제적 자유를 통제할수록 국가가 다른 자유를 억압할 여지가 그만큼 커진다. 따라서, 생산수단의 사적 소유를 비롯하여 계약의 자유와 투자의 자유를 경시함으로써 롤스가 말하는 기본적 자유를 확립·유지하기가 매우 곤란하다.

셋째, 생산수단의 사적 소유를 비롯하여 경제적 자유가 억압받는 사회에서는 정부가 종교, 언론, 사상 표현 등 정신적 영역과 정치적 영역에서 이루어지는 모든 삶의 영역을 통제한다. 부(富)의 생산을 통제하는 것은 인간 생활 자체를 통제하는 길이다. 따라서 경제적 자유는 돈 버는 자유라는 의미 이상을 가지고 있다. 경제적 자유와 이를 기반으로 하는 시장경제는 국가의 횡포를 막기 위한 대항력으로 작용한다. 그것은 국가권력을 억제하는 기능을 행사하고, 이로써 정신적 자유를 보호하는 역할을 한다.

넷째, 생산수단의 사적 소유가 허용되지 않은 사회에서는 자원 배분과 소득·재산의 분배는 정부가 담당해야 한다. 생산수단을 정부가 소유하는 경우, 정부는 종교와 인종, 출신, 배경 등을 차별하지 않고 그런 과제를 수행할 수 있는가의 문제도 제기될 수 있다. 정부는 자신을 지지하는 사람들에게는 유리한, 반대하는 세력에게는 불리한 정책을 펼친다. 토지의 국가 소유는 집회의 자유를 제한하는 방향으로 작동한다. 정치적 반대파에게 집회를 위한 장소를 제공하지 않을 것이라는 이유에서다. 제지공장의 국가 소유제 아래에서는 출판의 자유가 국가의 손에 달려 있다. 그러함에도 롤스는 시민적 자유를 생산수단의 소유관계와 무관한 것으로 취급했다. 그는 시민적 자유는 재산의 습득, 이용, 처분, 용익 등 경제적 자유와 관계없이 유지될 것으로 믿었다.

그러나 미제스, 하이에크, 프리드먼(Mlton Friedman) 등 경제적 자유를 중시하는 자유주의자들은 이런 믿음은 허구라는 것을 보여주려고 노력했다. 그들은 롤스와 같은 좌파가 중시하는 시민적 자유의 중요성을 결코 간과한 것이 아니었다. 그들이 보여주려고 했던 것은 경제적 자유가 없는 곳에서는 시민적 자유도 보장될 수 없고 활성화할 수도 없다는 것이었다. 예를 들면, 사유재산이 존중되는 사회에서만이 종교적 신앙과 종교적 활동도 활발하다. 교회의 헌금을 많이 할 수 있는 것도 사유재산이 존중되는 사회이다. 생산수단의 사적 소유가 없는 사회에서는 모든 출판사와 인쇄소가 국가 소유이므로 언론·출판의 자유도 실현할 수 없다. 사유재산은 출판의 자유에 없어서는 안 될 요소다. 게다가 경제적 자유와 사유재산은 정치적 권력을 억제하는 역할을 한다. 경제적 자유가 없는 곳, 사적 재산이 없는 곳, 그곳에는 폭정과 노예 그리고 비참함만 존재할 뿐이다.

요컨대 경제적 자유와 시민적 자유는 서로 분리할 수 없는 하나다. 시민적 자유는 경제적 자유를 전제하고, 반대로 경제적 자유는 시민적 자유를 전제한다는 의미에서 두 가지 자유는 서로 의존하면서 공존한다.

4) '행동하는 사람' vs. '생각하는 사람'

투자할 자유, 소유할 자유, 계약의 자유 등에서 볼 수 있듯이 경제적 자유는 행동의 자유다. 이들은 행동할 자유의 경제적 측면이다. 생각할 자유, 말할 자유, 사상의 자유 등은 직접 행동이 필요한 자유는 아니다. 두뇌 작용을 요구하는 정신적 자유에 속한다. 그런데 롤스는 자유의 중요성을 자유를 통해 가능하게 된 활동들의 성격에 따라 판단한다. 이는 전형적인 프랑스 계몽주의 전통이다. 이 전통에서는 지적인 자유를 중시한다. 생각할 자유와 행동할 자유 가운데 생각할 자유를 더 중시한다. 왜 행동의 자유는 경시하고 정신적 자유를 중시하는가의 문제가 초미의 관심이 아닐 수 없다. 정신적 자유를 중시하는 사고방식은 인류의 발전은 행동하기 전에 그리고 경험하기 전에 인간들의 꼼꼼한 생각, 탐구와 연구를 통해서 이루어진 것이라는 믿음에서 비롯된 것이다. 행동은 생각의 기계적·자동적 결과라고 믿는다. 정신작용을 요구하는 사고의 자유를 중시하는 이유다. 그러나 사고과정과 행동과정은 서로 분리할 수 없는 과정이다.

사고의 과정(정신적 과정)은 견해, 아이디어, 의견을 토론하고 교환하고 변형하고 이런저런 말투로 바꿔 표현하는 과정이다(Hayek, 2023: 63). 사상·의견·언론의 자유가 모두 그런 사고의 과정을 위한 것이다. 행동의 자유와 생각의 자유의 차이는 의학과 의사에서 두드러지게 나타난다. 의학은 실험을 통해 의술을 연구한다. 예를 들면 암의 원인과 치료 방법을 연구한다. 의사는 암 환자를 진료하고 치료한다. 시장경제의 기반이 되는 자유는 의사의 진료행위와 같이 행동의 자유이다. 정신적 자유를 중시하는 롤스의 사상은 "인간은 생각한다, 고로 존재한다"는 존재의 원인을 사고에서 찾는 데카르트 사상의 연장이다. 인류의 발전은 인간의 의식적 사고(思考)로부터 생겨난다고 보기 때문에 정신적 자유를 중시한다. 그런 발전에서 행동의 역할이란 생각에서 나온 것을 집행하는 데 그쳤다는 것이다.

그러나 우리가 주목하는 것은 견해나 아이디어를 현실에 적용하고 응용하는 행동이다. 이런 행동은 실제와 부딪치는 행동이다. 따라서 아이디어, 견해나 의견의 옳고 그름, 적절 또는 부적절을 판별하는 과정이 행동이다. 경험적으로 검증하는 과정이다. 경험적으로 유예될 수 있는 아이디어와 견해가 어떤 것인지, 실제로 오류가 어떤 것인지를 발견하는 과정이다. 행동의 중요성을 발견한 것이 데이비드 흄, 애덤 스미스, 하이에크 등이 확립한 경험을 중시한 스코틀랜드 계몽주의 전통이 아니던가!

5) 우리의 이성은 생각과 행동의 상호작용의 산물

롤스의 그런 입장은 두 가지 점에서 잘못이다. 하나는 사고와 행동은 분리할 수 없는 하나의 통일체이기 때문에 분리는 가능하지 않다는 것이다. 다른 하나는 설사 분리한다고 해도 사고가 행동보다 중요하다고 볼 수가 없다는 것이다. 사고와 행동의 상호작용을 통해서 우리의 이성이 개발되기 때문이다. 우리의 이성의 발달은 행동과 사고의 연속적인 상호작용의 결과다. 실사구시(實事求是)라는 말은 행동과 사고의 상호작용을 중시하는 개념이라고 생각한다. 생각만을 중시하는 것은 공리공론(空理空論)으로 그칠 가능성이 크기 때문이다.

생각하는 지적 활동만 중시하고 행동을 무시하는 것, 그리고 정신적 자유를 중시하고 경제적 자유와 같은 행동의 자유를 무시하는 것, 이것은 "건축물의 꼭대기만 중요하고, 건축물의 밑부분은 중요하지 않다"고 말하는 것과 같다(Hayek, 2023: 63). 지적 활동을 중시하는 것은 말만 또는 토론만 하거나, 또는 회의만 하고 실천이 없는 것과도 같다. 그래서 정신적 과정에서 발견되는 것은 말 잘하는 사람이 누구인지, 어떤 아이디어가 가장 미학적이고 웅변적인지, 어떤 아이디어가 가장 논리적으로 부합하는지를 발견하는 과정에 지나지 않는다. 행동 차원의 활동이 지적 활동보다 더 중요하다고 볼 수 있는 이유다.

지적 활동의 대상인 아이디어나 견해는 실천적 행동이 없으면 아무런 소용이 없을 뿐만 아니다. 실천적 행동과정에서 적용된 아이디어와 견해의 옳고 그름이 판명될 뿐만 아니라 실천적 과정에서 새로운 견해와 아이디어의 발견이 가능하다. 지적 과정은 실천적 과정에서 생겨난 것들을, 다시 말해, 이미 형성된 것을 정리하고 배열하고 비교하는 역할뿐이다(64쪽). 모든 아이디어와 견해의 원천은 행동과 실천이다. 모든 경험의 축적은 행동과 실천에서 비롯된 것이다. 정신적 자유보다 행동의 자유가 더 중요한 이유다. 말할 자유 혹은 양심의 자유가 없다거나 의견의 자유가 없다고 해도 행동의 자유만 있다면 인간은 살아갈 수 있다. 학문의 자유가 없다고 해도 인간들은 삶을 영위할 수 있다. 인류문명의 원천은 행동의 자유이지 정신적 자유가 아니었다. 더구나 토론이나 견해의 작성과 같은 사고과정은 오직 의식적인 과정이다. 그것은 의식적·명시적 지식과 관련되어 있을 뿐이다. 그러나 행동과정은 의식적 과정뿐만 아니라 초의식적 행동과정까지 포함한다. 우리의 행동에는 초의식적 행동이 의식적 행동보다 훨씬 많다는 것, 우리의 행동은 명시적 지식뿐만 아니라 초의식적 또는 암묵적 지식에 기초한 행동까지도 포함한다. 우리가 아이디어의 개발이나 견해의 작성과정보다 행동과정을 이해하기가 어려운 이유다.

따라서 자유주의는 사고와 행동은 분리할 수 없이 통일적이고 경제적 자유를 비롯한 행동의 자유와 정신적 자유도 분리할 수 없이 통일적이라고 믿는다. 그래서 정신적 자유가 행동의 자유보다 귀하다고 보지 않는다. 오히려 행동의 자유가 더 중요하다고 믿는다. 아무리 줄여서 말한다고 해도 행동의 자유로서 경제적 자유는 결코 정신적 자유에 뒤지지 않고 인간 이성의 발전과 모든 사회문화적 부문의 발전에 이바지했다는 것을 직시해야 한다.

3.
롤스가 경제적 자유를 홀대하는 이유

　　롤스는 어느 한 자유가 기본권이 될 수 있으려면 두 가지 중 어느 하나의 "도덕적 능력(moral power)"을 개발하고 행사할 '필요한' 조건이 될 수 있어야 한다고 한다(Rawls, 1996/2020: 455). 하나는 정의감의 능력이고 다른 하나는 가치관(善觀, 선관)의 능력이다. 정의감은 사회적 협력의 공정한 조건을 제공하고 이를 지킬 역량이다. 다시 말하면 공적 정의의 원칙들을 이해하고 적용할 수 있고, 그들에 따라 행동할 수 있는 능력이다. 이는 "합당한 것(reasonable)"과 관련되어 있다. 그와는 다른 "합리적인 것(rational)"(453쪽)에 해당하는 것이 선관의 능력이다. 선관(善觀)이란 무엇이 가치 있는 삶인가에 관한 관점, 간단히 말해서 개인들이 목표체계를 형성하고 수정하고 합리적으로 추구하는 능력이다. 이런 능력은 행위자 자신을 위한 목적은 물론 다양한 그룹과 연합에 대한 애착심도 포함한다.

　　롤스의 두 가지 도덕적 능력은 인간행동의 두 가지 국면과 관련된 것이다. 하나는 규칙을 따르는 행동이고 다른 하나는 이런 규칙의 테두리 내에서 목적을 추구하는 행동이다. 막스 베버와 하이에크의 용어를 사용하면 정의감의 능력은 규칙 합리성을, 선관의 능력은 목적 합리성을 말한다.

1) 시민적 자유를 기본권으로 분류한 이유

두 가지 도덕적 힘의 개발과 행사를 위해 필요한 조건에 따라 롤스는 자신이 열거한 기본권들을 서로 다른 세 가지 그룹으로 나누었는데, 플라츠에 의존하여 그 구분을 다음과 같이 재구성할 수 있다(Platz, 2013: 5).

첫째, 어느 한 자유가 정의감의 개발과 행사에 필요하다면 그것은 기본권이다. 이런 범주에 속하는 자유를 롤스는 다음과 같이 열거하고 있다. 정치적 자유들(그리고 이들의 공정한 가치), 사상·언론의 자유 등(Rawls, 1996/2020: 470-477).

둘째, 양심·연합의 자유는 가치 있는 삶의 목표를 정하고 이를 개선·추구할 수 있는 능력의 개발에 필요하다는 이유로 기본권이라고 한다. 만약 개인들이 좋은 삶의 관점을 가질 수 있고 이를 추구할 능력을 개발하고 행사할 수 있다면 그들은 스스로 생각하고 같은 의견을 가진 타인들과 연합할 수 있는 능력을 차단하는 사회를 선택하지 않을 것이라 한다(464-467쪽). 물론 첫째와 둘째에 따른 이런 분류가 엄격한 것은 아니다. 예를 들면 양심과 사상의 자유는 두 가지 도덕적 능력의 개발과 행사에 중요한 기반이 될 수 있다. 종교의 자유와 정치적 자유도 역시 마찬가지다.

셋째, 두 가지 도덕적 역량 중 어느 하나의 개발과 발휘를 위해 필요한 자유들을 보장하는 데, 즉 첫째와 둘째에 의해서 기본권으로 확립된 자유들을 보장하는 데 필요하다는 이유로 기본권이 되는 자유들이 있다. 인신의 자유와 온전성, 법치에 의해 보호된 권리들과 자유들, 프라이버시의 권리, 개인적 재산(personal property)을 소유할 권리, 직업선택의 자유, 그리고 흥미롭게도 정치적 자유가 그러한 자유들에 속한다(451쪽). 정말로 정치적 자유가 기본권을 보장하는가의 문제는 나중에 다룰 것이다.

2) 경제적 자유가 기본권에 포함되지 않은 이유

그런데 어느 한 자유가 세 가지 방식 중 어떤 식으로든 두 가지 도덕적 역량의 개발과 발휘에 불필요하다면 그것은 기본권이 될 수 없다. 그렇다면 경제적 자유는 어떤가? 우선 경제적 자유에는 어떤 것들이 있는가를 알 필요가 있다. 자유인을 네 부류, 즉 노동자, 기업인, 소유자 그리고 소비자로 구분할 수 있다. 이에 따라 각각이 행사하는 자유는 다음과 같다(Nickel, 2000: 156-157; Platz, 2013: 3-4). 물론 이런 경제적 자유를 빠짐없이 완벽하게 기술할 수 있다고 볼 수 없다.

첫째, 노동자로서 노동의 자유다. 누구나 자신이 선택한 생산적 활동에 자신이 동의한 조건에 따라 자신의 신체, 시간, 정신을 이용할 자유다. 둘째, 기업가로서 거래의 자유다. 자신의 사업(상업적 기업과 농업)을 설립·운영하거나 닫을 자유, 저축과 투자할 자유, 노동자를 고용하거나 해고할 자유, 토지, 원료를 구매하여 이용할 자유, 광고·전시할 자유, 생산한 상품과 서비스를 판매할 자유 등이다. 셋째, 소유자로서 재산을 소유할 자유다. 개인적 재산이든 또는 생산적 재산이든 재산을 습득·보유·이전할 자유, 상업적 그리고 생산적 목적을 위해서 재산을 개발·이용할 자유, 재산을 상속·판매 혹은 투자할 자유 등이다. 넷째, 소비자로서 재산을 이용할 자유다. 자신의 재화, 자원, 서비스를 구매·이용·소비할 자유와 파괴할 자유다.

롤스에 의하면 위의 다양한 자유들 가운데 두 가지 범주의 경제적 자유만이 기본권이 될 수 있다고 한다(Rawls, 2003: 105-107; 2020: 450). 첫 번째는 개인적 재산(personal property)을 보유하고 독점적으로(즉 배타적으로) 이용할 권리다. "이 자유의 역할은 인격적 독립성과 자존감을 보존하는 데 필요한 물질적 기반을 확보하기 위한 것이다." 그런 자유를 통한 "인격적 독립성과 자존감은 두 가지 도덕적 능력의 개발과 행사에 필수 불가결하다"(Rawls, 2020: 450). 롤스는 두 번째로 직업선택의 자유를 들고 있다. 이 자유는 직업선택에서 법 앞의 평등, 즉 신분적 평등을 말한다. 이런 두 가지 범주를 제외한 경제적 자유는 정의의 첫 번째에 의해 보호받는 기본권이 될 수 없다는 것이 롤스의 인식이다. 흥미로운 것은 생산수단과 천연자원을 소유할 자유 그리고 이들을 취득하거나 상속할 권리는 기본권이 될 수 없다는 것이다. 이들은 도덕적 능력의 발전과 실행에 필요하지 않다는 이유에서다. 계약의 자유는 자유의 평등원칙에 의해 보호받을 수 있는 기본권이 아니다. 생산수단의 사적 소유와 계약의 자유와 같이 사회의 필수 불가결한 자유도 중요하지 않다. 그에게 가장 중요한 것은 언론의 자유, 종교·양심의 자유와 같은 시민적 자유 그리고 집단적인 의사결정에 적극적으로 참여할 정치적 자유다.

따라서 기본권이 될 수 없는 경제적 자유는 공정한 기회균등의 원칙, 소득과 재산의 분배원칙으로서 차등 원칙, 그리고 정치적 자유들의 공정한 가치를 실현하기 위해서 얼마든지 제한될 수 있다.

3) 경제적 자유가 없이는 도덕적 역량의 기초도 위태롭다

롤스의 세계에서 사상·양심·종교·연합의 자유 등과 같은 시민적 자유와 정치적 자유는 경제적 자유와 비교한다면 가히 절대적이다. 그런 자유들은 도덕적 능력을 개발·발휘하기에 필요한 조건이 될 수 있다는 이유에서다. 사회에 그런 자유들이 존재한다면 도덕적 능력을 개발할 장소가 생겨난다는 것이 롤스의 믿음이다. 예를 들면 가족, 교회, 대학, 클럽은 물론 공식적인 정치제도와 같은 연합이 자생적으로 형성된다는 것이다. 그런 연합들은 도덕적 능력의 개발을 위한 '배경 문화'의 중요한 요소다.

그러나 주목할 것은 생산수단의 사적 소유를 비롯하여 경제적 자유가 억압받는 사회에서 종교적·정치적·도덕적 견해의 자유로운 형성이 가능한가의 문제다. 사유재산이나 경제적 자유를 존중하지 않는 사회에는 정부가 모든 개인적 삶의 영역을 통제하기 때문이다. 사적 소유는 개인이나 사적 집단은 물론 국가로부터 강제를 막는 역할을 한다. 그런 사적 소유에 대해 17세기 영국의 스코틀랜드 계몽주의자 액턴 경은 "사적 소유를 싫어하는 사람은 자유의 제일의 요소가 없는 사람"이라고 말했다. 빅토리아 시대 영국의 법철학자 헨리 메인(Henry Maine)도 그 중요성을 이렇게 말했다. "사유재산을 공격하는 사람은 문명을 높이 평가하는 사람이라고 할 수 없다. 사유재산의 역사와 자유의 역사는 분리할 수 없다." 액턴과 메인의 인식[6]은 자유와 사유재산은 상호의존적이라는 뜻이다. 더구나 사유재산제도가 인류의 문명과 함께하고 있다는 것은 자유시장을 '문명의 상징'이라고 보아도 무방하다는 것을 말해준다.

이미 앞에서 설명한 바와 같이 경제적 자유와 시민적 자유는 서로 분리할 수 없는 하나라는 점을 직시해야 한다. 정부를 통해 광범위하게 경제적 자유가 통제받는 세상에서는 도덕적 능력의 개발과 발휘할 조건으로서 언론·양심·종교·사상의 자유는 물론이고 인신의 자유와 온전성, 법치에 의해 보호된 권리들까지도 모두 흔들린다. 정의관을 찾아서 이를 적용할 수 있는 능력은 물론이고 무엇이 좋은 삶인가를 찾아내어 일관된 삶을 합리적으로 추구할 역량을 개발하고 행사할 수 없다. 그렇다면 경제적 자유를 광범위하게 허용하여 사상·양심·종교·연합의 자유의 역동성을 통해서 도덕적 능력을 개발할 수 있다. 그러함에도 경제적 자유는 도덕적 능력의 개발과 발휘에 매우 부정적인 영향을 미친다는 것이 롤스의 시각이다. 왜 그가 그런 시각을 갖고 있는가, 그리고 그런 시각이 옳은가의 문제가 우리의 이목을 끈다.

---

6)   Hayek(2023: 227)에서 재인용.

4) 경제적 자유는 인간의 사회성과 도덕적 능력의 기초

경제적 자유가 도덕적 역량의 개발에 부정적인 영향을 미친다는 롤스의 인식은 신고전파의 미시경제학적 전제 때문이다. 경제적 결정은 오로지 자원 배분과 관련된 계산의 문제라는 전제다. 그가 정치경제를 논의할 때 출발점으로 여기는 신고전파 경제학의 전제조건하에서는 경제적 의사결정은 주어진 자원과 주어진 목표에서 최적 계획을 계산하는 기술적 과제였다.

롤스가 기술하는 시장에는 행동하는 인간이 없고 정태적이다.[7] 기껏해야 계산의 신중함과 건전한 장부 기록 이외에는 그 어떤 경제적 판단도 필요 없다. 잘못 판단하여 계획을 바꾸거나 개선하는 절차도 없다. 인간이란 타인에 대한 어떤 관심도 배려도 없는 완전한 이기심에 사로잡혀 있다는 의미에서 원자적이다. 이런 인간은 타인들로부터 배울 필요도 없다는 뜻에서 자기 완료적 인간이다. 소통 메커니즘도 불필요하다.[8] 원자적 인간은 자기 자신과 타인들의 이해관계를 성찰하거나 혹은 판단할 여지나 필요성이 없다. 하이에크는 이런 인간관을 "가짜 개인주의"(Hayek, 1997: 13-52)라고, 토크빌은 "고립적 개인주의"(민경국, 2018: 438)[9]라고 혹평했다.

---

7) "경쟁가격이 기업에 의한 생산방식의 선택에서나 혹은 가계의 구매에서 생기는 재화의 분배에서나 개선할 방도가 더 이상 없을 만큼 재화를 선정하고 그 재화의 생산에 자원을 할당한다."(Rawls, 2003: 364)

8) 신고전파의 일반균형론에 의존하여 시장사회주의를 개발하는 것을 포기하고 이제는 민주주의에 의존하여 사회주의 경제학을 개발하려는 노력이 경제민주의, 참여민주주의 등 민주주의와 함께 숙의민주주의가 등장한 것이다(민경국, 2021a: 143).

9) "개인주의는 성숙하고 평온한 감정으로서 이것은 사회의 각 구성원들로 하여금 스스로 그의 대다수의 동료들과의 유대관계를 단절시키게 하고 또한 그의 가족들과 친구들과도 단절하게 만들며 그 결과 그가 자신의 조그마한 동심원을 형성한 이후에는 기꺼이 사회를 떠나버린다."(Tocqueville, 1995: 667-668) 한글 번역을 정정했다.

그러나 주류 경제학이 전제하는 인간은 현실적으로 존재하는 인간이 아닐뿐더러 자본주의는 그런 인간을 조장하는 것도 아니다. 오히려 생산수단의 사적 소유와 계약의 자유가 인정되는 자유사회에서 훨씬 더 잘 도덕을 계발하고 연마할 수 있다. 이런 사실은 이미 오래전에 『도덕감정론』을 통해 우리에게 알려준 애덤 스미스의 탁월한 인식이다. 스미스는 도덕의 신장과 개발에서 상업의 역할을 매우 중시했다. 그는 순전히 합리적이고 이기적인 인간관 대신에 부분적으로는 자신의 이해관계를 쫓지만, 사회 지향적이면서 타인들의 동감적 지지와 시인(是認)에 민감한 인간을 전제했다. 상호 동감 과정에서 도덕이 형성되는 것도 인간의 사회성에서 생긴 동감적 시인 때문이다. 상업적 결정과 협상에 참여할 때 사람들은 도덕적으로 행동한다. 인간들은 경쟁시장에서 만족스럽지 못한 합의를 반대하거나 회피할 능력과 권리가 있는 사람들과 마주해야 하기 때문이다.[10]

한편으로는 상업적 활동을 함으로써 사람들은 타인들의 관심을 충족해야 할 책임감을 인정한다. 다른 한편 그들은 타인들의 시인과 부인 그리고 협력 거부 등과 같은 반응에 민감하다. 상업적 과정은 공동체 내에서 무엇이 공정한가, 더 정확히 말해서, 무엇이 공정한 행동이 아닌가에 관한 정의감(법 감정) 그리고 사회 전체에 적용할 수 있는 정의감을 개발할 수 있는 메커니즘이다. 요컨대 자본주의적 시장경제는 단순히 물건만을 교환하는 메커니즘이 결코 아니다. 그것은 재화와 서비스의 교환만 이루어지는 것이 아니라 지식, 생각, 의견, 논거, 정의감 등이 소통되는 메커니즘이다. 시장은 '거대한 소통체계'라는 하이에크의 인식은 그래서 탁월하다(Hayek, 2023: 51-54; Kirzner, 1989: 91-93).

---

10) 중요한 것은 단순히 인정받고 싶은 욕구가 아니라 진정으로 가치 있는 시인을 받기를 열망하는 욕구다. 이런 욕망이야말로 도덕적으로 행동할 동기를 촉진한다(Smith, 2009: III. ii. 7: 221-222).

인류학에서 흔히 말하는 인간의 '초사회성(ultra-sociality)'을 가능하게 한 것도 시장경제다. 문제해결책에 관한 지식, 해결책들의 상대적 성과에 관한 지식, 사람들의 선호·생각, 그리고 윤리적 기대 등에 관한 지식이 자생적으로 창출되어 타인들에게 전달 및 소통된다. 애덤 스미스는 『국부론』의 '분업을 야기하는 원리'에 관한 논의에서 '하나의 물건을 다른 물건과 바꾸고 거래하고 교환하는 성향'을 '이성 및 대화의 재능'과 연결했다.[11] 스미스에게 이성과 대화는 일종의 설득 형태이다.

자본주의는 도덕의 개발에 중요한 역할을 한다는 스미스의 인식과 유사한 사례는 스승이자 은사였던 데이비드 흄에게서도 풍부하게 찾을 수 있다. 상업 사회에서 사람들은 야만적 민족처럼 고립하여 흩어져 사는 것이 아니다. 그들은 도시로 몰려가 지식을 주고받기를 좋아하고 자신들의 재치와 교양을 보여주기를 좋아한다는 것이 흄이 시장을 관찰한 결과다. 따라서 상업 사회는 인간의 사회성을 높여준다. 사람들은 서로 대화하고 서로의 기쁨과 즐거움을 함께하기에 인도주의적 심성의 증가를 느끼지 않을 수 없다는 인식도 시장사회의 강점이다(Hume, 1742/1985: 271). 사람들의 "증가된 사회성과 지적인 섬세함은 안정되고 활력 있는 사회질서의 핵심으로 이해될 수 있는 취향과 품격을 높여준다"라는 흄의 주장도 새겨들을 필요가 있다.

상업 사회는 노동이라는 도덕심을 북돋아준다고 했다. 노동은 '성취감을 촉진하고 개인의 성품과 태도를 정제하여 행복 증진에 기여한다'는 그의 인식도 흥미롭다. 사람들은 '도덕과 사회통합의 위협'이라는 이유로 상업 사회의 '개인주의 정신, 경쟁, 이윤추구를 우려했지만' 흄은 걱정하지 않았다. 그 대신에 '경제적 번영이야말로 사회적 덕성의 증진에 중요

---

11) Smith(1976/2015: I.ii./1: 17)는 이렇게 말한다. "이 성향(교환 성향: 저자 주)이 더 이상 설명이 불가능한 원초적 본능 중 하나인지 또는 이쪽이 더 그럴듯한데 이성과 대화의 재능에서 나오는 필연적 결과인지는 우리의 현재 연구주제가 아니다."

하다'는 결론을 내리면서 '노동과 지식 그리고 인간성은 서로 얽혀 있는 것'이 상업 사회라는 것이다.

이와 같은 인식은 하이에크의 자생적 질서와 연결된다. 인간은 분열되어 존재할 수 없고, 사회적 관계 속에서 규범적 혹은 인지적 지식을 습득하고 모방하고 새로운 것을 발견하면서 성장한다. 그들은 외롭지도, 고립되어 있지도 않다. 인간은 혼자 살 수 없기에 다양한 연합을 형성하고, 서로 의존하면서 살아간다. 그 속에서 생산적 대화와 안정적인 관계가 생겨난다. 그러나 하이에크와 롤스의 강조점은 상이하다. 종교의 자유는 사상·양심의 자유와 같이 지적 과정과 관련된 것이다. 시장과 관련된 자유는 실천과정과 관련된 자유다. 그런데 지적 과정은 실천적 과정에서 생겨난 것을 정리·배열·비교하는 과정이다. 하이에크가 종교와 가족을 중시하는 것은 도덕규칙의 정리·배열·비교 과정이라는 이유에서다. 이미 앞에서 설명했듯이 스코틀랜드 계몽사상의 전통에서 모든 아이디어와 견해, 정의감의 원천은 행동과 실천을 통해서 얻은 경험이다. 모든 경험의 축적은 행동과 실천에서 비롯된 것이다. 시장에서 형성되는 정의감은 아래에서부터 생겨난 것이다. 그래서 자생적이다.

5) 정의감: 암묵적 행동규칙 vs. 명시적 행동규칙

롤스에게 정의감은 매우 중요하다. 정의의 원칙은 정의감(법 감정)이라고 부르는 것을 언어로 공식화한 결과다. 정의감은 사회적 협동의 조건을 규정하는 공적 정의관을 이해하고 적용하며 그것을 따라 행동할 수 있는 능력이다(Rawls, 2020: 211, 472). 개인들의 정의감을 모든 사회에서나 시점에 적용할 수 있는 공식적인 정의의 원칙으로 만들려는 것이 롤스의 정의론이다. 그러나 그의 시도가 성공할 수 있는가? 이 문제를 설명할 수 있기 위해 정의감의 본질을 이해해야 한다.

첫째, 정의감은 두 가지 종류가 있음을 유의해야 한다. 하나는 유대감, 사랑, 배려, 그룹에 대한 애착심 등과 같이 애덤 스미스의 적극적 덕성이다. 롤스가 말하는 기회균등의 공정성, 정치적 자유의 공정한 가치, 그리고 차등 원칙에서 최소 수혜자의 처지에 대한 배려 등은 적극적 의미의 정의감이다. 다른 하나의 정의감은 특정한 행동을 금지하는 내용의 정의감이다. 이는 스미스의 소극적 덕성에 해당한다. 그것이야말로 그가 말하는 정의의 규칙을 의미한다. 남을 적극적으로 도와주지는 않는다고 해도 남에게 해(injury)를 끼치는 행동을 삼간다.

둘째, 정의감의 본질은 우리가 언어로 표현되지 않은(unarticulated) 규칙에 따라 행동할 수 있는, 그리고 타인들이 그런 암묵적 규칙에 따라서 행동하는지를 인지할 수 있는 능력이다(Hayek, 1978: 81). 그런 암묵적 규칙을 언어로 표현할 수 있는가? 예를 들면 우리는 공정한 게임에서 공정성이란 무엇인지를 말할 수 없다. 그러나 게임에서 행위자들의 행동을 보며 불공정한 행동을 가려낼 수 있는 능력은 있다. 우리는 규칙을 따라 행동할 줄은 알지만(know-how), 그 규칙이 이렇고 저렇다는 식으로(know-that) 말로 표현할 수 없다(Hayek, 2018: 173).

정의감으로부터 정의론을 구성할 수 있을 만큼 충분히 암묵적 규칙을 말로 표현할 수 없다는 것이 하이에크의 입장이다. 롤스를 지적해서 한 말은 결코 아니지만 말이다. 롤스는 그것이 가능하다고 보고, 원초적 입장을 기술한다. 원초적 입장은 정의의 원칙에 대한 합의에 도달하기 위해 공정하다고 여기는 암묵적 입장을 말로 표현한 것, 다시 말해서 정의감과 그 배경을 말로 표현하는 것이다.[12] 하지만 그의 시도는 말로 표현

---

12) "그러한 상황을 기술할 때 표현된 조건들은 사실상 우리가 받아들이는 조건이라는 점을 생각해보자. 우리가 받아들이지 않는다면 그때그때 도입된 유형의 철학적 고려사항에 의해 그렇게 수락하도록 설득될 수 있다. 원초적 입장의 각 측면에 대해 지지하는 설명이 주어질 수

할 수 없는 것을 말로 표현하겠다는 무모한 것이라고 볼 수 있다.[13] 롤스의 정의론은 데카르트 이래 지성사를 지배한 프랑스 계몽주의의 인식론적 전통이 전제한 설계주의적 합리주의의 미신에서 비롯된 것이라고 볼 수 있다.

셋째, 모든 시점에도, 간단히 말해서 보편적으로 적용할 수 있는(Rawls, 2003: 749-750) 정의의 원칙을 찾기 위한 롤스의 노력이 타당한가? 이런 노력도 물론 헛된 작업이다. 롤스의 시도는 고정된 정의감이 존재한다는 전제를 깔고 있기 때문이다. 오래전에 이미 흄이 지적했듯이, 정의감은 고정된 것이 아니라 시간이 경과됨에 따라 변동한다. 이에 뒤질세라 하이에크도 정의감의 변동을 말해준다. 암묵적 규칙들은 말로 표현하는 과정에서 변동할 뿐만 아니라 말로 표현된 행동규칙도 사회에 확산하는 과정에서 변동한다. 게다가 명시적 규칙과 암묵적 규칙이 상호작용한다(Hayek, 1978: 81). 따라서 "인간의 상황을 모든 시간적 관점으로부터 바라보는"(Rawls, 2003: 750) 이론을 통해서 정의감을 설명하는 것은 결코 쉬운 일이 아니다. 그런 정의감은 사회에서 개발되는 명시적인 규칙들에 의해 꾸준히 변형된다는 이유에서다. 정의감으로부터 모든 시점에서 적용 가능한 정의관을 세우겠다는 존 롤스의 야심도 인간 이성에 의해서 이상적인 사회질서를 만들 수 있다는 프랑스 계몽주의 전통에서 비롯된 것이다.[14]

있다. 그래서 우리가 하고 있는 것은 우리가 웬만큼 성찰해보면 서로에 대해 우리의 행위에서 합당하다고 우리가 쉽게 인정하게 될 전제조건들을 하나의 정의관으로 결합하는 일이다. 일단 우리가 그런 정의관을 파악한다면 우리는 언제나 요구되는 관점으로부터 사회를 볼 수 있게 된다. 일정한 방식으로 추론하고 달성된 결론을 따르는 것만으로 충분하다."(Rawls, 2003: 749)

13) 롤스는 성찰적 균형을 경유하여 정의감에 관한 완전한 설명은 도달할 수 없다는 점을 인정한다(Rawls, 2003: 56).

14) 롤스도 그런 어려움을 모르는 것은 아니다. 어쨌든 그는 어느 한 사람의 정의감을 설명하는 것은 가치가 있는 일이라고 믿고 있다. 그 이론은 어떤 정의관을 검토하기 전에 이미 그의 판단에 부합하는 이론이 아니라 성찰적 균형 속에서 형성된 그의 판단에 부합하는 이론이다. 어느 한 사람이 다양하게 제안된 정의관의 비중을 따져서 그들 가운데 하나의 정의관에 부

넷째, 롤스는 정의감으로부터 특정한 정의의 원칙을 도출하려고 한다. 이를 위해서는 정의감은 '무엇이 정의다'라는 식으로 적극적인 내용을 내포하고 있어야 한다. 프랑스 계몽주의의 전통이 적극적으로 정의, 법, 제도의 개념 규정을 한다. 그러나 정의감의 세 번째 본질은 정의롭지 않은 행동이 무엇인가를 말해줄 뿐이다. 정의는 자유, 평화 등과 같이 소극적 개념이다. 정의롭지 않은 법과 제도가 무엇인가를 가려내는 역할을 하는 것이 정의감이다. 무엇이 정의로운가의 문제는 인간 이성의 구조적 무지 때문에 가능하지 않다.

앞에서 든 공정한 게임의 예를 반복해서 말한다면 우리는 공정한 게임에서 공정이란 무엇인지를 적극적으로 말할 수 없다. 그러나 게임에서 행위자들의 행동을 보면 불공정한 행동을 가려낼 수 있는 능력은 있다. 데이비드 흄, 애덤 스미스, 하이에크 등 스코틀랜드 계몽주의의 인식론을 따라 정의감은 특정한 제도나 법, 인간행동을 정당화하는(justify) 역할을 하는 것이 아니다. 적극적 내용을 지닌 정의감의 존재를 부정하는 것은 결코 아니다. 그런 정의감은 사실상 개인들에 맡긴다. 그런 정의감을 확대·적용하여 거대 사회에 적용하는 것은 불가능하다.

합하도록 자신의 판단을 수정하거나 아니면 애초에 지니고 있던 확신(그리고 이에 해당하는 정의관)을 견지한 후에 도달되는 상태다(위의 책, 90-91).

4.
정치적 자유에 관한 롤스의 논거의 문제

 롤스의 정의론은 집단적 결정에 참여할 권리(투표권, 공무담임권)를 의미하는 정치적 자유와 관련하여 중요한 두 가지 논리를 개발했다. 첫째로, 경제적 자유가 없이도 정치적 자유, 즉 민주주의가 유지될 수 있다는 것이다. 이런 논지를 추론할 수 있는 것은 그의 자유권 목록에는 생산수단의 사적 소유가 빠져 있기 때문이다. 둘째로, 정치적 자유(그리고 이 자유의 공정한 가치)도 양심, 사상, 언론, 표현 등의 자유들과 함께 정의감의 개발과 행사에 필요하다는 이유에서 기본권의 범주에 포함하고 있다(Rawls, 2020: 470-477). 두 가지 논지가 옳은가의 문제가 제기될 수 있다.

1) 경제적 자유 없이도 민주주의가 가능한가?

 경제적 자유를 말하지 않고는 민주주의 발전도 설명할 수 없다. 경제적 자유를 기반으로 하는 시장경제는 민주주의 발전의 전제요 원동력이라는 사실에 주목해야 한다. 사람들은 시장에서 스스로 결정하는 법을 배웠다. 시장 활동을 통해서 타율과 간섭이 좋지 않다는 것도 배웠다. 사적 선택을 정치적 분야로 확대할 줄도 배웠다. 시장경제의 발달과 경제적 번영으로 시민적 자유와 정치적 자유가 활성화될 수 있었다. 경제적 번영과 함께 점진적으로 참정권을 의미하는 정치적 자유도 누릴 수 있었다.

정치발전은 경제적 자유와 경제적 번영의 덕택이라고 볼 수 있다.

경제적 자유의 등장과 함께 발전한 것이 중산층이었다. 경제적 번영으로 인해 교육받은 중산층이 두껍게 형성되었다. 경제적으로 성공한 자유로운 기업가들, 자본가들, 심지어 노동자들도 재산가가 되었다. 그들이 두꺼운 중산층을 형성했다. 그들은 과거에 대부분 봉건적 지배자의 가신이었거나 농노였던 사람들이다. 무산자들, 즉 봉건사회에서 차별받던 계층이다. 그들은 과거의 정치 질서에 도전하는 대신 정치적 자유와 민주주의를 요구했다. 유럽 사람들은 더 많은 자유와 이에 대한 헌법적 보장을 요구했다. 민주주의 시대, 열린 시장의 시대, 그리고 자본주의의 시대가 이렇게 해서 서구사회에 꽃을 피우게 되었다. "국민 개개인의 인권을 보호하는 지구상의 모든 민주주의는 사실상 자유로운 자본주의 경제를 기반으로 한다"라는 포브스와 엘리자베스의 주장(Forbes & Elizabeth, 2011: 32)은 경제적 자유와 민주주의의 관계의 정곡을 찌르는 말이다.

사유재산제가 없이도 민주주의가 가능하다는 롤스의 생각은 역사적 경험을 통해서 뒷받침될 수 없다. 유럽 사회의 간략한 역사적 개관을 살피면 시민적 자유와 정치적 자유는 경제적 자유에 뒤이어, 그리고 경제적 번영에 힘입어 생겨났다는 점을 확인할 수 있다(Mises, 1979: 1-15). 16~17세기 네덜란드 사회가 입증하듯이, 신앙의 자유를 보호한 것은 민주주의가 아니라 경제적 자유였다. 볼테르가 입증했듯이 종교적 관용을 보호하는 것도 민주가 아니라 자본주의였다. 신분적 불평등과 폭정을 극복한 것은 민주주의가 아니라 경제적 자유의 확대와 시장사회의 발달이었다는 것은 역사적 진실이다.

역사적으로 보면 자유경제와 자본주의 제도가 발전한 곳에 정치적 자유도 있었다. 그리스의 황금시대와 로마의 초기에 풍미했던 정치적 자유도 그랬다. 이것이 사적 소유권에 대한 아리스토텔레스의 사상의 배경이었다. 사유재산제도가 없던 옛 소련과 동유럽 사회주의는 보통선거와 비밀선거를 특징으로 하는 민주국가가 아니었다. 사유재산제가 없는 사회체제에서는 민주 정부를 갖는 것이 드물다는 것이다. 이런 진화과정은 비단 서구사회에서만 목격할 수 있는 현상은 아니다. 그것은 동양사회에서도 목격할 수 있다. 한국이 대표적이다. 비록 제한적이었지만 경제적 자유가 경제적 번영을 이룩했다. 이런 번영에 뒤이어 민주주의가 확보되었다. 산업화에 뒤이어 민주화가 달성된 것이 아니라 경제적 자유가 산업화와 민주주의를 불렀다. 좌파가 그리워하던 민주정치를 실현할 수 있었던 것도 자유경제를 통한 경제발전 덕택이라고 볼 수 있다.

롤스는 사유재산권이 없이도 정치적·정신적 자유와 함께 정치적 권리가 허용되기만 하면 안정된 사회질서를 구축할 수 있다고 믿었다. 이런 믿음은 사유재산에 대한 존중이 없는 사회주의도 민주주의와 양립할 수 있다는 뜻이다. 도대체 그런 믿음이 옳은가? 사유재산을 인정하지 않는 사회주의는 민주주의와 양립할 수 없다는 것을 보여준 것이 하이에크의 유명한 『노예의 길』이었다. 사적 소유가 금지된 토지·생산적 자본·농장·천연자원의 용도, 이들에 대한 이용자, 가격 등은 시장에서 결정하는 것이 아니라, 집단적 의사결정을 통해서 정하는 수밖에 다른 방도가 없다. 시시각각으로 변동하는 사회적·자연적 변동에 일일이 민주적 방식으로, 다시 말해 집단적 합의를 통해 일일이 대응하는 것은 물리적으로 불가능할 뿐만 아니라 '지식의 문제' 때문에 원천적으로 불가능하다.

제대로 기능하는 민주 정부의 존재를 기대할 수 있는 유일한 길은 사유재산제도와 경제적 자유다. 이 맥락에서 흥미로운 것은 해방 후 미국이 한국 정부가 당시 소유하고 있던 귀속농지의 분배를 서둘렀던 이유다. 전상인 교수에 의하면, 막대한 규모의 국유농지를 기반으로 하여 이승만에 의해 남한에서 강력한 독재국가가 출현할 가능성을 염려한 결과였다고 한다. 계속해서 전 교수는 이렇게 말했다. "미국은 자신이 가지고 있었던 토지를 이승만 정부에게 그냥 넘긴다면 미국이 다루기 힘든 '반동 파

쇼' 정부가 수립됨으로써 한국인들의 좌경화를 오히려 부추길 수 있다고 판단한 것이다.”(전상인, 2005)

이러한 논의는 경제적 자유가 없다고 해도 민주가 가능하다는 롤스의 논리는 타당하지 않다는 것을 보여주고 있다. 따라서 민주를 통해서 정의감을 확립할 역량도 커진다는 롤스의 입장도 온당한 것이 아니다. 경제적 자유가 없다면 정의감을 개발할 기초가 되는 정치적 자유의 존립 근거가 소멸하기 때문이다.

2) 민주정치가 과연 정의감을 개발할 기초인가?

롤스는 적을 친구로 만드는 것이 정치이고 친구를 적으로 만드는 것이 시장이라고 신봉하는 논리구조를 띤다. 그러나 그런 논리는 틀렸다. 하이에크의 카탈락시(Catallaxy)는 시장은 오히려 적을 친구 또는 협력·교환 파트너로 만든다는 뜻이다. 칼 슈미트의 ‘정치적인 것(the political)’은 적과 친구의 구분에서 정치의 출발을 찾으면서 법의 지배가 아닌 힘의 지배를 강조한다(Lilla, 2018: 65-93). 그런 힘을 가진 주권자가 동지를 규합하여 적을 누르고 통치하는 게 정치라고 슈미트는 이해했다. 그 경우 적(敵)은 제거의 대상이지 타협과 협상의 대상이 아니다. 네덜란드의 하위징아(Johan Huizinga)가『호모 루덴스』에서 슈미트를 비판했던 것처럼 ‘친구와 적’의 원칙에 따른 편 가르기 정치는 인간 이성의 타락에서 비롯된 “야만적이고 병리적인 망상”일 뿐이다(민경국, 2023: 179).

공유, 연대, 그리고 사회적 책임 등으로 편 가르기를 포장하는 것이 정치이다. 적과 동지의 구분, 편 가르기의 진영논리가 지배하는 것이 정치라고 한다면 민주정치가 시민들의 정의감을 개발할 기반이라는 롤스의 인식은 민주주의에 대한 지나친 낭만에서 비롯된 것임을 부정할 수 없다. 자유사회는 나와 내가 속한 진영은 예외라는 것을 말하는 속칭 '내로남불(내가 하면 로맨스요 남이 하면 불륜)'을 인정하지 않으며 편법도 인정하지 않는 사회다. 이념적 진영과 관련 없이 유리한 값으로 질 좋은 재화나 서비스를 수요·공급하는 것이 이념적 진영논리에 따라 물건을 팔거나 사는 경우보다 기업이나 개인의 존립 기회를 늘려준다. 시장관계는 단순히 자원 배분 또는 물질적 분배의 역할만을 수행하는 것이 아니다. 관용의 창출과 실천이라는 역사적 역할은 시장경제에서 구사되는 경제적 자유의 작동을 통해서만 가능하다. 노벨경제학상 수상자였던 게리 베커(Gary Becker)는 시장이 '차별을 처벌'한다는 점, 즉 시장경제가 차별을 개선한다는 점을 지적한다(Brennan, 2012: 102-103).

민주적 과정을 통해서 형성되는 정책의 패턴에 따른다면 공공정신이나 법 감정을 개발하고 그것을 실현하는 능력을 증진한다는 것은 기대할 수 없다. 즉, 민주적 정치과정은 일반이익 대신에 특수이익을 충족하는 정책이 실현된다. 차별적인 정책이 빈번하게 형성된다. 장기적인 정책 대신에 가격·생산 규제, 분배와 복지 같은 단기적 정책을 선호한다. 이런 정책들은 우리의 법 감정 또는 정의감과 정면으로 충돌한다. 하지만 롤스는 그 같은 정치권력의 부패를 자본주의의 경제력 집중의 탓으로 돌렸다. 그래서 그는 정치적 자유의 공정한 가치를 실현하기 위해 재산과 소득의 재분배를 강력히 주장했다. 그러나 그런 주장은 두 가지 점에서 틀렸다. 첫째로, 얼마나 재분배를 하는 것이 공정성을 달성할 수 있는가를 알 수 없다. 둘째로, 정치적 부패를 자본주의의 경제력 집중에서 찾는 것도 옳지 못하다. 정치적 부패는 국가권력의 자의적인 행사 때문이라는 점을 우리가 직시해야 한다.

3) 정치적 자유의 성격에 관한 롤스의 오해

롤스가 정치적 자유를 경제적 자유보다 중시하는 데는 그가 정치적 자유의 본질을 오해한 점도 있다. 본래, 정의로운 행동규칙의 테두리 내에서 행사하는 시민적 자유와 경제적 자유는 개인이 자기 자신에게 힘을 부여하며 타인이 절대로 침범해서는 안 되는 개인의 자율적 영역을 만든다. 다시 말해 정의로운 행동규칙의 테두리 내에서 행사하는 시민적 자유와 경제적 자유는 개인에게 타인들이 절대로 침범해서는 안 되는 자율적 영역을 만드는 힘을 부여한다. 그러나 민주정치를 강조하는 정치적 자유, 즉 투표하는 권리와 공직에 당선 혹은 선출되어 취임할 권리는 개인에게 '타인들보다 우위에 서는' 힘을 부여하여 시민적 자유와 경제적 자유 통해 만든 자율적 영역을 침범할 권리다. 이 때문에, 진정한 자유주의자라면 이 정치적 자유가 다른 자유와 같은 종류의 지위를 갖는 것으로 믿지 않는다(Brennan, 2012: 38-39). 그러함에도 롤스는 이 정치적 자유를 기본권으로 받아들이면서 타인 위에 서는 성격이 없는 경제적 자유를 기본권에서 배제하는 오류를 범하고 있다.

4) 정치적 자유는 수단일 뿐 목적이 될 수 없다

롤스는 정치적 자유의 또 다른 성격을 오해하고 있다. 즉 정치적 자유란 자유 개념을 집단에 적용한 자유다. 정치적 자유는 국민이 자신의 정부를 선택하고 입법 과정과 행정부 통제에 참여할 권리다. 정치적 자유는 양심의 자유, 언론·사상의 자유, 인신의 자유, 자의적인 체포나 구속을 받지 않을 자유, 직업선택의 자유 등 '개인의 자유'와 성격상 전혀 다른 자유다.[15] 그러함에도 롤스는 '정치적 자유'를 엄격히 구분함이 없이 다른 자유와 똑같은 지위를 가진 것으로 취급하고 있다. 이로써 그는 자유와 민주를 똑같게 보는 언어적 혼란을 야기한 20세기 후반의 대표자인 것이다. 20세기 전반에 이런 혼란을 불러왔던 인물이 영국의 사회주의 정치철학자 라스키(Harold Laski)가 아니던가! "참정권은 (중략) 자유의 핵심이다. 그것을 박탈당한 시민은 자유롭지 못하다."(Laski, 1948: 6)

그 두 가지 개념을 엄격히 구분해서 사용하는 정치철학자, 윤리학자, 그리고 헌법학자를 찾아보기 어렵다. 경제학자는 두말할 필요도 없다.[16] 정치적 자유가 다른 자유와 똑같다는 인식에 사로잡힌 사람들에게 자유의 이상은 민주적 행동이 지향해야 할 원칙이 아니다. 민주주의가 창출하는 모든 조건은 자유의 조건이기 때문이다. 용어의 혼란스러운 이용은 토머스 홉스, 장 자크 루소 등 프랑스 계몽주의의 교조적 민주주의에서 비롯된 것인데, 그런 오용은 위험한 정치적 귀결을 초래한다. 그런데 이미 350여 년 전에 바로 그런 오용을 개탄했던 인물이 프랑스의 정치철학자 몽테스키외(Montesquieu, 1689~1755)였다. 그는 "사람들은 민주주의에서 거의 원하는 대로 행동하는 것처럼 가장 자유로운 듯이 보였고, 그런 권력은 자유와 혼용하여 사용되었다"라고 개탄했다(Montesquieu, 1748/2016: 11/2: 177).

100년 뒤 프랑스의 정치철학자 뱅자맹 콩스탕(Benjamin Constant, 1767~

---

15) 개인의 자유는 롤스에게 소극적 의미의 자유다. 자유란 "어떤 일을 행하거나 행하지 않는 것이 어떤 제약도 받지 않고 다른 사람에 의한 간섭으로부터 보호되어 있는 경우"(Rawls, 1999/2003: 276)를 의미한다면 참정권으로서의 자유는 사실상 자유라고 볼 수 없다.

16) "서양이 자유사상을 가지고 있는 반면에 동양에서는 불행하게도 자유사상이 없었다. 오늘날 진정한 민주주의를 누리고 있는 국가들을 보면 대체로 모두 부유하고 경제가 발달한 서구 선진국으로 압축된다. 이 유럽 국가들이 과거 모두 잘살지는 않았으나 19세기 이후에는 선진국 클럽에 가입할 수 있었다. 이는 우연적이지 않고 민주주의의 핵심가치인 개인의 자유가 보장되는 경우 그렇지 않은 국가에 비해 높은 경제발전을 누린다는 사실을 시사한다." (문우식, 2021: 21)

1830)은 그의 어느 한 연설문에서 고대의 자유와 현대의 자유로 구분하고 전자는 집단적 의사결정에 참여할 권리(정치적 자유)를, 후자는 개인의 자유를 의미한다고 말했다(Constant, 1819). 민주정치를 의미하는 고대의 자유는 고대 그리스와 같이 기껏해야 수만 명의 인구로 구성된 비교적 작은 규모의 사회에서나 제대로 작동하지만, 대규모의 인구(18세기 중반 2천만 명으로 추산)를 가진 당시의 현대 프랑스에는 적합하지 않다고 주장했다. 그는 거대한 사회에서 집단적 의사결정 방식은 인식론적 이유로 문제해결에 한계가 있다는 것을 또렷하게 지적했다. 그가 개인의 자유를 의미하는 현대적 자유가 프랑스에 적합하다는 것을 강조했던 이유다.[17] 그가 두 가지 자유를 엄격히 구분했던 시대적 배경이 있었는데 당시 프랑스는 루소로부터 영향을 받은 1789년 프랑스혁명 이래 민주주의를 중시하고 개인의 자유를 경시하는 사조가 지배했다.[18]

롤스가 정치적 자유를 기본적 자유권으로 분류한 이유 가운데 하나는 이미 앞에서 설명했듯이 그것이 도덕적 능력의 개발과 발휘를 위해 필요한 자유들(사상·언론·양심·연합의 자유)을 보호한다는 확신 때문이었다. 그런데 롤스는 자유와 민주의 갈등관계에 관한 콩스탕의 탁월한 인식을 유감스럽게도 진지하게 받아들이지 않았다.[19] 자유와 민주는 동거하기 곤란한 가치이기 때문에 그 두 가치는 같은 기본권 목록에 함께 포함될 수 없다. 대의제 기구가 정의로운 행동규칙도 정하고 동시에 행정부도 통제하는 자유민주주의 제도에서도 자유사회의 자생적 질서를 조직된 이해관

---

17) 콩스탕이 말하는 개인의 자유(사적 자유)는 개인 또는 다수의 자의에 의해 체포·구금을 당하지 않을 권리, 직업을 선택·행사할 권리, 소유를 처분할 권리, 타인들과 연합할 권리 등인데, 그는 그런 자유를 현대적 자유라고 불렀다(민경국, 2021: 364).

18) 프랑스혁명은 사실상 민주혁명이었고 반면에 1774년의 미국 혁명은 자유혁명이라는 사실을 직시할 필요가 있다.

19) 그 대신에 유감스럽게도 민주주의가 기본적 자유권을 침해해서는 안 된다는 간단한 말로 콩스탕을 언급했다(Rawls, 2003: 275).

계들의 연합에 봉사하는 전체주의 체제로 점진적으로 반드시 변형시키는 데 하물며 오늘날과 같이 대의제 기구가 의회의 자율성 또는 의회의 주권이라는 명분으로 어떤 제약도 받지 않는 상황에서는 말할 필요도 없다.

자유민주주의라는 정치체제도 자유를 보호하는 데 있어서 의미 없는 가치라는 걸 직시할 필요가 있다. 예를 들면 5·18 민주화 왜곡금지법이 민주적 절차를 통해 제정·실행하고 있다. 그런 규제법은 사상·언론의 자유를 침해하는 입법이다. 민주적으로 선출했지만 자유를 억압하는 입법 독재의 길로 갔던 예는 차고 넘친다. 롤스의 정의의 제1원칙으로서 자유의 원칙은 그런 입법의 제정·실행을 금지할 어떤 근거도 제공하지 못하고 있다. 정치적 자유는 다른 자유와 나란히 기본적 권리이고 정치적 자유 즉 민주주의 자체도 목적으로 취급되어야 하기 때문이다. 목적 자체로 취급하면 될 수 있는 대로 많은 것을 집단적 결정의 대상으로 만드는 것이 좋다. 간단히 말해서 민주 정부를 크게 만드는 것이 좋다는 뜻이다.

롤스처럼 그런 입법을 금지한다면 정치적 자유의 제한이고 따라서 이런 제한이 가능하기 위해서는 정치적 자유를 목적이 아닌 수단으로 취급하는 것이 마땅하다. 정치적 자유를 다른 자유와 같은 반열에 둘 가치로 취급해서는 안 될 이유다. 수단적 가치로서 매우 유용한 민주주의는 목적 자체로서 취급해야 할 기본권 목록에서 배제해야 한다.

5) 정치권력의 부패는 자본주의의 경제력 집중 때문인가?

롤스에 따르면 생산적 자원 소유의 불평등과 경제력 집중을 특징으로 하는 자본주의에서 소수가 경제의 나머지 부분보다 정치적 삶에서 훨씬 더 큰 정치적 영향력이 있다고 한다. 그런 소수의 부유층이 자신의 이익을 위해 정치적 과정에 영향을 행사한다고 롤스는 목소리를 높였다. 정치권력의 부패를 자본주의 탓이라는 것이다. 정치적 자유의 형식적 평등은 그런 자유의 가치가 불공정하다고 한다. 기회의 평등에서처럼 정치적 참여에서도 단순한 법적 차별이 없다는 것으로 공정한 평등 참여의 실현이 가능하지 않다는 것, 그래서 민주주의를 통해 기본적 자유권을 효과적으로 보호할 수 없다는 것이 롤스의 인식이다. 정치적 자유의 공정한 가치를 실현하기 위해 생산수단의 소유를 분산하는 정책을 펼치는 제도(재산 소유 민주주의)에서 또는 생산수단의 사회적 소유제도(노동자 자주관리제도)에서 국가가 수행할 과제라는 것도 그의 그런 인식의 결과다.

그러나 어떤 생산수단에 대한 소유를 어느 정도로 분산하는 것이 공정한 가치를 실현할 수 있는지를 알 수 없다. 공정이라는 규범이 애매하고 모호하기 때문이다. 소유의 분산정책은 대기업규제, 조세를 통한 재분배, 그리고 중소기업보호, 심지어 비효율적인 그리고 경쟁력이 없는 기업에 대한 보조금 지원 등이다. 이런 정책의 치명적 결과는 정치권력의 자의적 행사와 정치권력에 대한 시민들의 예속이다. 이들이 그런 예속을 피할 방법은 정치권력을 장악하는 것이다. 권력 장악을 위한 경쟁에서 지대추구, 정실주의, 정경유착 등은 바로 국가의 개입이 생겨난 것이다. 롤스처럼 입법 과정의 왜곡을 초래하게 하는 장본인을 자본주의의 경제력 집중에서 찾는 것이 사회주의자들의 특징이다. 이들은 민주주의에 내재한 오류에서 문제를 찾지 않는다. 좌익에게 민주주의는 최고의 가치이자 목표이기 때문이다.

6) 민주주의에 내재한 치명적 오류: 낭만주의

롤스는 자신이 생각해낸 이상적인 경제체제로서 재산소유민주의에 대해서 다음과 같이 말했다. 그 체제에서는 공정한 기회균등을 실현하고 정치적 자유의 공정한 가치를 해치는 경제력 집중을 막고 재산의 광범위한 분산을 장려하는 것(분배부), 그리고 이른바 '시장 실패'를 극복하여 경제의 효율성을 달성할 과제(성장부), 경제안정을 위한 적극적인 고용정책(안정부), 그리고 이전 소득(조건 없이 지급하는 소득)을 통해서 일할 능력이 없는 계층에 대한 최저생활비 보장(이전부) 등도 국가의 과제다(Rawls, 2003: 370-371). 엄밀히 따지면 그의 재산 소유 민주주의는 신고전파 경제학적 사유와 자신의 고유한 분배 사상을 혼합한 것에 지나지 않는다.

재산 소유 민주주의 체제는 큰 정부를 전제하고 있다. 그런 체제는 민간 주도 경제가 아니다. 집단적 의사결정 영역이 거의 무제한이다. 그 이유는 무엇인가? 민주적 결정, 즉 다수결 원칙에 대한 제한 없는 지적 신뢰 때문이다. 다수의 집단은 이상적인 사회를 인위적으로 설계·건설할 지적 능력이 있다는 구성주의적 합리주의를 전제한 것이 롤스의 정치철학이요 그의 민주주의 정치관이다. 하지만 그런 합리주의는 미신일 뿐이다. 그 이유는 다수이든 소수이든, 모든 인간은 구조적 무지를 특징으로 하기 때문이다. 그에게는 재산 소유 민주체제에 합당한 법적 제도를 만들기 위해 필요한 모든 지식을 습득하여 이용할 재간이 없다. 롤스 사상에서 근원적이고 치명적인 첫 번째 결함이 인식론적 사유가 없다는 점이다.

두 번째, 결함이 정부에 대한 도덕적 신뢰다. 그의 사상은 선량한 정치가를 전제하고 있다. 이런 전제는 제임스 뷰캐넌, 고든 털록(Gordon Tullock), 앤서니 다운스(Anthony Downs) 등의 공공선택론을 통해서 극복되었다. 이미 잘 알려져 있듯이 정치적 과정을 통해서 이른바 '시장 실패'가 치유되기는 고사하고 더 심각한 '정치 실패' 또는 '민주주의 실패'가 야기된다는 것을 밝혀낸 것이 공공선택론의 업적이 아니던가! 민주주의는 시간이 경과함에 따라 공공 부문을 확장하는 성향에도 주목할 필요가 있다. 어쨌든 롤스는 민주 정부에 대한 신뢰 때문에 민주적으로 선출된 정치권력을 효과적으로 억제할 대책을 마련하는 대신에 자본주의의 자연적이고 필연적 현상이라고 흔히 여기는 경제력 집중 문제의 해결에 초점을 맞추는 우를 범했다. 이런 해결책 대신에 집단적 의사결정 영역을 제한하고 그 영역 내에서 자의적인 권력 행사를 막을 제도적 장치를 마련하는 것이 합리적 해결책이라고 믿는다. 그 해결책이 나중에 자세히 설명하겠지만 고전적 자유주의의 유서 깊은 정치적 원칙인 법의 지배 원칙이라고 믿는다.

5.
생산수단의 사적 소유를 경시하는 존 롤스

　　정치 사상사를 개관해본다면 모든 정치사상가는 생산수단과 관련하여 사유재산제냐 공유제냐의 문제를 매우 중요하게 여겼다는 것을 발견할 수 있다. 예를 들면 플라톤, 아리스토텔레스, 홉스, 로크, 몽테스키외, 흄, 루소, 칸트, 헤겔과 마르크스 그리고 존 스튜어트 밀 등과 같은 유명한 정치철학자들은 사유제이든 공유제이든 어느 한 형태의 소유관계를 진지하게 논의했다. 소유의 개념은 고전시대 이래 정치철학의 핵심적인 관심이었던 이유가 있었다. 부와 재화를 소유하는 방법이 사회구조를 광범위하게 결정한다고, 그래서 소유관계는 사회구조의 뿌리라고 인식했기 때문이다. 사유냐 또는 공유냐를 결정하는 것을 정치철학의 근본적인 관심 밖의 문제로 여겼던 정치철학자는 극히 드물었던 이유다.

　　그런데 소유관계에 관한 롤스의 기본적 견해는 무엇인가? 그는 정의론의 첫 장에서 이 책의 "토픽은 (중략) 사회정의다"라고 말했다. 그는 그 주제를 다음과 같이 요약했다.

　　　"우리에게 정의의 일차적 주제는 사회의 기본 구조, 보다 더 정확히 말하면 사회의 주요 제도가 권리와 의무를 배분하고 사회의 협동체제로부터 생긴 이익의 분배를 정하는 방식에 관한 것이다. 여기에서 주요 제도란 정치의 기본법이나 기본적인 경제·사회체제를 말한다. 그래서 사상의 자유, 양심의 자유, 경쟁적 시장, **생산**

수단의 사적 소유 등에 대한 법적인 보호와 일부일처제 등은 중요
한 사회제도의 예들이다. 이 모두를 하나의 체제로 볼 때 주요 제
도들은 인간들의 권리와 의무를 규정하고 그들의 인생 전망에도
영향을 미침으로써 무엇이 될 것인가에 대한 기대와 어떻게 살 것
인가에 대한 소망까지도 정한다. 기본 구조가 정의의 일차적 주제
가 되는 이유는 이처럼 그 영향력이 심대하고 또 그것이 근원적인
데서부터 나타나기 때문이다."(Rawls, 2003: 40: 강조는 필자가 추가)

롤스는 소유관계를 사회구조의 기본으로 여겼음에도 그는 테일러가
확인하고 있듯이(Tayler, 2004: 392), 그의 저서 『정의론』의 전반에서는 소유
관계의 문제를 무시했다. 그의 차등 원칙은 자유시장 혹은 '경쟁적 경제
체제'를 전제하고 있지만(Rawls, 2005: 221), 생산수단의 공유냐 사유냐에 관
해서는 관심을 두지 않았다. 그러다가 책의 절반이 넘어서야 비로소 소유
관계를 논하기 시작한다. 소유관계에 관한 그의 논의를 조심스럽게 본다
면 그는 주류 경제학의 일반균형이론을 벤치마킹한 경쟁 사회주의의 관
점에서 자본주의를 관찰하고 있다.

1) 소유관계에 관한 역사주의적 편견

롤스는 사적 소유냐 혹은 공유냐, 아니면 혼합이냐의 문제는 원칙의
문제가 아니라 개별 국가가 처한 '상황', '문화적 조건', '역사적 전통' 등과
밀접한 관련이 있다는 것이 롤스의 인식이다. 이런 인식은 소유관계에 관
한 역사주의에서 비롯된 것이다. 경제질서의 선택은 주로 각 나라의 전통
과 제도, 각 나라의 사회적인 역학관계, 그리고 특수한 역사적 상황에 좌
우된다는 것이다(367쪽). 하지만 상대주의 또는 역사주의는 옳지 않다. 그

것은 탈근대성이 주장하는 것처럼 모든 구속력이 있는 옳음을 부정하기 때문이다.

역사주의는 자기 스스로에 대한 구속력이 있다고 믿는다. 이는 역사주의가 흔히 범하는 자가당착이 아닌가! 역사주의에 따르면 경제체제로서 롤스가 제안한 재산 소유 민주주의도 역사적 산물에 지나지 않는다. 그런 모순은 모든 인식은 출신 계급에 좌우되고 따라서 상대적이라고 여기면서 집단으로서의 사회는 역사적으로 결정된 공식에 따른다고 주장했던 칼 마르크스가 범한 모순과 흡사하다.

그런데 사유재산제는 롤스가 절대적이라고 생각했던 시민적 자유와 불가분의 관계가 있다는 엄연한 사실을 염두에 둔다면 재산의 사적 소유야말로 절대적인 것으로 볼 수 있다. 이미 앞에서 논의했듯이 토지의 국유화는 집회의 자유도 없고 종교의 자유도 위축되기 마련이다. 언론 매체의 생산적 자본이 공유라고 한다면 언론의 자유도 확립될 수도 유지될 수도 없다. 사유재산권보다 오히려 롤스의 제1의 정의 원칙, 즉 자유의 원칙을 통해 보호받는 정치적 권리와 기본적 자유들은 각 나라가 처한 상황과 전통에 좌우되지 않을 이유가 없다. 왜 하필이면 기본적 자유권과 정치적 권리는 조건 없이 절대적인 데 반해, 소유관계는 조건적이고 상대적인가에 관해 롤스는 설득력이 있는 논거를 제시하지 못했다.

2) 사회주의가 자본주의만큼 자유로운가?

롤스는 개인의 자유는 자본주의의 본질이 아니라고 한다. 이런 주장은 사회주의도 자본주의만큼 자유롭다는 뜻이다. 사적 소유가 주는 자유의 의미를 과소평가한 결과라고 볼 수 있다. 왜 롤스가 그런 잘못된 인식을 지니게 되었는가? 어떤 형태의 사회주의든 토지, 자본, 농장, 기업 등 생산수단의 공유제를 기반으로 한다는 점에서는 공통적이다. 그런데 롤스에게 사회주의란 '시장 사회주의'를 말한다. 기업의 투입과 산출에서 중앙집권적 사회주의와는 달리 시장 사회주의는 분권화를 중시한다. 전자에서는 투입과 산출은 순전히 중앙 계획 당국의 관료들이 결정했다. 후자의 사회주의에서 투입과 산출은 전적으로 기업에 맡긴다. 롤스가 인식한 사회주의는 신고전파의 이른바 정태적 상태를 묘사하는 일반균형의 '완전경쟁' 모형과 흡사하다. 자본주의에서 시장의 균형가격은 경제주체 각자에게 주어진 것으로 취급한다. 그들은 가격에 맞추어 투입산출을 결정한다. 롤스가 자유는 자본주의의 본질이 아니라고 주장한 것은 그래서다.[20] 그러나 우선 시장경제를 역동성이 없는 정태적 상황으로 보는 롤스의 시장관(市場觀)부터가 틀렸다. 그리고 시장경제를 보는 그의 자유관도 틀렸다. 어느 한 사람이 형무소 감방에 구속되어 있다고 하자. 감옥 문은 나갈 수 없게 밖에서 잠겨 있다. 그는 매우 편히 잠잔다. 너무도 편안하고 안온하게 느낀다. 그의 욕구는 최상으로 달성되었다. 신고전파적 관점에서 본다면 자유시장은 자본주의만이 아니라 시장 사회주의에서도 똑같이 자유롭다고 볼 수 있다. 그러나 미래 지향적인 기업가에게 감옥은 자유롭지 못하다. 감방 문이 잠겨 있지 않다면 그는 형무소를 떠날지 아니면 머물러 있을지를 선택할 수 있다. 문이 열려 있을 때 비로소 그는 자유롭다. 그는 장차 감옥에 있는 것보다 더 훌륭한 대안을 찾을 수 있기 때문이다. 미래가 인위적으로 차단되어 있으면 기업가 정신은 자유롭지 못하다. 기업가 정신이야말로 정태적인 상황을 역동적으로 만든다. 이때 중요한 것이 기업가의 상상력과 이에 따른 비전이다. 바로 기업가적 자유야말

---

20) 사회주의자들은 일반균형이론의 틀을 사회주의의 제도적 벤치마크로 이용하고 있다. 일반 균형이론의 틀은 제도적 벤치마크로 이용하는 데는 한계가 있다는 것을 인식하고 독자적인 이론을 개발한 것이 존 롤스의 정의론과 하버마스의 소통이론이다. 그는 자신의 소통이론을 기초로 하여 자본주의의 대안 모델로 숙의민주주의를 제안한다. 이에 관해서는 민경국 (2014) 그리고 민경국(2021a) 참조.

로 자유의 진정한 가치다.

3) 사회주의가 자본주의만큼 생산적인가?

사회주의는 자유시장 원리와 양립하고 이론상으로 자본주의만큼 생산적이라고 목소리를 높이는 것[21])도 잘못된 것이다. 이미 수많은 연구를 통해 자본주의의 우월성이 입증되었기 때문이다. 사유재산제도는 번영의 열쇠이자 동시에 건물의 대들보와 같다는 인식은 로크 이래 이론적으로나 역사적·경험적으로나 확립된 인식이다. 그런 믿음은 사유재산제가 수행하는 각별한 역할을 무시한 결과이거나 또는 정부가 시장경제의 역할을 대신할 수 있다는 생각을 전제로 한다. 이런 전제야말로 20세기 초 유명한 '사회주의 경제계산 논쟁'에서 오스카 랑게(Oskar Lange)가 지지했던 계획 사상의 치명적 논리였다. 그 후 100년이 지났음에도 오스카 랑게를 지지하기라도 하는 듯 롤스는 사회주의 체제와 관련하여 이렇게 말했다.

> "사회주의 체제가 투자 계획에 자원을 할당하기 위해 이자율을 설정하고 토지 임야와 같은 부족한 자연재와 자본을 사용하는 데 대한 임차료를 정부가 계산한다고 해서 이상할 것이 없다."(Rawls, 2005: 366)

---

21) 롤스는 이렇게 말하고 있다. "시장경제 체제가 (중략) 최선의 체제라는 관념은 소위 부르주아 경제학자들에 의해 가장 주의 깊게 탐구되었는데, 이런 관계는 적어도 이론상으로는 사회주의 체제도 그 자체가 그러한 체제의 이점을 이용할 수 있다는 점에서 역사상 우연에 불과한 것이다. 이런 이점 중 하나는 효율성이다."(Rawls, 1999/2003: 364)

사회주의 경제계산 논쟁에 참여한 자유주의 측의 인물은 미제스와 하이에크였다. 사회주의의 특징 중 하나는 생산수단의 사적 소유가 없다는 점이다. 토지, 농장, 자연자원, 연료 등 모두가 국·공유다. 원료, 중간재 또는 생산재를 매매할 시장도 없다. 그래서 가격도 형성될 수 없다. 화폐가격이 없기에 경제계획 당국은 여러 생산방법 중에서 구체적으로 어떤 생산방법(특정 생산수단들을 각각 얼마씩 결합하는 것)이 합리적인지 비교해 결정을 내리는 것 자체가 불가능하다. 그 같은 불가능성을 인식한 인물은 루트비히 폰 미제스였다. 그는 1920년 『사회주의에 대한 경제학적·사회학적 분석』에서 사회주의의 계산 문제를 다루었다. 시장에서 형성되는 가격이 없이는 경제계산이 불가능하고 그래서 사회주의는 불가능하다는 '사회주의의 불가능 정리'를 제시했다.

이로써 미제스는 생산수단의 사유제를 의미하는 자본주의와 그에 대한 공유제를 의미하는 사회주의는 어떤 식으로든 동일시할 수 없다는 것을 입증했다. 이런 비판을 수용한 사회주의자는 일반균형의 모델을 기초로 하여 가격을 계산해낼 수 있다고 믿었다. 컴퓨터를 동원하든가 경매인 모형에 따라 가격을 찾아낼 수 있다고 믿었다. 그러나 어떤 인간 정신 또는 정부기관도 생산적 자원에 대한 수요와 공급을 결정하는 수많은 요인에 관한 지식을 수집·이용할 수 있는 지적 능력이 극도로 제한되었다는 인식론적 이유에서 그런 믿음은 틀렸다는 논리로 하이에크는 사회주의 계산 논쟁의 종지부를 찍었다.

요컨대, 미제스와 하이에크는 사적 소유를 금지하는 사회주의는 비효율적이 아니라 원천적으로 불가능하다는 '사회주의의 불가능 정리'를 정립했다. 그러나 논쟁이 벌어졌던 당시 슘페터, 나이트 등 유명한 경제학자들, 존 듀이, 베블런 등 철학자들 그리고 물리학자로서 세계적 천재로 추앙받던 아인슈타인 등 자연과학자도 가격을 만들어낼 수 있다고 주장하는 오스카 랑게의 손을 들어주었다. 반면에 '소련' 체제가 유지되고 있었기에 많은 경제학자는 계획경제의 불가능 정리에 회의적이었다.

그런 유명한 불가능 정리가 등장한 이래 약 70년의 세월이 지나서야 비로소 그 정리의 옳음이 경험적으로 입증되었다. 이걸 입증한 것이 1989년에 옛 소련과 동유럽 사회주의의 붕괴였다. 그러나 사회주의의 몰락을 체험했을 뿐만 아니라 사회주의 몰락 후 10년의 세월이 흘렀음에도 롤스는 1999년 『정의론』 개정판에서도 사회주의는 자본주의만큼 생산적이라는 시각을 수정하지 않았다. 경제학의 거장이라고 일컫는 폴 새뮤얼슨(Paul Samuelson)도 사회주의도 마찰 없이 작동하고 번영할 수 있다고 역설했다. 롤스와 새뮤얼슨은 자신의 오류에 대해 전혀 반성하지 않고 세상을 등지고 말았다.

이에 반해 사회주의자 하일브로너(Robert Heilbroner)는 미제스가 옳았다고 실토했다. 비록 벌레 씹은 기분으로 마지못해 그렇게 실토한 듯이 보였지만 말이다. 롤스나 새뮤얼슨처럼 생산수단의 국·공유제와 사적 소유를 그 생산성에서 동일하게 보는 것은 자본주의의 중요성을 폄훼하는 것이나 다름이 없다. 사유재산권의 소중함을 무시하면서 자유주의의 정당성을 논한 철학은 그 자체 모순이다. 그런 무시는 필연적으로 사회주의의 철학을 불러왔다.

4) 자본주의 체제에 고유한 특징은 기업가 정신

사회주의에서 가격(금리, 임대료 등)을 국가가 정한다. 기업, 농장, 원료, 중간재 또는 생산재를 매매할 가격도 국가가 정하는 것이 사회주의다. 그러나 자본주의에서는 투자에서 위험부담을 지고 시장에서 자본을 배분하는 직업적인 투자가로 채권자, 주식회사, 발기인 같은 기업가가 존재한다. 기업가가 없는 것이 사회주의의 특징이다. 사회주의에서 가격은 기업에 대해 정부가 정해준 것이다. 기업가들의 수단은 시장 가격이다. 소비자들의 수요를 충족하고, 합리적이고 수익성이 있는 방향으로 투자하도록 기업가들을 안내하는 것이 가격이다. 자본주의에서는 수요자의 욕구를 충족하지 못하면 기업들은 파산한다. 그렇다고 해서 자본시장이 완벽한 것은 아니다.

그러나 시장에서는 소비자들로부터 보상을 받을 수 있는 방향으로 투자가들이 돈을 투자하도록 강력한 기업가적 인센티브가 작동한다. 정부가 가격을 높이거나 낮추는 식의 인센티브가 사회주의에도 물론 존재한다. 그러나 기업가적 인센티브가 존재하지 않는다. 소비자들의 수요라는 것도 사실상 없다. 소비재 가격은 국가가 정하고 또한 재화는 소비자의 선호를 반영하는 생산이 될 수 없다는 이유에서다. 국·공영 기업은 이익을 내고 비용을 낮추려는 욕망도 없다. 정부 관리의 가격을 통한 지시와 명령만 있을 뿐이다. 사회주의는 관리들의 배만 채우는 체제다.

롤스는 사회주의 기업으로 노동자 자주관리 기업을 들고 있다. 이런 기업은 소유자가 기업의 노동자(종업원)이다. 노동자와 독립적인 자본가가 없다. 어느 한 개인이 외국에서 번 돈을 노동자 자주관리 기업에 투자한다고 해도 그 투자는 그의 소유가 아니라 그 기업에 종사하는 노동자들 공동의 재산이다. 투자에서 위험부담을 지고 자본을 배분하는 채권자 또는 주식회사 발기인과 같은 기업가들이 사회주의에서는 존재할 수 없는 이유다.

5) 암암리에 사회주의를 좋아하는 존 롤스

롤스는 『정의론』 제42절 경제체제에 관한 논의에서 "자유시장과 생산수단의 사적 소유 사이에는 본질적인 연관이 없다는 것은 명백하다"

라고 주장한다(Rawls, 2003: 364). 이로써 사회주의 사회는 자유시장 원리와 양립하고, 그것은 잠재적으로 자본주의만큼 효율적이라는 뜻이다. 경제적 효율성을 달성하기 위해서 정부가 정한 가격들을 이용하기 때문이다(366쪽). 이때 롤스가 말하는 사회주의는 생산수단의 사적 소유가 없는 사회이지만 냉장고, 텃밭 또는 신발 등에 대한 개인적 소유(personl property), 직업선택의 자유와 일자리 선택의 자유가 허용된 사회다. 특히 노동자 자주관리제도의 기업형태가 지배하는 사회다.

자유시장은 자본주의의 본질이 아니고 사회주의와도 양립한다는 주장은 "소유가 없는 곳에서는 정의도 없다"(존 로크)라거나, "소유 없는 곳에는 자유도 없다"(리처드 파이프스)라고, 그래서 '인간은 소유한다, 고로 존재한다'고 말할 정도로 사적 소유를 매우 중시하는 자유주의 전통에 대한 정면 도전이 아닐 수 없다. 게다가 롤스의 그런 주장은 생산수단에 대한 사적 소유는 기본적 자유가 될 수 없다는 근거로서 이용된다. 사유냐 공유냐의 문제(소유관계의 문제)는 개별 국가가 처한 "상황, 문화적 조건, 역사적 전통" 등과 밀접한 관련이 있다는 롤스의 주장(Rawls, 2003: 375)은 역사주의적 인식에서 비롯된 것이다. 사유재산은 모든 사회에 적용할 수 있는 기본권이 될 수 없다는 이유다.

요컨대 소유관계의 선택은 각 나라의 특수한 역사적 상황에 좌우된다거나 사회주의는 자본주의만큼 효율적이라는 롤스의 인식을 볼 때, 그는 사회주의에 경도돼 있다고 볼 수 있다. 그러나 생산수단의 사적 소유를 기반으로 하는 재산 소유 민주체제가 복지 자본주의와 다른 점은 그 체제는 생산적 재산 소유의 공정한 분배를 위해서 개인들이 소유한 재산을 광범위하게 분산하는 정책과 부의 편중을 통제하여 경제적 과두체제와 이로써 정치적 과두체제를 극복하는 정책을 요구한다는 점이다.

그런 민주체제를 선택함으로써 그는 자본주의에 우호적이라는 평가를 받지나 않을지 우려했다.[22] 이런 우려를 불식하기 위해서 사회주의는 자본주의만큼 효율적이라고 주장하면서 곧바로 뒤이어서 '재산 소유의 민주주의' 모델의 원조였던 제임스 미드(James Meade)를 서둘러 소환했다. 그 모델을 선택한 것은 그 모델이 "보다 잘 알려져 있기 때문이다"라는 말을 덧붙였다. 이어서 그는 재산 소유 민주제는 "일종의 편견을 가지고 특정한 경우의 체제를 선택하려는 의도에서 나온 것은 아니다"라고 목소리를 높였다(Rawls, 2003: 367, 368).

롤스는 될 수 있는 대로 자본주의와 거리를 두려고 애쓰고 있음을 보여주기 위해서 자본주의에 대한 그의 비우호적인 표현, 심지어 적대적인 표현까지도 서슴지 않았다. 예컨대 자본주의 사회는 "심각한 불의(grave injustice)"로 점철된 사회라는 비판이 그 같은 표현의 대표적인 사례다. 사회주의에 대해서는 그런 식으로 노골적으로 비판하지 않았다.[23] 따라서 그는 자본주의를 비판하는 데 더욱 큰 관심이 있었던 인물이었다. 그는 오히려 사회주의를 실행 가능한 경제체제로 이해하면서 이 체제를 방어하는 데 기백이 넘친 듯이 보인다. 심지어 그의 기본적 자유권은 생산적 자본과 같은 생산수단의 공유제와도 부합하고 정치적 자유를 의미하는 민주주의도 사회주의와 양립한다고까지 말할 정도로 그는 사회주의를 암암리에 선호했다.

---

22) 롤스는 자본주의와 사회주의 가운데 어느 것도 그가 개발한 두 가지 정의의 원칙에 더 적합하다고 볼 수 없다고 한다. 그는 생산수단을 포함하는 '재산 소유 민주주의' 체제가 자신의 두 가지 정의의 원칙에 부합하는 체제라고 목소리를 높였다.

23) 똑같은 비판이 "사회주의에도 타당할 것이다"(Rawls, 2003: 368)라는 식으로 말했을 뿐이었다.

6.
분배 정의의 문제: 기회의 평등과 차등 원칙

롤스의 분배 사상에서 우리가 주목하는 것은 재주, 능력 그리고 신체적 건강, 용모 등 개인의 타고난 특성들의 자연적 분배 그리고 유사한 재질을 타고났다고 해도 가난한 집(지역) 혹은 부잣집(부유한 지역 또는 나라)에서 태어날 경우에서처럼 사회·문화적 불평등은 개인의 삶의 전망에 미치는 영향이 매우 크다는 점이다.

롤스는 사회경제적 이득의 분배가 규제되거나 평가될 수 있는 세 가지 가능한 원칙을 기회의 평등이라는 관점에서 분석한다. 첫 번째는 애덤 스미스의 '자연적 자유의 체제', 두 번째 원칙은 능력주의에 가까운 자유주의적 평등이다. 마지막 세 번째는 롤스가 독자적으로 개발한 차등 원칙에 기반을 둔 민주적 평등이다. 이런 원칙들이 개인의 삶의 전망에 미치는 자연적 그리고 사회적 요인들을 어떻게 평가하는가에 관한 롤스의 비판적 입장을 평가할 것이다.

1) 기회균등과 세 가지 종류의 경제질서

(1) 자연적 자유 체제

자연적 자유 체제는 기회의 형식적인 평등이 우세한, 즉 신분상의 차별이 없는 체제다. 형식적 평등이란 '재능에 따른 직업(career open to talents)'의 원칙이다. 이는 19세기 말 프레데릭 더글러스(Frederick Douglass)가 말했듯이 '자수성가(self-made man)'의 이상(理想)을 표현한 것이다. 자수성가는 자신의 결단력, 지력, 집중력, 노력을 통해 사회·경제적으로 성공하는 것을 뜻한다. 우호적인 상황의 일상적인 도움이 없이 특유하게 어려운 상황에서 지식, 유용성, 힘과 지위를 달성하고 삶에 필요한 최선의 용도를 자기 자신에게서 배우는 사람이다.

누구에게나 기회를 그같이 균등하게 주어야 한다는 요구는 원래 누구든 공무원에 임명될 기회 또는 국가시설을 이용할 기회를 똑같이 부여해야 한다는 고전적 자유주의의 정치적 요구였다. 이런 요구는 19세기 초 나폴레옹이 유행시켰다. 그런 기회는 사실상 귀족 계급이 독점하고 있었고 오로지 귀족 계급의 자녀에게만 세습되었다. 평민이나 하인에게는 넘볼 수 없는 게 벼슬길이었다. 양반과 상민의 구분 없이 누구나 능력이 있으면 벼슬을 할 수 있는 길을 열어놔야 한다고 그는 목소리를 높였다. 일자리, 대학 입학, 공무원, 군대 등은 희소하고 경쟁적인 일자리를 개인들이 얻는 데 어떤 공식적·제도적 장애물도 없다. 이런 체제의 시장에서 형성되는 어떤 분배도 정의롭다고 한다.

하지만 롤스는 이 원칙이 부적절하다고 비판한다. 첫째로, 특권적인 자리는 능력과 재주가 있는 개인들에게 유보되어 있다는 이유에서다. 둘째로, 가난한 집에서 태어나 교육을 받을 수 없어서 실현되지 않은 재주와 능력은 선망하는 자리를 차지할 수 없기 때문이다. 그런 두 가지 요인에 의한 불평등의 누적은 심각한 불의라고 롤스는 목소리를 높였다.

(2) 자유주의적 평등

자유주의적 평등은 형식적인 기회의 평등을 넘어서 사회적 문화적 불평등을 교정하여 자연적 자유 체제의 '심각한 불의'를 치유하려는 것이다. 이를 위해 형식적 기회균등을 넘어서 공정한 기회균등 원칙이 요구된다고 한다. 공정한 기회균등은 사회의 구석구석에 유사한 수준의 능력과 재주를 가진 그리고 이들을 이용할 유사한 의욕을 가진 사람들 각자에게 애초의 사회적 위치와 관계없이 문화와 성취에서 유사한 전망이 있어야 한다는 것이다. 그런 체제를 '자유주의적 평등'이라고 부른다(Rawls, 2003: 119-120). 예컨대, 유사한 재질을 타고났다고 해도 가난한 집(지역) 혹은 부잣집(부유한 지역)에서 태어날 경우처럼 사회·문화적 불평등은 개인의 삶의 전망에 미치는 영향이 매우 크다. 롤스는 이런 불평등도 우연에 의해 결정된다는 이유에서 그런 불평등에 따른 재산도 소유할 자격이 없다고 롤스는 목소리를 높인다.

그는 기회의 불평등을 초래하는 사회적 환경을 완화하기 위해 첫째로, 강력한 누진세를 통해서 극단적인 재산과 부의 축적을 막고, 둘째로, 누구나 문화적 지식과 재주를 터득하기 위해서 평등한 교육 기회를 보장하기 위해 공적 기금 조성이 필요하다고 한다. 마지막 세 번째로, 시민들이 기회를 이용할 능력은 건강에 의해서도 영향을 받기 때문에 국가는 기본적인 의료 서비스를 공급해야 한다(Rawls, 2003: 120, 151). 상속세를 통한 기회 평등을 실현해야 한다는 롤스의 생각은 1986년 노벨경제학상 수상자였던 뷰캐넌의 생각과 일치한다. 뷰캐넌도 증여와 상속으로 제2세대와 그 이후의 세대, 즉 자수성가한 사람들의 애지중지하는 자녀들(금수저)을 불쾌하게 보았다. 물론 그는 빌 게이츠와 같은 부자 자체를 싫어하지는 않았다. 그러나 삶의 경주에서 빌 게이츠가(家)의 후손은 다른 경주자들에 앞서 코스의 절반에서 출발하기에 문제가 있다고 한다. 롤스의 세계는 부의 대물림을 좋지 않게 보는 문화가 깔려 있다.

그러나 상속세를 반대하는 사람들은 "부의 세습이 아니라 기업경쟁력 강화를 위해 상속세를 폐지해야 한다"라고 주장한다.[24] 이런 주장은 매우 중요하다. 기업경쟁력의 약화는 기업의 일자리 창출에도 부정적인 영향을 미치고 이는 결국 서민층에게도 좋은 것은 아니다. 특히 상속세는 중소기업에 악영향을 줄 뿐만 아니라 해외로 자본이 유출할 가능성도 있다. 상속제 제도는 가업의 승계를 파괴하는 결과도 초래하여 가족의 세대 간 끈끈한 연계가 소멸할 우려도 있다. 더구나 상속세 제도를 없앤다고 해서 기회의 평등을 파괴할 정도로 세습적 왕가와 똑같은 관계가 세대를 거처 형성될 수 없다(Brennan, 2015: 9-10).

사회 · 문화적 조건에서 발생하는 불평등을 근절하기 위해 완벽한 기회를 제공하기란 쉽지 않다. 그 한 예가 가족제도인데 이는 "실제로 유사한 자질을 가진 사람들에게 성취할 기회 및 문화를 동등하게 확보할 수 없게 한다"(Rawls, 2003: 121). 의무교육이나 또 다른 어떤 개혁으로도 그런 목표를 달성할 수 있을 것인지 의심스럽다. 어쨌든 '자유주의 원칙'은 자연적 자유의 체제보다 평등 지향적인 분배적 향상을 뜻하지만, 그 원칙이 아무리 완벽해도 부와 소득분배가 여전히 능력과 재능의 자연적 분배에 따라 결정된다. 롤스가 '민주적 평등' 개념으로 나아가게 된 이유다(Rawls, 2005: 123).

(3) 민주적 평등

민주적 평등과 관련하여 롤스에게 중요한 것은 타고난 운 좋은 사람의 자원을 그렇지 못한 최소 수혜자에게 공유할 수 있는 혜택 및 부담 체계의 조정 방식이다. 이것이 바로 차등 원칙이다. 이 원칙은 공정한 기회

---

24) "한국은 할증까지 고려한 지배주식 비중과 기업 규모에 따라 상속세 최고 세율이 65%로 세계에서 가장 높다. 직계비속의 상속자산, 가업, 기업 등 승계 시 상속세 부담이 가중돼 경영권 방어에 어려움을 겪는 경우가 빈번하다." 세이프타임, 서은기 칼럼, "상속세, 폐지해야 하는 이유", 2020.11.22.

균등의 조건 아래에서 모든 사람에게 개방된 공직 및 지위의 원칙과 함께 롤스의 민주적 평등을 구성한다. 차등 원칙은 능력과 재능의 자의성을 다음과 같은 도덕적 토대 위에서 다룬다. 즉, 그런 원칙이 지배하는 사회에서는 누구나 자신의 타고난 능력과 재능의 유일한 소유자로는 물론 그런 자산이 가져오는 이득의 특권적 수혜자로 간주되지 않는다. 차등 원칙은 결국 천부적 재능의 분배를 공동의 자산으로 생각하고 그 결과에 상관없이 이러한 분배가 주는 이익을 함께 나누어 가지는 데 합의한다는 것이다. 자연적으로 더 유리한 처지에 있는 사람들은 누구든 간에 아주 불리한 처지에 있는 사람의 여건을 개선한다는 조건에서만 그들의 행운에 의해 이익을 볼 수 있다.

> "자연적으로 혜택을 받은 사람들은 그들이 재능을 더 많이 다루는 이득을 볼 수 없으며 훈련과 교육비용을 감당해야 하고 불운한 사람들을 도울 수 있도록 그들의 자질을 사용해야 한다. 더 큰 자연적 능력을 받을 만한(deserve), 더 유리한 사회적 출발점을 차지할 만한(merit) 자격은 아무에게도 없다."(Rawls, 2003: 152-153)

누구든 자신의 능력과 노력을 통해 얻는 것은 당연히 받아들여야 한다는 주장을 우리는 흔히 듣는다. 그러나 롤스에 의하면, 우리의 능력을 개발하기 위해 노력하는 뛰어난 품성을 마땅히 받을 만하다는 주장도 마찬가지로 문제가 많다고 한다. 인간의 의지력과 같은 그런 성품은 대개 자신의 공로라고 주장할 수 없는 훌륭한 가정이나 사회적 여건에 달려 있다는 이유에서다. 공로의 개념은 여기에도 적용되지 않는다(Rawls, 2003: 155).

롤스는 정의의 원칙에 관한 민주적 해석을 형제애 원칙과 연결했다. 이 원칙은 실력주의와 그 배후에 있는 공리주의와 보수주의에 대한 또 다른 비판이다. 롤스에 의하면, 선천적인 재주, 능력, 건강 등과 관련된 최대 수혜자는 최악의 상황에 있는 사람에게 편익을 주지 못하면 자신이 지닌 수혜를 극대화하려고 하지 않는다고 한다. 수혜자의 대표적인 예로서 그는 이상적인 가족 구성원을 들고 있다. 가족은 수혜의 합을 극대화하는 원칙을 거부하는 장소다. 그리고 가족공동체의 구성원들 각자는 나머지 식구의 이익을 증진하는 방식이 아니라면 얻고 싶어 하지 않는다(Rawls, 1999: 90). 형제애는 차등 원칙과 깊게 연관되어 있다고 한다.

롤스에 따르면 모든 사람의 평등한 권리와 기회를 증진하도록 자극하는 합리적인 평등 성향을 개인들이 가지고 있다고 한다. 최소 수혜자의 삶을 개선하지 않고서는 최대 수혜자도 번영할 수 없어야 한다고 한다. 자연에 의해서 혜택을 받은 사람들이 누구든 그들은 행운을 놓친 사람들의 상황을 개선한다는 조건 아래에서만 행운으로부터 혜택을 누릴 권리가 있다고 한다. 정의의 원칙은 상호성·호혜성의 원칙에 해당한다고 한다. 뒤에 가서 자세히 설명하겠지만 본능에서 우러나오는 가족 모럴을 거대한 사회에 적용하겠다는 존 롤스의 자만을 엿볼 수 있는 대목이다.

2) 교육에서의 공정한 기회 평등

"동일한 능력과 열망을 가진 사람들의 기대가 그들의 사회 계층에 의해 영향을 받아서는 안 된다"라는 이유에서 롤스는 자라나는 세대에게 교육·훈련과 관련된 공정한 기회 평등을 보장해야 한다고 한다. 이 같은 평등을 위해 형식적 평등을 넘어 최소 수혜자, 즉 사회적 지위가 낮거나 타고난 재산이 적은 가정에서 자라나는 청소년들에게 더 많은 관심과 자원을 쏟는 것이 필요하다고 한다. 하지만 롤스 자신이 실토했듯이, 교육에서의 공정한 기회 평등은 기껏해야 불완전하게 실현될 수 있다(Rawls,

2003: 121). 따라서 가족이 존재하는 한, 교육에서의 공정한 기회 평등의 실현은 크게 제약을 받는다는 점을 롤스 자신도 인정한다(399, 654쪽).

롤스는 가정의 존재를 도덕을 연마하는 장소라고 보는 등 매우 긍정적으로 여기고 있다. 심지어 그는 자신의 차등 원칙이 실현될 수 있는 일종의 모델로 여기고 있다. 이런 면에서, 롤스는 불평등의 원천으로 여긴 나머지 가정을 없애고 정부가 모든 어린이를 데려다가 한 장소에 모아놓고 교육해야 한다고 주장했던 장 자크 루소와는 전혀 다르다. 롤스는 재산과 부의 세대 간 이전에서 불평등의 주요 원인을 찾으면서 그런 불평등을 제한할 것을 매우 강조한다. 그가 증여와 상속에 대한 급격한 누진세를 요구하는 이유다(371, 372쪽). 정부의 분배부(distribution branch)가 증여세와 상속세를 부과하고 유산권을 규제하는 목적은 부의 분배를 바로잡아 공정한 기회균등은 물론 정치적 자유의 공정한 가치를 해치는 힘의 집중을 억제하는 데 있다고 한다(371쪽).

그런데 롤스는 가족의 존재는 비물질적인 것들, 즉 도덕, 취향 및 지식의 전달 도구로서 바람직하다는 데 동의하면서도, 물질적 재산의 이전(상속)이 바람직한가에 대해서는 의문을 가지고 있다. 비물질적 상속은 허용하되 물질적 상속은 허용해서는 안 된다는 것이 롤스의 생각이다. 흥미로운 것은 하이에크의 생각이다. 그는 가족의 존재 이유를 삶의 방식, 전통적 가치, 도덕적 규범을 대대로 전달하는 역할에서 찾고 있다. 그에게 가족은 특히 자본주의 등장과 번영에 없어서는 안 될 제도다. 따라서 비물질적 상속이 가능하기 위해 가업(家業)처럼, 물질적인 혜택도 자유로이 상속될 수 있어야 한다는 이유에서다.

따라서 주목할 문제는 분배적 불평등을 초래하더라도 자녀들 또는 다른 사람들에게 물질적 재산을 물려줄 자유가 필요한가다. 자녀들에게 해줄 수 있는 한 모든 걸 갖춰주고자 하는 게 부모의 자연적인 본능이다. 따라서 상속을 비물질적인 혜택에만 국한해야 할 합당한 근거가 없다. 전통과 규범을 다음 세대로 전달하는 가족의 기능은 물질적인 것의 전수(傳授) 가능성과 불가분의 관계가 있기 때문이다. 물질적인 것을 한 세대에만 국한하여 누리도록 하는 것이 어떻게 도대체 사회의 진정한 이익을 증진할 수 있는가를 하이에크는 묻는다(Hayek, 2023: 151).

물질적 상속을 막아서는 안 될 또 다른 정당한 이유가 있다. 재산의 상속과 증여가 제한되는 사회에서는 저축보다는 소비가 촉진되어, 지속적인 경제성장에 필요한 자본축적을 방해할 것이기 때문이다. 사적 상속은 축적의 유인책으로서 없어서는 안 된다. 그런 현상은 롤스의 분배 정의에서도 발생할 수 있다. 차등 원칙의 중요한 특징은 그것이 지속적인 경제성장을 요구하는 게 아니라는 점이다. 어느 한 세대에서 최소 수혜계층에 유리한 분배정책을 실현하는 과정에서 저축이 제로에 가깝고 이에 따라 자본축적이 없으면 다음 세대의 성장이 제로에 가까울 것이다. 이로써, 그가 실토했듯이, 세대 간의 정의 문제를 초래한다. 이 문제에 답하기 위해 롤스는 세대 간에는 정의로운 저축의 원칙이 적용되고 세대 내에서는 차등의 원칙이 적용되어야 함을 강조한다.

3) 의인화의 오류를 범하는 경제정의

롤스의 기회균등의 원칙과 함께 차등 원칙은 시장과정의 결과가 정의로우냐 정의롭지 않으냐를 평가하기 위한 기준이다. 시장질서에서 '사회적 정의'를 실현하려고 할 경우, 하이에크가 적절히 지적했듯이, 서로 다른 세 가지 문제에 봉착하게 된다는 사실을 직시할 필요가 있다. 첫째로, 시장에 기초를 두고 있는 경제질서 내에서 사회정의의 개념이 의미가 없다는 사실이다. 둘째로 사회정의를 실현하려는 어떤 노력도 실패하기 마련이라는, 그리고 마지막 셋째로, 사회정의를 완전히 실현하려는 일관

된 어떤 노력이라고 해도 이는 전체주의를 부른다는 사실이다.[25]

우선 첫 번째 문제부터 보자. 원래 정의라는 개념은 인간행동과 관련해서만 의미가 있다는 믿음에서 하이에크는 정의 문제를 다룬다. 어떤 상태를 두고 정의롭다거나 혹은 정의롭지 않다고 말한다면, 우리가 누군가에게 그 상태를 발생시킨 책임이 있다거나 또는 이것이 발생하도록 내버려둔 책임이 있다고 생각할 수 있는 경우에만 의미가 있다. 누구도 변동시킬 수 없는 단순한 사실이나 상태는 좋거나 나쁠 수 있어도 정의롭다거나 또는 정의롭지 않다고 평가할 수 없다는 것이 하이에크의 창의적인 인식이다(Hayek, 2018: 362-365).

이같이 정의라는 개념은 인간행동과 관련해서만 의미가 있다고 한다면 시장과정의 결과와 관련하여 정의라는 개념을 적용할 수 있는가? 시장질서의 분배결과를 정의롭다거나 정의롭지 않다는 도덕적 판단을 내릴 수 있으려면 시장에는 그런 결과를 발생시킨 책임이 있다거나, 또는 그 결과가 발생하도록 내버려둔 책임이 있다고 생각할 수 있는 구체적인 누군가가 존재해야 한다. 그러나 시장을 기반으로 하는 경제질서에는 각자 자신들의 목표를 위해 상호작용에 참여하는 개인들에게 소득과 재산을 나누어줄 계획을 세워 이를 강제로 집행할 사령탑, 즉 분배하는 인격체란 없다. 따라서 자유사회에서 개인들과 그룹들의 소득과 재산은 시장과정의 자생적 결과라는 점을 주목해야 한다.

시장에서 개인들이 벌어들이는 소득과 그 격차는 누군가의 의도와 계획의 산물이 아니라 개인들의 상호작용에서 생겨난, 누구도 의도하지 않은 결과다. 자생적인 시장과정의 결과에 대해 정의롭다거나 또는 정의롭지 않다고 따지는 것은 사회 또는 시장에 대한 원시적 본능에서 생겨난

---

25) 분배 정의의 종류는 분배방식에 따라 서로 다른 개인들이나 그룹들의 욕구에 기초를 둔 보수체계, 능력과 노력을 포함하는 공로에 기초를 둔 보수체계 그리고 평등 지향적 보수체계 등이다.

"의인화의 오류"이다(하위징아, 2020). 마치 사회 또는 시장이 개인들이 위에 존재하여 생각하고 행동하면서 분배의 목적을 위해 그들을 특정의 방식으로 취급하는 인간인 것처럼 말이다.

그런데 바로 의인화의 치명적 오류를 범하는 인물이 존 롤스다. 재주와 능력, 용모와 같은 타고난 개인적 특성 그리고 출신 배경과 양육조건 등의 요인들에 의해 결정되는 시장의 분배결과를 그대로 놔두는 사회는 비난받아 마땅하다는 사회의 책임론을 전제하고 있다. 시장분배를 놔두는 경우 비난의 대상은 사회 또는 시장이다. 사회정의가 그의 사상의 중심에 서 있는 이유다. 시장이 정의롭지 못한 탓을 사회에 돌린다. 그러나 시장사회에는 우리가 불평을 제기할 상대자로서의 개인이나 인간 그룹이란 존재하지 않는다. 시장경제는 심각한 불의를 범하는 경제체제라는 롤스의 도덕적 감정은 이해할 수 있지만, 정의롭지 않게 행동하여 그들을 그렇게 만든 사람은 사회에는 아무도 없는 이상, 그런 감정은 잘못 짚은 것이다.

개인들의 소득을 "책임지는 사회와 같은 것은 없다"(Feser, 1997: 585). 영국 보수당을 이끌면서 자유주의 개혁에 성공했던 마거릿 대처 영국 수상(재임기간: 1979-1990)의 말이다. 우리가 자유로이 직업을 선택할 수 있는 사회에는 우리의 선택의 결과가 우리의 소망과 일치되도록 배려할 권력과 의무를 지닌 실체가 없다는 사실에 주목할 필요가 있다. 그런 경제체제에서는 누구나 자기 자신의 목적을 위해 자신의 지식을 이용할 수 있는데, 그런 체제에서는 '사회정의'라는 개념은 필연적으로 내용이 비어 있고 의미가 없다. 그러한 시스템에서는 누구의 의지도 서로 다른 사람들의 상대적인 소득을 결정할 수 없거나 혹은 이 소득이 부분적으로 우연에 좌우되는 것을 어떠한 의지로도 막을 수 없기 때문이다.

'사회정의'는 개개인들의 과제를 명령과 지시를 통해 할당하는 관리경제나 명령경제에서만 의미가 있을 뿐이다. 사회정의라는 특수한 개념은 그와 같은 중앙집권적인 관리시스템에서만 실현될 수 있다. 이러한 시스템은 인간들이 정의의 규칙이 아닌 특정한 명령과 지시를 통해 조종된다는 것을 전제로 한다. 어떠한 정의의 규칙 시스템도 그리고 이에 따른 개개인들의 어떠한 자유로운 행동도 분배적 정의의 원칙(이것이 무엇이든)을 충족시키는 결과를 불러올 수 없다.

하지만 우리와 같은 자유주의자들은 의료, 교육, 실업, 주택, 그리고 최소의 소득과 같은 기본적인 편익의 부분에서 정부가 할 수 있고 해야 할 일을 전적으로 부정하는 것은 아니다. 무능력자, 결손가정 그리고 극빈자 등에서 보는 바와 같이 처참한 빈곤 문제에서 국가가 동원될 수 있다. 이런 일은 정의의 문제가 아니라 국가의 단순한 봉사일 뿐이다. 그러나 그 형태가 무엇이든 평등주의적 사회정의는 대단히 사악한 생각이다. 달성될 수도 없고 오히려 하향 평준화를 불러오거나 아니면 불평등을 심화시키기 때문이다.

4) 공정한 기회균등 원칙의 허구

신분적 평등이 지배하는 자유 체제에서 서로 다른 사람들의 결과들뿐만 아니라 애초의 기회들도 흔히 매우 다르다는 것을 부정할 수 없다. 그 결과나 기회는 개개인들의 통제 밖에 놓여 있지만 많은 특정한 관점에서는 정부의 활동을 통해 변경시킬 수 있는 물리적 · 사회적 환경의 상황들에 의해 영향을 받는다. 기회균등의 요구나 출발조건의 평등에 대한 요구는 자유로운 시장질서에 호감을 지닌 보수파뿐만 아니라 존 롤스를 비롯하여 반(反)시장적 철학자들로부터도 갈채와 지지를 받고 있다. 사회주의 프레임에 걸린 보수파는 결과 평등은 실현 가능한 목표가 될 수 없다는 이유에서, 반시장론자들은 개인의 자유는 기회의 불평등을 불러온다는 이유에서 기회의 평등을 주장한다. 한국 헌법 전문에도 "정치, 경제, 사회, 문화 모든 분야에서 각인의 기회를 균등히 할 것"을 선언하고 있다.

그런 선언을 롤스가 제안한 공정한 평등기회로 해석한다고 해도 문제가 많다. 이 원칙에 따라 모든 미성년자의 출발선을 똑같게 만드는 것,[26] 즉 사회정의라는 이름으로 기회의 실질적 평등이라는 원대한 목표를 달성하기 위해서 정부는 모든 사람의 물리적 및 인적 환경을 통제해야 할 것이고, 또한 모든 사람에게 최소한 등가의 기회를 제공하려고 노력해야 할 것이다. 문제는 여기에서 끝나지 않는다. 그런 노력에서 정부가 성공할수록, 최소 수혜자들에게 남아 있는 핸디캡을 제거해야 한다거나, 상대적으로 유리한 위치에 있는 사람들에게 가외로 부담을 주어 상쇄해야 한다는 정당한 요구가 그만큼 더 강력해진다.

정치적 역동성으로 인해, 결국에 가서는, 모든 사회적·문화적 불평등을 제거하려는 정치적 노력이 지배하게 된다. 그런 노력은 정부가 한 사람 한 사람의 후생에 영향을 미칠 수 있는 모든 상황을 통제할 때까지 지속해야 할 것이다. 따라서 기회균등이라는 구호가 제아무리 매혹적으로 들린다고 해도, 일단 그 이념이 정부에 의해 공급되어야 할 시설들을 넘어서까지 확대하면, 그것은 전적으로 꿈같은 이념일 뿐, 구체적으로 이를 실현하려는 어떠한 노력도 일종의 악몽을 초래하기 쉽다. 모든 사람의 기회를 똑같이 만드는 것은 목적이 될 수 없는 이유다.

하이에크가 말했듯이, 좋은 사회는 무작위로 선택된 사람의 기회가

---

26) 출발선이란 우리는 어떤 스냅 사진처럼 정지된 상태에서 살고 있다는 오해에서 비롯된 것이다. 우리의 삶은 늘 여행 중이듯이 지속적인 과정이다. 출발선이란 존재할 수 없다. 그런데 만약 현재를 출발선으로 만든다면 어느 한 사람의 현재 위치는 과거의 노력과 통찰의 결과이자 동시에 과거의 일련의 사건들의 결과다. 따라서 사람들의 장래 기회를 평준화하려면 지금까지 오기 전에 그들이 습득했던 이점들을 전부 박탈해야 한다. 그러나 시장 이전(pre-market)을 전제한다면, 출발선을 상정할 수 있다.

될 수 있는 대로 크게 향상하는 것을 보장하는 사회다. 개천에서도 용이 날 수 있는 사회가 바로 그런 사회다. 이런 사회는 인간들을 차별해서는 안 된다는 법 앞의 평등 또는 법의 지배를 통해 보장된다. 이런 평등이 자유를 침해하지 않고서도 실현할 수 있는 유일한 평등이다. 그러나 이런 원칙에 저촉된 전형적인 예가 로스쿨이다. 흔히 말하는 개천에서 용이 난다는 속설을 옛이야기로 만든 게 로스쿨 제도다. 부모의 사회적 위치에 좌우되는 편법적인 스펙 제도도 그런 정의의 원칙과 정면으로 충돌한다. 이런 제도들은 과거 봉건적 신분 사회로 가는 길이다. 정부가 기회 평등의 실현이라는 미명으로 교육에 개입하는 것도 문제다. 그런 정책으로부터 입는 피해를 피할 수 있는 능력은 부(富)의 함수라는 것, 그래서 불평등이 심화한다는 점을, 그리고 출발점의 평등 대신에 법 앞의 평등이 사람 하나하나의 기회를 개선할 수 있다는 점을 염두에 둘 필요가 있다.

5) 분배 정의와 법 아래에서의 자유

롤스의 분배 정의는 법의 지배원칙과 이 원칙을 통해 확보하고자 하는 법 아래에서의 자유와 양립할 수 없다. 스코틀랜드 전통의 학자들, 특히 하이에크의 법의 지배 이론[27]은 롤스의 정의 이론과 대비된다. 두 가지 모두는 무엇이 법이 되어야 하는가를 말한다는 의미에서 그렇다. 그들은 법은 정의로워야 한다고 말한다. 정의로운 법만이 용납할 수 있는 법이라고 말한다. 롤스에게는 법은 그의 도덕이론에 의해 확립된 정의의 원칙에 충실하고 이를 지원할 때만 정의롭다. 하이에크에게 고유한 '법의 지배' 원칙에 합당하거나 이를 지원하는 법만이 정의로운 법이다.

---

27) 하이에크와 론 풀러(Lon Fuller)의 법의 지배에 관해서는 민경국(2016: 281-318, 319-339) 를 참고.

흥미로운 것은 롤스의 정의 원칙은 하이에크의 법의 지배원칙을 위반한다는 것이다. 공정한 기회균등의 원칙과 차등 원칙에 따른 재분배 정책은 시장경제의 분배결과를 수정하려는 정책인데 이것은 법의 지배원칙을 정면으로 위배한다. 롤스의 세상에서 모든 정책은 자연에 의해 홀대받은 계층들, 즉 남성에 대한 여성, 성적인 소수파, 부자에 대한 빈자 등 최소 수혜계층을 위한 분배 정의의 규칙들은 동등한 사람들을 향한 행동규칙이 아니라, 최소 수혜자의 기대를 극대화하는 정책에서 볼 수 있듯이 아래에 있는 사람들을 향한 우대정책(affirmative action)을 위한 규칙이다. 그렇기에 롤스의 정의가 지배하는 사회에서는 사람들이 위장된 서민층이 되고 이로부터 이익을 얻어내려는 이권추구 동기가 강력하게 작동한다. 우리가 법을 일반적인 정의로운 행동규칙으로 이해하는 것이 아니라, 분배적 정의를 위한 입법부의 명령으로 이해할 때 이런 명령이야말로 법의 지배와 충돌한다.

물론 자유사회에서 정부가 최소생활 수준의 형태로 모든 사람을 보호하지 말아야 할 이유가 없다. 공동체 내에서 스스로를 구제할 수 없는 사람들을 도와주는 것은 모든 사람의 도덕적 의무로 생각할 수 있다. 어떠한 이유에서든 시장에서 적절한 생존수단을 벌 수 없는 모든 사람에게 시장 밖에서 그와 같은 일률적인 최소소득을 보장하는 경우, 이것은 자유의 제한이나 법의 지배원칙과의 갈등을 유발하지 않는다. 그러나 우리가 공급하는 서비스에 대한 보수를 전적으로 국가가 정할 때, 개인들이 노력하는 방향을 안내하는 시장의 비인격적 메커니즘이 파괴될 뿐만 아니라, 애초에 사람들이 지켰던 정의의 규칙의 정의로움을 부인하는 결과를 초래한다. 정의의 규칙을 지킴으로써 자생적으로 생겨나는 보수는 불의이기 때문이다. 이로써 재분배 정책은 부도덕할 뿐이다.

6) 분배 정의와 개인의 책임

롤스가 서민층과 소수파에 각별한 관심을 보이게 된 배경, 그의 정치철학을 서민층과 소수파에 관심을 보이도록 만든 이유는 1960년대 미국에서 일어난 소위 '가난과의 전쟁'이었다. '가난으로부터의 자유'를 기치로 하여 '위대한 사회'를 만들자는 존슨 대통령의 국정 철학은 당시의 사정을 잘 반영한다. 그가 해결하고자 했던 문제는 소수파의 빈곤 문제였다. 문제의 출발점은 아주 훌륭했다고 본다. 그러나 그의 사상은 두 가지 점에서 오류를 범하고 있다. 하나는 빈곤의 책임 문제와 관련된 오류다. 롤스는 빈곤층에 속하는 사람들의 빈곤이 그들의 책임이 아니라고 믿었다. 사회와 자연의 탓으로 여겼다. 이것은 1960년대 미국 지식인들의 일반적 합의를 반영한 것이다. 당시 지식인들은 머리가 말하고 있듯이 빈곤은 개인의 책임이 아니라 개인이 통제할 수 없는 힘 때문이라고 믿었다(Murray, 1984: 29). 이런 지적 분위기에 편승하여 빈곤에 대한 개인들의 책임에 면죄부를 준 게 정의론이다.

롤스는 빈곤자들이 빈곤에 대한 책임이 없다면 그 책임은 사회가 짊어져야 한다고 그리고 빈곤자들은 사회권 또는 생존권이라는 이름으로 복지향상을 위한 권리를 사회에 요구할 수 있다고 생각했다. 이런 믿음이 복지국가의 이론적 기초가 된 것이다. 서민층에 대한 우대정책, 또는 이 계층에 대한 특혜정책은 그런 권리를 충족하기 위한 정부의 과제다. 이 맥락에서 우리가 주목하는 것은 롤스가 범한 두 번째 오류다. 1960년대의 소수파에 대한 차별, 서민층에 대한 차별, 성차별 등, 이런 차별을 억제하려고 했던 그의 시도는 대단히 훌륭했다. 그의 자유의 원칙으로 이런 차별을 극복하고자 했다. 그가 오류를 범한 것은 이런 차별을 없애는 것을 넘어선 서민층과 소수파를 위한 우대정책, 특혜정책이다.

그러나 롤스의 책임론은 빈곤이 자신이 통제할 수 없는 완전한 우연으로 보는 것은 인간은 학습능력도 없고, 자신의 처지를 타개하려는 어떠한 노력도 쓸모없다는 것을 의미한다. 그러나 이런 전제를 바탕으로 하는 그의 책임론은 1960년대의 빈곤층의 대부분을 설명할 수가 없다. 빈곤층의 대부분은 개인들의 적응능력이 없다는 이유에서 생겨난 것이 아니라 오히려 빈곤층을 위한 우대정책 또는 특혜정책 때문에 생겨난 것이었다. 전부 소수파를 위한 정책이었다. 그러나 머리의 보고에 의하면 이런 정책을 실시한 이래 가난의 문제는 악화했다는 것이다. 말하자면 '신빈곤층'의 형성이 그것이다. 복지정책이 없었더라면 생겨나지 않았을 빈곤층이 그것이다. 이런 빈곤층은 복지제도로 인해 발생한 도덕적 해이에서 생겨난 것이다. 그리고 이런 정책으로 인해 나타난 예기하지 못한 새로운 현상이 롤스가 매우 중시한 전통적인 가족 구조의 붕괴다(Murray, 1986: 64-66).

7) 공로원칙: 롤스 vs. 하이에크

도덕적 응분(moral desert)은 도덕적 가치(moral worth) 또는 공로(merit; Verdienst)를 의미한다(Rawls, 2003: 409-410). 그것은 "어떤 행위를 칭찬할 만한 것으로 만드는 행위의 속성"이다(Hayek, 2023: 155). 성과의 가치가 아니라 행위의 도덕적 성격을 지칭하는 것이다. 이런 용법이 아마도 데이비드 흄 이래 철학적 전통의 승인을 받은 것처럼 보인다.[28] 공로에 따른 분배란 재능과 양심적 노력에 따른 분배를 의미한다. 롤스가 이런 분배원칙을 반대한 이유는 무엇인가? 그에 의하면 "아무도 천부적 재능을 할당받아 그

---

28) 흄은 저서 『인성론』 제3권 "도덕에 관하여"의 제2부 제1절에서 다음과 같이 말했다. "외면적 성과는 공로가 없다. 우리가 도덕적 특질을 발견하기 위해서는 안을 들여다보아야 한다. (중략) 우리의 칭찬과 승인의 궁극적 대상은 그것을 만들어낸 동기인 것이다."(Hume, 1998: 53) 한글 번역판에는 'merit'를 가치(value)로 번역한 나머지 가치와 공로의 차이를 알 수 없게 되었다.

지위를 차지할 마땅한, 따라서 그가 사회에서 그의 최초의 출발점도 당연히 그렇게 가져야 할 근거가 없다"(Rawls, 2003: 410). 타고난 재주와 재능은 물론 출생 등은 도덕적으로 자의적이라는 이유에서다. 노력이라는 것도 사실상 천부적 능력과 재주 그리고 사람들에게 열려 있는 선택 대안들에 의해 좌우된다.

롤스가 도덕적 응분에 따른 분배의 몫에 대해 반대하는 것은 노임은 노동자의 도덕적 행위를 통해 변동되는 것이 아니라, 다음과 같은 세 가지 요인에 의해 결정된다는 이유에서다. 노동자의 노임은 첫째로, 그의 재능에 대한 기업의 수요다. 둘째로, 이 수요는 그 기업의 생산물에 대한 수요에 따라 결정되는데, 결국 그의 노임은 그가 생산한 생산물에 대한 수요자들의 평가를 통해 결정된다. 마지막 세 번째로, 유사한 재능을 공급하는 사람들의 수효에 의해 결정된다(407쪽). 그래서 노임은 사람들의 행위를 칭찬할 만한 것으로 만드는 그 어떤 도덕적 성격에 의해서도 결정되는 것이 아니다. 한 인간의 "도덕적 가치는 어떤 사람의 능력이 덜 요구되고 저하된다고 해서 그의 도덕적 가치도 그에 따라 변한다고 믿을 사람은 아무도 없다"(411쪽).[29]

마지막으로 롤스는 정당한 기대와 대비하여 도덕적 응분으로서 개인의 도덕적 가치에 따른 개인의 분배적 몫을 반대하고 있다. 정당한 기대란 "사회적 관행의 규칙에 따라 사람들이 가질 자격이 있는 것이 무엇인가"를 말한다(Barry, 1979: 146).[30] 그는 정당한 기대에 관해서 이렇게 말했

---

29) 그러나 '공로에 따른 보상'을 찬성하는 맨큐에 의하면 경쟁적 시장균형은 효율적일 뿐만 아니라, 그것은 사람들에게 그들이 도덕적으로 받을 것(도덕적 응분)을 준다는 이유에서 공정하고 정의롭다고 한다. 다시 말해 생산요소들이 한계생산물의 가치 즉 도덕적 응분의 몫을 지급받는다.

30) "개인들이나 집단들이 정의로운 체제에 참여하고 있을 때, 그들은 공인된 규칙에 규정된 서로에 대한 요구권을 갖게 되는 것은 사실이다. 현존 체제가 권장하는 여러 가지를 행함으로써 그들은 어떤 권리를 갖게 되며 정의로운 분배의 몫은 이러한 요구권에 대한 대가가 된다."(Rawls, 2003: 410)

다. "결국, 정의로운 체제는 사람들이 당연히 받을 권리가 무엇인가에 대한 답변을 준다. 그것은 사회제도에 기초를 둔 그들의 정당한 기대를 만족시켜주는 것이다. 그러나 그들이 당연히 받을 권리가 있다는 것은 보수가 그들의 도덕적 가치 혹은 공로에 비례하거나 의존하는 것이 아니다. 사회의 기본 구조를 규제하고 개인들의 의무와 책무를 명시하는 정의로운 규칙들은 도덕적인 응분(공로)을 언급하지 않으며 분배의 몫이 능력과 노력에 해당하는 경향이 없다."(Rawls, 2003: 410)

사회적 관행이라는 행동규칙을 통해 규정되는 정당한 기대라는 개념을 가지고 공로에 따른 분배를 반대하는 롤스의 논리는 시장경제의 자생적 결과에 관해 하이에크가 말하는 것과 매우 흡사하다. 보편적·추상적 행동규칙들이 허용하는 범위 내에서 이루어지는 시장게임에 참여하는 개인들의 보수는 그들의 도덕적 공로에 따라 결정되는 것이 아니라, 그들이 제공하는 재화나 서비스에 대해 이들을 사용하게 될 사람들이 평가한 가치에 달려 있다. 여기에서 공로와 가치를 엄격하게 구분하는 하이에크의 통찰을 직시할 필요가 있다.[31]

선천적 및 후천적 재능은 이를 보유한 사람을 전혀 신뢰하지 않는 다른 동료들에게조차 가치가 있다. 착한 마음씨 혹은 좋은 목소리, 뛰어난 손재주, 멋진 위트나 매력적인 개성 등은 대체로 이런 것들로 인해 그가 가졌던 기회나 경험만큼이나 한 개인의 노력과는 무관하다. 이 모든 예에서 한 개인의 능력이나 서비스가 우리에게 갖는, 또한 그가 보상받는 가치는 그의 도덕적 공로 혹은 도덕적 응분과는 아무런 관련이 없다는 것이 하이에크의 시각이다(Hayek, 2023: 156).

사람들 대부분은 보수의 차이가 그것을 받는 사람들이 지닌 공로와 상응하지 않는다면 불평불만을 표출한다. 자유사회에서는 똑같이 노력

---

31) 예를 들면 '능력껏 성실하게 했다', '열심히 노력했다', '어려운 일을 해냈다', '어려운 처지에도 불구하고 해냈다' 등과 같은 표현이 공로다.

했음에도 불구하고 소득이 서로 다르다. 심지어 능력이 많음에도 능력이 적은 사람보다 더 적은 소득을 벌어들이는 사람도 많다. 기술이 더 높음에도 낮은 사람보다 더 적은 소득을 버는 경우도 허다하다. 사람들이 동일 직업에 종사하거나 동일한 기술과 능력을 지니고 있다고 해도 그들의 소득은 서로 다르다. 이런 일을 당하는 당사자들은 분통을 터트린다. 더욱더 분통이 터질 일은 타인들이 보기에 최선을 다했지만 실패하는 경우이다. 아주 좋은 동기에서 그리고 옳고 선한 동기에서 행동했지만 실패하는 경우이다. 사람들 대부분은 이런 공로에 따른 분배가 인간적이고 정의롭다고 믿고 있다.[32]

어떤 사람은 왜 가치와 응분(즉 공로)이 서로 관련이 없이 갈라지는가? 이는 우리가 통제할 수 없는 행·불행과 같은 운(運) 때문이다. 전지한 인간들이 사는 세상에서 가치와 공로는 일치할 것이기 때문이다. 예를 들면 취향과 기술의 분포가 어떻게 전개될 것인지 누구도 정확하게 예측할 수 없지만 사람들은 제각각 경력, 삶의 장소, 투자 등을 각각 선택하는데, 성공 정도는 운에 의해서도 좌우한다.

예를 들면 부지런함, 신중 그리고 책임감 등 동일한 성격을 가진 두 사람이 있다고 하자. 그 둘은 똑같이 열심히 일하지만 한 사람은 운이 좋고 다른 사람은 그렇지 못할 수 있다. 자유시장에서 가격은 보수의 형태로 그 같은 행운을 반영하고 불행의 경우에는 처벌한다. 이같이 자유시장은 운까지도 그 가치를 결정한다. 하이에크가 『치명적 자만』에서 롤스의 정의론을 강력하게 비판한 것도 그런 이유에서다. 행운에 근거한 차이를 억누름으로써 그의 세계는 새로운 가능성의 발견을 뭉개버렸다고 그리

---

32) 공로원칙에 따르면 열악한 환경에도 불구하고 성과가 좋은 사람의 보수와 좋은 환경에도 불구하고 그 사람과 동일한 성과를 낸 사람의 보수는 달라야 할 것이다. 좋은 환경에도 불구하고 나쁜 성과를 낸 사람의 보수와 나쁜 환경 때문에 성과가 나쁜 사람의 보수는 달라야 할 것이다.

고 그런 세상에서는 개인들에게 무엇을 할 것인가를 말하는 신호가 사라지게 될 것이라고 강도 높게 그를 비판하고 있다.

요컨대 우리가 각 사람의 상황에 대해 충분히 알 수 없기에[33] 각 사람의 도덕적 공로에 따라 분배할 수 없다고 주장하는 하이에크는 자유사회에서는 가치에 따라 개인의 소득이 생겨난다는 결론을 내린다. 즉, 개인의 행동과 서비스에 대한 타인의 인지된 가치에 따라 그의 보수가 형성된다고 한다. 그러나 이런 보수는 어떤 사령탑의 지시와 명명의 결과가 아닌 자유시장의 자생적 결과라는 이유에서 정의(正義, justice)가 아니다.

흥미로운 것은 하이에크의 그런 인식에 대한 로버트 노직의 논평이다. 권리이론을 바탕으로 하는 자유주의 사상을 개발했던 노직은 『무정부 국가 그리고 유토피아』에서 예를 들어 당사자가 얼마나 큰 노력을 기울였는지와 무관하게, "타인들이 누리는 혜택에 따른 분배는 하이에크가 올바르게 지적했듯이 자유 자본주의 사회의 주요 패턴이지만, 그것은 단지 한 패턴일 뿐 권리 체계(즉, 상속, 임의적 이유에 따른 선물, 자선 등)의 전체 패턴을 구성하지 않으며 사회가 적합하다고 주장해야 하는 기준도 아니다"(Nozick, 1991: 246). 요컨대 노직은 가치에 따른 분배는 정의가 아니라고 한다. 그에게 유일한 정의는 단순히 소유되지 않은 자원의 초기 취득과 그에 따른 이전(교환), 취득과 교환의 무한 반복(불의의 시정은 제쳐두고)의 함수일 뿐이라는 이유에서다.

---

33) 공로원칙을 현실에 적용하기 위해서는 사람들의 노고와 고통이 얼마나 컸는지, 그들이 주어진 다양한 기회와 재능을 얼마나 잘 사용했는지를, 그들의 성과를 가능하게 했던 어려운 환경에 비추어볼 때, 그 성과가 얼마나 갸륵하고 가상(嘉賞)한지를 판단해야 한다. 그런데 이런 판단을 위해서는 전지전능한 인간이 존재해야 한다. 개인들이 특정의 성과를 올린 환경적 조건과 그들의 행동의 다양한 동기, 그들의 행동의 다양한 속성, 이런 것들을 속속히 알아야 한다. 이것이 가능한가? 이것은 서로를 알고 있는 소규모 사회에서는 가능하다. 이런 공로가 적용되는 전형적인 사회는 원시 부족사회였던 것은 그래서다. 그리고 오늘날에도 가족, 그리고 가족과 같은 소규모 사회, 친목, 단체, 종교그룹에서도 이런 분배적 원칙이 적용된다. 그러나 거대하고 확장된 사회에서는 그 적용이 불가능하다. 이에 관한 상세한 설명에 관해서는 제6장을 참조.

노직은 정당한 취득, 정당한 이전이라는 말을 즐겨 사용하지만, 하이에크는 정당한 취득·이전 방식을 정의로운 행동규칙이라고 부르기를 싫어한다(Hayek, 2018: 315). 하이에크에 의하면, 특수한 절차를 통한 습득은 소유자격(ownership)을 확립하지만, 사람들의 기존 영역에 대한 보호를 제공하는 정의로운 행동규칙 때문에 그런 소유자격은 보호받을 가치가 있다고 한다. 정당한 소유자격을 창출하는 절차, 간단히 말해, 소유자가 된다는 것은 이를 지칭하는 정의로운 행동규칙을 통해서만 의미가 있다. 소유권과 관련된 정의로운 행동규칙을 없애버리면 남는 것은 아무것도 없다(315쪽).

7.
재산소유 민주주의와 자유주의

　　롤스에게 자본주의를 괴롭히는 가장 심각한 문제는 분배의 불평등이다. 왜 이를 심각한 문제로 보았는가? 생산수단의 사적 소유를 기반으로 하는 자본주의는 실물자산(생산적 자산과 천연자원)의 소유자에게 유리한 방향으로 매우 큰 불평등을 허용하여 그 결과, 칼 마르크스가 주장했듯이 경제력이 소수의 손에 집중되고 이것이 정치에 영향을 미친다는 이유에서다.[34] 간단히 말해, 경제에서 과두체제와 이것이 정치에 미친 영향으로 결국 정치에서도 과두체제가 형성되리라는 우려에서 자본주의의 큰 불평등을 문제시하고 하고 있다. 이런 현상을 시장경제의 '보이지 않는 손'의 결과라고 한탄한다. 부의 축적을 무제한 허용할 수 없다는 이유다. 자본주의는 롤스에 따르면 부의 불평등이 특정 한도를 초과하면, 이는 공정한 기회 평등을 보호하는 제도에 영향을 미쳐 그런 제도 자체가 위험에 처하게 된다고 했다. 가장 수익성 있는 직업으로 이어지는 교육기관과 소셜 네트워크에 대한 접근성의 차이로 인해 일부 기회는 부유층의 자녀에게만 제공된다는 이유에서다. 차등 원칙에 따라, 불평등이 최소 수혜자(가

---

34)　자유주의에 대한 롤스의 비판과 아주 흡사한 것이 있는데, 헌법학자 고(故) 권영성 교수의 비판이 그것이다. "자본주의 경제가 고도로 발전하면서 갖가지 결함과 모순이 드러났다. ① 자유로운 경제활동이 무제한으로 허용된 결과 기업들이 대형화·독점화하여 시장을 지배하고 근로자들은 노동조합을 결성하여 이에 대항했다. ② 가격기구는 인위적으로 조작되어 본래의 기능이 마비되고 자원도 합리적으로 배분되지 않게 되었다. ③ 빈익빈 부익부 현상으로 소득불균형이 심화되고 이러한 과정이 반복되면서 사회적 계급대립이 첨예화되었다."(권영성, 1995: 156)

장 불리한 계층)의 이익이 되는 한도까지 그런 불평등을 허용해야 한다는 것이다.

복지 자본주의도 불행하게도 사실상 '소수 계층이 생산수단을 거의 독점하도록 허용한다'고 한다. 복지국가에서 고용정책을 통해 사람들이 고용되었다고 해도 일자리가 사람을 사회의 완전한 구성원으로 만들어 자존감을 보장하기에 충분하지 않다고 한다. 임금을 위해 노동해야 한다면 그리고 자본에 대한 노동자의 통제력이 없다면 말이다. 다른 한편, 롤스에 따르면 실업자를 위한 사회적 안전망은 훨씬 더 나쁜 효과를 낼 수 있다고 한다. 복지국가에서 "배경 정의의 부족과 소득 및 부의 불평등"을 고려한다면 "많은 구성원이 만성적으로 복지에 의존하는 낙담하고 우울한 하위 계층이 생길 수 있다. 이 하위 계층은 소외감을 느끼고 공적인 정치문화에 참여하지 않는다"라고 롤스는 목소리를 높인다.

재산 소유 민주체제가 복지 자본주의와 다른 점은 생산적 재산 소유의 공정한 분배를 위해서 개인들이 소유한 재산을 광범위하게 분산하는 정책 그리고 부의 편중을 통제하여 경제적 과두체제와 그리고 정치적 과두체제를 극복하는 정책을 요구한다는 점이다. 과연 그가 시장경제를 제대로 이해하고 있는가?

1) 자본주의의 경제력 집중과 경제적 과두체제

롤스는 마르크스의 자본주의 분석의 핵심요소로서 경제력 집중 문제를 거론한다. 이 문제의 해결을 재산 소유 민주체제 정부에 속하는 생산부(allocation branch)의 과제로 여긴다. 경제적 과두체제로서 경제력 집중이 야기되는 원인을 경쟁에서 찾고 있다. 그는 경쟁을 먹고 먹히는 과정으로 이해하고 있다. 그렇기에 '발견의 절차로서의 경쟁'은 그에게 생소하게 들릴 것이다. 그런 경쟁 개념은 경쟁이 없었더라면 몰랐던 것을 알려준다는 뜻이다. 모든 것을 잘하는 사람들이 사는 세계에는 경쟁이 불필요하다. 이런 경쟁을 새로운 것들을 도입하는 혁신과정과 그런 것들을 테스트하고 테스트를 통과하여 성공한 것들이 확산하는 과정, 즉 진화과정으로 이해할 수 있다. 시장참여자들은 보편적·추상적 성격을 지닌 정의의 규칙을 위반하지 않는 한, 보다 좋은 재화와 서비스를 서로에게 제공하기 위해 서로 경쟁한다. 그런 제공이 그들 스스로가 정한 목표를 보다 용이하게 달성할 수 있기 때문이다. 이런 과정에서 경제력이 집중될 수 있다.

그런데 문제는 경제력 집중이 왜 나쁜가이다. 과두체제가 문제가 된다면 이는 품질이 나쁜 상품을 비싸게 파는 경우다. 다시 말해 대기업은 생산하는 것에 대해 독재적인 권력을 행사하여 돈을 벌어들인다는 것이다. 시장경제가 정말로 이런 식으로 기능한다면 시장경제는 바람직한 경제체제가 아닐 것이다. 그러나 정부의 보호를 받지 않는다면 자유시장에는 그런 기업이란 존재할 수 없다. 대기업은 뛰어난 효율성과 소비자 수요에 대한 대응력을 통해 지배적인 시장 점유율을 유지한다. 게다가 잠재적 경쟁과 혁신은 기존의 독점력에 대한 상당한 견제를 제공한다. 예를 들자면 휴대전화와 인터넷 서비스는 모두 거대한 기업 간의 치열한 경쟁의 결과로 꾸준히 개선되었다. 한때 지배력이 영구적으로 보였던 노키아와 같은 법인은 자신의 권력의 한계를 알게 되었다. 이런 상황은 소수의 정치적 집단이 국민이 가질 수 있는 상품을 결정했던 소련과는 크게 다르다.

자본주의에서 경제력 집중을 문제시하는 재산 소유 민주주의 체제에서는 대기업 규제와 중·소상공인에 대한 보호에 치중하는 정책을 선호할 것이다. 그런 정책은 억강부약(抑強扶弱) 정책이나 다름이 없다. 이런 사회는 분배의 불평등을 억제할 수 없다. 예를 들면 중소기업에 적합업종을 지정하고 이에 대기업의 진입을 금지하는 제도의 도입으로 중소기업에 유리하게 되었다는 논증을 들어보지 못했다. 경쟁력 향상을 위해서 대기업의 진입을 막는 데 목적이 있었지만, 그런 제도는 경쟁력은 경쟁을 통해서만 향상된다는 원리를 무시한다.

경쟁을 제한하여 대기업으로부터 중소기업들을 보호하면 중소기업들이 현재에 안주하려는 성향이 강화된다. 그 결과 소비자들의 선호와 긴급한 욕구, 이들의 변화, 가장 효율적인 생산방법 등을 끊임없이 선별해 가는 경쟁의 발견과정이 훼손될 뿐이다. 중소기업 스스로 기술개발이나 품질 향상에 대한 노력을 기울이지 않고 품질개선과 원가절감 등 혁신하려는 동기가 줄어들기 때문이다. 그 결과 장기적으로 중소기업의 생산성과 경쟁력이 떨어진다. 중소기업 매출과 영업이익률이 낮아졌다는 조사결과가 나온 것은 우연이 아니다. 그리고 중소기업의 임금은 낮을 수밖에 없다. 대기업과의 임금격차를 심화시킨 것도 보조금과 과보호로 넘쳐나는 중소기업 지원제도 때문이다. 경쟁력과 생산성 향상은 자유로운 경쟁을 통해서만 가능하고 보호를 통해서 가능한 것이 아니다. 또한 소비자들은 고품질의 제품을 공급받지 못하는 것도 문제다. 소비자 이익의 감소는 그래서 필연적이다.

요컨대 기업 규모에 따른 그런 차별적인 정책은 박정희 시대의 경제정책과 정반대로의 차별적인 정책이다. 당시에는 경제발전을 이유로 재벌들에게 특혜를 허용했다. 하지만 오늘날에는 대기업 산업과 금융 부문에 대한 과도한 개입이 성장과 번영을 질식시켰다는 비판을 받고 있다. 바로 이런 비판으로부터 결코 자유롭지 못한 것이 롤스가 이상적인 경제질서로 제안한 재산 소유 민주주의다.

2) 상속이 부의 불평등을 불러오는 주된 요인인가?

상속에 대한 제한은 롤스가 생산수단에 대한 이 불평등한 통제를 해결하기 위해 제안한 주요 수단이다. 그는 국가가 분배부를 통해 부의 분배를 시정하기 위해 '점진적이고 지속적으로' 개입해야 한다고 주장했다. '상속 및 증여세'와 '유산권에 대한 제한'을 통해서다. 이러한 재분배는 이미 앞에서 설명했듯이 경제성장에 부정적인 영향을 미칠 수 있다. 하지만 롤스는 정의는 "세대를 거쳐 지속적인 경제성장을 필요로 하지 않는다"고 주장했다.

그러나 롤스가 제기하듯이 현대사회에서 상속이 심각한 부의 불평을 불러오는 주된 요인으로 작용하는가? 그렇지 않다. 상속은 불평등의 원인으로서 그 중요성이 점점 떨어지고 있다. 최근 상속과 불평등 간 관계를 연구한 실증문헌에 따르면, 상속이 불평등을 해소하는 효과를 가지거나 불평등을 초래하더라도 그 영향은 상당히 제한적이라는 결과가 나왔다. 그리고 대부분의 억만장자는 스스로 일궈낸 자수성가였다. 세인트존스대학 경제학과 최영백 교수에 의하면 시대를 대표하는 세계 각국 100명의 억만장자 가운데 자수성가한 인물은 73명이었다. 이들 가운데 아주 가난한 집 출신에 대학도 나오지 않은 '고도 자수성가형' 부호는 총 여덟 명이었다. 무산자 프롤레타리아도 부자가 될 수 있다는 것뿐만 아니라, 상속이 부의 불평등의 주요 요인이 결코 아니라는 것을 입증하는 수치다.

게다가 오늘날 가장 생산적인 자본의 형태는 인적 자본의 형태이지, 물적 자본의 형태가 아니다. 코펠맨에 따르면, 첫째로, "오늘날의 경제에서 가장 유망한 투자 중 일부는 자본 장비가 아니다". 자본가들은 "기술을 새로운 방식으로 활용하는 노동자에게 높은 급여를 지급한다"(Koppelman, 2022). 둘째로, 수십억 원의 급여를 받는 기업의 최고 경영자(CEO)들은 마르크스의 기준에 따르면 프롤레타리아의 일원이다. 그들은 자본 소유자에게 임금을 받고 노동력을 판매하기 때문이다. 그들의 급여가 '천문학적인' 이유가 최고 경영자 시장에서 그들은 매우 희소하고, 때로는 그들은 "일종의 자연 독점"의 특성이 있기 때문이다(Forbes & Ames, 2011: 158).

어쨌든, 최고 경영진에게 지급되는 고액의 급여를 너그럽게 이해할 사람들은 많지 않다. 회사의 직원들과 주주들을 이용하여, 다시 말해 타인들을 희생하여 더 큰 부자가 되는 대표적 예가 아닌가? 결단코 그렇지가 않다. 사람들의 불편한 심기와는 달리 경제적 관점에서 본다면 경영진이 창조하여 개인들에 준 가치를 돈으로 환산한다면 경영진들이 받는 보수와 비교할 수 없을 만큼 대단히 크다. '소비자 잉여'는 경영진이 가질 수 없는 가치다. 예를 들면 손흥민 축구선수를 보기 위해 1만 원의 관람 티켓을 구입한 관객이 1만 명이라고 보자. 손흥민이 1억 원의 수입 이상으로 가치를 창출한 것이다.

요컨대, 롤스가 제기한 우려에 대한 주요 해결책인 상속 제한도 팩트에 관한 오류에 근거한 것이다. 상속을 제한하는 경우에 문제가 되는 것이 자본의 해외 유출과 기업승계에 부정적인 영향을 미쳐, 오히려 서민 대중의 일자리는 물론 소득향상의 길이 막힌다.

3) 경제력 집중이 정치적 과두체제를 형성한다고?

롤스는 부의 불평등과 경제력 집중은 정치에도 영향을 미쳐 서민층의 정치적 의견이 무시된다고 한다. 이같이 자본주의의 재산과 소득 불평등은 정치적 영향의 불평등을 불러온다는 이유에서 정치적 자유의 가치는 공정하지 못하다고 한다. 그런 가치의 공정성을 위해 차등 원칙에 따른 소득과 재산의 재분배가 필요하다고 한다. 이런 주장이 옳으냐? 이미 언급했듯이, 롤스의 가장 큰 관심사는 과두 정치였다. 그는 부와 소득을 많이 가지고 있는 사람들은 덜 가진 사람들을 지배하는 경향이 있고 점점 더 자신에게 유리하게 정치적 권력을 통제한다고 주장했다. 즉 소득 불평등은 민주주의에 부정적 영향을 미친다고 한다. 소득·재산의 불평등이 자긍심에 미치는 영향만큼이나 경제력 집중이 정치적 과두체제를 불러온다는 주장도 불확실하다.

정치에서 돈은 분명히 중요하다. 따라서 소득불평등이 높을수록 더 많은 정치적 자원을 갖는 고소득층의 목소리가 더 활성화되고, 적은 정치적 자원을 가진 저소득층은 정치과정에서 소외되거나 스스로 기권한다는 연구결과(권혁용·한서빈, 2014: 61)는 매우 합리적이다. 그러나 민주적 정치는 혼란스럽고 매우 복잡한 현상이다. 따라서 코펠만이 정확히 지적하듯이, 돈이 정치적 영향을 미치는 데 성공을 보장하는 유일한 것은 아니다(Koppelman, 2022). 켄워디에 따른다면. "소득 불평등의 증가가 투표율을 낮추고, 정치적 양극화를 심화시켰다는 설득력 있는 증거도 없다"고 한다(Kenworthy, 2016). 소득 불평등 증가가 민주주의에 미치는 해로운 영향에 대한 결론은 정당화되지 않는다는 것을 의미한다.

경제적 불평등이 민주주의에 미치는 영향에 관한 또 다른 연구에서도 비슷한 결과를 얻었다. 즉, 2004년 미국 정치과학협회 불평등 및 미국 민주주의 태스크 포스에 따른다면 "변화하는 경제적 불평등과 정치적 행동, 통치 기관, 공공정책의 변화 사이의 연관성에 대해 거의 알지 못한다"고 솔직하게 인정했다(Koppelman, 2022). 따라서 경제적 불평등이 정치적 불평등을 야기한다는 롤스의 인식은 직관적일 뿐, 사실을 반영한 것이 아닐 수도 있다.

4) 분배의 불평등이 개인의 자긍심에 미치는 영향

롤스는 정의의 원칙과 분배적 평등의 정당성을 자긍심과 관련하여 설명하고 있다. 불평등한 자유는 자긍심을 약화하는 것은 분명하다. 귀족 사회에서 천민으로 분류된 계층에 대한 신분적 차별은 자긍심의 위축을 초래했다. 하지만 소득·재산 분배의 불평등과 서민층의 자긍심 사이에는 분명한 인과관계가 존재할 수 없다. 재분배를 통해 서민층의 삶의 기회를 개선해주면 그들의 자긍심이 높아진다고 믿고 있다. 이런 믿음이 타당한가? 자긍심과 소득·재산의 불평등 사이에는 롤스가 보는 것만큼 확실한 관계가 없다. 오히려 자긍심은 독자적으로 그리고 홀로 서서 성공했을 때 얻어지는 심리적 상황이다. 자긍심의 이와 같은 획득과정을 고려한다면 사회정의라는 명분으로 남의 재산과 소득을 빼앗는 사회주의 이념이 아니라 오히려 롤스가 반대하는 자유사회가 자긍심을 높일 수 있는 사회라고 볼 수 있다(민경국, 1983).

자긍심의 위축은 내가 남보다 열등하다고 느낄 때 생기는 심리적 상태다. 자긍심의 위축은 질투심으로 이어진다. 롤스는 질투심으로도 평등분배를 정당화했다. 불평등은 질투심과 사회적 위화감을 초래한다는 이유에서다. 평등분배가 과연 자긍심의 위축과 질투심을 제거하는가? 사람들이 자신의 처지를 다른 사람과 비교하여 질투심과 원한을 갖는 이유는 그들의 삶을 개선해주는 경제적 번영이 충분하지 못하다고 여기기 때문이다. 번영하는 경제에서 개인들의 소득이 상승하면 그들은 각자 자신들의 처지를 타인들의 그것이 아닌 자신들의 과거에 처했던 처지와 비교하여 행복을 느끼는 버릇이 있다. 성장하는 경제에서 사는 사람들의 행복지수가 높다고 말할 수 있는 이유다.

성장하는 경제는 타인들의 소득만 증가하는 것이 아니라, 자기 소득도 증가하기 때문에 사람들은 자신의 과거의 수준과 비교하여 현재의 소득 증가를 평가한다. 성장하는 역동적인 경제에서는 다른 사람보다 더 잘 살고 싶은 욕망의 강도가 줄어드는 이유다. 그런 경제에서는 누구나 잘나 가기 때문에 타인과 비교하여 열등감을 가질 필요도 없다. 너그러움, 관용 그리고 열린 마음이 일반화된다. 타인들의 사회적 이동성을 자신의 현재와 미래의 처지에 대한 위협으로도 여기지 않는다. 나보다 잘사는 사람들에 대한 적대감도 없다. 그러나 롤스의 세계에서는 성장을 중요하게 여기지 않는다. 재산 소유 민주체제는 경제가 성장이 없는 정태적 상황에 빠질 위험성에 민감하지 않다.

성장을 중시하지 않는 롤스의 사상은 존 스튜어트 밀의 생각과 똑같다. 그는 자신의 저서 『정치경제학 원리』에서 이렇게 썼다. "생산 증대를 목적으로 하는 것은 뒤처진 국가들이나 하는 일이다. 대부분의 선진 국가에서 경제적으로 필요한 정책은 좀 더 나은 분배다." 성장에 욕심을 내지 말고 분배를 중시하라는 말이다. 이것이 행복하고 안락한 사회라는 것이다. 성장에 대해 노골적으로 반대하는 대표적 인물은 노벨 경제학 수상자였던 아마르티아 센(Amartya Sen, 1990)이다. 경제성장은 가난을 제거할 수 없기에 정부지출을 늘려서라도 부의 재분배가 필요하다고 주장한다. 성장의 결실은 경제적으로 성공한 사람들이 대부분을 다 차지하고 빈곤한 사람들은 찌꺼기만 차지할 뿐이라는 이유에서다.

그러나 정체된 사회에서는 모두가 과거보다 더 못살게 되는 결과가 초래될 수 있다. 재분배를 통해 빈곤을 치유하려는 시도는 그 목적 달성은 고사하고 문명화된 삶을 포기해야 할 이유다. 그렇기에 애덤 스미스는 밀보다 70여 년 전에 『국부론』에서 이렇게 말했다.

"노동자들이 주민의 대다수를 차지하는데 그들이 부(富)를 이미 충분히 습득한 경우보다는 그들에게 계속해서 부를 가져다주는 발전의 시기에 그들의 처지가 가장 행복하고 가장 안락하다. 정체상태에서는 괴롭고 경제가 퇴보하는 상황에서는 비참하다. 발전이야 말로 사실상 모든 계층에게 진정으로 고무적이고 기쁨을 주는 상황이다. 발전이 없는 정체된 상황은 황당하고 심리적으로 위축되는 상황이다. 후퇴하는 상황은 참담한 상황이다.”

스미스의 이런 주장은 존 스튜어트 밀과 롤스의 입장에 정곡을 찌르는 비판이다. 밀과 롤스의 주장은 틀렸다. 성장이 빠를수록 빈곤의 감소가 그만큼 빠르고 느리면 느릴수록 빈곤의 감소도 느리다는 것은 이미 경험적으로 확립된 주장이다.[35] 우리가 확인하는 것은 경제성장은 빈곤 퇴치의 중요한 수단이라는 것이다. 자본주의는 빈곤층에 매우 우호적이고 친화적이다. 자유경제에서만이 경제도 성장하고 고용도 늘어나고 분배도 개선되고 빈곤도 줄일 수 있다. 그뿐만이 아니다. 자본주의만이 경제적 약자인 빈곤층을 보호해준다.

5) 롤스의 정의 개념에 관한 하이에크의 이해와 오해

하이에크는 자신의 정의 개념은 롤스의 이른바 ‘사회’정의와 형식적으로(사회라는 접두사를 붙여 사용한 것)는 상이하지만, 근본적으로는 똑같다고 한다. 하이에크는 정의는 인간행동과 관련된 것, 인간들의 상호관계와 관련된 것이지, 그 분배결과를 지칭하는 개념이 될 수 없는 것을 강조한다. 정의는 아무도 의도적으로 만들어낸 것이 아닌 자생적 질서의 무의도적

---

35) 1980년대와 1990년대 동안 65개국의 성장을 비교한 세계은행의 연구보고서다(Easterly, 2001). 성장을 경험한 나라의 '빈곤자' 수는 줄어들고 그 반면에 성장이 위축되는 나라에서는 빈곤자 수가 늘어났다. 8.2%의 소득 증가는 6.1%의 빈곤율 감소를 야기하고 1.9%의 소득 감소는 1.5%의 빈곤율 증가를 초래한다. 경제자유와 경제성장 그리고 빈곤 억제의 밀접한 관련을 말해주는 수치다.

인 결과와 관련된 것이라는 점을 강조한다. 자유주의 정의의 개념에서 정의롭지 않다거나 정의롭다는 것은 경쟁이 이루어지는 방법과 관련된 것이지 경쟁의 결과가 아니다. 그에게 특정한 분배와 관련하여 사회정의, 분배 정의, 경제 정의, 보상적 정의라는 말은 전적으로 내용이 비어 있다.

그렇다고 해서 하이에크가 정의라는 개념 자체를 부정하지 않는다. 그에게 정의의 재판소가 관리하는 정의는 정의로운 행동의 법 규칙의 기초로서 지극히 중요하다. 그뿐만 아니라 그는 조세법과 같이 의도적인 설계와 연계된 정의의 순수한 문제도 존재한다는 것을 전혀 의심하지 않는다. 이 맥락에서 우리가 주목할 것은 하이에크는 롤스의 1963년 논문, "헌법적 자유와 정의 개념"에서 다음과 같은 문장을 인용하여 후자의 정의관은 자신의 그것과 별로 차이가 없다는 주장이다.

> "정의의 원칙은 희망한 것의 특정 분배를 정의로운 것이라고 선택하는 것이 아니다. 이런 과제는 원칙적으로 잘못된 것으로 포기되어야 한다. 정의의 원칙은 제도들과 조정된 활동들에 가담하는 인간들이 충족되어야 할 조건을 규정하는 것이다. 이런 조건이 충족되면 결과로서 생겨나는 분배는 이것이 무엇이든 정의롭다고 인정한다."(Rawls, 1963: 102)

하이에크는 특정한 분배를 정의로운 것이라고 선택하는 과제는 원칙적으로 잘못된 것으로서 포기해야 한다는 롤스의 주장을 전폭적으로 지지한다. 유감스럽게도 롤스는 8년 뒤에 쓴 자신의 저서 『정의론』에서 사회정의라는 말을 사용하지만 특정한 분배를 지칭하는 것으로 사용하고 있는 것이 아니라고 하이에크는 목소리를 높인다(Hayek, 2018: 407-408). 따라서 그는 『법 입법 그리고 자유』 합본 서문에서 "우리(롤스와 나) 사이의 차이는 본질적인 것이 아니라 형식적인 것처럼 보인다"(23쪽)라고 주장하면서 심지어 다니엘 벨같이 롤스를 사회주의자라고 비판하듯이(502쪽, 각주46), 롤스는 이 중심 문제에서 광범위하게 오해받고 있다고 한다.

롤스에 관한 하이에크의 해석 때문에 많은 사회주의자는 롤스의 정의 원칙은 자본주의의 분배제도를 정당화하기 위해 사용할 수 있다고 말한다. 정말로 그런가? 하이에크는 롤스를 전적으로 오해하고 있다. 그가 롤스를 오독하고 있다는 증거는 차고 넘친다. 롤스의 차등 원칙을 보자. 첫째로, 다양한 제도들의 분배결과를 도덕적으로 평가하기 위한 잣대라는 점을 주목해야 한다. 다양한 제도들 가운데 서민층에게 될 수 있는 대로 많은 소득과 재산을 보장하는 제도를 선택하는 것이 차등 원칙이다. 따라서 롤스의 차등 원칙은 공리주의 또는 평등분배와 똑같이 결과 지향적 기준이고 동시에 "정형화된 분배"를 의미한다(Nozick, 1991: 243-245). "정의의 원칙은 희망한 것의 특정 분배를 정의로운 것이라고 선택하는 것이 아니다"라는 1963년 롤스의 주장은 시장경제의 분배 결과를 수정하기 위한 원칙이 아니라 결과와는 관계가 없는 규칙 지향적 원칙을 지칭한다.

둘째로, 존 롤스의 사회정의와 관련해서 주목해야 할 점은 평등추정 원칙이라는 것이다. 분배 정의의 문제에 대한 접근의 출발점은 평등분배다. 평등에서 이탈할 경우에는 정당한 이유가 있어야 한다는 논리다. 이 논리는 범죄 혐의자는 일단 무죄라고 보고 유죄라는 점을 입증해야 한다는 무죄추정 원칙의 논리와 같다. 소득과 재산의 평등한 분배에서 출발한다면 개인의 타고난 재주와 능력, 용모 등은 공유재로 해야 할 것이다. 그러나 불평등 분배가 서민층(최소수혜자)의 삶의 기대를 높여주는 한, 불평등을 허용하는 원칙이 바로 차등원칙이다.

요컨대 차등원칙은 시장의 분배 결과를 수정하는 원칙이기 때문에 시장의 자생적 질서를 목적이 지배하는 조직으로 전환하는 결과를 초래한다. 이때 목적은 일자리를 가진 서민층의 삶을 개선하는 일이다. 하이에크는 롤스의 정의에 관한 자신의 오해를 명시적으로 말하지 않고, 자신

의 마지막 저서 『치명적 자만』(1988)에서 "평등주의적 혹은 공로(능력)주의
적(meritocratic) 신조를 강행할 때, 그 결과는 문명의 진화를 불가능하게 했
을 것"이라는 사실을 지적하면서 롤스의 정의론을 다음과 같이 강력하게
비판하고 있다.

> "행운에 근거한 차이를 억누름으로써 새로운 가능성의 발견을
> 뭉개버릴 것이다. 그런 세계에서는 우리의 삶의 조건과 관련된 수
> 많은 변화의 결과로서, 생산을 계속하고, 가능하면, 그 생산을 증가
> 하도록 하려면 우리가 무엇을 할 것인가를 말해주는 신호가 사라
> 지게 될 것이다."(Hayek, 1996: 149-150)

행운에 근거한 차이를 제거하는 데 역점을 두는 "롤스의 세계도 문
명의 영역에 결코 도달할 수 없었을 것"이라는 것이 롤스의 재산 소유 민
주주의에 대한 하이에크의 올바른 반응이다(149쪽). 롤스가 발견했다고
주장하는 더 좋은 사회적 도덕은 원시적인 질서의 도덕으로 되돌아갈 뿐
이다.

6) 시장은 자생적 질서라는 사실을 망각한 존 롤스

롤스의 재산 소유 민주주의에서 정부는 생산부, 분배부 그리고 안정
부, 이전부로 구성되었다. 정부의 활동을 이같이 선언된 목표에 비추어
판단할 것을 제안한다. 그러면서 자본주의 체제가 잘못된 목적을 지니고
있다고 한다. 그는 생산을 그런 체제의 목표로 정했다고 지적한다. 레닌
주의적 정부의 생산부와 같이 목적을 위해 설계된 기관의 경우 목적에 따
라 기관을 판단하는 것이 적절하다고 한다. 이런 시각은 전적으로 잘못된

것이다.

시장경제에는 자체 목적이 없다. 그것은 생산과 유통의 전반적인 구조는 "인간행동의 결과이지 인간계획의 결과가 아니다"라는 것이다. 이 말은 스코틀랜드의 계몽사상가(A. Ferguson, 1723-1816)의 유명한 말이다. 그런 구조는 전혀 공유된 목표를 가질 필요가 없는 사람들 간의 수백만 건의 개별 거래에서 생겨난다. 하이에크가 이름 붙인 대로 시장은 "자생적 질서"들 가운데 하나다.[36] 각자 자신의 목표를 위한 수많은 사람의 노력들이 스스로 조정되는 과정의 산물이라는 사실을 망각한 채, 특정한 목표를 위해 인위적으로 만든 계획된 질서, 즉 조직(Organization)으로 이해하고 있다. 만약 시장질서를 조직으로 이해한다면 수많은 목적의 우선순위에 관한 합의가 필요하다. 그러나 다원주의 사회에서 그런 합의는 불가능하다.

그러함에도 롤스는 그런 합의가 가능하고 합의에 따라 시장사회를 조직할 수 있다고 믿는 듯하다. 이런 믿음을 하이에크는 구성주의적 합리주의의 미신이라고 혹평했다. 애덤 스미스의 보이지 않는 손이라는 개념은 본의와는 달리 오해할 요소가 있다는 이유에서 하이에크는 자생적 질서라는 용어를 창출했다(민경국, 2024: 57-62). 자생적 질서로서의 시장질서는 개인들과 인간 그룹들이 공동으로 추구할 목적에 대한 어떤 합의도 필요 없이 평화롭게 각자가 자신의 목적을 추구할 수 있다. 조직과는 달리 자생적 질서를 다목적 질서 또는 추상적 질서라고도 부르는 이유다. 그런데 다양한, 심지어 서로 충돌하는 목적들의 평화로운 추구를 가능하게 하는 것은 공동의 목표 대신에 그들의 다양한 목표들과 양립하는, 그래서 공동으로 지키는 행동규칙의 존재 때문이다. 그런 행동규칙은 이미 앞에서 설명한 정의로운 행동규칙의 성격을 지닌 것들로 구성되어 있다.

---

36) 언어, 도덕, 관습, 관행, 화폐, 법 등과 같이 인간행동이 없으면 생성되지 않는다. 그렇다고 개인들이나 인간 그룹이 고안한 것이 아니라 수 세대를 거치면서 시행과 착오 과정을 통해 창발적으로 형성된 것이다.

7) 맺는말: 롤스와 하이에크, 누가 옳았나?

하이에크는 1899년생이고 롤스는 1921년생이다. 하이에크는 1992년에, 롤스는 2000년에 세상을 떠났다. 하이에크의 자유주의 사상은 진화사상을, 롤스의 사상은 사회계약론을 기반으로 하고 있다. 그들은 사회를 보는 관점부터 다르다. 하이에크는 시민적 자유는 물론 경제적 자유까지도 중시하지만 정치적 자유는 목적이 아닌 수단으로 여긴다. 이에 반해 롤스는 경제적 자유 대신에 정치적 자유와 시민적 자유를 최고의 자유라고 한다. 시장의 분배와 관련하여 누가 옳았느냐를 판정하자.

자본주의 경제에는 두 가지 특징이 있다. 거의 모든 사람의 삶의 질을 크게 개선하는 엄청난 부를 창출하고, 어떤 사람들을 다른 모든 사람보다 훨씬 더 부유하게 만든다. 시장이 부를 창출하는 방식은 필연적으로 보상이 불평등하게 분배된다는 것을 의미한다. 그런데 사회를 분배적 관점에서 보는 존 롤스[37]는 그런 분배를 도덕적으로 자의적이라고 여긴다.

역사적 관점에서 자유시장은 1800년경에 시작된 '대풍요'라고 부르는 시기에 중요한 역할을 했다. 인류 대부분이 약 10만 년 동안 극심한 빈곤 속에서 간신히 살아온 후 엄청나게 부유해졌다. 그러나 대풍요는 생산수단의 사적 소유를 부정하는 사회주의도 자본주의만큼 효율적이라고 믿는 구성주의적 합리주의적 전통에 서 있는 롤스에게는 이해하기 곤란

---

37) "사회란 비록 상호 간의 이익을 위한 협동체제이기는 하지만 그것은 이해관계 일치뿐만 아니라 이해관계의 상충이라는 특성도 갖는다. 사람들은 각자가 자기 혼자만의 노력에서 살기보다는 사회 협동체를 통해서 모두가 보다 나은 생활을 할 수 있다는 점에서는 이해관계가 일치한다. 그러나 또한 사람들은 그들의 노력에 의해 산출된 보다 큰 이득의 분배방식에 대해 무관심하지 않으며 자신들의 목적을 추구하기 위해 적은 것보다는 큰 몫을 원하기 때문에 이해관계가 상충한다. 그러므로 이러한 이득의 분배를 결정해줄 사회체제를 선정하고 적절한 배분의 몫에 합의하는 데 필요한 어떤 원칙들의 체계가 요구된다. 이런 원칙들이 바로 사회적 정의 원칙으로서 그것은 기본적인 사회제도 내에서 우리가 의무를 할당하는 방식을 제시해주며 사회 협동체의 이득과 부담의 적절한 분배를 결정해준다."(Rawls, 2003: 37)

한 현상이다. 그러나 진화사상을 기반으로 하여 자유주의를 개발한 데이비드 흄, 애덤 스미스 등 스코틀랜드 계몽사상의 전통에 서 있는 하이에크가 정확하게 해석하듯이, 대풍요라는 현상은 특히 계약·무역·상업의 자유, 그리고 사유재산의 확산과 효과적인 보호 그리고 법의 지배 등 개인의 자유의 원칙을 광범위하게 적용한 결과다. 개인의 자유는 그런 번영을 창출하는 효과를 불러오기 위해 일부러 숙고하여 의도적으로 도입된 것이 아니었다. 개인의 자유가 처음으로 도입된 것은 영국에서 벌어졌던 정치적 권력투쟁의 산물이었다. 성공을 보게 되자 서구세계의 각 나라에서 영국의 자유시장을 모방하여 확산했던 것이다.

20세기 말에 소련 공산주의가 붕괴하고 중국과 인도와 같은 강대국이 사회주의를 포기하면서 극심한 빈곤 속에서 사는 세계 인구의 비율이 급락했다. 인류 역사상 처음으로 세계의 절반 이상이 중산층 이상이 된 것이다. 이는 가난한 사람들이 자유시장이 인류에게 안겨준 대풍요로부터 혜택을 받았다는 증거다. 세계 인구 중 하루 1달러 이하로 살아가는 절대 빈곤층이 1970년의 17.2%에서 1998년 6.7%로 하락했다. 하루 2달러 이하로 살아가는 빈곤층도 같은 기간에 약 절반으로 줄어들었다(41%에서 18.6%가 감소했다). 1980년 월 500달러 이상의 소득을 가진 인구비율이 14%였다. 그러나 2000년에는 55%로 급증했다.

흥미로운 것은 이렇게 감소한 직접적 이유다. 세계 빈곤 인구의 60%를 차지하는 인도와 중국이 개방정책으로 고도의 경제성장을 이룩했기 때문이다. 특히 1979년 이후 중국의 시장개혁으로 연평균 9%의 성장과 함께 1억 이상의 빈곤자를 구출했다. 세계역사상 전례가 없는 성장률과 빈곤 퇴치였다(Vasquez, 2002). 하이에크가 역사적으로 볼 때 서민층의 삶을 개선하는 체제라고 주장했던 것도 지극히 옳다. 지난 2백 년 동안 가장 낮은 소득계층에 있던 사람들의 절대적인 위치뿐만 아니라 상대적인 위치를 개선하는 데 최대로 기여했던 사실은 바로 일반적인 부의 성장이었다. 이 성장은 상대적으로 높은 소득계층보다도 가장 낮은 계층의 소득을 더 많이 증대시키는 경향이 있었다. 가장 불리한 계층에 대한 관심이 자유시장을 장려하는 이유라고 하이에크는 목소리를 높였다. 물론 이런 경향은 맬더스의 덫이 일단 소멸하자, 총합된 부가 성장하면 노동이 자본보다 더 희소하게 되는 상황의 결과이다. 우리가 모든 소득의 절대적 평등을 도입하지 않는 한, 할 수 있는 모든 것 중 그 어느 것도 주민의 일정 비율은 항상 사다리의 바닥 쪽에 있어야 한다는 사실을 변동시킬 수 없다.

이같이 롤스의 주장과는 달리 하이에크는 재분배의 정책을 통해서보다 자유시장이 하위 계층의 생활 수준을 더 높여준다고 주장하지 않는다. 상업 사회는 보편적 풍요를 불러온다. 누구나 과거의 시대보다 훨씬 개선된 삶의 수준을 누린다. 시장경제야말로 인간관계가 더 인간적으로 형성된다는 것도 우리는 주목할 필요가 있다(민경국, 2024: 54). 따라서 경제적 자유보다 정치적 자유를 높이 평가해야 할 이유가 시장은 정의감을 연마할 기반이 될 수 없기 때문이라는 롤스의 주장도 옳은 게 결코 아니다.

캐나다의 싱크 탱크로 유명한 프레이저연구소의 연구결과도 경제 자유와 빈곤율 감소가 밀접한 관련이 있음을 보여주고 있다. 그것은 경제 성장이 빈곤 퇴치의 가장 효과적인 방법이라는 것을 말해주고 있다. 빈곤 퇴치의 가장 효과적인 수단은 자유무역이라는 것도 경험적으로 입증되고 있다. 불평등과 경제성장 간의 관계를 고려한다면, 자유시장이 발생시키는 불평등에 대한 롤스적 반대가 있을 수 없다. 따라서 롤스가 묘사한 자본주의 경제는 거의 모든 면에서 옳지 않다.

IV

공화주의와
자유주의

"법의 목적은 자유를 없애고 제한하는 것이 아니라
보존하고 확장하는 데 있다. (중략)
법이 없으면 자유도 없다.
자유란 타인의 속박과 폭력에서 벗어나는 것인데
법이 없으면 그게 불가능하기 때문이다."

Locke, 2012: 54

대한민국은 민주공화국임을 선언한 헌법 제1조 제1항에서 공화 또는 공화주의라는 말을 사용하지만, 헌법 교과서를 읽어보면 그 개념은 없어도 되는 헌법적 장식품에 지나지 않는다는 인상을 지울 수가 없다. 민주공화국이 무슨 뜻인지를 제대로 밝힌 헌법 교과서를 발견하지 못했다. 그러나 최근 들어 한국의 학계는 물론 정치권에서도 공화주의의 관심이 높아지고 있다. 그 용어가 인터넷을 가득 채우고 있는 것이 그런 관심을 입증해준다. 왜 우리 사회에서 관심이 그토록 높아지는가? 한국의 발전과정을 산업화, 민주화 그리고 선진화의 단계별로 보고 있다. 이제 우리가 갈 길은 선진화라고 한다. 어떤 패러다임으로 선진화를 이룩해야 하는가가 중요한 문제로 등장했다.

첫째로, 일각에서는 산업화를 이끈 '보수'는 성공의 자만(自慢) 때문에 국민적 불신으로 소멸하게 되었고, 민주를 이끌어온 '진보'는 무능과 독선으로 한국 사회에 위기를 초래했다는 이유에서 보수와 진보의 대안으로 공화주의를 제안한다. 특히 박근혜 전 대통령의 탄핵을 불러왔다고 하는 논거에서 공화주의를 내세우고 있다. 그 논거는 도덕성과 유능함이라는 보수의 상징이 부도덕성과 무능이라는 것으로 변질되었다고 한다. 둘째로, 다른 일각에서는 보수주의를 재건하기 위해 자유와 함께 공화를 주장하기도 한다. 자유주의는 이기적인 인간들의 사회를 위한 이념이기 때문에 공익이 무시된다는 이유에서 자유와 공화를 결합해야 한다고 한다. 셋째로, 민주주의에 대한 불만이다. 현재 한국 사회의 집단적 갈등은 다수결의 민주주의만으로는 해결할 수 없고, 공익을 중시하는 공화주의로 보완해야 한다는 이유에서 공화주의를 내세우는 사람들도 있다.

공화주의가 등장하게 된 배경은 무엇인가? 공화주의가 역사적으로 등장하게 된 것은 로크의 자유주의가 등장한 이래 자유주의는 거대한 파고를 치면서 진화했지만, 그것이 공화주의가 성취한 몇 가지를 실현하는 데 실패했기 때문이라는 것이다. 공화주의의 문헌을 훑어보면 자유주의에서 세 가지 중요한 가치들이 경시되고 있다는 주장을 확인할 수 있다. 첫째, 자유주의의 불간섭이라는 '천박한' 소극적 자유 개념을 초월한 비지배로서의 자유의 의미이다. 둘째, 개별 시민들이 주관적으로 다양하게 선호하는 목적의 위에 존재하는 공동선에 관한 관심, 이 맥락에서 우리가 주목해야 할 점은 자유주의는 사익 중심적 체제이기에 공익을 알지 못하는 체제라는 공화주의적 비판이다. 셋째, 정치적 삶에의 시민들의 적극적 참여다. 이런 세 가지 가치들을 제대로 반영하지 못하기에 공화주의가 자유주의를 극복하고 나아갈 길이라고 목소리를 높이고 있다.

우리가 주목할 것은 공화주의가 자유주의를 싫어하는 이유가 진정으로 옳은가, 공화주의가 추구하고자 하는 목표는 오히려 자유사회가 더 잘 달성할 수 있는 것이 아닌가의 문제다. 이런 문제를 분석하면서 자유주의 비전을 제시할 것이다. 우선, 공화주의를 이해할 수 있기 위해 그 이념의 역사를 소개할 필요가 있다.

1.
공화주의 이념의 역사

　　공화주의에서 공화란 원래 로마의 키케로가 국가를 '공공의 일' 혹은 '공공의 것(res publica)'으로 정의한 데서 유래한 것이다.[1] 공화주의가 추구하는 가치는 공동선과 정치참여다.[2] 그런 공화주의는 원래 고대 아테네에서 유래한 것이다. 신아테네 공화주의라고 부르는 그런 공화주의와 함께 또 다른 공화주의가 있다. 고대 로마의 자유 개념을 현대사회에 적용하는 공화주의가 그것이다. 신(新)로마 공화주의라고도 부른다. 이런 공화주의가 지향하는 가치가 무엇인가를 중심으로 설명할 것이다. 이를 통해 현대에 등장한 공화주의의 의미를 파악할 것이다.

1) 신아테네 공화주의: 아리스토텔레스

　　신아테네 공화주의는 공동선과 정치참여를 중요하게 여긴다. 이는 아테네의 정치적 경험과 아리스토텔레스, 루소 등의 사상을 기초로 한다. 국가는 지배자의 사익을 추구하는 곳이 아니라 구성원들의 공익을 추구하는 곳이라는 이유에서다. 그런 공익, 즉 공동선은 국민의 정치적 참

---

[1]　공화라는 말은 1인 지배의 전제정치 혹은 폭정의 반대말로 사용되었다는 증거다.

[2]　공동선을 '공공이익' 또는 '공공재'라고 부르기도 한다. 그것은 공동체의 구성원들과 공동체의 기관 모두에게 제공하는 재화를 의미한다.

여를 통해서 형성될 대상으로 여겼다. 이 같은 생각은 아리스토텔레스의 '자치 사상'의 영향에서 비롯된 것이다. 그에 의하면 지배하는 자와 지배 받는 자가 같은 곳이 폴리스라는 것이다. 그런 지배에 남들과 동등하게 참여할 때 비로소 인간이 인간다울 수 있다는 뜻이었다.

그러나 그리스 아테네는 고대공화국으로서 아테네 출신만이 시민으로서의 투표권이 있었다. 외지 출신과 정복된 지역주민(노예)은 정치참여가 불가능했다. 인구의 절반도 못 되는 아테네 사람들이 지배했다. 막강한 권력을 가진 것이 입법부였다. 다수결의 민주주의(직접민주주의)가 번창했지만, 다수의 권력의 한계가 없다. 관용과 자유가 있었지만, 소크라테스의 사상이 주류사상과 다르다는 이유로 그는 사형당했다. 다수의 지배를 억제하는 제도적 장치가 갖추어지지 않았기 때문이다. 권력을 제한한다는 건 민주가 아닌 자유의 가치에서 비롯된 것이다. 아테네를 지배하고 있었던 게 민주가 아닌 자유사상이었더라면 소크라테스는 죽임을 당하지 않았을 것이다.

2) 미국 역사에 대한 수정주의적 해석

미국의 정치사, 특히 건국 아버지들의 건국이념을 지배했던 것은 존 로크를 중심으로 한 고전적 자유주의였다는 것이 일반적 인식이었다.[3] 이런 인식의 형성에 중요한 역할을 한 것이 루이스 하츠(Louis Hartz)의 『미국의 자유주의의 전통』이다. 그런데 이런 역사 인식을 수정하고 나선 이념이 공화주의다. 미국 혁명의 이념적 배경은 존 로크의 자유주의가 아니

---

3) 미국 헌법을 사회계약론으로 설명하는 것을 부정하면서 미국의 헌법 내용은 케이토 서간문을 비롯하여 로크, 흄, 스미스 등 당시 영국의 전통에서 형성된 가치들도 채워진 것이라는 주장에 대해서는 Hayek(2023: 280)에서 다룬 제12장 "미국의 공헌: 헌정주의" 참조.

라 공화주의라는 것이다. 이런 수정주의 해석은 이미 설명한 바와 같이 미국의 역사를 로크가 아닌 에드먼드 버크의 보수주의로 해석해야 한다는 커크의 역사 해석과 비교된다.

그런 수정주의적 해석이 1960년대 중요한 쟁점이 되었다. 공화주의적 해석에 따르면 1930년대 루스벨트 대통령의 뉴딜, 1960년대 존슨 대통령의 '위대한 사회' 또는 시장에 대한 정부 간섭은 어떻게든 건국 초기부터 그리고 혁명세대의 정신 속에 녹아 있었다는 것이다. 그런 주장의 중심에는 공화주의라는 이름으로 공공이익을 확립하기 위한 시민들의 정치참여를 중시하는 미국의 역사학자 존 포코크(John Pocock) 그리고 사적이익이 아닌 공공이익을 위한 개인의 희생을 강조하는 고든 우드(Gordon Wood)가 있다. 시민은 특수한 법적 신분을 지닌 사람일 뿐만 아니라 공공선을 확립한다는 관점에서 집단적 의사결정에 참여하는 사람이라고 한다. 공동선을 찾고 이를 실현하기 위해서는 자신을 희생하겠다는 정신, 이것이 '시민의 덕성(civic virtue)'이라고 한다.[4]

---

4) 공화주의의 정치적 언어는 동료 시민과 공동선이다. 이 두 가지 용어의 원천은 공화주의다. 다시 말해, 공화주의가 중시하는 가치는 정치적 참여와 공동선이다. 동료 시민은 아리스토텔레스에서 유래한 정치적 동물로서의 인간을 뜻한다. 시민은 정치 공동체의 일원을 의미한다. 정치적 동물로서 동료 시민은 적극적으로 정치에 참여하여 공동선을 실현해야 한다. 국가는 지배자의 사익을 추구하는 장소가 아니라 공익 또는 공동선을 추구하는 장소로 이해한다. 공동선을 추구하기 위해 정치에 참여하는 인간이 바로 시민이라고 한다. 공화주의가 자유주의와 분리하는 곳이 공익이라는 개념과 공익에 대한 정치적 결정이라는 것이다. 공화주의에서는 자유 개념으로부터 공익과 정치를 규정하고 있다. 그런데 공화주의의 자유 개념이 자유주의의 자유 개념과 어떻게 다른가의 문제가 제2장에서 다룰 중요한 주제다.

3) 신로마 공화주의: 마키아벨리

20세기 말 공화주의에 관한 논쟁이 다시 시작됐다. 논쟁에 불을 붙였던 인물은 퀜틴 스키너(Quentin Skinner, 1998)와 필립 페팃(Philip Pettit, 1997)이다. 이들은 고대 로마의 공화정에 몰두한 마키아벨리의 시각을 발전시켜 20세기 말 현대 공화주의를 부흥시켰다. 마키아벨리가 로마공화정에 주목했던 것은 로마가 자유와 법을 중시했기 때문이라고 한다. 로마인들이 자유를 누릴 수 있게 된 것은 법 이외에는 어떤 것에도 복종하지 않았기 때문이었다고 한다. "우리는 모두 자유롭기 위해서 법에 복종한다"라고 말할 정도로 법과 자유의 양립성을 보았다(한면희, 2019: 190). 페팃이 제안한 자유 개념이 우리의 이목을 끄는 이유다. 자유란 인간과 인간의 관계에서 타인의 지배가 없는 상태로 정의하는 것이 공화주의적 자유 개념이다. 타인의 기분에 따라 개인이 살아가는 상태가 최악의 상태라고 한다.

흥미로운 것은 고대 로마가 하나의 패러다임을 만들어내는 데 모범이 될 만큼 바람직한 사상과 정치제도가 있었는가의 문제다. 당시의 정치제도를 보면, 의회의 존재를 중시했다. 군주제, 상원, 자문관 역할을 했던 위원회 등으로 통치구조가 구성되었다. 천민도 투표권이 있었지만 행정을 담당할 권리는 없었다. 하지만 유감스럽게도 국가권력이 무제한적이었다. 그 결과, 권력기관은 방대하게 확대되고 있었다. 이런 사실에도 불구하고 귀족, 시민, 원로원, 집정관, 호민관 등을 통해 상호 견제되었기 때문에 국가권력이 제한되었다는 것이 마키아벨리의 인식이지만 국가권력의 제한은 일시적이었을 뿐이었다. 살루스트(Sallust), 키케로처럼 자유를 그리워하는 사람들이 있었지만, 그들은 자유의 원칙을 몰랐다. 혁명과 폭력에 의존하지 않는 한 국가권력을 다룰 수가 없다는 것이 당시 역사가들의 생각이었다.

2.
비지배로서 공화주의적 자유의 한계

  자유를 전면에 내세우고 철학적 사유를 전개하는 패러다임은 자유주의 바깥에서는 보기 드문 현상이다. 하지만 필립 페팃을 중심으로 하는 현대의 공화주의, 즉 신공화주의는 자유를 최고의 가치라고 믿고 있다. 공화주의는 자유를 비지배(non domination), 즉 지배가 없는 상황이라고 개념화한다. 공화주의적 이론가들은 자유 개념을 개발할 때, 이사야 벌린의 소극적 의미의 자유 개념에 대한 비판에 의존한다.

  이미 잘 알려져 있듯이, 벌린은 1958년 옥스퍼드 대학 취임 강연문, "두 가지 자유 개념"에서 소극적 자유와 적극적 자유를 구분했다. 적극적 자유는 '나를 지배하는 이는 누구인가'의 문제를 다룬다. 나를 지배할 주체, 즉 자아를, 예컨대 토머스 그린(Thomas Hill Green)이 이렇게 했듯이, 높은 자아와 낮은 자아로 구분한다. 높은 자아는 탐욕 이기심을 억제하는 자아다. 이런 자아에 예속된 인간이야말로 스스로의 주인이다. 나의 '진정한' 또는 '이상적' 또는 '자율적' 자아는 비합리적 충동, 절제되지 않은 욕망, 즉각적인 쾌락 추구, 타율적 자아와 대비된다. 이런 낮은 자아를 극복하기 위해서는 엄격한 훈련을 통해서 그런 버릇을 바로잡아야 한다고 한다.

  형이상학적 차원의 높은 자아 개념에 추가하여 또 다른 자아 개념이 지배하고 있는데 이는 사회 전체와 연결하여 개인을 전체 사회를 위한 수단으로 여기는 자아 개념이다. 예를 들면 인종, 부족, 교회, 국가 등은 개인과 독립적인 단일의 집단적 의지를 지닌 실체, 즉 유기체로 파악한다.

앞에서 언급한 바와 같이 보수주의처럼 사회를 유기체로 비유하여 전체의 의지를 따르지 않는 개인들에게 그런 의지를 강제로 부과하여 높은 차원의 자유를 구가할 수 있도록 한다는 것이 적극적 의미의 자유다. 이런 식으로 높은 자아의 실현을 위해 강제를 정당화하는 논법은 인간을 국가집단의 노예로 만드는 전체주의의 위험요소가 내재돼 있다는 것이 벌린의 시각이다(Berlin, 2006: 362).

그런데 벌린은 소극적 자유는 내가 하고 싶은 것을 하지 못하게 막는 장애물이 없는 상태라고 한다. 즉, "부자유한 상황은 내가 하고 싶은 것을 하지 못하게 막는 경우다"(벌린, 2006: 344)라고 말했다.[5] 그는 불간섭으로서의 자유란 그런 경우가 없는 상태로 이해하면서 토머스 홉스를 소환해서 그런 불간섭을 자유주의가 추구하는 자유 개념이라고 주장했다. "자유로운 사람이란 (중략) 자신의 의지로 무슨 일을 하든지 그런 일은 하는 데 방해받지 않는 사람이다."(Hobbes, 1651: 130; 벌린, 2006: 346, 각주 7) 장애물이 적을수록, 다시 말하면 불간섭의 영역이 넓어질수록 내 자유의 영역이 넓어진다는 것이 홉스-벌린 전통의 소극적 자유 개념이다.

필립 페팃은 그같이 규정한 소극적 자유 개념의 문제점을 제시하면서 불간섭 대신에 공화주의적 자유 개념으로서 비지배를 제안했다. 벌린이 말한 대로 불간섭이 '진짜 자유주의(true liberalism)'가 추구하는 자유인가, 그리고 페팃이 제안한 공화주의의 자유 개념에 내재한 문제점은 무엇인가를 다룰 것이다.

---

5) 벌린은 자유주의가 소중한 가치라고 여겼던 소극적 자유 개념을 다음과 같이 정의했다. "다른 누구도 내 활동에 개입하여 간섭하지 않는 만큼 내가 자유롭다. 이런 의미에서 보면 자유는 단순히 어느 한 사람이 다른 사람의 방해를 받지 않고 행동할 수 있는 영역을 의미한다. 가만히 놔뒀더라면 내가 할 수 있었을 일을 다른 사람으로 인해 내가 못 하게 되었다면 그만큼 나는 자유롭지 못하다."(Berlin, 2006: 344) 그렇다면 내가 할 수 없는 것을 막는 것은 나의 자유에 대한 간섭이 아니라는 뜻이다. 따라서 벌린의 자유 개념은 애매한 논리다.

1) 잠재적 간섭의 부존 vs. 현재 간섭의 부존

페팃은 자유를 '지배가 없는 상태'(비지배)로 정의한다. 이것은 누구도 나를 지배하거나 강제할 힘이 없는 상태다. 이런 개념 아래에서는 아무도 지배할 위치에 있지 않은 한, 나는 자유롭다. 공화주의에 의하면, 비지배로서 자유의 뿌리는 유스티아누스 법전에서 발견할 수 있는 '자유인과 노예의 이분법적 구분'에 해당한다고 한다. 그런데 타인(즉 노예)에 대한 주인의 지배는 주인의 특정한 선택에서 '자의적으로 또는 제멋대로 간섭할 역량'을 전제로 한다. 따라서 비지배란 제멋대로 발휘하는 힘이 없는 상황이라고 정의할 수 있다.

그런데 그와 같은 자유 개념은 불개입으로서의 자유와 다르다고 공화주의자들은 목소리를 높인다. 벌린처럼 자유를 간섭이 없는 상태로 규정할 경우, 주인의 아량이 넓어 일일이 간섭받지 않는 노예를 자유인이라고 말할 수 있다고 한다. 이런 자유 개념에 따른다면, 시민들이 우연히도 이타적인 독재자 밑에서 살고 있지만, 전혀 간섭받지 않는다고 한다면 그들은 자유롭다고 볼 수 있다. 가정 학대를 막는 법이 없는 경우, 부인이 남편의 있을 수 있는 학대 위협 속에서 산다고 해도 남편이 자신의 부인을 전혀 구타하지 않는 한, 그녀는 자유롭다고 볼 수 있다.

하지만 비지배로서의 자유에 따르면 위에서 든 예에서 노예, 시민 그리고 부인은 주인으로부터, 독재자로부터, 남편으로부터 당장은 간섭받지 않는다고 해도 그들은 언젠가는 제멋대로 간섭할 위험성에 늘 노출되어 있기에 그들의 자유는 잠재적으로 억압당하고 있다는 것이 공화주의의 인식이다. 제멋대로의 권력 행사는 전적으로 주인, 독재자 또는 남편의 의지에 달려 있다는 이유에서다. 그같이 공화주의는 자의적인 힘(또는 제멋대로의 힘 또는 전횡적인 힘)의 존재에 기인한 지속적인 간섭 가능성을 강조한다. 그런 가능성을 막는 것이 공화주의의 중요한 통찰이라고 공화주의자들은 목소리를 높인다. 지배 관계는 ① 간섭할 수 있는 잠재력을 지닌 개인, 집단, 국가, ② 자의적(제멋대로 또는 전횡적), ③ 타인들 또는 시민들의 특정한 선택에 간섭하는 경우의 세 가지 조건으로 구성된다(Petitt, 2012: 127).

지배를 구성하는 첫 번째 조건은 타인을 지배하거나 강제할 능력이다. 이 능력을 결정하는 요인은 신체적 힘, 기술적 장점, 재정적 영향력, 정치적 권위, 사회적 네트워크, 지역사회에서의 지위, 정보 접근성 등 다양하다(Petitt, 2012: 139).[6] 두 번째 조건은 단순한 간섭이 아니라 자의적 또는 '제멋대로' 또는 전횡적인[7] 간섭이다. 전횡적이지 않은 간섭은 비지배로서 자유와 적대적이지 않다고 한다. 중요한 것은 '전횡성' 개념이다. 간섭 자체는 도덕적 혹은 정치적으로 나쁜 것이 아니다. 나쁜 간섭, 즉 전횡적 간섭은 지배자가 피지배자의 이해관계에 대한 어떤 고려도 없는 간섭이다. 행위자가 자의적으로 타인을 간섭할 수 있을 때나 혹은 특히 간섭당하는 사람의 이해관계나 견해와 독립적으로 간섭할 수 있을 때 지배가 생겨난다는 것이 공화주의자들의 인식이다. 따라서 간섭을 당하는 사람의 이익과 생각을 따르는 한, 그리고 간섭하는 사람의 불리한 결정이 견제될 수 있는 한, 그런 간섭행위는 비자의적이고 그래서 자유의 침해는 아니다(Petitt, 2012: 132).

자유와 양립하는 국가권력은 집권자가 아닌 대중의 복지와 세계관에 따라 행사되는 경우다. 다시 말해, 국가권력이 비자의적으로 추구하는 이해관계는 공공이익인데, 이런 공익이란 궁극적으로 시민들이 정치적 숙고(熟考)를 통해서 결정할 대상이다. 정치란 국가의 간섭이 자의적인

---

6) 흥미롭게도 페팃은 비인격적인 사회구조가 주는 억압을 자신의 자유 개념에서 배제했다. 이는 행위자의 바깥에 존재하는 그래서 의도성이 없는 지배라는 이유에서다. 의도하지 않은 방해의 예는 경쟁압력 또는 자본의 권력과 같은 사회적 권력(마르크스) 등이다. 하이에크도 물론 자신의 강제 개념에서 사회구조가 주는 억압을 배제했다.

7) 전횡이란 권세를 쥐고 제 마음대로 하는 것을 뜻한다. 이는 독단과 같은 뜻이다.

지 아닌지를 결정하는 데 유일한 도구라고 보는 이유다. 개인들이 국가가 적절히 따를 각자의 이해관계를 표현할 공정한 기회를 누릴 수 있어야 한다. 정치적 결정을 통해서 그들의 선호가 거부된다고 해도 그들의 자유는 박탈된 것이 아니다. 그들은 간섭받는 것이지만 지배당한 것이 아니라는 이유에서다.

요컨대, 불개입이라는 자유가 있는가 없는가를 알 수 있으려면 자의적으로 개입할 역량이라기보다는 현재 개입이 이루어지고 있느냐 없느냐를 테스트해야 한다고 한다. 그렇다면 지배로부터 자유스럽지 못하다고 해도 간섭으로부터는 자유롭다고 말할 수 있다.

따라서 중요한 것은 첫째로, 두 가지 형태의 자유가 관찰 가능한가의 문제가 아니라, 어느 하나를 선호하고 다른 것을 배제할 수 있는 합리적인 근거가 있는가의 문제다. 공화주의를 돋보이게 하는 것은 지배가 없는 상태로서의 자유라고 페팃은 목소리를 높인다. 불간섭으로서의 자유(현재의 자유)를 희망하는 사람들은 지배로부터의 자유(잠재적 자유)를 동의하지 않을 것이라고도 한다. 공화주의적 자유 개념에서 중요한 둘째는 신체적 힘, 기술적 장점, 재정적 영향력, 정치적 권위, 사회적 네트워크, 지역사회에서의 지위, 정보 접근성 등과 같이 국가, 사적 집단 그리고 개인이 지배할 역량을 결정하는 요인이다. 국가는 성격상 강제권을 독점하고 있다. 그래서 국가의 강제는 그런 요인과 독립적이다. 그러나 사적 집단 그리고 개인의 지배력을 결정하는 요인과 결부하여 지배 문제를 다룰 때, 우리가 주목할 것은 '사회구조론'에 빠질 위험성이다. 셋째로, 지배 없는 자유를 정부가 자의적 개입이 없는 상태로 규정하고 있다는 점이다. 자의성과 비자의성을 판단하는 것을 정치에 맡기고 있다. 이런 세 가지 문제를 중심으로 공화주의적 자유의 문제를 고전적 자유주의에 비추어 다룰 것이다.

2) 권력과 강제의 엄격한 구분이 없는 공화주의

공화주의적 자유 개념에서 중요한 역할을 하는 게 인간들 간의 지배 관계를 결정하는 능력이다. 이 능력을 결정하는 요인으로서 신체적 힘, 기술적 장점, 재정적 영향력, 정치적 권위, 사회적 네트워크, 지역사회에서의 지위, 정보 접근성 등을 들고 있다. 이런 요인들은 권력의 행사와 연계된 것이라고 볼 수 있다. 예를 들면 건장한 남자 대(對) 연약한 여인, 고용자 대 피고용자, 대기업 대 중소기업, 정치가 대 시민 등에서 볼 수 있듯이 말이다. 우리가 주목할 것은 권력을 강제와 동일하게 보는 공화 주의자들의 시각이다. 하지만 권력 그 자체(자신이 원하는 것을 성취하는 능력)는 나쁜 것이 아니라 강제하는 권력, 위협을 통해 타인을 자신의 의지에 강제로 복속시키는 권력이 나쁜 것이다.

따라서 동네 중심에 들어서 있는 대형백화점이 동네의 슈퍼마켓보다 다양한 방법으로 소비자들의 구매욕에 영향을 미치는 힘이 더 크다. 사람들이 자신의 의사에 따라, 또 자신의 목적을 위해 자발적으로 참여한 대기업에서 어느 감독자가 권력을 행사하는 것은 결코 나쁜 게 아니다. 그것은 문명화된 사회가 지닌 강점 중의 일부이며 사람들은 통일적인 지도하에서 자발적인 노력들의 결집을 통해 자신들의 집단적인 능력을 엄청나게 고양할 수 있는 것이다. 이런 권력은 상황을 지배할 능력이다. 이런 권력은 타인을 지배할 권력, 예를 들면, 사기, 기만, 폭력, 협박, 무력 등과 같이 강제하는 권력과는 전혀 다른 성격이다. 그런데 그런 권력은 사실상 강제나 다름이 없다.

그런데 만약 강제하는 권력을 결정하는 요인을 공화주의자들이 예시하는 기술적 장점, 재정적 영향력, 사회적 네트워크, 정보 접근성 등에서 찾는다면 이는 마치 시장지배적 기업에 대한 사전 규제의 위험성을 내포하고 있다. 하지만 그런 요인들은 반드시 인간을 지배하는 권력과 연계

되리라고 기대해서는 안 된다. 인간관계에서 권력과 강제가 서로 밀접하게 붙어 있는 것은 사실이다. 또한 소수가 점유하고 있는 거대권력은 만일 좀 더 큰 권력에 의해 제한되지 않으면, 타인들을 강제할 수도 있다는 것 역시 사실이다. 그러나 강제는 일반적으로 생각하는 것처럼 권력의 필연적이거나 공통적인 결과는 아니다.[8]

3) '현재적 자유'의 현실적 의미와 한국 헌법

피상적으로 본다면, 공화주의자들이 이해하고 있는 불간섭으로서의 자유 개념은 모든 나라에서 전지전능한 의회주권과 관련된 21세기 헌법 이론에서 인정되고 있는 듯하다. 성문헌법 위주인 한국 사회에서 주권자로서의 의회는 사회주의처럼 사회적 삶을 속속들이 개입할 거의 무한정 권력을 가지고 있다. 그래서 한국인의 자유는 전적으로 의회의 주권적 행사 의지와 의회의 기분에 달려 있다. 의회가 아량이 넓어 자유에 간섭하지 않는 법을 제정하지 않는 한, 한국인의 자유는 존재한다. 비공식 헌법이 발달할 수 없는 한국 사회에서 한국인의 자유는 전적으로 의회의 의지와 기분에 달려 있다. 미약하지만 오늘날 한국인이 자유를 누리고 있는 것도 그 때문이다. 한국 사람은 벌린의 자유 개념, 즉, 불간섭을 의미하는 자유를 누린다고 해석할 수 있다. 영국 의회는 괴물처럼 사람들의 삶에 개입할 역량을 부여받았다. 하지만 실제로 그런 개입을 하지 않고 있다.

---

8) 헨리 포드(Henry Ford)의 권력, 원자력에너지위원회의 권력, 구세군 대장의 권력, 미국 대통령의 권력 등은 모두 다 자신들이 선택한 목적을 위해 타인들을 강제하는 권력이 아니다. 때때로 강제(coerce)라는 말 대신 '무력(force)'과 '폭력(violence)'이라는 용어가 사용되는데 이는 조금 나은 경우이다. 무력, 혹은 폭력의 위협은 강제의 가장 중요한 형태이기 때문이다. 그러나 그것들이 강제와 동의어는 아니다. 물리적 힘의 위협이 강제가 행사될 수 있는 유일한 방법은 아니기 때문이다. 유사하게 아마도 강제만큼이나 자유와 대립하는 것인 '억압(oppression)'은 단지 지속적인 강제행위의 상태를 지칭할 뿐이다(Hayek, 2023: 218).

따라서 주권자로서 의회의 의지에 달려 있는데, 그것은 의회가 그 자유에 간섭하지 않는 한, 영국 시민들의 자유는 존재한다고 볼 수 있다. 의회의 주권과 관련된 이런 해석은 법실증주의적 견해를 반영한 것이다.

헌법은 공식적 비공식 제한들의 복잡한 망(網)으로 구성되어 있다. 공식적인 제한들은 그런 규제의 망 중의 일부일 뿐이다. 역사를 얼핏 보기만 해도 공화주의와 자유주의에 중요한 것은 공식적 헌법 혹은 '종이 헌법'이 아니라, 비공식 헌법으로서 경제 헌법이다. 영국의 공식적 헌법은 유약하고 실체가 없는 데 반해, 성문 헌법처럼 그렇게 실질적 역할을 하는 비공식 헌법이 강건하고 안정적이다. 따라서 영국 헌법을 좀 더 정밀하게 이해한다면, 영국 시민들은 공화주의적 자유를 누린다고 볼 수 있다.

그러나 자유의 성문 헌법을 가짐으로써 불개입과 비지배로서 자유의 두 가지 측면을 누리는 게 미국 시민들이다. 한국 헌법 아래의 한국인은 우연히도 그렇게 이타적인 독재자 밑에서 살고 있지만, 미국인들은 그 독재자의 관대함 때문에 자유를 누리는 게 아니다. 미국 시민들의 자유로운 삶의 조건을 당장은 물론 지속적으로 누릴 수 있게 하는 성문화된 헌법적 장치 때문이다. 그들은 강제와 억압이 없는 상태를 의미하는 영국적 자유를 보호하기 위해서는 비공식 헌법은 충분하지 못하다는 것을 영국적 경험을 통해서 인식했다. 미국인들은 정부의 권력을 제한할 공식적 헌법이 필요하다는 것을 절실히 느꼈던 것이다. 하이에크가 미국 헌법을 정부의 권력을 제한해야 한다는 것을 의미하는 입헌주의의 발전에 이바지한 대표적인 모델로 여기는 이유다(Hayek, 2023: 280-288).[9]

---

9) 미국의 헌법을 합리주의적 자유주의자들처럼 그렇게 사회계약론적으로 이해해서는 안 된다. 미국 헌법은 미국인들의 예지적 지식이 아닌 경험을 통해 형성된 것이다(Hayek, 2023: 282-284).

4) 비지배와 불간섭을 포괄하는 자유주의적 자유 개념

데이비드 흄, 애덤 스미스, 프리드리히 하이에크 등 고전적 자유주의자들은 자유를 강제 또는 억압이 없는 상태로서 소극적 의미로 이해하고 있다. 이것은 평화, 안전, 정의도 소극적이라는 의미에서 참된 자유 개념이다(Hayek, 2023: 38; 민경국, 2021: 37-38).[10] 타인에 의한 강제 또는 억압이 없는 상태를 가리키는 자유는 사람들이 "각자 자신의 지식을 이용하여 자유롭게 자신의 목표를 추구할 수 있는 조건"(Hayek, 2018: 109)을 의미한다. 이런 자유 개념은 비지배로서의 공화주의적 자유를 포괄한다. 즉, 소극적 자유는 단일의 순간과 사건들뿐만이 아니라, 장기적 조건과 사람들의 일반적 삶의 조건에도 적용할 수 있다. 고전적 자유주의자들에게 강제의 부재라는 자유 개념 이외의 새로운 개념이 필요하지 않았던 이유다. 이를 예를 들어 설명하면, 권위주의 정부는 사람들의 저작물을 검열할 권력을 가지고 있지만 사실상 그렇게 하지 않았다. 따라서 그들은 당장 불개입의 자유를 누린다는 점에서 표현의 자유를 누린다. 만약 권위주의 정부가 헌법을 통해서 검열할 권력이 박탈되었다면 시민들은 표현의 자유를 간단없이 마음 놓고 누릴 수 있다. 이 두 가지 경우를 모두 포함하는 것이 고전적 자유주의라는 점을 주지해야 할 것이다.

페팃이 자유인과 노예를 대비하여 비지배와 불간섭의 차이를 설명하고 있다. 고전적 자유주의자들도 자유와 노예 사이의 기본적 차이를 설명하고 있듯이(Hayek, 2023: 38-40; 민경국, 2021: 29-30), 강제의 부재로서 자유의 소극적 특성의 가치가 결코 감소되지 않고 비지배와 불간섭을 모두 포

---

10) 하이에크는 특히 평화, 자유, 정의를 3대 소극적 가치라고 말하면서, 소극적이어야 할 이유를 설명하고 있다. "자유사회의 정부가 할 수 있는 최선의 일이란 것이 왜 소극적 성격을 띨 수밖에 없는가? 그것은 사회의 질서를 형성하는 요소들이 너무 많아서 어떤 개인이나 조직이 도저히 그 움직임을 다 알 수 없다는 불변의 사실 때문이다."(Hayek, 2018: 661)

함하고 있다. 페팃이 비지배로서의 자유는 유독 공화주의에만 고유한 것이라고 주장하고 싶다면 불개입으로서의 자유를 생각하는 사람들은 영구적인 삶의 조건으로서 그런 자유를 확립하는 데 관심이 없었다는 것을 보여주었어야 한다. 하지만 그는 그렇게 하지 못했다.

5) '비지배'는 공화주의에만 고유한 자유 개념은 아니다

공화주의는 지배가 없는 상태로서의 자유 개념을 자신의 고유한 것이라고 주장한다. 그러나 이런 주장이 자유주의의 이념적 역사와 양립하는 것인가? 이 문제를 다룬 라트나팔라에 따르면 그 대답은 '아니다'이다(Ratnapala, 2000: 266-267). 자유주의자들이 자배자가 간섭할 권력을 제한하지 않고 단순히 불개입으로서의 자유를 규정했다는 공화주의자들의 주장은 틀렸다. 이미 앞에서 언급한 영국과 미국의 헌법에서 읽을 수 있듯이, 적어도 스코틀랜드 계몽주의 전통의 자유주의자들은 시민들이 정부로부터 단순히 간섭당하지 않을 자유를 요구했을 뿐만 아니라, 개입으로부터의 자유를 확립할 수 있는 유일한 수단은 정부가 개입할 권력을 영구적으로 억제하는 것이라고 믿었다. 즉, 그들은 불개입과 비지배 모두를 요구했다. 그도 그럴 것이 어느 하나가 없으면 다른 하나도 존재할 수 없다고 믿었기 때문이다. 단기적·순간적 개입을 막지 않고서는 지속적인 개입도 막기 어렵다는 것이었다. 반대로 지속적인 개입을 막을 장치가 없으면, 순간적인 불개입도 막기 어렵다고 믿었다. 두 가지 종류의 자유는 분리할 수 없는 하나라는 믿음이야말로 고전적 자유주의를 공화주의와 다르게 만든 첫 번째 요소다.

현재의 개입과 동시에 잠재적 개입으로부터의 자유라는 개념은 고대의 아테네에서부터 시작하여 로마의 학자들을 경유하여, 중세의 스토아학파를 거쳐 수많은 현대적 자유주의자가 수용한 자유 개념이라는 것을 직시할 필요가 있다(Hayek, 1989: 107-112). 비지배로서 자유 개념은 공화주의에 고유한 것이라고 볼 수가 없다는 것은 스코틀랜드 계몽사상의 전통을 확립했던 진화사상가들에 의해서도 입증된다. 그들은 시민의 덕성에 의존하려고 했던 과거의 공화주의와는 달리, 파당적인 지배를 막기 위해 고안된 헌법적 장치가 필요하다는 것을 역설했다. 예를 들면 데이비드 흄은 1742년에 발표한 저서 『도덕 정치경제학 논집』 제1부 제6장에서 다룬 「의회의 독립성에 관하여」에서 이렇게 말했다.

> "정치 관련 작가들은 정부를 조직하고 헌법에 몇 가지 견제 장치와 통제 규정을 만들 때 인간이라면 누구나 악당이라고 전제해야 하고 그의 모든 행위에서 사적 이익 이외의 다른 목적이 없어야 한다는 점을 공준(maxim)으로 확립했다."(Hume, 1742/1987: 42)

이런 말을 염두에 둔다면, 흄은 지배자들의 순간적 의지에 좌우되는 단순히 불개입으로서의 자유는 진짜 자유주의가 추구할 가치가 아니라고 믿었다. 애덤 스미스도 자신의 은사이자 친구였던 흄의 그런 믿음을 공유하면서 자기중심적 입법자의 권력을 제한하는 것이야말로 헌법의 중요한 역할이라는 것을 역설했다(이황희, 2023: 216-227). 그도 역시 덕의 윤리에만 의존하는 것을 반대했다. 알렉산더 해밀턴(Alexander Hamilton), 제임스 매디슨(James Madison), 존 제이(John Jay)의 공동저서인 『페더럴리스트 페이퍼』에서 그 저자들은 정치적 헌법 이론을 밝혀내면서 정치권력을 통제하는 문제에 지속적이고 강력한 초점을 맞추어야 할 것을 주장한다. 특히 그 페이퍼의 공동저자 중 한 사람인 매디슨은 페더럴리스트 No. 51에서 덕의 윤리에만 의존해서는 안 된다는 흄과 스미스의 주제를 되풀이하면서 지배자의 억압을 지속적으로 막아야 할 필요성을 강조했다(Hamilton,

1995: 315-319).[11]

그들뿐만이 아니라, 현대의 자유주의자들도 모든 정부나 의회, 심지어 시민들의 선거를 통해 선출된 정부와 입법부의 권력까지도 영구적으로 제한해야 한다고 주장하는 데 인색하지 않았다. 예를 들면 하이에크는 권력에 대한 영구적인 헌법적 제한을 위한 논의에 두 권의 저서 『자유헌정론』(1960)과 『자유인의 정치질서』(1978)를 전부 할애하고 있다. 그는 전자의 저서에서는 입법부의 권력을 제한하여 개인의 자유를 보호하는 법치 원칙을 다루면서 이 원칙의 테두리 내에서 정부가 해야 할 적극적인 과제(공공재, 선별적 복지, 경쟁정책, 농업정책, 교육정책 등)를 논의하고 있다. 후자의 저서[12]에서 그는 민주적인 과정만 일단 지킨다면 정부 권력에 대한 다른 일체의 제한이 불필요하다는 환상 속에 숨어 있는 비극의 환상을 설명했다. 여기에서 민주적으로 선출된 국민의 대표가 '정부 권력을 행사'하는 데 대해 과거에 존재했던 어떠한 제한도 가해서는 안 된다는 믿음이 생겨났다고 하이에크는 주장한다(Hayek, 2018: 514).

그런 믿음은 홉스, 루소, 오스틴 등이 확립한 전통의 프랑스 계몽주의 전통에 서 있던 제러미 벤담, 제임스 밀 등의 급진 철학자들이 지원했던 것 같다. 아버지 제임스 밀에게서 배운 듯, 아들 존 스튜어트 밀은 『자유론』에서 "국민은 자기의 뜻에 맞지 않는 보호받을 필요가 없다"고 한다(Mill, 2011: 10). 다시 말해, 국민이 하고자 하는 일이라면 막아서는 안 된다고 한다. 이런 주장이야말로 국민주권 사상이 아닐 수 없다. 모순되게 들리겠지만, 국민이 뽑은 지배자의 권력을 제한할 필요가 없는 것은 그

---

11) 윌리엄 블랙스톤(William Blackstone)의 의회 주권론이 시대착오적이라고 매디슨과 함께 비판했던 인물은 미국의 독립전쟁 당시 유명한 정치철학자 가운데 한 사람인 제임스 윌슨(James Wilson)이었다. 이에 관해서는 Hayek(2018: 537) 및 Vile(1998: 174)을 참조.

12) 이 책은 *Law, Legislation and Liberty*, vol. 3(1978)을 vol. 1(1973)과 vol. 2(1976)와 통합해서 1983년에 "Law, Legislation and Liberty"라는 제목으로 발간했다. 2018년에 한글판도 통합본으로 출간했다.

래서다. 그의 권력은 다름 아닌 바로 국민 자신의 권력인 것이다(10쪽). 의회에 무한대의 권력을 허용한 결과는 무엇이었나? 이에 대해 하이에크는 이렇게 말했다.

> "우리는 민주적 대의기구에 부여한 바로 그 무제한 권력 때문에 그것이 특정한 이익을 위해 봉사해야 하는 상황에 빠지는 것, 다시 말해 다수가 권력을 유지하기 위해서는 특정 이해당사자의 요구를 들어주지 않을 수 없게 된다는 것을 알았다."(Hayek, 2018: 659)

권력을 쥔 다수파로부터 특정한 개인들이나 집단들에게 차별적인 혜택을 줄 수 있는 권력을 박탈할 수 있을 때만이 그 같은 사태를 막을 수 있다. 하이에크가 의회의 입법 권력을 제한하여 '지배로부터 자유'를 누릴 수 있게 하는 이상적인 헌법 모델을 개발했던 것은 그래서였다. 하이에크뿐만이 아니라 그밖에 예를 들면 제임스 뷰캐넌도 헌법 경제학이라고 부르는 패러다임을 개발하여[13] 이른바 '정부 실패'를 치유할 수 있는 헌법적 장치를 마련하려고 했다. 뷰캐넌은 저서의 제목이 말해주는 것처럼 "이해관계의 정치가 아닌 원칙의 정치"(politics by principle, not interest)를 통해 지배자의 권력을 제한하여 개인의 자유를 보호할 수 있다고 목소리를 높였다. 그 원칙을 헌법에 담아야 한다고 했다.

---

13) 헌법 경제학이 없다고 한다면 정부 실패의 원인을 정치인 또는 관료의 행동 동기, 그들의 무지 또는 불합리성에서 찾는다. 이런 인식은 시장 실패의 원인을 시장참여자의 이기심에서 찾는 것과 동일하다.

6) 자유주의는 개인의 자유를 어떻게 옹호하고 있는가?

비지배로서의 자유를 위해 국가권력을 영구적으로 제한해야 한다는 논리도 공화주의가 아닌 고전적 자유주의, 특히 진화론에 기초한 자유주의가 가장 일관된 그리고 설득력이 강한 논거를 제공하고 있다고 본다. 맨더빌, 흄, 스미스, 퍼거슨 등과 같은 18세기 진화사상가들은 정부는 악을 행하는 잠재력은 강한 데 반해 선을 행하는 데는 매우 약하다는 것을 아주 잘 알고 있었다. 그들은 지배자의 권력을 영구적으로 제한해야 한다는 주장은 공공선은 정부의 행동이 아니라 개인들이 자신의 목표를 추구하는 과정에서 달성된다는 확신에 근거하고 있다. 이런 확신은 다음과 같은 세 가지에 근거한다. 첫째로 인간 본성에 관한 가정, 둘째로 인간이 가진 지식의 한계, 그리고 마지막 셋째로 사회적 변화과정에 관한 이해에 근거하고 있다.

첫째, 인간의 본성과 관련된 가정에서 헌법 제정자들은 통제시스템을 고안할 때 지배자는 사적 이익 이외에는 어떤 다른 목적도 없다는 사실에 주목해야 한다고 했다. 이미 앞에서 데이비드 흄과 관련하여 설명했듯이, 지배자들은 일단 악당이라고 전제하고 통치시스템을 고안해야 한다. 플라톤-헤겔의 낭만적인 국가관처럼 그들을 그렇게 선량한 독재자로 착각해서는 안 된다. 정치가나 관료는 사심이 없이 국리민복을 위해 헌신하는 인간이라는 낭만적인 생각을 버려야 한다. 그들도 시장참여자들과 똑같이 자기 것을 챙기는 데 급급한 인간이다. 예를 들면 에드먼드 버크는 역사상 가장 위대한 독재자들 가운데 가장 공정한 방식으로 통치를 시작한 사람이 많았지만, 이는 오로지 시작할 때뿐이었고 결국에는 권력은 심장과 오성을 모두 부패시켰다고 말한다. 그리고 존 애덤스도 제한이 없는 그래서 균형 잡히지 않은 권력은 항상 남용된다고, 그리고 이에 뒤질세라 제임스 매디슨도 인간의 수중에 있는 모든 권력은 남용되기 쉽다고 말했다. 그런 인식에서 그들은 그런 권력을 영구적으로 제한하여 지배로부터의 자유를 보호하는 헌법 질서를 찾으려고 했다.

둘째, 인식론적 시각에서 지배로부터의 자유를 옹호한다. 자유에 대한 옹호론들 가운데 가장 강력한 설득력이 있는 옹호론이 인식론적 옹호론이라고 본다.[14] 인간들이 지닌 지식은 늘 심각하고 치유할 수 없는 결함이 있다. 애덤 스미스는 그런 인식론적 관점에서 '체제인(man of system)'을 비판한다. 체제인은 '자기 스스로가 매우 총명한 자로 자만'하고 '자신의 이상적인 정부계획의 아름다움에 현혹된' 인물이다. 그 대표적 인물이 1789년 프랑스혁명의 로베스피에르(1753~1794)였다(Ottison, 2011: 85). 1917년 러시아 혁명의 스탈린, 캄보디아의 폴 포트(Pol Pot), 중국 마오쩌둥의 문화혁명, 2018년 한국 촛불혁명에 해당하는 그 같은 인물은 "거대한 사회를 구성하는 서로 다른 구성원들을, 마치 장기판 위에서 손으로 말들을 배열하는 것만큼이나 아주 쉽게 배열할 수 있다"고 믿는다(Smith, 2009: VI.ii.2.17: 443). 하지만 인간 사회라는 거대한 장기판에 있는 모든 말 하나하나가 지닌 자기 자신의 고유한 운동 원리는 입법기관이 그들에게 부과하는 것과 전혀 다른 것이다. 다른 말로 표현해서, 입법자는 인간 개개인들의 행동을 알 수 없기에 입법을 통해서 그들의 행동을 정치적 목표에 합당하게 통제하기가 불가능하다는 것이다.

인간이 지닌 지식의 결함을 "인간 이성의 구조적 한계"라고 부르면서 그 한계를 분명히 했던 인물이 하이에크였다. 수백만, 수천만 명이 사는 거대 사회와 같은 복잡계에서는 어느 정신도 사람들의 노력에 대한 특정한 간섭을 통해 공익을 증진하는 데 필요한 모든 지식을 소유할 수 없다고 목소리를 높였다. 그의 탁월한 통찰이 우리에게 알려주듯, 우리는 사회적 과정과 규칙의 생성에 관한 원리만을 알 수 있을 뿐, 사회를 구성

---

14) 자유에 대한 옹호론은 다음의 네 가지다. 윤리적 옹호론, 진화론적 옹호론, 인식론적 옹호론, 결과론적 옹호론. 이에 관한 상세한 논의에 관해서는 민경국(2007: 364-378)을 참조.

하는 수백만 혹은 수천만 명의 개인들 각자에 관계된 선호, 가치, 자원 등과 같은 특정한 사실들(facts) 그리고 그들이 제각각 처한 상황에 관해서 우리가 '영구적으로' 알 수 없다(Hayek, 2018: 46-47).

삶이란 발견의 과정이다. 우리가 처한 상황은 늘 변동하기 마련이다. 우리가 그런 상황 변동을 알기 어려운 이유다. 하이에크가 정확히 지적하듯이, "어느 하나의 정신 또는 집단에게 모든 관련 사실이 알려져 있다는, 그리고 이런 특정한 것들에 관한 지식으로부터 바람직스러운 사회질서를 건설할 수 있다는 허구에 기초를 두는 경향"을 우리는 두려워해야 한다(Hayek, 2018: 50). 애덤 스미스의 체제인을 하이에크는 구성주의적 합리주의자라고 부른다. 그런 합리주의의 특징적 오류는, 단번에 전체를 두루두루 볼 수 있다는 것을 의미하는 "종관적 망상(synoptic delusion)"이라고 불러왔다.[15] 이런 망상에 사로잡혀 인류를 빈곤과 야만적 삶을 특징으로 하는 노예의 길로 안내했던 절정은 옛 소련과 동유럽의 사회주의 계획경제였다. 종관적 망상은 결국 '치명적 자만'(Hayek, 1988)이었음이 백일하에 드러났다.

이상과 같이 '지식의 한계'라는 주제에서 스미스와 하이에크는 제아무리 이타적이고 현명한 지배자라고 해도 우리를 우리 자신의 행복으로 이끌거나 혹은 공익을 위해 사회를 규제할 권력을 부여할 수 없다는 결론을 도출하고 있다. 다시 말해 자신을 버리고 국리민복에만 몰입하는 지배자라고 해도 빈곤자를 포함하여 모든 사람에게 번영을 안겨주는 사회질서를 계획하여 만들 권력을 허용할 수 없다는 것이다. 그러니까 시민들에게 지배 없는 자유를 허용해야 한다는 것이다. 그러나 인간들에게 자

---

15) "그런 망상은 연관된 현상들 여러 개를 동시에 다룰 능력, 그리고 하나의 그림에 이 현상들의 질적 속성 및 양적 속성 모두를 그려내는 능력'의 발전을 꿈꿀 때와 같이 의도적으로 계획된 사회에 열광하는 사람들에 의해 감동적이며 소박한 문구로 표현되기도 한다."(Hayek, 2018: 50)

유를 허용할 경우, 사회주의자 또는 간섭주의자들은 흔히 토머스 홉스를 인용하여, '만인에 대한 만인의 투쟁'을, 즉 사회적 혼란만을 초래하게 될 것을 우려한다. 그런 혼란의 치명적인 결과는 "인간의 삶은 고독하고 가난하며, 불결하고 잔혹하며, 심지어 명도 짧다"라는 것이다(Hobbes, 1965: 96-97).[16]

　　그러나 그런 홉스적 비판은 복잡계는 스스로 형성되는 또는 자생적 질서의 성격이 있다는 다음과 같은 셋째 사실을 간과한 탓이다. 18세기 진화사상가들이 사회의 자생적 성격을 분명하게 인지했다. 물론 그 이전에도 사회질서의 자생적 성격을 이미 간파한 인물들이 있었다. 전통의 시초는 기원전 2세기경 무위사상을 개발한 노자(老子)다. 이 사상이 지성사에서 최초로 등장한 자생적 질서 이념이다. 국가는 사람들에게 질서를 강제로 부과해서는 안 되고 질서가 자생적으로 생성되도록 허용해야 한다고 한다. 자생적 질서 사상은 서양에서는 초기 그리스 철학과 고대 로마의 법사상에 등장한다. 그런 사상의 개발을 선도한 인물은 기원전 50년대 그리스의 역사학자이자 정치가였던 키케로다. 인간사에서 진화와 자생적 질서의 존재는 모든 것을 예측할 수 있는 지력을 가진 인간은 세상에 존재한 일이 없었다는 사실에 기인한다고 주장했다.[17]

---

16) 인용한 문장의 바로 앞의 문구는 다음과 같다. "만인이 만인에 대해 적(敵)이 되는 전시(戰時) (중략) 와 같은 사회적 조건에서는 결실이 불확실하기에 산업이 존재할 여지가 없고 토지 경작도 항해도 이루어지지 않고, 해로로 수입되는 물자의 이용, 편리한 건물, 많은 힘이 필요한 물건 운반 도구, 지표면에 관한 지식, 시간 계산, 기술, 문자, 사회 그 어떤 것도 없다. 그리고 무엇보다 불행하고, 끊임없는 공포와 폭력에 의한 죽음의 위험에 처해 있다."(Hobbes, 1965: 96-97)

17) 키케로는 『국가론』에서 다음과 같이 쓰고 있다. "우리의 정치 시스템이 다른 모든 나라의 것들보다 우수한 이유는 다른 나라의 그것들은 크레타의 미노스와 스파르타의 리크루그스 같은 특정한 개인의 판단에 의해 법과 제도를 도입하여 창출되었음에 반해 로마공화국은 한 사람의 개인적 창조물이 아니라 수많은 사람이 만들어냈다는 것이다. 그것은 어느 특정한 개인이 일생 동안 만든 것이 아니라 수 세기 동안 수 세대에 걸쳐 형성된 것이다. 그도 그럴 것이 모든 것을 예측할 수 있는 지력을 가진 인간은 세상에 존재한 일이 없었기 때문이다. 그리고 우리가 어느 한 사람의 머릿속에 모든 브레인 파워를 집중시킬 수 있다고 해도 그가 긴 기간

일반적으로 로마 사람들은 법과 제도는 장기적인 진화과정의 결과로서 등장한다고 믿었다. 흥미로운 것은 진화적으로 형성된 제도들은 아무리 현명하고 훌륭한 지배자의 정신이라고 해도 이 정신이 따라올 수 없을 만큼 방대한 지식을 구현한다는 믿음이었다. 스페인의 황금시대를 보낸 스콜라학파 이론가들은 데카르트(1596~1650)의 합리주의가 확산하면서 서서히 그 영향력이 줄어들기는 했지만, 18세기 버나드 맨더빌, 데이비드 흄, 애덤 스미스, 애덤 퍼거슨 등이 중심이 된 스코틀랜드 계몽사상에 강력한 영향을 미쳤다. 그들은 언어, 화폐, 법, 그리고 예의범절과 에티켓 같은 도덕, 그리고 정치제도를 비롯하여 우리의 사회적 삶을 안내하는 문화의 많은 부분은 어느 한 위대한 정신의 산물이 아니라 서로 다른 목표들을 추구하는 개인들이 상호작용을 하는 과정에서 생겨난 누적적이고 의도하지 않은 결과라는 사실에 주목했다. "사적 악으로부터 공적 선의 등장"에 관한 맨더빌의 사회적 풍자, 스미스의 "보이지 않는 손"의 설명, 그리고 사회질서는 이성에 의해 계획해서 만든 게 아니라, 관습의 형태로 경험의 축적으로부터 형성된 결과라는 흄의 사회이론은 우리의 삶을 윤택하게 하는 '문화적 요소들'은 인간 이성의 산물이 아니라 각자 자신의 목적을 추구는 사람들의 상호작용 과정에서 생겨나는 의도하지 않은 결과라는 것을 보여주기 위한 것이었다.[18] 이런 주제를 "인간행동의 결과이기는 하지만 인간기획의 집행이 아닌 확립된 제도들"이라는 유명한 말로 갈무리한 인물이 애덤 퍼거슨이었다.

의 역사적 여정 속에서 관행이 제공하는 경험을 축적하지 않고서는 모든 것을 고려하는 것은 불가능하다." Soto(2008: 28)에서 재인용.

18) 문화란 행위와 정서, 사고의 양식들, 예의범절, 관습, 종교규칙, 도덕, 전통 등 인간의 상호작용을 안내하는 행동규칙이나 제도를 지칭한다. 이는 후천적 학습 과정을 통해 습득한 것들이다. 그런데 흔히 문화를 '자연과 대립하는' 것으로 여기는 경향이 있다. 그러면서 '본능과 자연환경 사이에서 만들어진 완충물'이라고도 한다. 이한구(2019: 42)처럼 "문화를 자연과 대립하는 것"이라고 한다면 문화에 대한 이런 이해는 이분법적 사고에서 비롯된 것이다. 그러나 문화는 이성과 본능의 중간에 있다.

진화론적 전통 내에서 연구하는 현대적인 자유주의자들은 자생적 질서이론이 정부의 권력은 제한해야 할 필요성을 강조하는 헌법주의가 주는 의미를 밝혀냈다. 우리는 불완전하게 알 수밖에 없는 복잡한 자연적·사회적 환경을 다룰 수 있도록 우리를 도와주는 것이 문화적 요소들, 즉 행동규칙들이다. 우리는 이들을 지킴으로써 우리를 둘러싸고 있는 그런 복잡한 환경에 적응할 수 있다. 이 맥락에서 하이에크는 이렇게 말했다.

> "인간에게 겨우 부분적으로만 알려진 복잡한 세상에서 그가 어떻게 성공적으로 행동할 수 있는가의 문제는 그의 삶의 개선에 도움을 주었지만, 데카르트적 의미에서 옳은지를 알지도 못했고 알 수도 없었던 규칙들을 잘 지킴으로써 해결했다."(Hayek, 2018: 56)

다시 말해. 인간은 그런 행동규칙을 준수함으로써 비로소 합리적으로 행동할 수 있다는 것이다. 행동규칙을 지킴으로써 이성이 생성된 것이다. 이것은 이성을 통해서 그런 행동규칙을 만들 수 없다는 것을 의미한다. 따라서 사회질서를 계획해서 만들 수 있다는 믿음을 포기해야 한다. 그 대신에 위에서부터 아래로 법을 정하는 입법 권력을 제한하고 개인들의 자유로운 상호작용을 통해서 아래로부터 법이 형성되는 과정에 의존해야 할 것을 강조하는 진화론적 견해를 받아들이는 것이 현명하다.

3.
자본주의에 대한
공화주의적 비판의 허와 실

마르크스주의나 사회주의자와는 달리 공화주의는 시장의 열정적 지지자도 아니고 극렬한 비판자도 아니라고 한다(Pettit, 2006: 147). 정말로 그런가? 그렇지 않다는 것이 우리의 입장이다. 우선, 공화주의는 자유로운 교환에 특수한 도덕적 가치를 인정하지 않는다. 자발적 합의를 중시하지 않는다는 뜻이다. 합의의 배후에는 지배와 피지배의 관계가 있다고 보기 때문이다. 시장 관계를 갑과 을의 관계로, 따라서 권력의 불평등을 시장의 본질로 보는 것이 공화주의다. 신체적 힘, 기술적 장점, 재정적 영향력, 정보 접근성 등과 같이 지배할 역량을 결정하는 요인들(지배력을 결정하는 요인들)을 제거하거나 그런 구조적 요인으로부터 생겨날 행동들을 제약할 때 경제적·사회적 지배가 없는 상태로서의 자유가 지배한다는 것이다. 따라서 비지배적 행동을 도덕적 행동이라고 볼 수 있다. 지배로부터의 자유가 확립된 경제를 공화주의는 '시민 경제(civic economy)'라고 부르고 있다. 그런 경제관에 비추어 자본주의를 본다. 지배로부터의 자유를 확립·유지하기 위한 것이 법이고 정의라고 한다.

1) 시장사회를 계급론적으로 보는 공화주의

우리가 주목하는 것은 시장에서의 교환관계를 공화주의는 어떻게 보는가의 문제다. 신체적 힘, 재정적 영향력 등 자의적으로 간섭할 힘을 결정하는 요인으로서 열거한 것을 보면 시장 관계의 지배와 피지배의 문제를 구조적이라고 보는 인상을 지울 수 없다. 왜 자유에 대한 페팃의 관점은 반(反)시장적인가? 표면적으로는 그의 자유 개념은 스코틀랜드 계몽주의의 자유 개념과 다르지 않다. 하이에크에게 자유는 강제가 없는 상태다. 이는 자의적 간섭, 즉 지배가 없는 상태로서의 자유와 동일하다. 스코틀랜드 계몽사상의 전통에 서 있는 하이에크에게 '자유 없는 체제'가 노예제인 것처럼 페팃에게도 마찬가지다. 하지만 페팃이 기본 아이디어를 설명하는 방식은 자유인들 사이에서 서로 다른, 심지어 서로 충돌하는 행동들을 스스로 조정하기 위한 장치로 이해되는 시장, 즉 자생적 질서와 크게 상반된다.

즉 시장에는 "모든 복잡계의 자생적 성격, 스스로 질서를 만들어내는 힘"이 있다(Ratnapala, 2000: 269)는 엄연한 사실을 공화주의는 간과하고 있다. 시장은 법 앞의 평등이라는 엄중한 가치가 실현된, 그래서 거래 쌍방에는 신분적 평등이 실현된 것이기 때문이다. 공화주의는 시장은 "지배가 없는(herrschaftsfrei)" 자유로운 자생적 질서라는 사실을 망각하고 있다. 시장에서 수요자와 공급자 사이의 쌍방 합의의 도덕적 의미를 그래서 부정하는데, 이것이 공화주의의 특징이다. 자원 축적에서 사람마다 성공이 서로 다르고 그래서 성공의 차이에는 항상 지배가 수반된다고 공화주의자는 목소리를 높였다. 부자들은 항상 다른 사람들을 간섭하기 위해 그들의 자원을 사용한다고 한다. 그가 자의적으로 간섭할 힘을 결정하는 요인으로서 열거한 것을 보면 사회경제적 문제를 예로 들면 사회 구조적으로 구성된 계급과 성(gender)의 문제로 보고 있다는 인상을 지울 수 없다. 젠 더 문제를 가족의 남편과 아내 사이의 문제로 그리고 사회계급의 문제를 노동과 자본의 문제로 보고 있다.

2) 자생적 질서관을 망각한 공화주의

공화주의에 의하면 모든 시장경쟁은 강자에 의한 일종의 간섭이라고 한다. "만약 내가 고의로 가격을 낮춰 당신의 고객들을 나에게로 끌어당기면 그들과 당신의 관계가 파괴된다. 그렇게 되면 나는 당신을 간섭하는 것이다."(Pettit, 2007: 54) 가격 인하를 통해서 경쟁자들과 이들의 고객들과의 관계를 파괴할 역량이 있는 기업가는 사람들에게 마치 그런 경쟁을 지배하는 것처럼 보인다. 공화주의자들에게 시장이 자유의 영역보다는 지배의 영역에 훨씬 더 가깝게 보이는 이유다. 그러나 품질 또는 판매 서비스처럼 가격 인하도 기업들이 제각기 소비자들의 구매력을 가능한 한 많이 흡수하기 위한 경쟁수단이라는 엄연한 사실을 염두에 두어야 한다. 이미 앞에서 설명한 바와 같이 공화주의자들은 사물(상황)을 지배하는 권력과 인간을 지배하는 권력을 구분하지 못하는 우(愚)를 범하고 있다.

페팃이 자의적인 간섭이라고 믿는 '바가지 씌우기(price gouging)'도 소비자들이 옵션들로부터 기대한 보수를 낮출 만큼 그들의 선택에 공급자들이 간섭하는 것으로 해석하고 있다. 그러나 그런 해석의 배후에는 중세 사회에 유행했던 '정의로운 가격'에 관한 생각이 숨어 있다. 그러나 얼마의 값이 정의로운가를 아는 것은 불가능하다. 중세 스페인의 예수회에 속해 있던 루이 몰리나(Louis Molina, 1535-1600)가 말했듯이 독점, 거짓, 폭력이 없는 상태에서 자생적으로 형성되는 가격을 '자연가격'이라고 불렀던 것은 결코 놀라운 일이 아니다. 인위적으로 만든 가격을 기준으로 정한 가격의 강제집행은 재산과 계약의 자유에 대한 침해를 초래한다. 그리고 가격의 지식소통 능력을 방해하고 그 결과 자원의 잘못된 배분과 공급 부족을 초래한다.

경쟁적인 다른 생산자의 고객들을 떨어뜨리기 위해 가격을 낮추는 덤핑도 자의적인 간섭이라는 주장도 마찬가지로 우리가 전혀 알 수 없는 정의로운 가격의 존재를 전제한 것이다. 반덤핑 제도는 특정한 생산자를 경쟁으로부터 보호하는 일종의 특혜다. 개인들의 자의적인 간섭을 막기 위해서 도입된 가격 규제는 어떤 이유에서건 하나의 자의적 간섭이다. 고전적 자유주의가 가장 우려했던 것은 국가의 자의적 강제다. 자의적이라는 것은 개인의 사적 영역을 보호하는 것이 아니라 이를 침해한다는 뜻이다.

현실적인 예를 들어 대형마트의 영업 규제의 바탕에도 사실은 공화주의적 자유관이 깔려 있다. 대형백화점의 존재로 골목상권(商圈)의 판매 기회가 감소하게 됐는데 이는 일종의 간섭이고 결국 골목상권이 대형백화점에 의해 지배될 것이기 때문이다. 이는 공화주의적 자유의 상실이라고 해석할 수 있다. 그러나 자유주의적 자유의 관점에서 볼 때 그것은 자유의 상실이 아니라 시장의 정상적인 작동의 결과다. 즉 판매 기회의 감소는 대형마트의 의도적인 결과가 아니라 소비자들의 구매 선호·욕구에 대한 반응의 자생적 결과라는 것을 직시할 필요가 있다. 대형백화점의 존재는 쾌적한 구매장소, 결제와 주차의 편이성, 그리고 대형백화점이 제공하는 문화적 시설 등을 선호하는 소비자들의 성향 때문이다.

흥미로운 것은 백화점 영업시간 규제가 골목상권의 수익에 미친 영향이다. 그 영향은 대단히 미미했을 뿐이라는 다양한 연구 결과가 있다. 백화점 판매액만이 감소했을 뿐이다. 백화점의 영업시간 감소로 쓸모없는 노동력이 생겨나 고용감소를 초래했다. 더구나 농어업 산물의 백화점 납품이 감소하여 농어촌의 일자리도 줄어들었다. 그런 결과는 정부의 개입이 없었더라면 생겨나지 않았을 부정적 영향이다. 다른 말로 표현하면

유통시장에서 자생적으로 형성되는 분업이 얼마나 효율적인가를 말해
준다.

중소기업의 업종에 대기업이 진입할 경우, 중소기업의 행동반경이
줄어들어 중소기업의 경영이 어려워질 수 있다는 이유에서 그런 진입을
막고 중소기업을 보호하기 위해 도입한 것이 중소기업 적합업종 제도다.
이 제도의 바탕에도 지배가 없는 상태라는 공화주의적 자유에 관한 생각
이 깔려 있다. 그러나 중소기업이 어려운 것은 대기업의 존재 때문이 아
니라 대기업이 중소기업보다 소비자들의 욕구를 더 잘 충족시켜주기 때
문이라는 사실을 직시해야 한다. 위에서 든 두 가지 예에서 볼 수 있듯이
공화주의는 사물을 지배하는 권력과 자의적 간섭을 혼동하고 있다.

공화주의가 "비지배로서 자유를 최고의 정치적 가치로 취급하
고"(Pettit, 2007: 80), 그런 자유가 모든 정치적 제도의 유일한 목표라고 한다
면 공화주의적 사회에서 자유시장은 거의 완전히 정당성이 없는 경제체
제다. 이게 사실이라고 한다면 공화주의적 관점에서 볼 때 자유계약은 인
간들의 상호작용으로부터 생기는 결과에 대해 정당성을 부여하는 어떤
역할도 수행할 수 없다(Brennan & Lomasky, 2006: 241). 계약당사자들 사이에
존재하는 협상력의 비대칭성 때문이다.

3) 자본주의적 노사관계 vs. 공화주의적 노사관계

협상력의 비대칭을 이유로 하여 거래의 간섭을 정당화하는 대표
적 영역은 노사관계다. 브렌넌과 로매스키는 노동자에게 취약한 비대
칭성과 관련하여 공화주의자들이 확인한 두 가지 관점을 설명하고 있
다(Brennan & Lomasky, 2006: 244). 그의 비판적 설명을 자유주의 관점에서 재
구성할 것이다.

노동자에게 취약한 두 가지 비대칭성은 다음과 같다. 첫째, 고용주는 고용조건의 결정력과 관련하여 노동자와 비교해서 큰 권위를 누리고 있다. 어떤 회사든 누구나 차지하고 싶은 일자리, 장래성이 있는 일자리, 그리고 쾌적한 조건들을 지닌 일자리가 있다. 그런 일자리의 다른 한편에는 잡일, 흥미 없는 일, 지루한 일, 장래성이 없는 일자리도 있다. 고용주는 자신의 말을 고분고분하게 듣지 않는 노동자들에게는 좋은 일자리를 가질 기회를 철회하고 한직으로 보내겠다는 '암묵적인 협박'을 통해 그들을 지배한다(244쪽). 이런 지배는 공화주의적 자유를 억압한다고 볼 수 있다.

둘째, 마음대로 해고하는 체제에서 볼 수 있는 현상인데, 고용할 권한을 누리는 사람들은 해고의 궁극적인 권한도 누린다. 다른 한편 노동자들은 무엇보다도 보유한 일자리를 소중히 여기기 때문에, 그들은 현재의 처지가 자의적으로 나빠지는 것에 대해 민감하다. 마음이 맞는 직장이라고 해도 머리 위에 매달린 '다모클레스의 칼(Sword of Damocles)'[19]처럼 그들은 언제 어디로 좌천될지 또는 해고될지 늘 불안하다는 게 공화주의의 진단이다.

이같이 노동자에 불리한 두 가지 취약점을 완화하기 위해 공화주의는 고용주가 자신의 회사 직원들의 삶을 악화시킬 혹은 공정하게 받을 혜택을 유보할 능력에 엄격한 적법절차 요건을 부과할 것을 제안한다. 그런 부과는 사용자들에 대해 피고용자들에게 유리한 견제력(contestability)으로 작동한다고 믿고 있다. 견제력은 공화주의가 국가기관들의 사적 이익

---

19) 다모클레스는 기원전 4세기 독재자 디오니시오스 2세의 측근이었는데, 디오니시오스는 그를 호화로운 연회에 초대하여 한 가닥의 말총에 매달린 칼 아래에 앉혔다. 독재자의 권좌가 '언제 떨어져 내릴지 모르는 칼 밑에 있는 것처럼 항상 위기와 불안 속에 유지되고 있다'는 것을 가르쳐주기 위해서였다. 이 일화는 로마의 명연설가 키케로에 의해 인용되어 유명해졌고, 위기일발의 상황을 강조할 때 '다모클레스의 칼'이라는 말을 속담처럼 사용하기 시작했다. 미국 대통령 존 케네디가 연설 중 '우연히 일어날 수 있는 핵전쟁의 위험'을 경고하기 위해 '다모클레스의 칼' 이야기를 인용하여 더욱 유명해졌다.

추구를 법을 통해 억제하기 위해 제안한 것인데(Pettit, 2012: 341-342), 그것을 직장에서 벌어지는 의사결정에 도입하고 있다. 이런 체제를 브렌넌과 로매스키는 "경제적 공화주의"라고 부를 것을 제안한다(Brennan & Lomasky, 2006: 244).

자유주의 관점에서 본다면 경제적 공화주의는 고용주와 피고용자 사이의 힘의 비대칭성을 지나치게 왜곡하고 있다. 경제적 공화주의는 자본주의의 노사관계를 영주와 농노 사이의 절대적 권력관계가 지배하던 봉건시대를 떠올리게 하는 권위주의적 상하관계로 취급하고 있기 때문이다. 공화주의는 자본주의를 자본가가 노동자를 착취하는 세상이라고 여기는 정치적 패러다임이라고 해석해도 무방하다고 본다. 하지만 공화주의의 그런 시각들은 틀렸다. 자본주의 내에서 노동자들은 영주의 농노처럼 회사의 권위에 순순히 고개를 숙이지 않는 것이 현대사회에서 그들의 지위다. 그들에게 순종(順從) 외에도 더 좋은 다른 선택 대안들이 있기 때문이다.

노동자들이 선택해야 한다면, 그들의 노동을 다른 곳으로 이동할 수 있다. 실제로 그들은 마음 내키는 대로 그렇게 할 수 있다. 억압의 낌새가 없다고 해도 그들은 대우가 좋은 기회를 제공하는 회사로 일자리를 바꾸거나 아니면 일하기보다 여가를 자유로이 선택하는 것도 자본주의다. 회사의 보스가 싫다는 이유 또는 그 밖의 다른 이유에서 그가 회사를 떠날 피고용자들의 자유를 억압하여 그들을 회사에 묶어둘 권리는 자유사회에는 누구에게도 없다. 그리고 그런 권력을 고용주에게 허용해야 한다는 주장도 터무니없다.

고용주와 피고용자의 형식적인 계약자유의 대칭성은 노동자의 경제적 불안이 지배하는 실제 상황과 대치된다고 공화주의자들은 목소리를 높인다. 공화주의자들 가운데 급진적인 사람들은 노동조합을 사용자의 지배로부터의 자유를 위한 대항력으로 보고 있다. 그러나 자유주의 시각에서 보면 노동조합의 지배 때문에 수많은 노동자·기업·소비자의 자유가 줄어들었다. 주목할 것은 자유주의는 노동조합을 자본에 대한 대항력으로 볼 수 없다는 점이다. 노동조합은 조직화된 자본처럼 산업에서 권력화를 촉진했다는 것, 환경변화에 적합한 자원 조종과 경기변동에 대한 신속한 대응을 가로막는 노임의 경직성을 불러왔다는 것, 이것이 노동조합을 보는 자유주의 시각이다. 노조는 시간이 지남에 따라 특권계급으로 발전하여 법치국가의 보편적 규칙과 정면으로 충돌하는 구조물이 되었다는 것이 하이에크의 인식이다(Hayek, 2023: 414-417).

노조는 위험한 강제권도 가지고 있다. 노조가 파업에 참여하지 않은 노동자의 고용을 막는 것, 노조 가입을 강제하는 것도 그런 권력에서 비롯된 것이다. 노조의 극단적인 권력은 급진적인 노임 인상을 불러와 특정한 노동자 그룹이 혜택을 보고 다른 그룹들은 일자리를 잃는다. 노동조합은 자신이 만들어낸 실업을 보호한다는 명분으로 복지국가를 요구한다. 노동자의 경영참여제도도 자본의 지배로부터 노동자의 자유를 보장한다는 공화주의적 자유 논리에 따른 것이라고 해석할 수 있다. 그러나 그 제도는 노동자의 활동과 경영활동은 서로 충돌하고 또한 그것은 소비자를 위한 기업활동을 방해한다는 이유에서, 그리고 기업소유자의 소유권·자율성의 침해 가능성 때문에 자유주의는 경영참여제도를 단호히 반대한다.

4) 자유주의가 보는 노동자와 사용자의 관계

공화주의자들이 보는 노동자와 사용자의 관계를 자세히 관찰한다면 그들이 보는 현실의 경제적 세상은 극도로 비좁은 것처럼 보인다. 노동자들이 경제적 필요성 때문에 유대감으로 고용주와 묶여 있는 것처럼 보고 있는 이유다. 현대 자본주의 사회에는 수천, 수만 명의 고용주가 있다. 노동자들이 일자리를 바꿀 자유를 실제로 누릴 기회, 악덕 기업의 횡포를 회피할 기회, 또는 임의해고 후에 새로운 일자리를 구할 기회, 이런 기회를 불특정 다수에게 극대화하는 것이 자본주의다. 독립적인 기업가들이 시장의 진·출입에서 자유롭고 그들 간에 경쟁의 자유가 보장될수록 노동자들이 자유로이 이동할 수 있는 질이 좋은 기회는 더 증가한다.

이런 모든 것은 자본주의 사회에서나 존재할 수 있는 독립적인 자본가-기업가의 덕택이다. 기업가적 경쟁을 통해서 노동소득의 증가로 이어질 자본축적이 가능하다. 자본은 노동의 친구이지 적(敵)이 아니다. 사람들 가운데 대부분은 독립적인 자영업보다 노동자로 사는 것이 더욱 유리하다고 여기는 이유다. 이런 의미에서 자본주의는 프롤레타리아를 만들고 있다고 말할 수 있다. 이런 인식은 무산자인 프롤레타리아의 출현은 자본가들의 착취과정이 낳은 결과일뿐더러 그 과정에서 대중들이 이전에 독립적인 생계유지를 가능하게 했던 소유물을 박탈당했다는 마르크스가 만들어낸 신화라는 것을 또렷하게 보여주고 있다. 부모로부터 집, 토지, 생산도구를 상속받지 못한 무산자들을 고용하여 생존하고 번식할 수 있게 만든 것이 자본이었다는 사실이다. 무산자들이 스스로 빵을 구워 먹게 만든 것이 자본주의다.

자유주의자들은 독점을 반대하고 노동자의 이동성을 제약하는 모든 규제, 경제적 경쟁을 제약하는 다양한 관행들을 반대한다. 물론 여러 가지 이유로 심각한 실업난이 존재하는 시기에 경영자들이 해고 위협을 통해서 그들이 싫어하는 노동자들에게 심술궂게 권력을 행사하거나, 광산촌과 같이 사람들이 오지도 가지도 못할 정도의 악조건에서 어느 한 탄광회사의 경영자가 자신이 싫어하는 사람에게 변칙적으로 압력을 행사할 경우가 있을 수 있다(Hayek, 2023: 221). 하지만 그런 일이 오늘날 기회가 다양하고 번영하는 자본주의 사회에서는 자주 나타나는 현상은 아니다.

공화주의적 자유에 비추어볼 때 자본주의에서 문제가 되는 것은 임의로 해고를 허용하는 제도에서 자행되는 자의적 해고다. 그러나 이 문제도 오늘날 소셜네트워크 서비스의 발달로 공화주의가 우려할 만큼 심각하지 않다. 자의적으로 직원을 해고하는 '악덕' 고용주에 관한 정보는 노동계에 널리 알려지게 된다. 더욱이 인터넷의 발달로 인해서 고용주에 대한 개별 노동자의 평가는 삽시간에 전체 노동 시장으로 퍼져나가기 때문에 고용주는 멋대로 직원을 해고할 수 없다. 악덕 기업의 평판이 나빠지게 되면 역량이 있는 노동력의 고용도 어려워진다. 이런 현상은 애덤 스미스의 동감의 원리가 잘 말해준다. 기업주라고 해서 제멋대로 행동할 수 없는 이유는 기업주의 행동에 대해 사람들은 도덕적으로 평가하기 때문이다. 기업주는 자신의 감정과 행동에 대해 사람들이 비난하는 것을 듣기 싫어한다. 오히려 그들로부터 호응받기를 좋아한다.

따라서 임의해고에 법적 제한이 없다고 해도 해고의 권력 남용이 기업가의 평판과 품위에 미치는 부정적인 영향 그리고 양질의 노동력 수요와 관련된 경쟁력의 약화 등 때문에 고용주는 함부로 직원을 해고할 수 없다. 자유로운 노동 시장의 자생력을 통해서 해고할 권력의 자의적 행사 가능성이 대폭 제한된다. 임의고용에 대한 법적 제한이 없다고 해도 마찬가지로 고용주와 종업원은 해고할 권력을 제한하기 위해 계약할 수 있다. 직원들은 그러한 계약을 가치 있게 여길 것이다. 직장 생활에 대한 더 큰 고용 안정을 가져다준다는 이유에서다. 고용주도 그런 합의를 가치 있게 여길 것이다. 고용이 안정적인 근로자가 생산성이 높아진다면 말이다. 일자리 안정은 다른 곳에서 확보할 더 많은 소득을 얻을 기회에 대한 포기의 대가라고 이해할 수 있다. 그뿐만이 아니다.

5) 분배의 불평등과 자유사회: 존 롤스와 공화주의

공화주의자들은 시장에서의 자발적인 합의(계약)에 대한 도덕성을 의심하는 것도 문제다. 인간관계를 '자생적 질서'의 특징인 수평적 관계로 보는 게 아니라 오로지 수직적 관계로 보는 것도 문제다. 시장경제는 스스로 문제를 찾아서 이를 해결하여 평화, 번영을 안겨주는 '자생적 질서'라는 엄연한 사실이 공화주의자들에게는 생소한 것처럼 보인다. 현실에서는 사회의 수없이 많은 일이 자생적으로 형성된 자유의 체제 속에서 소리 없이 자율적으로 해결되고 있음에도 말이다.

그러함에도 자본주의의 특징을 부의 불평등에서 찾는 것이 공화주의다. 왜 공화주의가 부의 불평등을 두려워하는가? 이것은 권력의 불평등을 촉발하고 불평등은 자유를 위태롭게 하기 때문이라고 한다. 공화주의에 의하면, 부의 불평등은 두 가지 방향으로 작용한다고 한다. 첫째로, 재산의 불평등 분배는 사적 차원에서 지배관계를 형성한다. 경제적 과두제가 그것이다. 이것은 롤스가 부의 불평등을 두려워했던 이유다. 자본주의는 개인의 자유를, 특히 "경제적으로 취약한 계층"의 자유를 위태롭게 한다(White, 2011: 565). 불평등 아래에서 자유주의가 주장하는 계약의 자유는 형식적일 뿐이다. 그러니까 재분배를 통해서 경제적 강자의 지배력을 약화하고 경제적 취약자의 힘을 강화하여 그의 자유를 향상하는 것이 국가의 과제라는 것이다. 그러나 계약과 합의의 도덕적 가치는 그것을 원하지 않으면 언제나 거부하고 다른 대안을 선택할 수 있다는 점에 있다. '등 돌리기(exit)'야말로 정치에서는 보기 드문 시장의 장점이라는 사실을 직시할 필요가 있다. 선택 대안이 많을수록 등 돌리기 기회가 많아진다. 기회의 확대는 자유주의가 의미하는 자유를 통해서만이 가능하다.

공화주의자들은 가진 자가 경제적으로 취약한 계층의 삶을 어렵게 한다는 것을 입증이라도 하는 듯, 대표적 예로서 고용주와 노동자의 관계를 들고 있다. 공화주의는 자본주의적 노사관계를 절대적인 권위주의적 상하관계로 취급하고 있다. 자본주의를 자본가가 노동자를 착취하는 세상이라고 여기는 정치적 패러다임이라고 해석해도 무방한 이유다. 자본을 소유하지 않은 노동자들은 제공되는 시장 임금과 그들에게 부과된 노동조건을 받아들여야 한다고 한다. 그들의 노동조건이 아무리 불쾌하고 굴욕적일지라도 말이다.

마르크스가 글을 쓸 당시에는 이것이 그럴듯했을지도 모른다. 코플만이 정확히 지적하듯이 (Koppelman, 2022) 많은 노동이 중장비가 있는 공장에서 이루어졌다. 당시 사회주의자들은 자본 소유자가 노동자에 대해 행사한 권력 남용, 굴욕과 편견의 문제를 인식하지 않을 수 없었다. 그러나 "오늘날의 경제에서 자본가들은 가장 유망한 투자 중 일부를 자본 장비 구입에 사용하지 않고 그 대신에 노동자의 기술을 새로운 방식으로 활용하는 데 투자한다"는 코플만의 인식(Koppelman, 2022)이 우리의 눈길을 끈다. 오늘날 가장 생산적인 자본의 형태는 물적 자본이 아니라 주로 인적 자본이다. 자본주의 사회에서, 경쟁적인 노동시장에서 희소한 기술을 가진 사람은 누구나 고용주에 대한 영향력을 행사할 수 있다. 따라서 임금 관계가 본질적으로 "근로자를 소유 및 경영과의 관계에서 무력하게 만든다"는 에반과 프리먼의 주장은 결국 노동자의 경영참여제를 옹호하는 발언이다(Evan & Freeman: 1993, 97-100). 하지만 그들의 주장은 결코 사실이 아니다. 특히 주목할 점은 우리는 사회적 동물이라는 것이다. 우리는 다른 사람에게 동감한다. 우리는 타인의 분노가 아닌 선의를 원한다. 이는 비즈니스의 세계에서도 맞는 말이다. 성공한 고용주들은 장기적으로 행복한 직장을 만드는 데 관심이 있다. 비즈니스는 근로자를 착취하거나 고객을 속이는 것이 아니다.

둘째로, 정치적 과정에 미치는 영향력의 불평등과 이에 따른 정치적 권력의 불평등을 불러온다고 한다. 그런 불평등은 공화주의가 두려워하는 정치적 과두제를 부른다고 한다. 정치적 권력을 가진 자들에게 유리한 방향으로 행사하게 되어 결국 서민층의 자유가 위태롭게 된다는 것이다. 자유의 향상을 위해서는 재분배가 필요하다는 것이 공화주의의 인식이다. 이런 비판은 이미 앞에서 논의한 바와 같이 자본주의의 가장 큰 약점이라고 여겼던 롤스의 비판과 매우 흡사하다. 그도 역시 정치에서 과두정치를 무척 두려워했다. 부와 소득이 있는 사람들은 점점 더 자신에게 유리하게 정치적 권력을 통제한다고 믿었다.

그러나 부자의 경제력을 정치적 영향과 결부시키는 것은 너무 성급하다. 두 가지 이유 때문이다. 첫째로, 대기업들이 경쟁자로부터 자신을 보호하기 위해 정치적 측근을 확보하는 것이 결코 아니다. 대기업들은 사람들을 신뢰해야 한다. 대기업들의 경영진도 우리와 똑같이 타인들로부터 분노보다 동감을 얻는 것에 매우 민감하다. 성공한 경영자들은 장기적으로 행복한 직장을 만드는 데 관심이 있다. 둘째로, 간섭이 많을수록 정치에 영향을 미치려는 욕구가 강력하게 작용한다. 정경유착은 부의 불평등의 산물이 아니라 국가개입의 산물이다. 정경유착을 막기 위해서는 국가권력을 헌법적으로 엄격하게 제한하는 것이 최선의 방책이다. 국가권력을 제한해야 한다는 헌법주의를 자유주의자들이 중시하는 이유다.

6) 자유주의는 공동선이 부재하는가?

자유사회는 공법보다 사법(private law)을 중시하는 사회다. 사법은 오로지 개인들의 이기심만을 충족하고 공익을 위한 것은 공법뿐이라는, 그래서 공법은 공공이익을 위한 법이고 사법은 사적인 이익을 도모하는 법이라는 속설이 지배하고 있다. 사법은 특정한 개인들의 복지를 증진하는 데 반해 공법만이 유일하게 사회구성원 전부의 복지에 봉사한다는 것이다. 이런 믿음의 뿌리는 로마 시대의 공화주의로부터 유래한다. 사법은 개인의 행복에 봉사하고, 공법은 로마 사람 전체의 행복을 겨냥한다는 것이다. 그러나 우리 모두에게 유익한 재화와 서비스, 나아가 보편적인 풍요를 안겨주는 것이 의도적인 공동의 행동을 통해서라기보다 사법을 기반으로 하는 자생적 질서라는 점은 애덤 스미스 이후 잘 알려진 사실이다. 풍요와 평화를 말하는 공공복리도 사법의 집행을 통해 실현되는 것이라는 믿음이야말로, 자유주의자라고 한다면, 소중히 간직해야 할 것이다.

공동선(일반복리)이란 개인에 대한 강제의 허용 여부를 결정하는 기준이다. 국가권력의 정당한 대상은 일반적 혹은 공공적 성격을 지니고 있어야 한다는 것은 자유주의 전통에서 강조되고 있는 원칙들 가운데 하나다. 이런 원칙을 통해 국가권력이 특수한 이익을 위해 사용되는 것을 막기 위한 것이라는 점은 분명하다. 특수이익이란 개인들의 알려진 구체적 목표다. 자유주의자들에게 일반이익이란 원칙적으로 알려지지 않은 개별적 목적을 추구하는 것을 용이하게 하는 데 있다(Hayek, 2018: 267-274). 일반이익은 어떤 행동규칙들이 개인들과 소규모의 그룹들이 각기 자신들의 욕구를 충족하기 위한 유익한 기회들을 개선할 수 있는 조건을 창출할 수 있느냐의 여부를 판단하는 역할을 한다. 그 조건이 정의의 규칙을 통해서 형성되는 '자유의 시스템'이다. 따라서 정부를 필요로 하는 공익이란 특수한 욕구를 직접 충족하는 것이 아니라, 수많은 사람의 노력이 자생적으로 조정되는 추상적 질서를 확립하는 것이다. 특히 우리가 주지해야 할 것은 공공이익이란 서로 다른 개개인들의 특수한 욕구 충족의 합이 될 수는 없다는 점이다. 그 이유는 이 욕구 충족과 이 욕구 충족을 결정하는 모든 상황을 정부나 그 밖의 누구도 알 수 없기 때문이다. 따라서 공리주의는 자유주의에 합당한 공동선의 기준을 제공할 수 없다.

자유주의는 사익 중심적 체제이기에 공익을 알지 못하는 체제라는 공화주의적 비판이다. 공동선과 시민 참여를 공화주의의 중심에 두고 있는 것, 공화주의의 비지배로서 자유 개념도 그런 비판으로부터 나온 것이다. 그러나 자유주의에는 공동선이 없다고 하는 것은 치명적 오류다. 자유주의가 추구하는 공동선은 바로 수많은 노력이 누구도 의도하지 않았음에도 자생적으로 조정되는 추상적 질서다. 이런 질서는 보편적·추상적 규칙을 사람들이 지키기 때문에 가능하다. 자생적 질서의 존재는 인간은 사회적이라는 사실에 의존한다. 구조적으로 무지하기에 사람들은 사회 속에서 타인들과 교제하면서 삶의 방식을 비롯하여 도덕, 에티켓, 예의범절, 관습 관행 등을 배우면서 행동한다.

공화주의 사회보다 자유사회에서 훨씬 더 잘 공급되고 수요되는 공동선이 존재한다. 그게 바로 본래 사회적 성격을 지닌 재화와 사회적 자본이다. 전자에 속하는 재화는 혼자서 TV를 통해 축구나 야구를 구경하기보다 수많은 사람이 모이는 축구·야구장에서 구경하기를 즐기는 것, 또는 혼자서 음악을 듣기보다는 여럿이 함께 감상할 수 있는 콘서트에 가기, 또는 재화의 논리에 따라 다른 사람과 함께 즐기지 않으면 즐길 수가 없는 바둑과 같은 수많은 게임 즐기기 등이다. 경제학자에게 국방이 공공재의 전형인 것처럼 윤리학자에게는 우정도 본래 사회적 성격을 가진 재화다. 이런 모든 재화는 그 공급이 기술적인 상황에 의해서만 좌우되는 것이 아니라는 점에서 공공재와 다르다. 후자에 속하는 재화는 학부모교사협의회(PTA), 자선단체, 신앙집회, 청소년보호협회 등 자선적 활동을 통해서 타인들을 위하는 일종의 공공재다.

자유사회는 공동선으로서 사회적 자본의 결핍을 초래하기에 공화주의가 대안체제라고 주장하는 사람들은 사회적 자본의 자생적 생성을 오해하고 있다. 사회적 자본은 결코 공화주의를 선호하지 않는다. 사회적 자본으로서 결사체의 존재야말로 자유사회의 진정한 모습이다.

4.
법과 자유의 관계: 자유주의 vs. 공화주의

공화주의자들은 비지배와 불개입의 차이는 법과 자유의 관계에서도 드러난다고 한다. 비지배라는 공화주의적 자유는 법과 양립하는 데 반해, 벌린과 같은 불개입을 의미하는 자유는 모든 법과 충돌한다고 한다. 이런 비판에서도 다시 그들은 자유는 법이 침묵할 때만이 시민들은 자유를 지닌다는 홉스의 주장에 대한 벌린의 인용에서 출발한다(Pettit, 2012: 101). 불간섭으로서의 자유를 법은 족쇄라는 의미에서 법과 대립적인 관계로 취급하고 있다. 벌린은 법과 자유의 관계에 관한 홉스의 생각을 다음과 같이 썼다.

> "자유로운 사람이란 자신의 의지로 무슨 일을 하든 방해받지 않는 사람이라고 한다면, 법은 일종의 족쇄다. 설령 법보다 더 무거운 사슬, 예컨대 억압적인 법 혹은 관습 혹은 전횡적인 독재 또는 혼란의 사슬로부터 당신을 보호해주는 것이 법이라고 해도 그런 사실은 변하지 않는다."(Berlin, 2006: 346, 각주 7)

벌린 자신이 쓴 저서 『이사야 벌린의 자유론』에서 불개입이라는 그런 소극적 자유 개념을 고삐 풀린 자유주의, 즉 자유방임주의를 의미하는 것으로 이해하고 있다.[20) 그는 그런 자유 개념을, 자생적 질서의 존립 근거에 관한 사회진화론을 왜곡하는 데 철저히 이용했다는 점에 관해서는 이미 앞에서(제1부 제3장 1, 4절) 상세히 설명했다. "이리 떼의 자유가 양 떼에게는 죽음을"(Berlin, 2006: 129), "곤들매기의 자유가 붕어에게는 죽음을"(347쪽) 뜻하는 것이 한다고 한다. 따라서 공화주의자들은 불개입으로의 자유를 자신들이 신봉하는 "시민적 자유"와 근본적으로 반대되는 홉스적 "자연적 자유", 즉 "방종"과 연관시키고 있다(Pettit, 2012: 111).[21) 페팃에 의하면 자유주의자들은 자유를 홉스적 '자연적 자유의 상태'라고 보았다고 한다. 비지배로서의 자유는 도시의 자유이고 이에 반해 불간섭으로서의 자유는 황야의 자유라는 것이다(Petitt, 2012: 151). 공화주의자들에 의하면 자신들은 비지배로서 자유를 지키기 위한 간섭을 강조하는 반면에 소극적 자유를 옹호하는 자유주의자들은 모든 형태의 간섭을 자유의 침해라고 여긴다고 한다.

1) 법과 자유의 관계에 관한 홉스적 관점이 자유주의인가?

불간섭을 자유라고 믿었던 홉스를 자유주의자라고 보는 것이 이사야 벌린과 공화주의만이 아니다. 많은 역사가도 홉스가 그런 자유 개념을 취했다는 이유에서 그를 자유주의적 개인주의의 선구자로 기술했다. 이런 기술이 도대체 옳단 말인가? 이미 앞에서 언급했듯이 소극적 자유 개념이 지닌 국면 가운데 하나가 정치사회의 등장 이전에 존재했다고 하는

---

20) 벌린의 자유 개념의 인용문은 제1부 제3장 제1절 각주 12를 참조할 것.

21) 홉스의 자연적 자유와 애덤 스미스의 자연적 자유를 똑같이 보아서는 안 된다. 후자의 자연적 자유는 사람들이 타인의 재산, 신체 그리고 약속을 존중하는 정의의 원칙을 위반하지 않는 한 자신의 이익을 추구할 수 있는 상황이다.

홉스의 '자연상태'다. "자연적 자유"가 그런 상태의 표현이다. 그런 자유는 사회적 혼란으로 이어진다. 그도 그럴 것이 모든 사람이 자기 이외의 다른 모든 사람의 행동에 무제한으로 간섭하는 상황이 벌어질 것이기 때문이다. 홉스는 이렇게 말했다.

> "누구나 원하는 것을 손에 넣을 수 있는 능력은 자신의 물리적 힘과 타인들의 경쟁적인 물리적 힘에 의해 제한될 것이기 때문이다. 자원은 희소하기에 이를 둘러싼 갈등은 불가피하다. 그래서 자연적 자유의 방해받지 않는 무제한적 행사는 폭력과 불확실성을, 다시 말하면 사회적 카오스를 야기한다."

홉스의 자연적 자유 개념은 만인에 대한 만인의 투쟁 상태를 불러온다. 인간의 삶은 "외롭고 가난하고 불결하고 잔혹하고 수명도 짧다"(Hobbes, 1965: 78). 인간은 자신의 이익을 위해서라면 사기, 배반, 권모술수 등 어떤 것이든 수단과 방법을 가리지 않고 이용하는 반(反)사회적 존재였다. 이런 성향을 인간의 본성으로 여겼던 것이 홉스였다. 반사회적 인간 때문에 사회는 절대적인 주권자, 즉 리바이어던의 강력한 손을 필요하게 만든다는 것이 홉스의 믿음이었다. 그에게 개인의 자유란 국가가 수호해야 할 가치가 절대로 아니었다.

정신사적으로 볼 때 홉스의 자유사상으로부터 강력한 영향을 받은 것이 헤겔의 이성 국가론과 마르크스의 사회이론이라는 것은 이미 잘 알려진 사실이다. 개인의 자유로부터 문명, 평화 그리고 번영도 기대할 수 없고 유일하게 기대할 수 있는 것은 '리바이어던'과 같은 이성 국가뿐이라는 것이 헤겔의 믿음이었다. 홉스의 '자연상태'를 마르크스는 강자가 약자를 착취하는 시장사회라고 믿고 그런 시장사회가 어떻게 붕괴하는가를 설명·예측하려고 했던 것이 마르크스의 『자본론』이었다. 그의 사회이론은 경쟁을 완전한 공산주의 사회에서나 제거할 자연상태로 이해했다. 어떻게 토머스 홉스를 자유주의 선구자라고 볼 수 있는가! 그런 의미의 불개입이 소극적 자유의 변형이라고 하더라도 자유주의는 물론이고 공화주의도 추구할 가치는 아니다.

공화주의자 페팃이 옳게 지적했듯이 자연적 자유와 시민적 자유 사이의 관계에 관한 주제를 재생했던 인물이 벌린이었다. 벌린은 자유를 법으로부터 분리하여 이들을 대립시켰다. 제러미 벤담은 홉스의 소극적 자유 개념을 공리주의에 도입하여 18세기 후반 사회개혁의 기초로 이용했다. 그래서 페팃을 비롯한 공화주의자들은 홉스, 벤담, 그리고 벌린과 함께 구성주의적 합리주의를 전제한 프랑스 계몽사상 전통의 계승자들이다.

공화주의자들은 벤담처럼 불개입으로서의 자유를 법과 충돌한다고 여겼다(Bentham, 1931: 89). 그는 홉스 전통의 자유 개념으로부터 공리주의를 확립하는 데 영감을 얻었다. 19세기 그런 전통의 가장 유명한 대표자는 존 스튜어트 밀이었다. 그는 자유라는 이름을 붙이는 것이 마땅한 유일한 자유는 우리 자신의 방식으로 우리 자신의 선을 추구할 자유라고 말했던, 그리고 법도 모든 행동 제약과 똑같이 악(惡)이라고 봄으로써 법도 개인의 자유를 제한하기 때문에, 공리를 위해서 법으로써 자유를 제한하는 것이 필요하다고 여겼던 인물이다. 20세기를 거쳐 21세기에도 그를 추종하는 사람들이 많다.

2) 법이 없으면 자유도 없다는 게 자유주의의 핵심

그러나 흄, 스미스, 하이에크 등 반합리주의자들 가운데 누구도 존 스튜어트 밀처럼 모든 법은 자유의 침해이기 때문에 모든 법은 해악이라고 주장하지 않았다. 그들의 주장은 자유방임주의도 아니었다. 사실 그들의 주장은 홉스-벌린의 자유방임주의 또는 로크-노직 전통의 합리주의적 최소국가론의 논리적 귀결과는 달리 결코 반국가적이지도 무정부주의적이지도 않았다. 오히려 국가의 적절한 기능과 국가 행위의 한계를 동시에 고려한 국가 활동의 성격과 질(quality)의 중요성을 강조하는 주장이었다. 벤담과 같은 시기에 윌리엄 페일리(William Paley)가 말했듯이 불간섭으로서의 자유는 법의 부존이 아닌 법의 존재를 필요로 한다. 그에게 법과 자유는 양립한다. 법이 없으면 자유도 없다는 로크의 유명한 말이다.[22]

법과 자유의 그런 관계는 애덤 스미스에게서도 볼 수 있다.[23] 그의 '자연적 자유'는 공화주의가 말하는 홉스적 자유와는 전적으로 다르다. 애덤 스미스의 "자연적 자유의 체제"는 하이에크의 자생적 질서와 동일하다(민경국, 2023: 63-65). 스미스는 그런 체제를 이렇게 말했다.

> "특혜를 주거나 제한을 가하는 모든 제도가 완전히 철폐되면 분명하고 단순한 **자연적 자유**의 체제가 스스로 확립된다. 그런 체제 아래에서 모든 사람은 정의 원칙을 위반하지 않는 한, 완전히 자유롭게 자기의 방식대로 **자신의 이익**을 추구할 수 있으며 자신의 근면, 자본을 바탕으로 다른 누구와도(다른 어떤 계급과도) 더 완전하게 자유롭게 경쟁할 수 있다."(WN. IV. ix. 51: 848, 강조는 필자)[24]

---

22) 로크는 자신의 저서 『시민정부론』에서 법과 자유의 관계를 다음과 같이 말했다. "진정한 의미의 법은 이익을 제약하기보다는 자유롭게 하고 현명한 개인이 자신의 개별적인 이익을 추구하도록 인도한다. (중략) 법의 목적은 자유를 없애고 제한하는 것이 아니라 보존하고 확장하는 데 있다. (중략) 법이 없으면 자유도 없다. 자유란 타인의 속박과 폭력에서 벗어나는 것인데 법이 없으면 그게 불가능하기 때문이다."(Locke, 2012: 54)

23) 공화주의는 벤담과 페일리를 동일한 의미의 자유의 옹호자로 잘못 이해하고 있다. 페일리는 데이비드 흄, 애덤 스미스 등 스코틀랜드 계몽주의 전통을 계승했던 영국 자유당을 상징하는 휘그당에 적합한 인물이었다.

24) 애덤 스미스는 토머스 홉스 등 프랑스 계몽주의 사상가들이 즐겨 사용했던 이기심(self interest)과 자연적 자유 개념을 사용함으로써 스미스를 오해하기 쉽게 만들었다.

정의의 원칙은 생명과 신체, 재산과 소유물 그리고 개인적 권리들을 침해해서는 안 될 원칙이다(TMS. II. ii. 2. 2: 139).[25] 정의의 원칙을 지킬 때 누구나 자신의 지식을 동원하여 스스로 정한 목표를 위해 타인들과 자유롭게 경쟁하면서 상호작용을 가질 수 있다. 그런 과정에서 질서가 형성되어 가난한 사람을 포함하여 우리 모두에게 번영을 안겨준다. 사람들 각자가 다른 모든 사람의 기분에 좌우된다면 누가 도대체 자유로울 수 있는가라고 묻는 로크를 추종하여 법 아래에서의 자유를 주장하면서 스코틀랜드 계몽사상을 확립한 대표적 인물이 애덤 스미스라는 것은 이미 잘 알려진 사실이다. 그런 전통을 계승한 현대의 대표적 인물인 하이에크에게도 자유는 법 아래에서의 자유였다.

> "이 개념은 법의 구체적인 적용과는 상관없이 확립된 일반적이고 추상적인 규칙이라는 의미를 지닌 법을 준수하면 다른 사람의 의지에 종속되지 않고 자유롭다는 주장에 근거하고 있다. (중략) 규칙은 특정한 사례에 대한 무지 속에서 확립된 것이고, 그것을 시행하는 데 사용되는 강제는 인간의 의지에 따라 결정되는 것이 아니기에 법은 자의적인 것이 아니다."(Hayek, 2023: 246)

사람들을 차별하지 않는 그리고 추상적인 성격을 지닌 정의의 규칙들로 구성된 법이야말로 인치가 아닌 법치다.[26] 타인들은 물론 국가의 모든 불의의 행동으로부터 개인들의 재산, 신체를 차별 없이 보호하고 그들의 자발적인 계약을 지켜주는 역할을 하는 것이 정의의 법이다. 그런 법

---

25) 권리란 타인들과의 약속으로부터 응당 기대할 것을 의미한다.

26) "인간이 아니라 법이 지배한다고 말할 수 있는 것은 입법자가 그 규칙이 적용될 특수한 경우들을 알 수 없기 때문이고, 그것을 적용하는 재판관들은 이미 존재하는 규칙과 그 사례의 특수한 사실들로부터 결론을 내릴 수밖에 없기 때문이다."(Hayek, 2018: 247)

의 테두리 내에서 그들은 자유롭게 행동할 수 있다.

스코틀랜드 계몽철학의 전통을 계승한 하이에크는 법이 없이도 시장이 제대로 작동할 수 있다는 자유방임을 옹호하지 않았다. 자유방임은 실제로 프랑스 합리주의와 연결되어 있다. 특정한 성격을 지닌 규범과 관습을 전달하는 법과 제도는 자유를 제약하는 것이 아니라 자유를 보존하기 위해 중요하다. 전기 휘그당 전통에서 경제활동의 자유는 멋대로 행동한다는 것을 뜻하는 방종이 아니었다. 정부 활동이 전혀 없는 자유방임이 아니라 법 아래에서의 자유를 의미했다. 시장경제의 재생산을 쉽게 하는 정도에 비추어 정책들을 평가해야 한다는 것이 자유주의적 입장이다. 그런 간섭은 법의 지배와 자유와도 양립할 수 있기 때문이다. 이런 의미에서 리버태리언 교조주의는 비생산적이다. 잘못된 혹은 해악을 불러오는 조치를 막기 위한 투쟁에서 불간섭 원칙의 습관적인 호소는 자유의 체제와 양립하는 종류의 정책 그리고 양립할 수 없는 것의 구분을 희미하게 만들었다.

요컨대, 스코틀랜드 전통의 불개입으로서의 자유 개념은 자연적 자유를 의미하는 벌린의 소극적 의미의 자유 개념과 전적으로 상이하다. 전자의 전통에서 법을 자유와 충돌하기는 고사하고 자유는 오로지 법 아래에서만 누릴 수 있다. 자유를 즐기기 위해서는 법적 틀이 필요하기 때문이다. 법 아래에서의 자유라고 말할 때 법은 보편적·추상적 성격의 행동규칙이라는 의미의 법이다. 이런 법을 지키면 우리는 타인의 의지에 예속하지 않고 따라서 자유롭다. 그런 법질서를 넘어서 수행할 국가과제는 비용과 무임승차의 문제 때문에 사적 영역에서는 효율적으로 확보하기가 어려운 극도로 제한된 재화와 서비스의 공급에 있다.

3) 자의적 간섭이란?: 자유주의 vs. 공화주의

　　자유주의에서 자유란 무질서를 의미하는 것도 아니고, 만인의 만인에 대한 투쟁 상태도 아니다. 아무 거리낌 없이 제멋대로 함부로 행동하는 방종을 뜻하는 것도 아니다. 방종은 멋대로 행동하는 것이지만 자유는 멋대로 행동하는 것이 아니다. 우리가 제멋대로 행동하지 않는 이유가 있다. 우리는 사회적 동물이다. 우리는 누구나 타인들로부터 분노를 사거나 비난받는 행위를 피하고 그 대신에 칭찬과 선의를 원하기 때문이다. 우리는 타인의 분노가 아닌 선의를 원한다. 마음 내키는 대로 행동하거나 감정(사랑, 애정, 분노, 증오)을 멋대로 표출하는 것이 아니다. 상상력과 경험을 동원하여 호응을 얻을 수 있는 행동을 찾으려고 노력한다. 인간들의 그런 노력의 과정에서 우리의 도덕규칙이 의도치 않게, 즉 자생적으로 생겨난다.

　　이와 같은 문화적 진화의 결과가 서로 침범할 수 없는 사적 영역을 똑같이 확립하는 행동규칙인데, 자유란 바로 그런 행동규칙을 전제로 한다. 자유가 행동규칙을 정하는 것이 아니라, 행동규칙이 자유로운 행동을 위한 범위를 정한다. 행동규칙들은 울타리와도 같다. 울타리를 만들어주는 것이 '보편적 정의규칙'이다. 그것은 무엇이 정의로우냐 하는 것을 규정하는 것이 아니라 정의롭지 못한 것으로 분류되는 행동, 그래서 금지해야 할 행동이 무엇인가를 말해주는 규칙이다. 정의로운 행동규칙은 이유 여하를 막론하고 정의롭지 못하다고 인정되는 행동방식을 제거하는 역할을 한다. 정의의 행동규칙을 통해 보호된 영역이 자유의 영역이다. 그 영역 내에서 개인은 자유롭게 타인과 권리·의무 관계를 정한다.

　　애덤 스미스를 비롯하여 하이에크는 '강제'라는 개념에 대한 정의(定義)로부터 법을 도출하여 자유사회에서 강제의 문제를 해결하려고 한 것이 아니다. 여기에서 우리가 추구하는 방법은 강제라는 개념을 정의하여 강제의 정당성 문제를 해결하는 로스바드의 방법과는 다르다(Rothbard, 2016: 266 이하). 그는 자유를 타인에 대한 공격(aggression)이 없는 상태라고 정의한다. 그는 공격이라는 정의(定義)를 통해 정치이론의 근본 문제인 공격의 정당성, 그리고 행동의 적법성을 도출하고 있다. 그러나 그런 접근법은 그가 선택한 개념의 내용 외에는 얻는 것이 없다(민경국, 2021: 43).

이에 반해 강제의 문제를 그 뜻을 통해 해결하려는 것이 스코틀랜드 전통의 목적은 아니었다. 자유의 영역을 규정하는 정의의 규칙을 통해 자의적 강제의 유무를 따진다. 이렇게 보장된 자유로운 영역의 존재는 아주 정상적인 삶의 조건으로 보이기 때문에 우리는 흔히 '정당한 기대에 대한 개입' 혹은 '권리침해' 혹은 '자의적인 개입' 등의 용어로 '강제'를 정의하는 것이다. 그러나 이와는 반대로 강제를 정의하면서 우리는 그것을 방지할 목적으로 세워진 제도장치들을 당연시할 수는 없다. 어느 한 사람의 기대의 '정당성' 혹은 개인의 '권리'는 그러한 사적 영역을 인식한 결과이다(Hayek, 2023: 225-226).

그런데 공화주의에서는 간섭 자체는 도덕적으로 관련이 없다. 나쁜 간섭, 즉 자의적 간섭은 지배자가 피지배자의 이해관계에 대한 어떤 고려도 없는 간섭이다. 만약 피지배자의 이해관계를 고려한 간섭이라면 이런 것은 좋은 간섭이다. 그런데 간섭의 좋음 또는 나쁨, 즉 자의성은 피간섭자가 결정하는 게 아니다. 이는 제3자 즉, 정치가 정한다. 정치가 정한다면 이것은 심각한 문제를 불러들인다. 이것이 이제부터 설명할 온정주의다.

4) 온정주의에 피난처를 제공하는 공화주의

공화주의자들에게 어느 한 개인이 정부의 '자의적(arbitrary)' 간섭에 예속되지 않는 한 또는 정부가 그의 이해관계를 위해 그의 삶의 목적에 간섭하는 한 그는 자유롭다.[27] 누군가가 선호하는 행동방식에 정부가 공동선의 이름으로 간섭하는 것은 공화주의적 자유를 침해하는 것이 아니라는 뜻이다. 정부가 개인의 목적을 지원하는 것이거나 또는 그가 자신에게 불리한 결정에 대해 반론을 제기할 수 있는 한 말이다. 따라서 그런 비(非)자의적(non arbitrary) 간섭은 자유의 증진을 위한 도구라고 한다. 이같이 자유와 법은 서로 배반적 관계가 될 수 없다고 공화주의는 목소리를 높인다. 하지만 자유의 그와 같이 수정된 개념은 강제력을 행사할 수 있는 훨씬 더 넓은 범위를 국가에게 제공한다. 그 개념은 자유주의에서 이해되는 시민의 소극적 자유를 억압하는 정책을 빈번히 찬성한다.

왜 그런가의 문제를 따져보자. "내가 하기 싫은 일을 나에게 강요하는구나!"라고 불평하는 시민에 대한 반응으로 공화주의의 적절한 대답은 이렇다. "예, 그렇습니다. 하지만 당신의 이익은 입법부 또는 규제 당국을 통해서 충분히 고려되었습니다."(Brennan & Lomasky, 2007: 241) 시민의 이익을 무시하는 정권에 의해 행사되는 권위주의보다는 낫다. 그러나 각 시민이 선호하는 활동 방식을 하지 못하도록 억제하고 있다는 것은 부정될 수는 없다.

따라서 첫째로, 공화주의는 공리주의와도 전혀 차이가 없다. 공화주의의 입법부가 특정한 사안에 관한 정책을 작성할 때 사람들에게 주는 부담과 이익을 합산하기 때문이다. 더구나 편익과 불편의 총합 개념은 인간은 서로 다르다는 것을 고려하지 않고 있다. 둘째로, 공화주의적 자유는

---

27) 누군가가 다른 사람의 일에 자의적으로 간섭할 수 있는 능력을 가지고 있다면 지배가 성립하기 때문에 지배는 간섭이 없이도 발생할 수 있다(Petitt, 2012: 75).

광범위한 온정주의적 통제와 양립할 수 있다. 예를 들어, 공공의료보험 아닌 사적 보험을 고수하는 것이 잘못된 의식이라고 공화주의 정권이 확신한다면, 공공의료보험에 대한 완고한 저항자들은 정당하게 '자유를 강요당할' 수 있다. 또는 보편적 기본소득에 대한 개인의 선호에 따라 공화주의 정부가 그런 정책을 지지한다고 한다면, 보편적 기본소득을 반대하는 사람들도 사실상 강요된 자유를 누린다. 서민층의 선호에 부응했기 때문에 자의적인 간섭이 아니라 공화주의적 자유의 증진이라는 이유로 취한 재분배 정책(Fusco, 2002: 14; Larmore, 2001: 239)을 강력히 반대하는 세력에 대해 "당신들의 이익은 규제 당국을 통해서 충분히 고려되었다"는 이유로 그들의 반대를 달래려고 한다. 이로써 공화주의 정권 아래에서는 사회정의의 완강한 반대자들도 자유를 강요당하게 된다.

한국의 예를 들면, 보수주의자가 흔히 주장하듯이 공화주의 정권에서 잘하는 기업들을 정부가 재정·금융적으로나 또는 입법(예를 들면 인허가제)을 통해 지원하는 정책을 시행하는 것도 그런 기업들의 이익을 지키는 간섭이다. 그러나 잘하는 기업으로 선택받지 못한, 예를 들면 중소상공인들의 불만과 이의에 대해 여러 가지로 고려했지만, 잘하는 기업에게 특혜를 부여하는 것이 공화주의적 자유의 증진은 물론 더 큰 사회적 편익을 안겨준다는 이유를 들어 불리한 대우를 받은 기업들을 달래려고 한다. 이런 경우 보수주의나 공화주의 사이에는 차이가 별로 크지 않다.

공화주의의 자유 개념, 즉 비지배로서의 자유가 온정주의라는 공공이익에 충분한 피난처를 제공하고 있다. 사적 자치에 대한 정부의 모든 간섭을 온정주의적 공동선이라는 명분으로 정당화할 수 있을 것이다. 이렇게 된다면, 모든 법은 자유의 증진이라고 볼 수 있다. 노예도 온정주의의 명분으로 정당화할 수 있다. 공식적 요구사항은 시민의 이익을 고려하는 것이기 때문에 사람들이 원하는 활동에서 벗어나는 것이 최선의 이익이라고 간주하는 한, 공화주의의 수정된 자유 개념은 국가가 강제력을 행사할 수 있는 훨씬 더 넓은 범위를 제공한다. 자유주의적 이해 내에서 공화주의는 시민의 소극적 자유를 방해하는 정책을 찬성한다. 이미 앞에서 자세히 설명했듯이 자유주의에서 개인의 자유가 항상 정책을 능가하는 것은 아니지만 국가가 할 수 있는 일에 대해 무시할 수 없는 제약이다. 그런 제약의 비중에 따라 진화사상, 자연권 사상 등 자유주의에도 분파로 나누어져 있다. 이런 의미에서 롤스의 사상에 가까운 공화주의에도 정부의 간섭 자체에 무게를 두지 않는다. 따라서 공화주의적 자유는 광범위한 온정주의적 통제와 양립할 수 있다.

5) 입헌주의: 공화주의 vs. 자유주의

무제한 권력을 지닌 정부에 대한 거부, 확장된 온정주의에 대한 반대, 그리고 정책을 작성할 때 사람들에게 주는 부담과 이익을 합산하는 것에 대한 반대를 매력적으로 여기는 사람들에게는 공화주의 강령에 대해 무척 실망할 것이다. 이런 실망을 희망으로 바꿀 가능성은 없을까? 이런 가능성을 보장하기 위해 공화주의는 어떤 제도적 장치를 마련하고 있는가? 공화주의의 기본 구조는 민주적 입헌주의(democratic constitutionalism)를 기초로 하고 있다. 선거권과 시민권을 박탈당한 사람들은 스스로가 참여하지 않는 결정에 예속된다는 점에서 지배당한다. 이는 공화주의적 자유의 침해다. 순수한 다수결 민주주의에서 다수의 의지가 소수를 자의적으로 지배하지 못하게 하기 위해서는 소수를 위한 헌법적 보호장치가 필요하다. 사법심사 또는 그 밖의 메커니즘은 다수가 소수에게 부과한, 그래서 일종의 지배를 구성하는 결정들을 되돌려놓거나 다시 결정할 길을 제공한다. 자유주의도 마찬가지로 민주적 헌정주의를 지지한다. 그렇다고 한다면 페팃의 버전이 유독 공화주의적인 이유는 무엇인가?

공화주의적 자유의 개념에서 주목할 만한 것은 동의의 조건은 무엇인가의 문제다. 정치적 통제를 받는 사람들은 절차의 적절성에 동의하는 것, 이는 확실히 그들에게 매우 중요하다. 동의는 정치적 결정의 정당성을 담보하는 것으로 이해되고 있다는 이유에서다. 특히 제임스 뷰캐넌의 계약론적 헌법주의의 윤리적 의미는 시민들의 자유로운 합의다. 계약의 핵심은 자유로운 동의다. 그러나 공화주의에서 동의는 필요하기는 하지만 충분조건은 아니다. 동의를 통해서 노예제도도 정당화될 우려 그리고 비굴한 사람들이 주인에 의한 지배를 받아들이거나 심지어 환영하는 일이 발생할 우려가 있기 때문이다. 또는 반대자들이 반대의견을 자유롭고 충분히 표출할 수 있어야 한다.

그런 조건을 지배가 없는 담론상태(Zustand des herrschaftsfreien Diskurses)라고 하는데, 이런 상태는 첫째로, 이해관계자들이 모두 참여하여 공개된 토론과정을 통해서 관점, 견해, 이론 등 주관적 인지들을 자유롭게 서로 소통하기 위한 틀이다. 둘째로, 그런 틀은 강제, 허위, 조작, 위협, 협박, 사기, 기만 등을 금지하는 행동규칙들로 구성된다. 이런 행동규칙의 틀 내에서 어떤 지배자도 없고 자유로운 담론이 지배하는 상태이다. 정치적 토론과 심의를 거쳐 형성된 정치적·도덕적 목표를 정할 수 있다고 한다. 이상적인 담론상태에서 집단적 의사결정을 통해 공동의 의지(즉 공동선)를 정하고 이에 합당한 법과 제도를 계획하는 것이 공화주의적 숙의 민주다. 숙의를 통해 밝혀진 공유한 정치적·도덕적 목표는 공화주의적 사회의 구성원들이 공동으로 달성해야 할 공동선이다. 이런 목표를 중심으로 계획을 세워 구성원들의 행동들을 인위적으로 조정한다.

공화주의 사회에는 다양한 목표들의 우선순위를 정한 단일 목적 체계가 존재한다는 믿음이 깔려 있다. 이런 믿음은 자유주의가 의미하는 개인의 자유보다 정치 공동체에서 시민들이 공유한 정치적·도덕적 목표를 중시하는 이유다. 하지만 그런 믿음은 틀렸다. 오늘날과 같은 다원주의

사회에서 사람들이 추구하는 목표는 아주 다양하다. 개인들 각자에게는 자신이 추구하는 목적들은 우선순위가 있을 수 있다. 그러나 개인들 공동의 우선순위로 집약할 방도가 없다. 인식론적 이유에서, 즉 '지식의 문제' 때문에 집약하기가 불가능하다. 그래서 스코틀랜드 전통의 자유주의자들, 특히 하이에크는 문명화된 다원주의 사회에서는 목적의 위계가 존재할 수 없다고 믿었다. 그들이 개인의 자유를 중시하는 이유다.

공화주의적 숙의 민주가 추구하는 질서는 공동의 목적에 적합하다고 여기는 인지적 슈퍼맨의 명령과 지시에 따라 구성원들의 행동을 조종·통제한다. 공화주의적 정권은 시민들을 정권이 추구하는 그런 목적을 위한 수단으로 만든다. 이런 사회야말로 조직(Organization)을 의미하는 '목적이 지배하는 사회(teleocratic society)'다. 이런 사회는 추구하는 공유된 정치적·도덕적 목적을 향해 인간들의 행동을 통제하는 닫힌사회다. 인류사적으로 본다면 공화주의 정권이 선호하는 그런 사회는 매우 좁게 규정된 목적에 따라 작동하는 소규모의 종족 사회에 적합하다. 그러나 그런 사회는 오늘날과 같은 열린사회에는 전적으로 적합한 것이 아니다. 열린사회의 사람들은 자신들의 사회적 행동을 안내하는, 예를 들면 예의범절, 에티켓, 정직함, 소유 존중, 약속이행 등 특정한 행동을 금지하는 내용의 문화적 규칙과 상관행·관습에 대한 공동체적 애착심을 가지고 있으면서 동시에 광범위한 목적들을 실험할 자유가 있다.

열린사회에서 인간들의 다양한 노력들을 조정해야 하는데, 그 조정은 공화주의에서처럼 숙의 민주라고 하는 사령탑에 의존하는 것이 아니라, 열린사회의 내적인 자생적 힘에 의존한다. 그 힘을 통해서 형성되는 것이 시장경제의 자생적 질서다. 이것이 창발성 또는 스스로 조직하는 시스템 또는 스스로 적응하는 시스템 등의 특징을 지닌 복잡계에 접근하기 위한 중요한 패러다임이다. "진화와 쌍둥이 이념이 바로 자생적 질서"(Hayek, 2018)라고 한다면 자생적 질서를 "진화하는 복잡계"(민경국, 2021:

130)라고 말할 수 있다. 자생적 질서는 인위적으로 만든 조직처럼 목적이 지배하는 사회가 아니라 '법이 지배하는 사회(nomocratic society)'다. 그런 사회에서는 정의의 법(nomos)을 위반하지 않는 한, 누구나 자신의 목적을 위해 자신의 지식을 동원할 수 있다.

개인이 추구하는 목적은 자신의 이익뿐만 아니라 가족, 친구, 또는 자신이 자발적으로 가입한 조직의 목적, 또는 특정한 사람에 대한 이타적 목적도 포함한다. 사람들이 추구하는 삶의 목표의 좋음과 나쁨, 투입된 지식의 옳고 그름에 관해서는 시장과정을 통해 비로소 배워 알 수 있다. 그래서 주지해야 할 것은 시장의 자생적 질서는 재화와 서비스의 교환만 이루어지는 것이 아니라는 점이다. 우리는 시장에서 수많은 사람이 겪은 경험들을 습득하고 동시에 우리가 가진 지식을 타인들에게 전달한다. 선호·생각·기대에 관한 지식, 해결해야 문제, 문제의 해결책들에 관한 지식, 그리고 해결책들의 상대적 성과에 관한 지식 등이 자생적으로 창출되어 사람들에게 전달 및 소통된다. 시장은 '거대한 소통체계'라는 하이에크의 인식은 그래서 탁월하다(Hayek, 2023: 51-54; 민경국, 2021: 160-161).

6) 분석결과: 자유사회의 모든 법은 자유를 억압하는가?

공화주의자들은 비지배와 불개입의 차이가 법과 자유의 관계에서도 드러난다고 한다. 비지배라는 공화주의적 자유는 법과 양립하는 데 반해, 홉스-벌린과 같은 자유주의자들이 선호하는 자유 개념으로서 불개입에 따른다면 자유는 모든 법과 충돌한다고 한다. 공화주의자들은 비지배로서의 자유를 도시의 자유이고, 이에 반해 불간섭으로서의 자유를 황야의 자유라고 했다. 시장의 자유를 마치 황야와 같이 무법상태를 의미하는 것으로 오해하고 있다. 자의적 개입을 의미하는 이른바 나쁜 '지배'에서 자의적이란 바로 지배당하는 사람의 이해관계에 저촉하는 법적 간섭을 의미한다. 이에 반해 비(非)자의적 간섭은 지배자가 피지배자의 이해관계에 따른 법적 간섭을 의미하고 그런 법은 자유와 양립한다고 주장한다. 그러나 입법자가 정한 법에 의해 자유의 영역이 정해진다. 이런 인식은 법실증주의에서 비롯된 것인데, 이에 따라 자유가 입법의 함수다. 개인의 자유는 입법자의 기분에 좌우될 뿐이다.

그런 입법은 분배적 목표로서 사회정의(사회주의) 또는 사회적 효용이라는 목표로서 공리주의 또는 엘리트 계층의 지원이라는 보수주의와 다를 바가 없다. 사회주의적·공리주의적 그리고 심지어 보수주의적 입법이 공화주의적 자유를 보호하기 위한 간섭으로 이해되고 있다. 그런 입법을 반대하는 사람들을 온정주의적 공동선이라는 명분으로 정당화할 수 있을 것이다. 자치에 대한 정부의 모든 간섭이 시민의 이익을 고려하는 한, 공화주의적 자유와 일치한다. 이런 자유 개념에 따른다면 노예도 온정주의의 명분으로 정당화할 수 있다.

공화주의에 따르면, 자유주의적 자유는 아무 거리낌 없이 제멋대로 행동하는 방종을 뜻한다. 그렇다면 모든 법은 자유를 억압하는 것으로 이해될 수 있다. 그러나 이는 전적으로 오해다. 개인의 자유는 규칙과 결부되어 있다는 엄연한 사실을 아는 사람은 극히 드물다. 그런 행동규칙은 정부는 물론 누구도 침범할 수 없는 영역을 모든 인간과 그룹에 똑같이 확립하는 울타리와도 같다. 울타리를 만들어주는 것이 '보편적 정의의 규칙'이라는 것은 이미 앞에서 설명했다. 이런 행동규칙은 이유 여하를 막론하고 정의롭지 못하다고 인정되는 행동방식을 제거하는 역할을 한다. 정의의 행동규칙을 통해 보호된 영역이 자유의 영역이다. 그 영역 내에서 개인은 자유롭게 타인들과 권리·의무 관계를 정한다. 이에 따른다면, 그런 정의의 규칙을 위반하는 정부 개입은 자의적 간섭, 즉 강제로 이해될 수 있다. 공화주의의 공식적 요구사항은 시민의 이익을 고려하는 것이기 때문에 사람들이 원하는 활동에서 벗어나는 것이 최선의 이익이라고 간주하는 한, 공화주의의 수정된 자유 개념은 국가가 강제력을 행사할 수 있는 훨씬 더 넓은 범위를 제공한다.

이 맥락에서 언급하고자 하는 것은 자유주의는 사익 중심적 체제이기에 공익을 알지 못하는 체제라는 공화주의적 비판이다. 공동선과 시민 참여를 공화주의의 중심에 두고 있는 것, 공화주의의 비지배로서 자유 개념도 그런 비판으로부터 나온 것이다. 이미 앞에서 설명했듯이 공화주의가 자유주의에는 공동선이 없다고 비판하는 것은 치명적 오류다. 자유주의가 추구하는 공동선은 바로 수많은 노력이 누구도 의도하지 않았음에도 자생적으로 조정되는 추상적 질서다. 이런 질서는 보편적·추상적 규칙을 사람들이 지키기 때문에 가능하다.

V

자율과
자유주의

"개인주의자는 정해진 한계 내에서 개인이 다른 사람이 아닌
자신의 가치나 선호를 따라 행동하도록 허용해야 한다는 것,
그런 영역 내에서 개인의 목적 체계야말로 최고의 선이며
다른 누구의 어떤 지시에도 예속되지 않는다고 결론을 맺는다.
개인주의 입장의 본질은 개인은 자신의 목적의 최종 심판자라는
것을 인식하는 것, 될 수 있는 대로 자신의 견해가 자신의 행동을
지배해야 한다는 믿음이다."

Hayek, 1944/2006: 107

자유주의는 자유를 최고의 사회적 가치라고 보는 이념이다. 이것이 진짜 자유주의이다. 분배 정의 또는 복지후생과 같은 어떤 다른 가치와도 바꿀 수 없다. 자유란 "강제가 없는 상태", 재산이나 신체에 대한 타인들의 물리적 침해가 없는 상태를 의미한다. 이것은 소극적 자유다. 자유주의 전통에서 자유 이론은 단순히 언어의 분석에 몰두하는 이론이 아니다. 로스바드의 자연권 사상처럼 어떤 공리(axiom)로부터 도출하는 것도 아니다. 그것은 규칙이 지배하는 사회적 맥락에서만 인간들이 자유를 향유할 수 있다는 것, 그리고 국가는 물론 누구도 침범할 수 없는 개인들의 자유 영역을 설정하는 이런 규칙 중에서 대부분은 자생적으로 성장한다는 것을 보여주는 사회이론이다. 개인주의는 단순한 방법론이 아니라 사회이론일 뿐만 사회사상이라는 것이다.[1]

자생적으로 형성되는 규칙의 예를 들면 폭력을 사용해서는 안 된다, 계약을 어겨서는 안 된다, 남의 땅을 침범해서는 안 된다, 타인의 재화를 훔쳐서는 안 된다, 그리고 기만 사기, 조작 등을 해서는 안 된다는 등, 성서에 등장하는 모세의 10계명 가운데 여섯 번째에서부터 10번째까지의 계명이다. 우리에게 이런 규칙들은 매우 익숙한 것들이고 매우 간단하게 보이지만 이런 규칙들이 인류의 번영에 공헌한 것은 엄청나다. 이런 정의의 규칙들이 소극적 자유를 확립한다. 그런 행동규칙을 지키는 한 누구나 자유롭게 행동할 수 있다.

더구나 자유주의는 정부에 대해 대단히 비관적이다. 정부를 구성하는 인간들은 시장참여자들과 똑같은 동기에 의해 움직이는 사람들이다. 자유주의는 정치가들과 관료들, 엘리트 지식인이라고 해서 이들이 특별히 도덕적이거나 지적으로 훌륭하고 현명하다고 보지 않는다. 흄, 스미

---

1) "진정한 개인주의는 첫째로, 주로 사회에 관한 이론, 즉 사람들의 사회생활을 결정하는 힘들을 이해하려는 시도라는 것이고, 둘째로, 그것은 그런 사회관으로부터 유도되는 일련의 정치사상이라는 것이다."(Hayek, 1996: 19)

스, 멩거, 하이에크 등, 스코틀랜드 계몽주의 전통에서처럼 정치와 정부를 대단히 비관적으로 생각한다. 그렇다고 그들이 작은 정부를 주장하는 것은 아니다. 그들에게 중요한 것은 국가 활동의 질 또는 성격이다. 자유주의의 중요한 구성 요소는 자유와 정의 그리고 개인주의이다.

그런데 자유주의가 최고의 가치로 여기고 있는 자유를 문제시하고 그 대안을 제시하려는 수많은 노력이 있었다. 이런 노력에서 가장 최근의 비판은 앞에서 설명한 공화주의와 그리고 영국의 정치철학자, 조지프 라즈(Joseph Raz)의 '자율성'이라는 가치를 기반으로 한 존 그레이(John Gray)의 비판이다.[2] 그는 한때는 하이에크를 철저히 지지하는 사람에 속한 인물이었다. 그러다가 1990년대에 흔히 말하는 '제3의 길'로 전향했다. 그는 영국노동당 블레어(Tony Blair) 수상의 정책에도 막중한 영향을 미쳤던 영국의 정치철학자다.

그레이에 의하면 옛 동유럽이나 옛 소련에서나 볼 수 있었던 중앙집권적인 계획경제는 소멸했지만 국가에 의한 사회 통제의 필요성은 여전하다는 것이 그의 입장이다. 왜 필요한가? 어떤 도덕적 근거에서 국가가 필요한가? 개인의 자유에만 맡길 때는 그들의 행동 조정은 불완전하고 복지, 문화 그리고 과학과 같은 극히 중요한 재화의 산출이 불충분하거나 산출될 수 없다는 것이다. 그런 재화들이야말로 최고의 가치로서 개인의 자율성을 높이는 요인이라고 그레이는 큰소리쳤다. 자유주의는 자율성(Autonomy)이라는 가치를 기반으로 하여 다시 재구성돼야 한다고 목소리를 높였던 것은 그래서다. 자율성이란 '스스로(auto)'와 '다스리다(nomia)'의 합성어다. 이는 누구나 스스로를 지배해야 한다(self-rule)는 것을 의미한다. 개개인들에게 스스로를 다스릴 수 있게 하는 물질적 기초를 확립하는 것이 국가의 중요한 목표라고 한다.

---

2) 라즈는 1986년 『자유의 도덕성(*The Morality of Freedom*)』이라는 저서로 유명해진 영국의 법철학자 겸 정치철학자이다.

우리가 주목할 것은 자유주의에 대한 그레이의 비판이 옳은가, 그리고 그가 제시한 자율성이라는 가치가 자유라는 가치의 대안이 될 수 있는가의 문제다. 국가는 개인의 자율성을 결코 달성할 수 없고, 오히려 그 가치를 악화시킬 뿐이라는 것, 그러나 자유 지향적 국가가 그 가치를 효과적으로 실현할 수 있다는 것, 따라서 자율 지향적 국가는 자유주의의 대안이 결코 될 수 없다는 것이 우리의 주제다.

1.
자율과 자유: 적극적 자유 vs. 소극적 자유

  자유 대신에 자율을 기초로 하여 자유주의를 재구성하기 위해 자율론의 옹호자들은 세 가지 문제를 다루고 있다. 하나가 개인의 자율성이 왜 중요한가, 두 번째가 그 자율성을 어떻게 유지할 수 있는가, 그리고 마지막 세 번째로 그런 자율성을 어떻게 분배해야 하는가에 관한 주장이다. 그들은 자율성의 도덕적 가치를 설명하면서 고전적 자유주의(이것은 스코틀랜드 계몽주의 전통)의 소극적 자유 개념을 비판하고 자율성을 보존하고 분배하기 위한 국가의 역할을 설명하고 있다.

1) 최고의 사회적 가치는 개인의 자율성

  좋은 사회는 어떤 도덕적 가치가 실현되는 사회인가? 자율론의 대표자 그레이가 제안하는 윤리적 가치는 "자율성의 적극적 자유(positive liberty of autonomy)"다.[3] 그는 인간 사회의 최고의 윤리적 가치는 개인의 소극적 자유가 아니라 개인의 자율성이라고 믿고 있다(Gray, 1993: 76). 개인의 자율성을 신장하는 제도나 사회질서가 좋은 제도라고 믿고 있다. 어떤 사

---

3) 그레이는 자신의 저서(1986/1995)의 제6장 "자유주의의 기초를 찾아서"에서, 그리고 같은 책 제8장 "개인의 자유, 사적 재산 그리고 시장경제"에서 적극적 자유의 자율성 개념을 최고의 가치로 여기고 있다.

회가 좋은 사회인가를 판정하는 기준, 어떤 법이 좋은 법인가를 판정하는 기준, 이 기준이 개인의 자율성이라는 것이다.

사회주의 계획경제가 나쁜 이유도 그것이 개인의 자율성을 제한하기 때문이라는 것이 자율을 옹호하는 학자들의 공통된 믿음이다. 이런 잣대를 놓고 자유시장의 기반이 되는 소극적 자유를 비판한다. 소극적 자유는 개인들의 자율성을 확보하는 데 필요조건일 뿐, 충분조건이 아니라는 이유에서다. 자유의 정당성을 지식의 성장이나 경제적 번영에서 찾는 것은 충분하지 못하다고 한다. 자유의 도덕성도 자율성에서 찾아야 한다고 조지프 라즈는 목소리를 높였다.[4] 자유가 도덕적 정당성을 가지려면 그것이 자율성을 증진해야 한다는 것이다.

자율성은 어떻게 이해되고 있는가? 자율적인 인간이란 "냉철한 사람, 뚜렷한 자기 정체성을 가진, 개성이 뚜렷한 사람, 믿음직하고 스스로를 관리하는 사람이다. 이런 사람은 삶을 스스로 창조하는 사람"이다. 이런 자율성 개념은 라즈의 사상을 반영하고 있다(Raz, 1986: 369).[5] 자기 스스로를 창조하는 일종의 이상적 인간이다. 자율은 기꺼이 수락한 가치 있는 대안을 성공적으로 추구할 수 있음을 의미한다. 이런 자율적인 행위자의 활동은 순전히 생존에 관한 걱정이 지배하지 않는다. 자율적인 인간이 되기 위해 물질적·제도적 조건이 필요하다는 것이다. 그 조건을 그레이는 다음과 같이 열거하고 있다.

- 타인으로부터 강제당하지도 않고 타인의 조작도 없다.
- 선택할 가치 있는 대안의 범위가 광범위하게 주어져 있다.[6]

---

4) 라즈에 관한 2차 문헌으로는 스테판 뮬 홀과 애덤 스위프트(2001, 384-428)를 참조.

5) "개인의 자율성이라는 이상(理想)의 배후에 있는 지배적인 생각은 사람들이 자신들의 삶을 스스로 만들어야 한다는 것이다."(Raz, 1986: 369)

6) 그러나 라즈는 자율성에 필요한 적절한 대안들의 범위를 상론하지 않고 있다. 이는 그 같은

- 선택 대안들을 실제로 선택할 수 있는 능력과 자원이 확보되어 있다.
- 자율을 가능하게 하는 '고유한 재화'가 보존되어 있다.

라즈에게 그런 조건들이 필요한 것은 다원주의 때문이다. 상이한 삶의 방식은 동일한 기준으로 비교할 수 없는 고유한 가치가 있고 또한 서로 충돌하는 덕목들을 포함하고 있다. 자율은 현대의 산업사회의 구성적 조건으로서 가치가 있다고 주장한다.

> "개인의 자율성은 삶에서 목격할 수 있는 하나의 팩트다. 우리는 개인의 선택에 기초를 두고 있는 사회에서 살고 있고 우리의 선택 옵션은 제한되어 있다. 우리가 성공적으로 자율적일 수 있는 경우에만이 번영할 수 있다."(Raz, 1986: 394)

삶의 주요 국면은 예를 들면 결혼할 사람의 선택, 추구할 삶의 형태(스타일), 직업과 같은 경력의 선택 등 항상 선택을 기초로 해서 구성된 것이다. 자율성 개념에서 주목할 것은 개인들이 자율을 실제로 행사할 수 있으려면 그들에게 선택 대안들이 주어져 있을 뿐만 아니라 그들에게 그 대안들이 선택할 만한 가치가 있어야 한다는 점이다.

2) 자유사회에 대한 자율론적 비판

자율론이 유행을 타는 듯, 조지프 라즈는 중립성, 평등, 권리 및 기타

범위는 지역적 요인들에 따라 변할 수 있다는 확실한 이유에서다.

친숙한 개념을 바탕으로 자유주의를 확립할 가능성을 거부하고 대신 개인의 자율성을 촉진하고 유지하려는 의지로 형성되는 자유주의 질서를 주장했다. 그리고 20세기 후반 존 롤스는 원초적 입장에 있는 계약자들이 무지의 베일 뒤에서 정의의 원칙을 선택할 때 그들의 자율성을 묘사했다(Rawls, 2005: 661-663). 현재 문헌 내에서는 자율성의 정확한 윤곽에 관해 상당한 논쟁이 있지만 거의 모든 참가자는 정부의 공동 조치를 통해 육성되는 것이 주요 도덕적 가치라는 데 동의하고 있다.

자율론적 시각에서 자유주의를 보는 사람들에 따르면, 자유사회의 제도적 자원들은 구성원들에게 수많은 다양한, 가치 있는 선택 대안을 확보해줄 수 없다고 한다. 그 제도들은 많은 가치 있는 선택 대안을 소멸시키고 이로써 자유주의는 사회구성원들에게 공급하는 자율의 가치를 높이기는 고사하고, 오히려 이를 파괴한다고 주장하고 있다. 예를 들면 자유시장은 공공문화를 파괴한다고 한다. 오페라를 즐기는 사람들이 적기 때문에 오페라 시장에 맡기면 오페라가 소멸한다고 자율론자들은 목소리를 높였다. 시장 논리로는 기초학문도 발전할 수 없다고 한다. 그런데 이런 것들이야말로 사람들이 가치 있는 삶을 영위하는 데 매우 도움이 된다는 것이 그들의 인식이다.

자유시장 경제에 대한 비판은 또 있다. 즉, 인간들이 자율적인 삶을 향유할 수 있으려면 기본 욕구가 충족되어야 하지만, 자유주의제도는 모든 구성원의 기본 욕구를 충족시킬 수 없다는 것이 자율성을 옹호하는 사람들의 시각이다. 자유주의 시장경제는 일자리 상실, 소득 상실, 질병 등의 불운을 당한 사람들의 삶, 노후의 삶 등을 보살필 수 없다고도 한다. 시장은 지불 능력·의지를 가진 사람의 욕구만을 충족시켜준다는 이유에서다. 예컨대 그레이는 사유재산제도가 자율을 증진하는 데 필요하기는 하지만 충분하지 않다고 주장한다. 자율적이려면 개인들은 실제로 재산을 가지고 있어야 한다는 것이다. 따라서 복지정책을 통해서 자유주의제도를 보완해야 한다고 한다.[7] 선택 대안이 하나밖에 없는 경우의 선택을 어떻게 자율적인 선택이라고 부를 수 있는가라고 그는 묻고 있다. 정부는 자율성을 확립하기 위해서 자율성이 적은 사람들을 위해 우대정책을 취해야 할 것이다. 그레이는 "사유재산제도는 자원을 가진 사람의 행동 자유를 증진하지만, 전적으로 임금과 월급에 의존하는 사람은 (소극적으로는 자유롭지만) 덜 자율적이다"라고 한다. 이런 사실을 인정한다면, 재분배가 그 해결책이다.

3) 개인의 자율성을 개선하기 위한 정책 어젠다

그레이는 자율성 제고를 위한 다양한 정책을 제안했다. 하나는 일반적인 복지정책이고 다른 하나는 공공재화 공급정책이다. 정부가 이런 정책을 펼치지 않으면 개인의 자율성이 감소하고 결국 개인에게 피해가 간다고 그는 목소리를 높였다.

- 소득이 부족한 사람들에 대한 재분배 정책, 국가에 의한 최소 소득 보장
- 실업보험 정책, 실업자에 대한 재교육, 전환교육 정책
- 교육을 받을 복지권의 확립 제도(예를 들면 바우처제도와 장학제도)
- 의료혜택(바우처제도)
- 가족정책으로서 결손 가정과 자녀를 둔 가정에 대한 지원책

---

7) 그레이는 이렇게 말하고 있다. "사유재산제도는 자원을 가진 사람의 행동 자유를 증진하지만, 전적으로 임금과 월급에 의존하는 사람은 (소극적으로는 자유롭지만) 덜 자율적이다." 이런 사실을 인정한다면 재분배가 그 해결책이다(Gray, 1986/1995: 64).

이런 복지정책 이외에도 그레이는 국가가 해야 할 과제로서 '고유한 공공재화'의 공급을 주장한다. 이것은 사람들이 갖고 싶은 욕구가 없다고 해도 가치를 가진 재화를 의미한다. 시장 논리에 의해서는 공급할 수 없는 재화이기는 하지만 그 자체 고유한 가치가 있다는 것이다. 자율성 제고를 위해서는 다양한 가치 있는 대안들을 비롯하여 풍요로운 공적 문화를 전제한다고 한다.

- 특정의 문화예술(오페라)에 대한 지원정책
- 순수과학에 대한 국가의 지원정책, 순수학문에 대한 정부의 지원정책

자율성을 증진을 위한 그런 재화의 공급과 관련하여 그레이는 조세정책을 통한 지역 정책, 기업유인정책, 임금협상에서의 국가의 역할, 그리고 에너지 정책, 환경정책 및 경쟁정책과 관련하여 국가의 적극적인 역할을 강조했다. 그는 자율성을 위한 국가의 과제와 관련하여 독일의 사회적 시장경제를 설명하고 있다. 그 같은 시장경제도 자유주의의 도덕적 공백을 메우기 위한 중요한 제도라고 여기고 있다. 미셀 알베르트(Michelet Albert)가 1992년 자신의 유명한 저서 『자본주의 대 자본주의』에서 미국식 자본주의와 비교할 때 유럽식 자본주의가 도덕적으로 우월하고 경제적으로 효율적이라는 주장에 동조하고 있는데 그레이도 마찬가지로 영미식 자본주의보다는 유럽식 자본주의에 더 큰 가치를 부여하고 있다. 그 이유는 유럽식 자본주의가 자율성을 더 크게 증대시켜준다고 믿기 때문이다.

흥미롭게도 자율론은 앞으로 제6부에서 다룰 공동체주의 또는 이미 제3부에서 다룬 바 있는 롤스-드워킨 전통과 다르다. 롤스-드워킨의 전통에서는 제한 없는 시장경제를 전제하는 자유주의는 분배적 평등을 실

현할 수 없다고 한다. 이에 반해 공동체주의는 공동체적 가치(공동체주의), 즉 공동의 선을 실현할 수 없다고 보고 있다. 자유사회에서는 끊임없이 불평등이 생겨나고 끊임없는 변화에 의해 인간들의 연대와 유대 등과 같은 공동체적 가치의 상실로 인해 희생자가 생겨나기 때문에 국가에게 광범위한 재분배 또는 복지서비스 공급, 개인의 공동체감과 연대감의 실현 등과 같은 새로운 의무를 국가에 부과해야 한다는 것이 공동체주의 시각이다. 공동체주의와 롤스-드워킨 전통의 사회정의와는 달리 자율론을 기반으로 하는 그레이의 복지정책도, 끊임없는 변화 속에서 모든 것을 시장에 맡길 때 개인의 자율성이 손상되기 때문에 정부가 개입해야 한다고 주장한다. 이런 주장이 타당한가? 자율론이 자유의 대안이 될 수 있는 이념인가?

2.
자유주의에 대한 자율론의 오해

　자유를 기초로 하는 자유주의에 대한 그레이의 비판은 매우 다양하고 혹독하다. 그는 자신의 1995년 저서 『계몽주의의 발자취』 그리고 1993년 저서 『뉴라이트를 넘어서』의 제3장 "시장제도의 도덕적 기초"에서 자유주의에 대해 가장 많이 그리고 가장 체계적으로 비판하고 있다. 그의 비판을 재구성하고 이어서 그의 비판의 옳고 그름을 밝혀낼 것이다.

1) 자유주의에 대한 비판의 오류

　자유주의에 대해 그레이가 비판한 것들 가운데 중요한 비판점으로서 몇 가지 예를 들면,[8] "자유주의의 역사적 유산은 좌파 이데올로기에 의해서라기보다는 뉴라이트가 지지하는 시장 근본주의를 통해 위태롭게 되었다"고 한다(Gray, 1995: vi). 자유주의에 대한 그레이의 비판이 우리의 이목을 끄는 것은 과거의 비판을 되살리는 가장 최근의 체계적인 비판이기 때문이다. 왜 자유주의가 위태로워졌는가의 구체적인 이유를 다음과 같이 설명하고 있다. 즉, "국가를 부정하고 자유시장을 예찬하는 것, 이것은

---

[8]　보다 상세한 비판의 내용을 정리한 중요한 논문 그리고 그레이를 알 수 있는 논문은 Klein(1999)을 참조.

사회의 붕괴와 정치적 불안정을 조장하는 처방이다"(Gray, 1995: 133). 그는 이어서 이렇게 말한다.

> "시장과정의 역동성은 사회의 계층성을 파괴하고 기존의 확립
> 된 기대를 전복시켰다. (중략) 시장에 의한 노동의 자유로운 이동은
> 공동체를 해체했고 이로써 범죄의 가장 효과적인 예방책이 되는
> 비공식적인 사회적 감시망이 약화되었다."(Gray, 1995: 99)

그레이는 시장과정이 고유한 전통문화를 파괴하는 것을 보편적이고 합리적인 문명화의 길로 가는 현상이라는 자유주의의 시각을 비판한다. 자유주의는 유럽의 보수주의와 전혀 다르다는 것이다. 오히려 그 이념은 올드 레프트(old left)와 유사하다고 평가한다. 그 이유는 이렇다. 올드 레프트의 프로젝트는 서로 다른 사회가 전수한 과거의 유산을 철폐하고 새로이 모든 것을 만들려고 했는데, 바로 이런 태도가 자유주의의 태도라는 것이다. 이는 시장과정에 의한 전통적 문화의 파괴를 자유주의는 발전의 신호라고 본다는 것이다(Gray, 1995: 102; Klein, 1999: 64).

그레이는 올드 레프트를 제대로 잘 보고 있다. 프랑스 혁명의 기반이 되었던 데카르트, 루소, 볼테르, 밀, 콩트, 생시몽 등, 프랑스 계몽주의의 전통이 그것이다. "바꿔! 바꿔!" 이것이 이 전통의 슬로건이었다. 그리고 이런 슬로건의 계승자가 올드 레프트이다.[9] 이런 사상을 하이에크는 구성주의적 합리주의라고 말한다. 이는 인간 이성은 사회를 소망하는 바대로 개조하고 바꾸고 새로이 만들 수 있는 능력을 지니고 있다는 미신이다(Hayek, 2018: 46-48). 올드 레프트는 18세기 '이성의 시대'를 창조한 장

---

9) 계몽주의의 대표자 가운데 하나인 볼테르는 "좋은 법을 가지려면 기존의 모든 프랑스 법을
전부 불태워버려라!"라고 말했다. 모든 것을 새로이 바꾸자는 것이었다. 같은 계몽주의자
였던 콩도세트도 "오래된 모든 것은 존경심을 일으키기보다는 불신을 일으켜야 한다"라고
했다.

본인이다. 그레이는 이런 사상을 자유주의와 동일시하고 있다. 그 이유는 이렇다. 시장경제의 역동성으로 인해 지속적인 경제성장을 포함한 모더니즘의 이상(理想)을 실현했지만, 전통이 쓰나미처럼 소멸되고, 새로운 것으로 교체된다는 이유에서다. 이런 비판이야말로 이미 제2부에서 다루었던 자유주의에 대한 보수주의적 비판과 흡사하다. 자율론도 역시 변화에 대한 공포심을 드러내고 있다.

여기에서 그레이는 보수 철학이 최근 정책을 지배해온 레이거노믹스(Reaganomics) 또는 대처리즘(Thatcherism)으로 요약될 수 있는 신자유주의에서 스스로를 분리하고 전통적 가치를 재정의하는 과제로 돌아가는 데서 미래를 찾을 것이라는 확신을 표명했다. 이는 자생적 조정을 위한 시장의 힘에 대한 불신에서 비롯된 것이다. 그러나 우리가 주목하는 것은 세계의 대부분 지역에서 가장 긴급하게 필요한 것은 자유로운 성장의 방해물을 철저하게 제거하는 것이다. 이것이 바로 자유를 최고의 가치로 여기는 자유주의자들이 수행할 과제다. 이런 과제는 자유시장의 자생적인 힘, 스스로 변하는 힘에 대한 신뢰를 전제한다.

자유주의자는 정부의 엘리트에 대한 신뢰가 아니라 어떤 정신이라도 또는 어떤 인간 그룹이라고 해도 흉내 낼 수 없는 거대한 소통체계로서 자유시장의 비인격적 힘, 즉 사회적 과정에 대한 신뢰이다. 그레이가 뉴라이트와 올드 레프트를 동일시하는 것은 그래서 잘못되었다. 그리고 자유주의가 전통을 무시하는 것이 아니라, 그것을 매우 중시한다. 그레이만큼 가족을 중시하는 것도 자유주의다. 그레이만큼 학문과 예술을 중시하는 것도 자유주의이다. 마을공동체, 소규모의 자발적으로 형성된 공동체를 중시하는 것도 자유주의이다. 그리고 자유주의와 시장경제는 이런 전통을 자의적으로 제거하는 것도 아니다. 앞으로 보여주겠지만 그레이가 중요하다고 열거하는 거의 모든 가치는 자유주의와 시장경제에 의해 가장 효과적으로 보호될 수 있다는 것을 직시해야 한다.

어쨌든 그레이는 자유시장 이념을 수용하려 하지 않는다. 시장경쟁의 광풍으로부터 공동체들을 보호할 필요성이 있다는 것이 그의 사상의 핵심이다. 그렇지 않으면 공동체는 그런 광풍 앞에서 산산조각이 난다는 것이다. 시장사회의 안정성은 법의 집행에 달려 있다는 자유주의의 해법은 미성숙한 것이기 때문에 그런 해법에 머물러 우리가 지체할 필요가 없다는 것이 자율을 중시하는 그레이의 시각이다. 사회의 붕괴를 막으려면 '정의의 규칙'만을 가지고는 사회의 유지가 충분하지 않다고 한다. 정부가 정의의 규칙에 어긋나더라도 자유경쟁을 억압할 것을 주문하고 있다. 국가가 시장에 개입하여 경쟁을 막아야 한다는 것이다. 자연의 파괴, 도시의 파괴가 시장사회의 결과라고 말하고 있다. 시장경제는 신뢰의 도덕을 파괴하고 공동체의 문화를 파괴한다는 것이다. 시장의 확대로 인해 위험을 느끼지 않고 시대를 활보할 수 있는 일상적인 자유까지도 위태롭게 되었다고 한다. 범죄의 증가도 시장경제의 탓이다. 모든 것을 시장 탓으로 돌리고 있다. 그레이의 생각은 정의의 규칙은 건물의 대들보에 비교하고 있는 애덤 스미스의 생각과 정면으로 충돌한다. 스미스에게 중요한 것은 정의의 규칙이었다. 이것이 없이는 안정도 번영도 없다는 것이다.

물론 애덤 스미스와 하이에크도 정의의 규칙을 기반으로 하는 자생적 질서에만 의존할 수 없다는 것을 잘 알고 있었다. 중요한 예를 들면 보건위생 및 의료서비스, 도로 건설과 유지, 거대한 자본이 드는 우주개발 등 무수히 많다. 또 다른 국가의 과제는 스스로 부양할 수 없는 사람들을 위한 사회적 안전망의 설치 또는 초등교육 등도 국가의 과제로 취급한다. 이와 같은 국가의 '서비스 기능'은 국가가 강제력을 발동하여 독점적으로 공급할 과제가 아니다. 문제의 서비스들은 정부가 재정적 책임의 일부 혹은 전부를 부담하지만, 그런 서비스의 공급은 분산된 민간 관리를 위한 충분한 여지가 있다.

그레이는 세계화는 개별국가의 정체성을 훼손하기 때문에 세계화도 막아야 한다고 한다. 관세 및 무역의 일반협정(GATT), 세계무역기구(WTO) 같은 국제기구는 모든 인간 문화와 공동체를 글로벌 시장제도에 예속시켰다는 것이다. 이주(移住)의 자유는 공동문화를 파괴하기 때문에 막아야 한다고 보수주의적 색채로 큰소리쳤다. 글로벌 시장은 전수한 노동문화의 기반이 되는 '소명으로서의 직업'이라는 믿음을 파괴했다고 그레이는 세계화를 비난했다. 글로벌화에 대한 철저히 적대적인 태도를 보면 독일의 사회민주당과 일치한다. 그는 글로벌에 대한 철저한 비판자였다. 글로벌을 펀드는 낙관주의자들을 향해 맹렬히 비난을 퍼부었다. 그가 조지 소로스(George Soros)로부터 칭송을 들어왔던 이유다.

2) 소극적 자유에 대한 비판의 허와 실

우리가 주목할 것은 자유주의가 가장 중시하고 최고의 가치로 여기는 소극적 자유에 대한 그의 독창적인 비판이다. 그는 자신의 1993년 저서 『뉴라이트를 넘어서』에서 소극적 자유를 체계적으로 비판했다.[10] 그레이는 소극적 자유의 내용이 미(未)결정적이라고 비판했다. 그에 의하면 자유주의의 결함은 자유를 측정하고 서로 충돌하는 자유들끼리의 비중을 재는 방법에 대한 합의가 없다는 것이다. 이것은 자유주의에 아주 난처한 일이라는 것이다. 그리고 이런 사실에 비추어본다면 소극적 자유가 극대화해야 할 또는 최적화해야 할 가치라는 생각은 설 자리를 잃게 된다

---

10) 그레이의 비판점을 선명하게 요약한 논문은 클라인을 참조(Klein, 1999: 66-67). 그는 그레이가 자유 개념에 비판한 점을 네 가지로 구분하여 설명하고 있다. 첫째로, 자유의 개념이 불명확하다는 것이다. 둘째로, 재산권 개념의 불확실성, 동의 개념의 불확실성을 들고 있다. 셋째로, 자유는 어떤 경우에는 소망스럽지 못하다는 것이다. 예를 들면 탈규제가 항상 좋은 것은 아니라는 것이다. 넷째로, 자유주의 개혁을 위한 정당성 부여가 미흡하다. 그러나 클라인은 그레이의 비판의 기초가 되는 자율성 문제를 논하지 않고 있다.

는 것이다. 그런 난처한 사실 때문에 될 수 있는 대로 많은 자유를 평등하게 최대로 보장해야 한다는 허버트 스펜서(Herbert Spencer)의 원칙, 다른 사람에게 피해를 주는 경우를 제외하고는 자유를 제한해서는 안 된다는 밀의 해악의 원칙, 강제를 최소화해야 한다는 하이에크의 자유의 원칙은 모두 미결정된 개념일 수밖에 없고 따라서 그 원칙들은 자유를 제한하는 정책이나 사상을 믿을 만하게 안내할 수 없다는 것이다(Gray, 1993: 78). 다재다능한 그레이의 비판을 평가할 것이다.

자유주의자들이 제시한 원칙들은 그 자체 미결정적인 것은 사실이다. 이런 원칙들은 무엇을 자유를 제한하는, 그래서 정당하지 못한 간섭으로 또는 정당하지 못한 강제로 보는가의 문제를 해결할 수 없는 것은 사실이다. 다시 말하면 그런 원칙들은 금지될 행동이 무엇인가를 말하지 않는다. 이런 사실을 자유주의자들은 잘 알고 있었다. 그리고 그들이 항상 고민하던 문제였고 해결하려고 부단히 노력했다. 그렇다면 그레이가 보는 것처럼 그렇게 이런 노력이 의미가 없는가?

3) 자유주의는 규범적 잣대가 없다는 오해

우선 자유의 규모에 대한 평가문제를 보자. 자유의 규모를 말하기가 어렵다는 것은 자유 진영에서도 지적하고 있다. 헝가리의 유명한 정치경제학자 드 저세이(Anthony de Jasay, 1925~2019)가 그런 점을 지적하는 대표적인 자유주의자이다. 그는 이런 불확정 개념을 가진 자유주의는 국가가 침투할 여지를 허용하고 있기에 그런 자유주의를 "느슨한 자유주의"라고 말하고 있다(Jasay, 1991). 테일러(Ch. Taylor)도 이와 비슷하게 소극적 자유의 개념을 비판했다. 즉, 자유를 정부의 간섭이나 규제가 없는 상태로 보는 소극적 관점은 받아들이기 어려운 것이라고 비판했다. 그에 의하면 이런 자유 개념에 따르면 알바니아는 교통법규도 없고 교통 부문 밖의 다른 부문에서도 규제도 얼마 없기에 알바니아가 서구보다도 더 자유롭다고 말할 수 있다는 아이러니가 생겨나기 때문이라고 한다. 그러나 교통법은 누구도 침범해서는 안 될 개인의 사적 영역 또는 자유 영역을 구획하는 것이 아니라 그것은 교통안전이라는 목표를 위한 공법이다.

자유의 극대화 또는 최적화 원칙을 실제로 적용하기가 어렵다고 해도 이 원칙이 그레이 또는 테일러가 주장하는 것처럼 그렇게 비관적이지 않다. 이미 잘 알려져 있듯이 미국의 저명한 자유주의 싱크탱크로서 케이토연구소(Cato Institute) 또는 캐나다의 프레이저연구소(Fraser Institute)는 자유의 규모를 측정하는 방법을 개발하여 세계 각국의 자유도를 측정하고, 측정된 자유도(Freedom Index)에 따라 국가들의 서열을 정한다. 자유도에 따라 어느 한 사회의 자유의 규모와 다른 나라의 자유의 규모를 비교한다. 그리고 특히 주목하는 것은 경제 자유도를 경제발전, 정치적·사회적 부패, 교육 수준 그리고 분배, 경기변동 등이다. 이과 연결하여 경제 자유도가 높은 나라일수록 경제성장과 고용 수준은 높고 빈곤층의 소득도 증가할 뿐만 아니라 사회적 이동성도 높아서 부익부 빈익빈의 현상도 없다는 사실이 또렷하게 밝혀졌다. 경제적 자유도가 높아짐에 따라서 교육 수준은 높아지고 부패는 줄어든다는 사실이 확연하게 드러나고 있다.

따라서 우리가 주목하는 것은 자유를 충분히 이해할 수 있으려면 자유의 중요성을 고려해야 한다는 것이다. 예를 들면 알바니아처럼 다른 모든 분야에서는 규제가 적다고 해도 재산을 습득할 자유가 없는 경우에는 자유 전체를 제한하는 결과를 초래한다. 이미 제3부 제1~3장에서 보았듯이, 진화사상을 기반으로 하여 개발한 스코틀랜드 계몽사상의 관점에서 존 롤스의 정의론을비판한 자유주의자들은 경제적 자유와 시민적 자유(언론·출판·학문·종교의 자유)의 자의적인 구분을 수락하지는 않는다고 해도, 어떻게 개인의 웰빙을 증진하느냐에 따라 다양한 자유들을 구별했다. 교통법규가 있느냐 없느냐보다 사유재산이 인정되느냐 그렇지 않으냐의 문제가 훨씬 더 중요하다. 교통법규는 개인의 자유 영역을 확립하는 법이 아니기에 교통법규의 존재 여부가 자유의 폭을 넓히는 문제와는 전혀 관련이 없다. 예를 들면 자유주의자들이 선거참여 또는 정치에의 참여를 의미하는 민주정치보다는 사유재산을 중시하는 이유도 정치적 자유는 타인들의 자유영역을 침해할 권한을 부여하는 데 반해 사유재산을 중심으로 하는 개인의 자유는 정의의 테두리 내에서 누구도 침해할 수 없는 사적 영역을 확립할 힘을 부여하기 때문이다. 그리고 그뿐만 아니다. 재산(권)의 인정은 다른 자유의 증진을 보장하기 때문에 자유주의는 민주주의보다 사유재산을 중시한다. 자유주의는 민주적 의사결정에 의해 사유재산(권)을 유린·박탈하거나 제한하는 것은 전적으로 반대한다.

이같이 자유주의는 그 중요도에 따라 자유를 구별한다. 이런 자유주의 전통에 따라 케이토연구소나 프레이저연구소가 각 나라의 경제적 자유에 관한 보고서에서도 경제의 중요한 부문을 측정 대상으로 선정하고 있다. 각 항목의 예를 들면 정부지출, 과세; 공기업의 법적 구조와 재산권의 안정성; 외국과의 자유무역; 금융, 노동, 기업에 대한 규제 등이 그것이다. 이런 부문의 규제가 적을수록 그것은 시장경제에 그만큼 더 가깝다. 규제가 적을수록 더 자유롭다. 그러나 우리가 항상 염두에 두어야 할 것은 어떤 자유는 경시하고 다른 어떤 자유를 중시한다고 해서 경시되는 자유는 정책적으로 언제나 제한해도 된다는 것을 의미하는 것은 아니라는 사실이다.

어쨌든 우리가 소극적 자유는 기본적으로 극대화해야 할 가치, 최적화할 가치라고 할 때 이를 극대화하거나 최적화한다는 것은 불가능하다. 존 롤스의 자유론과 관련된 문헌에서 흔하게 볼 수 있는 그런 개념은 구성주의적 합리주의 개념이다. 이런 관점에서 소극적 자유를 비판한다면 그레이의 비판은 옳다. 소극적 자유를 최적화 또는 극대화의 가치 대신에 '존중되어야 할 가치'라는 입장, 자유를 중시해야 한다는 논지를 취한다면, 최적화나 극대화의 문제는 그리 중요하지 않다. 그런 입장은 '규제적 아이디어(regulative idea)'로서 정치적 행동을 제약하는 데 중요한 역할을 한다.

그러나 소극적 자유를 존중해야 한다는 원칙으로부터 개인적 권리체계나 개인의 행동을 금지하는 규칙체계를 분명하게 도출할 수는 없다. 이런 의미로 그레이가 소극적 자유의 내용은 전적으로 미(未)결정적이라고 비판한다면, 그의 이 같은 비판도 옳다. 그러나 이런 비판이 소극적 자유의 가치를 포기하고 그 대신 적극적 자유에 해당하는 그의 자율성 개념을 수용해야 할 만큼 그렇게 심각한 비판인가 하는 점은 따져보아야 한다. 정말로 쓸모없는 개념인가? 완전한 답을 주지 않는 이념이라고 해서 그런 이념이 가치가 없다고 말할 수 없다. 이제 그 이유를 설명할 것이다.

4) 법의 지배원칙은 법이 아닌 것의 인식규칙

소극적 자유를 존중해야 한다는 원칙이 어려운 사건에서 즉답을 제시하지는 못한다고 해도 용납할 수 없는 수많은 활동을 금지하는 데 중요한 역할을 한다는 점을 우리는 주목할 필요가 있다. 범죄 혐의가 없는 사람들을 구속한다든지, 정부를 비판하는 언론에 재갈을 물게 한다든지, 이교도를 박해한다든지 하는 행동은 용납할 수 없는 행동이다(Kukathas, 1992: 105). 기업들의 다각화를 막기 위해 출자총액을 제한한다든가, 이른바 기업의 재무구조의 건전화를 명분으로 하여 부채 규모를 제한하는 행위, 또는 정부 주도의 기업 인수합병 등도 용납할 수 없는 행동이다. 소득주도 성장을 위한다는 명분으로 도입된 최저임금의 대폭 인상, 주 52시간 강제, 빚을 얻어서까지 추진한 퍼주기식 복지정책, 임대료·주택가격 규제,

자유무역을 억제하는 다양한 관세제도 등 오늘날 용납할 수 없는 정책은 차고 넘친다.

더구나 자유의 존중 원칙에 따라서는 개인들의 특정 행동을 지시하는 정부 행동, 시장과정의 결과를 수정하거나 개선하려는 모든 경제정책은 용납할 수 없는 행동이다. 이같이 자유의 존중 원칙은 자유를 존중하고 자유가 가치 있다고 평가한다면 고려해서는 안 될 것이 무엇인가를 분명하게 말해준다. 자유를 보장하는 행동규칙을 찾는 일, 정의의 규칙을 찾는 일에서 우리가 고려해서는 안 될 것은 두 가지이다. 첫째로 특정의 행동의 구체적인 결과를 고려해서는 안 된다는 것이다. 구체적인 결과 예측은 시간과 장소와 결부된 사실에 관한 구체적 지식의 문제 때문에 불가능하다. 시장 결과를 개선하고자 하는 모든 정부의 행동은 구체적인 결과의 예측이 필요하다. 둘째로 지시나 명령과 같이 특정의 행동을 지시하거나 지정하는 정부 행동은 그래서 고려의 대상이 될 수 없다.

"사실에 관한 지식의 영구적인 무지"(Hayek, 2018: 45) 때문에 '법의 지배원칙'의 중요성이 부각될 수 있다. 법의 지배원칙은 자유의 존중을 표현한 말이다. 그리고 그것은 진정한 법이 되기 위한 조건을 말한다. 법이 법다운 법이 될 수 있으려면 법은 일반성, 추상성, 그리고 확실성을 가진 행동규칙의 성격을 지녀야 한다는 것을 의미한다. 법에 대한 인지를 말해주는 것이 법의 지배이다. 자유를 보장하는 법 규칙을 인지하기 위한 규칙이다. 하이에크는 법의 지배원칙을 하트(Herbert L. A. Hart)를 인용하여 법정에게 특정한 규칙들이 그런 속성을 지니고 있는지를 확인할 수 있게 하는 "인지규칙(rule of recognition)"이라고 말했다(Hayek, 2018: 221).[11]

---

11) 법의 지배원칙은 법이 유효하기 위해서 갖추어야 할 형식적 속성들을, 즉 정의로운 행동규칙이 지닌 성격을 의미한다. "그것은 하트가 '인지규칙'이라고 불렀던 것이고, 특정한 규칙들이 그런 속성들을 갖는지의 여부를 법정에게 확인할 수 있게 한다. 인지규칙만을 가지고는 현존하는 법에 타당성을 부여해주지 않는다. 그것은 재판관에게 길잡이를 제공하지만, 현행규범 체계에 깔려있는 개념들을 언어로 명료하게 표현하려는 모든 시도가 그렇듯이, 그것

5) 법은 점진적 진화의 결과

소극적 자유 개념이 쓸모없는 개념이라는 그레이의 비판에 대한 호주의 정치철학자 찬드란 쿠카타스(Chandran Kukathas)의 역비판은 대단히 가치가 있다.

> "정치이론은 일련의 원칙들을 주장만 하고 끝나는 것은 아니다. 이들을 도덕적으로나 윤리적으로 따져보고 검토하는 일은 지속해야 할 작업이다. 그들은 정치적으로도 지속적인 논의가 필요한 대상이다. 끊임없이 원칙들을 해석하고 해석을 방어해야 한다. 모든 원칙의 내용은 미결정적이기 때문이다."(Kukathas, 1992: 105)

사회이론도 일반적으로 미결정적이다. 미결정의 근본적 원인은 모든 문제를 해결할 수 있는 원칙을 선험적으로 작성할 수 있는 지적 능력을 우리가 지니지 못했기 때문이다. 일거에 모든 문제를 해결할 수 있는 원칙을 찾을 수 있고, 그런 원칙만이 용납될 수 있는 원칙이라고 믿는 것은 일종의 계획 사상의 구성주의적 합리주의의 소산이다. 마찬가지로 어떤 행동을 일반적으로 금지하여 개인의 자유를 최대로 확립하느냐의 문제도 역시 단번에 해결할 수 없다. 단번에 해결책을 제시해야 하고 그래야 완전한 정치적 이념이 될 수 있다고 주장하는 것, 선험적으로 빈틈없는 해답을 제시해야 한다는 것은 프라이브르크 대학의 자유주의자 호프만(E. Hoppmann)이 적절히 지적한 것처럼, 구성주의적 합리주의의 주장이다. 지적 자만에서 비롯된 주장이기 때문에 그것은 한낱 유토피아일 뿐이다.

은 불충분한 것으로 판명될 수 있고, 재판관은 여전히 사용된 말들의 글자 그대로의 의미를 넘어서야 (혹은 그 의미를 제한해야) 한다."(Hayek, 2018: 221, 강조는 필자가 추가한 것)

"규범적-기능적 질서[자유경쟁질서]는 사전적으로 빈틈없는 그리고 모순 없는 법 시스템을 구성할 수 없고 그 질서 자체도 역사적 발전·발견 과정의 결과다. 카르텔 및 독점법을 구성하는 규범적·기능적 규칙들은 상호 간 지속적인 적응 그리고 시장 시스템의 진화에 지속적인 적응을 필요로 한다. 그렇기에 카르텔 및 독점법도 점진적인 발전과 적응으로 이해될 수 있다. 이것은 지속적인 과제다. 선험적으로 빈틈없는 반독점법만이 시장시스템을 구출할 수 있다는 구성주의적 합리주의의 주제는 편견이고 그것은 잘못이면서 동시에 유토피아다."(Hoppmann, 1988: 331)

우리가 늘 염두에 두어야 할 것은 어떤 행동을 금지해야 하는가의 문제는 끊임없는 논쟁의 대상이라는 것이다. 이 문제는 정치적·사법적 그리고 학문적 논쟁의 과정을 거치면서 해결해야 할 것이다. 이런 해결에서 자유주의자라면 언제나 자유의 소중함을 염두에 두어야 한다. 이런 자유의 존중을 염두에 둔 법의 개발은 열린사회의 진화를 보장하는 법체계의 확립에 이바지할 수 있다. 오로지 자유를 존중할 때만이 구성주의적 합리주의의 국가간섭 그리고 소극적 자유는 무용지물이라는 그레이의 주장 사이에서 법 시스템의 꾸준한 개발이 가능하다.

6) 자유주의에는 도덕적 가치가 없다는 오해

자유주의는 소극적 자유를 경제성장과 같은 결과 지향적으로 정당화할 뿐, 왜 도덕적 가치가 있는지를 훌륭하게 설명하지 못하고 있다고 비판한다. 이런 비판이 옳은 비판인가? 고전적 자유주의자들 중에는 자유사회의 도덕적 성격을 논의하는 것을 의도적으로 피하려는 자들도 있었다. 도덕적 성격은 주관적이기에 합리적인 논의가 가능하지 않다는 이유에서다. 그렇다고 해도 자유주의와 시장경제는 도덕적 정당성이 없다고 볼 수 있는가?

대상이나 활동의 가치는 선험적으로 또는 객관적으로 주어져 있는 것이 아니다. 그 가치는 행위자의 평가로부터 생겨난다. 이런 평가와 관계없이 독립적으로 존재하는 가치란 있을 수가 없다. 개인들의 평가가 없으면 그들은 물리적 현상에 지나지 않는다. 이를 규범적으로 해석한다면, 우리의 활동과 행동, 삶의 목표와 소망이 가치가 있으려면, 그 가치가 우리 스스로에서 나와야 한다. 남이 선택해준 것, 남이 강제로 나에게 부여한 것은 나에게는 가치가 없다. 따라서 그것들이 가치를 가지려면, 내가 스스로 찾아내고 내가 스스로 선택한 것이어야 한다. 스스로의 발견과 선택이란 소극적 자유에서 나온다.

이것이야말로 우리가 제5부의 모두(冒頭)에서 인용한 개인주의와 개인의 자율성의 표현이다. 개인주의 입장의 본질은 다름이 아니라 바로 개인은 자신의 목적의 최종 심판자라는 것을 인식하는 것일 뿐만 아니라, 될 수 있는 대로 자신의 견해가 자신의 행동을 지배해야 한다는 믿음이다. 이런 자율성은 다원주의에 관한 하이에크와 버크의 비교에서 설명했듯이(제2부 제7장 참조), 하이에크는 자생적 질서와 다원주의를 매끄럽게 통합하고 있다. 이에 반해 자생적 질서의 존재를 부인하는 자율론에서는 조직과 다원주의의 통합이 그렇게 매끄럽지 못하다. 자율론에서 개인의 자율성을 개선하기 위한 정책 어젠다를 보면 자율론은 공동으로 추구할 목적체계의 존재를 전제하는 조직을 선호하기 때문에 다원주의와 조직은 서로 융합하기 매우 곤란한 가치들이다.

우리는 개인의 자율성을 다른 관점에서도 찾을 수 있다. 우리가 가족, 친구, 마을 공동체 등에 대한 애착심을 갖는 것은 자유로이 타인의 간섭 없는 상황에서, 다시 말하면 소극적 자유 아래에서 획득하고 형성한 우리 자신의 소망과 삶의 목표다. 자신의 소망과 삶의 목표 그리고 자신이 찾아내고 선택한 인간관계를 애지중지하면서 그런 소망과 목표를 달성하기 위해 온갖 정열을 바칠 수 있다. 이런 애착심으로부터 두 가지 중요한 가치가 도출될 수가 있다. 첫 번째가 나의 삶의 목표나 소망이 실패로 돌아갔을 때 이에 대한 책임이다. 그 실패에 대한 책임감은 바로 남이 강제로 부과한 목표와 소망으로부터 나오는 것이 아니라 나의 소망, 나의 목표라는 사실에서 우러나온다.

두 번째는 이런 애착심으로부터 개개인들은 자긍심을 갖는다. 남이 부과한 삶의 목표나 남이 부과한 목표의 추구로부터는 자긍심이 생겨날 수가 없다. 이 후자를 강조하는 것이 존 롤스다. 그는 정신적 자유의 존재 이유를 자긍심(self-esteem)에서 찾고 있다. 존엄성의 기초도 다른 사람이 아닌 내가 스스로 나의 목표와 소망에 대해 가치를 부여한다는 사실로부터 생겨난다. 누구나 인간 자체는 나름대로 가치가 있다. 이런 사실로부터 누구나 수단으로서가 아니라 목적 자체로 대우받아야 한다는 칸트의 유명한 정언명령이 도출될 수 있다.[12] 자유주의와 존엄성의 관계는 개인주의이다.

개인주의가 얼마나 중요한가는 집단주의의 그룹 마인드를 보면 잘 알 수 있다. 집단주의는 개인의 존엄성이란 존재할 수 없다. 개인의 행동이란 존재할 수 없다. 오로지 집단행동만이 존재할 뿐이다. 개인의 책임도 존재하지 않는다. 개인에 대한 칭찬도 비난도 필요가 없다. 비난과 칭찬은 개인들에게 앞으로 더 좋은 선택을 하도록 할 이유가 없기 때문이다. 집단주의에서는 개인이 행동의 주체가 아니다. 의지의 주체도 아니다. 책임의 주체도 아니다. 우리가 집단주의를 면밀하게 따진다면, 집단

---

12) 보아즈(Boaz, 1998)가 자신의 저서 『자유주의』의 제4장 "개인의 존엄성"에서 보여주고 있듯이 자본주의 등장을 가능하도록 한 것이 개인주의와 평등(차별금지의 의미)이라고 그리고 자본주의의 등장은 여자와 노예의 권리를 가능하게 했다고 주장한다.

주의에서 개인들은 능력이 없는 보호의 대상이 될 뿐이다. 그 대신 엘리트가 최고다. 개인들은 엘리트의 경제계획에 예속된다. 엘리트가 세운 계획에 따라 소득과 재산을 분배한다.

강제가 없는 상태로서 소극적 자유가 존중되는 사회, 즉 사적 사회에서만이 개인의 존엄성이 존중될 수 있다. 그래서 "누구나 제각기 자신의 가치를 가지고 있다는 것을 인정하지 않는 사회는 인간의 존엄성을 존중할 줄 모르며 진정한 자유를 모르는 사회다"라는 하이에크의 말(Hayek, 2023: 131)은 정곡을 찌르는 말이다. 관용이라는 도덕에 의해 17세기 종교전쟁을 해결한 것도 자유주의였다. 존엄성으로부터 관용이라는 가치와 다원주의가 도출될 수 있다. 그리고 소극적 자유의 핵심원리로서 사적 소유와 동의에 의한 이전 원칙과 계약의 원칙은 바로 이런 존엄성, 관용 그리고 다원주의에 대한 존중을 제도화한 것이다. 소극적 자유를 존중하는 것은 개인들이 자신들이 찾아서 선택한 삶의 목표와 소망 그리고 애착심, 그들이 선택한 인간관계에 대한 애착심을 존중하는 것과 같다. 자유주의와 시장경제는 소극적 자유의 이런 윤리적 가치들을 바탕으로 하고 있다.

자유사회에서는 합리적이고 성찰적으로 냉철하게 사고하는 '자율적인 인간'의 행동만을 가치가 있다고 말할 수는 없다. 이런 행동만을 가치가 있다고 생각하는 것은 구성주의적 합리주의의 편견이다. 직관적이거나 관습을 따르거나 즉흥적인 행동, 착상에 따르는 행동, 왜 규칙을 따르는지의 이유를 댈 수는 없어도 규칙을 따르는 행동, 즉 가치 합리적인 행동도 이런 행동을 하는 당사자에게는 가치가 있다. 수많은 행동은 규칙을 따르는 행동의 테두리 내에서 우리의 의도적인 성찰을 통해서 결정한다. 나 자신에게서 나온 행동은 나의 행동이다. 그리고 그런 행동만이 나에게 가치가 있다. 규칙을 따르는 행동 중에는 우리가 말로 표현할 수 없는 암묵적 규칙들이 대부분이다. 이런 암묵적 규칙들은 우리의 성찰의 대상, 숙고의 대상이 되기가 어렵다. 그럼에도 이런 행동은 나 자신에게서 나온 것이다. 그래서 가치가 있다. 그런 행동은 나 자신의 자발적인 표현이다.

그러나 이같이 진짜 개인주의에 대립하는 것이 고전적인 공리주의 또는 후생경제학이 전제하는 가짜 개인주의다. 이런 패러다임은 사회적 욕구 또는 사회적 생산을 극대화할 것을 국가의 의무로 규정한다. 개인은 사회적 욕구나 사회적 생산의 극대화라는 사회적 목표 속에 용해되어 버린다. 개인이란 이런 사회에서는 존재할 수가 없다. 경제적 자유가 허용되기는 하지만, 그것은 사회적 목표를 위해서일 뿐이다. 경제적 자유는 사회적 생산의 극대화에 의해 정의된다. 그러나 자유주의 이론에서 인간 가치의 다양성과 주관적 성격 때문에 정부가 수행해야 할 극대화의 목표함수가 존재할 수가 없다. 노직은 다음과 같이 말하고 있다.

"자신의 목표를 위해 사람들을 희생시킬 사회적 실체란 존재하지 않는다. 개인들만 있을 뿐이다. 그리고 그들만이 각자 자신의 목표를 가지고 있을 뿐이다. 타인들의 편익을 위해서 사람들 가운데 한 사람을 이용하는 것, 이것은 그를 이용하여 다른 사람들의 편익을 주는 것이다."(Nozick, 1974: 32-33)

더구나 이런 목적함수는 시장의 기능원리와도 합당하지 않다. 시장은 자생적 질서이기 때문이다. 자생적 질서는 구성원들이 공동으로 달성할 목표가 없다. 공동의 목적 대신에 공동으로 지킬 행동규칙이 있다. 자생적 질서를 조직으로 전환할 때, 시장경제의 고유한 도덕적 가치, 즉 인간은 다른 사람을 수단으로 취급해서는 안 되고 목적 그 자체로 취급해야 한다는 칸트의 정언명령과 정면으로 충돌한다.[13]

---

13) 이와 관련된 하이에크의 말은 이렇다. "욕구충족의 극대화 또는 사회적 생산의 극대화라는 기본적 아이디어는 개별경제에서나 적합한 개념이지, 공동의 구체적인 목적을 갖고 있지 않은 카탈락시의 자생적 질서(시장의 교환시스템)에서는 결코 적합하지 않다."(Hayek, 1969: 121)

3.
개인의 자율성 개념의 근원적 오류

그레이의 자율성 개념은 세 가지 요소와 관련을 맺고 있다. 첫 번째는 자율성을 스스로 자신의 삶을 만드는 사람이라는 의미이다. 두 번째는 자율성을 적극적 자유와 동일시하고 있는 점이다. 그리고 셋째로 자율성 확립을 위한 국가의 과제다. 그러나 이 세 가지는 스코틀랜드 진화사상에 기초한 자유주의 관점에서 볼 때 심각한 오류를 내포하고 있다.

1) 목적 합리성과 자율성

개인의 자율성은 지적인 합리성을 의미한다. 분명한 삶의 계획을 가지고 있다. 성찰할 수 있는 능력도 있다. 냉정히 숙고하는 능력도 있다. 인내와 투지도 지닌 인간이다. 이런 인간은 현실적 인간과 어떻게 다른가? 자율론의 자율성이란 결국 목적 합리성을 의미한다. 그러나 인간행동은 이런 합리적인 국면 이외에도 또 다른 국면이 있다. 우리의 행동 중에는 의도적인 숙고의 산물이 아닌 부분이 있다. 규칙에 따르는 행동이 그렇다. 관습이나 관행, 전통적인 행동규칙 등에 따르는 행동은 의도적인, 세세히 따져서 행하는 행동이 아니다. 특수한 사정을 일일이 고려할 수 있는 지적 능력이 없기 때문이다. 인간들은 특수한 상황이나 사실을 전부 알 수 없고 이들을 전부 고려할 수 없기 때문에 규칙에 따라 행동한다. 규칙적인 행동은 이런 인간의 무지에 대한 적응이라고 하이에크가 말했던 것은 결코 우연이 아니다. 이런 행동을 결코 자율적이지 못하다고 비난해서는 안 된다.

인간들이 행동에서만 규칙에 따르는 것이 아니다. 그 이전 단계, 즉 사고에서도 규칙을 통해서 조종된다. 외부 환경을 관찰하고 평가할 때 모든 구체적인 상황과 사실을 일일이 고려하는 것이 아니라 어떤 국면만을 간추려낸다. 그런데 이런 간추려내기란 인간들의 의도적인 선택을 통해서가 아니라 스스로 통제할 수 없는 메커니즘에 의해 이루어진다. 이것이 인간행동의 초의식적 행동 국면에 해당하는 부분이다. 인간들이 행동규칙에 따라 행동할 경우 그 행동규칙은 반드시 알려질 필요는 없다. 암묵적 행동규칙이 존재한다. 알고는 있지만, 말로 표현할 수 없는 행동규칙 또는 지키기는 하지만 알고 있는지조차 모르는 그런 행동규칙이다.

따라서 자율론이 이해하는 자율성 개념은 잘못된 개념이다. 첫째로, 인간행동에는 목적 의식적이고 곰곰이 그리고 일일이 따져 행동하는 부분도 있지만 그렇지 않고 규칙을 따르는 국면이 있다. 둘째로, 인간은 스스로를 만들 수 없는 부분이 존재한다. 초의식의 세계가 존재한다. 이런 두 가지 요소가 '나(self)'를 구성한다. 우리는 곰곰이 따지지 않고서도 익숙한 것, 매력적인 것을 선호하고 이들을 가치 있는 것으로 여기면서 이런 것들에 대해 애착심을 갖고 있다. 이런 애착심은 합리적인 것이 아니라 불합리하다. 그러함에도 애착심은 개개인들의 삶을 윤택하게 만드는데 도움이 된다. 따라서 우리가 걱정해야 할 일은 인간들이 목적 지향적으로, 즉 자율적으로 행동하느냐 그렇지 않으냐의 문제가 아니라 인간들이 생긴 그대로 행동하지 못하게 타인들로부터 방해받는가의 문제이다. 이 문제가 바로 자유의 문제이다.

2) 소극적 자유는 자율성의 실현조건

자율적인 인간이란 삶의 계획을 알고 있다고 전제한다. 그리고 소망스러운 다양한 대안을 지니고 있다고 전제한다. 말하자면 삶에 필요한 완전한 지식을 가지고 있다는 전제이다. 지식의 문제를 이미 해결된 것으로 전제하고 있다. 인간이 삶의 계획과 프로젝트에 대한 지식을 완전히 가지고 있다는 전제는 비현실적인 전제이다. 우리는 무지의 늪에 살고 있다. 내 삶의 계획이 적합한 것인지, 어떤 삶의 계획과 목표가 나에게 적합한 것인지에 관해 사전적으로 알 수가 없다. 따라서 필요한 것은 이를 알려주는 사회적 메커니즘이다. 이것이 자유사회다. 자유사회에서는 인간들과의 상호작용을 통해서 어떻게 사는 것이 또는 어떤 삶의 목적이 가능한가를 학습할 수 있다. 역동적인 시장경제와 함께 자유사회란 사람들이 무지와 대결할 수 있는 유일한 사회체제인 이유다. 사회 속에서 삶의 계획과 수단을 테스트하고 실험할 수 있고 배울 수 있기 때문이다.

이런 테스트와 실험을 통해 유익한 지식의 습득이 가능하다. 목표와 수단이 주어진 것이 아니다. 비로소 발견되어야 할 것들이다. 그리고 목표의 적합성, 수단의 적합성도 주어져 있는 것이 아니라 비로소 발견되어야 할 대상이다. 이런 발견은 부단한 혁신과 테스트 그리고 모방 과정을 통해서 가능하다. 따라서 실험과 테스트를 통해서 체험과 경험을 통해서 비로소 라즈-그레이의 자율적인 인간이 가능하다. 실험과 테스트 또는 학습은 자유를 전제한다. 따라서 우리가 확인할 수 있는 것은 자율성이 자유를 규정하는 것이 아니라 오히려 우리가 뚜렷한 목표를 지니고, 의미 있는 삶을 누리는 자율적인 인간이 되려면 우리가 우선 자유로워야 한다는 것이다. 자유사회는 바로 자율적인 인간을 형성하기 위한 조건이다. 자유사회가 이런 인간이 될 수 있는 지식습득을 가능하게 하기 때문이다. 이미 적합한 목표의 가능성과 적합한 수단의 가능성이 주어져 있다고 한다면 소극적 자유는 불필요하다. 우리가 이런 것을 사전에 모르기 때문에 자유가 필요하다. 소극적 자유를 기반으로 하는 시장경제는 자유로운 삶을 영위할 수 있게 만들어준다. 가치 있는 삶이 무엇인지를 스스로 알아내고 가치가 있다고 판단되는 삶을 스스로 선택한다.

따라서 확실한 것은 소극적 자유는 라즈-그레이의 자율성 개념과 충돌하는 것이 아니라 자유를 통해서 비로소 자율성이 실현될 수 있다는 것이다. 그러나 자율성론은 국가의 도움이 없으면 인간은 스스로 자율적 인간이 될 수 없다고 전제하고 있다. 그래서 자유와 자율성은 긴장관계에 있다고 주장한다.

3) 적극적 자유는 개인의 책임을 부정한다

라즈-그레이 전통의 자율적 인간은 분명한 삶의 계획을 지니고 있고 성찰 능력과 엄정한 숙고능력이 있는 인간이라고 정의하고 있다. 자율성이란 좋은 삶을 누릴 수 있는 능력이라고도 한다. 이런 개념을 기술하는 것 자체는 아무런 문제가 없는 것처럼 들린다. 그런데 문제가 되는 것은 그것이 특정의 정치적·법적·윤리적 의미를 지니고 있기 때문이다. 국가가 증진할 자율성은 적극적 의미의 자유 개념과 똑같다. 적극적 의미의 자유는 능력과 동일시한다. 능력이 없는 사람은 자율적인 인간이 아니다. 가난 때문에, 재정적 이유에서 합리적인 목적을 달성할 수 없다면 자율적이지 못하고 자유롭지도 못하다. 신체적 또는 정신적 이유에서 좋은 삶을 영위할 수 없다면 그는 자유롭지도 자율적이지도 못하다. 그런 동일성을 강조하는 대표적인 학자는 노벨경제학상 수상자인 센이다. 그의 유명한 저서 『자유로서의 발전』에서 사용된 자유도 적극적 의미의 자유이다. 좋은 삶을 영위할 수 있는 재정적·지적·신체적 능력 개발을 자유의 증진이요 발전이라고 이해하고 있다(민경국, 2021: 64-68).

　복지국가가 실현해야 하는 개인의 자율성과 적극적 자유는 19세기 영국의 정치철학자 그린의 전통에 속한다. 인간은 좋은 삶을 누리는 데 필요한 재화나 서비스를 스스로 마련할 능력이 없다면 그는 자율성이 상실되고 자유가 없는 사람이다. 이런 사람들에게 필요한 재화와 서비스를 마련하는 일이 국가의 과제다. 인간은 자기 스스로 자율적인 인간이 될 수 없다는 이유에서 국가의 손이 필요하다는 것이 적극적 자유의 개념과 자율성 개념이다. 이런 인간은 필요한 재화와 서비스를 스스로 마련할 능력이 없다는 이유에서 강제가 없는 사회적 조건은 좋은 삶을 위한 필요조건일 뿐 충분조건이 아니라는 것이다. 요컨대 국가의 힘을 빌리지 않고서는 인간들은 스스로 풍요로운 삶을 주도해갈 수 없다는 것이다. 국가가 그들의 훌륭한 삶을 위해 적극적으로 나서야 한다는 것이다. 이는 케인스의 사상적 배경과 흡사하다. 그는 정부의 지원이 없으면 고용이 이루어질 수 없다고 주장한다. 정부가 고용을 촉진해야 한다는 것이다. 라즈-그레이 전통의 자율성 개념은 19세기의 그린과 20세기의 케인스 등 사회민주주의와 같다.[14]

　우리가 주목하는 것은 자율 개념 또는 적극적 자유의 이론이 전제하고 있는 인간상이다. 그것은 수동적 인간이다.[15] 주어진 여건의 테두리 내에서 행동하는 인간이다. 이런 여건이 변하면 이에 반응하여 행동한다. 여건이 변하지 않으면 행동에도 변화가 없다. 버러스 스키너(Burrhus F. Skinner)의 행동주의 심리학이 전제하는 자극-반응 공식에 해당하는 인간이다. 따라서 외부의 변화를 통해서 여건이 변화할 때 비로소 반응한다.

---

14) 그런데 흥미로운 것은 그레이는 인내와 투지를 가진 인간을 자율적 인간이라고도 규정하고 있다. 독립심이 강한 인간을 뜻한다. 그러나 이런 인간에게는 국가의 도움이 불필요하다.

15) Machan, T. R. "Two Philosophers Skeptical of Negative Liberty," http://www.mises.org, working paper 2002

기계처럼 움직이게 해야 움직인다. 이런 수동적인 인간을 전제하는 것이 적극적 자유와 개인의 자율이다. 이런 인간상이 과연 옳으냐? 사회가 이런 수동적인 인간들만으로 구성되었다면 과연 사회의 번영이 가능한가? 그런 인간을 전제로 하여 인류의 역사를 설명할 수 있는가?

수동적인 인간들로 사회가 구성되었다면, 인류는 오늘날과 같은 거대한 사회, 거대한 물질문명을 구가하지 못했을 것이다. 전에 없었던 새로운 것들의 등장, 새로운 지식과 새로운 삶의 방식도 등장하지 못했을 것이다. 인간은 적극적으로 학습하고자 하는 의지와 능력을 지니고 있다. 능동적이고 창의적인 인간 때문에 거대한 물질문명이 가능했다는 사실을 직시할 필요가 있다. 인간은 그렇게 수동적이지 않다. 나쁜 대안들만 주어져 있으면 이들을 극복하고 새로운, 좋은 대안들을 찾으려고 애쓰는 것이 인간이다. 좋은 대안들이 주어져 있다고 해도 보다 좋은 대안들이 없는지를 확인하려고 노력한다. 인간은 자극과 반응이라는 공식으로 설명할 수 없는 부분이 있다. 능동적인 행동, 창의적이고 자발적인 행동이 그것이다. 이런 행동은 주어진 여건에 반응하는 것이 아니라 주어진 여건에 대한 창조적이고 능동적인 행동이다. 기업가적 행동이라고 보아도 무방하다. 이런 행동이야말로 변화를 몰고 온다.

더구나 자율 개념의 정치적 의미는 개인적 책임을 사회에 전가하고 있다는 것이다. 개인에게 책임이 없다. 책임질 능력이 없기 때문이다. 가난과 복지의 책임은 사회가 짊어져야 한다. 그러나 인간들이 그런 능력이 없다는 전제에서 비롯한 복지, 문화 또는 기초과학 등과 같은 정책이 필요하다고 한다.

그러나 이런 자율을 증진하는 데 자생적 질서가 아닌 국가가 필요하다는 국가론은 옳지 않다는 것은 경험적으로 입증되고 있다. 정부의 복지에 의존하려는 사람들 수의 증가가 그 증거다. 일하기보다 정부의 복지정책에 의존하는 것은 합리적 선택의 결과다. 국가독점의 의료서비스 공급에 대한 수요의 급증도 합리적 의사결정의 결과다. 이런 사례는 인간은 학습능력을 지니고 있다는 증거이기도 하다. 개인적 책임의 정당성은 더 합리적이고 바람직한 행동을 하도록 만들기 위한 교육적 기능이다(민경국, 2016: 163). 책임 원칙이 엄격히 준수되는 곳에서는 인간들은 현명해진다. 지식습득을 위한 인센티브가 작동하기 때문이다. 물론 이런 학습능력이 없는 인간들이 있다. 알코올 중독자, 정신박약자, 청소년, 노약자 등 스스로 생존할 수 없는 인간 그룹이 존재한다. 국가의 손이 필요한 사람들은 이런 부류의 사람들이다.

4) 수동적 인간의 제도적 조건

대체로 인간들은 간섭과 강제를 통해 인간들의 활동을 좌절시키지 않는 한, 그들은 생산적으로 자신의 삶을 개선하는 데 필요한 능력과 주도력을 행사할 기회를 찾는다. 그들은 평화적으로 자신들의 목표를 달성하기 위해 서로 용납할 수 있는 방식을 찾으려고 애쓴다. 개인들은 자신들의 삶을 개선·증진하기 위해 필요로 하는 재화와 서비스를 스스로 마련한다. 그런데 우리의 삶을 증진하는 것을 가로막는 주요 장애물은 국가를 비롯하여 타인들에 의한 개인의 자유 침해 또는 권리의 침해다. 타인들의 강제가 없고 범죄가 없는 그리고 재산이 효과적으로 확립·보호되는 자유사회에서야말로 사람들이 경제활동을 하려는 의지, 창조하려는 의지 등 기업가정신이 발현된다. 기업가정신이 개인의 삶을 개선했을 뿐만 아니라 한 나라의 경제적 번영과 과학기술의 발전을 일으킨 장본인이다. 자극-반응에 의한 수동적 행동은 사회주의 계획경제에서나 목격할 수 있는 행동 양식이다. 자유 자본주의를 탄생시킨 행동방식은 능동적이었고 이런 능동성에 의해 거대한 물질문명을 발전시킨 것이다. 자유주의

사회에서만이 생산적으로 기업가정신을 발휘할 수 있다.

물론 인간이 운명론에 빠지거나 염세주의와 비관주의에 빠질 수 있다. 이런 인간은 스스로 자신의 삶을 개선하겠다는 적극적 의지가 없다. 이런 태도는 장기간의 지속적인 전쟁 또는 정부의 간섭주의 때문에 빈번한 삶의 좌절에서 비롯된다. 그런 전쟁과 간섭주의는 삶에 대한 예측을 불가능하게 만들기 때문이다. 사회적 안정이나 폭정으로부터 해방되는 경우 쉽게 인간들은 자신의 삶을 개선할 의지와 자신감을 갖는다.

인도나 조선시대의 신분제도에서 보는 것처럼 사회계층의 이동이 제도적으로 차단된 경우에도 이런 염세주의, 비관주의가 지배된다. 이런 신분제도가 철폐되어 상류와 하류의 자유로운 이동이 가능할 경우 인성의 수동성이 극복된다. 경제체제로서 자본주의가 중요한 것은 계층 이동성이 강하게 작동한다는 것이다. 가난한 사람을 영원히 가난하게, 부유한 사람을 영원히 부유하게 만드는 것이 아니라 가난한 사람도 부유하게 만드는 것이 자본주의 사회이다. 이런 사회에서는 누구나 기업가정신을 활성화하여 스스로 삶을 개선할 방법을 찾아 실현하려고 한다.

아시아, 아프리카, 남미 등과 같은 빈곤한 나라의 경우 그 빈곤의 궁극적인 원인은 인간들이 스스로 자신의 삶을 개선하겠다는 의지와 자신감을 장구한 기간 억누르는 제도의 탓이다. 정부의 중요한 과제는 이런 제도적 장애물을 걷어내는 일이다. 때에 따라서는 경제활동을 하려는 의지와 의욕 그리고 자신감을 진작시키는 일도 필요하다. 이것은 정치지도자의 지도력의 문제다. 염세주의와 허무주의로부터 국민을 해방하고 '하면 된다'는 자신감을 불러일으켜 기업가정신을 활성화하는 데 성공한 대표적인 사례가 박정희 대통령이다. 박 대통령의 치적은 정부 주도 개발정책이 아니었다. 그것은 개인들의 재산권을 확립하고 투자의 자유와 소득획득의 자유를 보장하면서 동시에 가난을 극복할 수 있는 자신감을 한껏 북돋아주었던 점에 있다.

물론 모든 사회구성원이 전부 똑같이 기업가정신을 지닌 것도 아니고 그럴 필요도 없다. 어떤 사람은 더 진취적이고 창의적이고 능동적인데 반해, 어떤 다른 사람은 그렇지 못할 수도 있다. 그런데 이런 불평등을 인정하면서 수동적인 인간을 돕기 위해서 정부가 나서야 한다고 주장한다. 정부의 지원을 통해서 수동적 태도가 줄어들고 능동적 태도로 변동하면 정부 지원정책이 성공할 수 있다. 그러나 그런 기대는 낭만적이다. 원래 능동적이었던 인간까지도 수동적으로 만드는 것이 국가의 지원정책인데 하물며 수동적인 인간에 대한 국가지원은 독약이다. 그런 인간을 더 수동적으로 만드는 것이 온정주의 정책이라는 것을 직시해야 한다. 복지국가가 붕괴한 요인 중 하나가 그런 온정주의 정책이다.

자신감이나 창의력, 진취력이 부족한 사람도 타인들이나 정부의 간섭과 강제가 없는 한, 그들은 학습 노력을 통해 또는 성공한 사람들에 대한 모방을 통해 건전하고 윤택한 삶에 필요한 것을 스스로 확보하려고 한다. 만약에 이런 사람들을 보호하기 위해서 센, 그레이 또는 라즈가 주장하는 것처럼 정부가 이들을 도와주기 위한 정책을 펼친다면 오히려 그들은 정부의 정책에 의존하려는 성향만이 증가할 뿐, 독립심이 줄어든다. 좋은 삶을 누리기 위한 재화와 서비스를 정부가 마련해준다면 누가 일을 열심히 하려고 하겠는가!

약자를 도와주기 위한 정책이 오히려 약자에게 부정적인 영향을 미친다는 것도 유의해야 한다. 이런 예는 차고 넘친다. 약자를 도와준다는 명분으로 해고를 억제하는 정책, 비정규직을 보호하기 위한 정책, 여성 근로자를 보호하기 위한 정책 등,특정 그룹의 삶을 개선하기 위해 도입되는 우대정책은 그런 목적을 달성할 수 없다. 우대정책을 통해 보호 대상이 되는 계층의 처지가 더욱더 나쁘게 만들어진다. 비정규직을 보호하기 위한 정책은 비정규직의 고용이 감소되어 신규노동자나 실업자의 처지를 더욱 어렵게 만든다.

5) 자율을 북돋우기 위한 복지정책은 엘리트주의

자율을 북돋우기 위한 정부의 정책은 인간들은 스스로 필요한 재화나 서비스를 마련할 수 없다는 이유로 공공정책을 관리하는 관료나 정치로부터, 간단히 말해서 위로부터 지원받아야 한다고 주장한다. 이런 논리는 항상 엘리트주의를 내포하고 있다. 클라인이 이런 맥락에서 그레이를 엘리트주의자라고 말한 것은 정확한 지적이다(Klein, 1999: 84). 관료나 정치가 또는 그 밖의 엘리트는 적극적이고 창조적인 인간이고 그들의 통치 대상으로서 시민들은 수동적이고 지적 능력도 부족한 인간으로 취급한다.

특히 주목할 것은 자율 개념과 적극적 자유 개념은 사회를 가족, 부족, 또는 일종의 클럽이나 팀처럼 본다는 것이다. 팀이나 클럽의 구성원들 가운데 능력이 부족한 사람이 있으면 가족의 일원인 것처럼 그들을 다른 사람이 보살펴준다. 복지국가를 지지하는 많은 사람은 사회란 거대한 가족과 같다거나 우리는 모두 한배에 타고 있는 운명 공동체라고 주장한다. 이런 주장은 지원이 필요한 사람을 돕는 것을 관대함, 동료의식, 이타심에서 우러나온 것이 아니라 법적으로 집행할 의무로 여긴다. 그레이는 그런 집단적 의무를 민족국가의 존재 때문에 가능하다고 보고 있다. 민족국가를 최고의 정치형태로 기술하고 있다(Gray, 1996: 115).

"인간의 성격이 충분히 실현되는 중요한 단위는 개인이 아니다. 해체하고 변화하고 임의로 포기할 수 있는 자발적인 연립도 아니다. 그것은 민족이다. 가족, 종족, 씨족, 지방 등과 같은 하부 단위체들이 살아가는 것은 민족의 존재 덕택이다."

많은 사람은 사회에 관한 집단주의 관점을 몸속에 간직하고 개인들은 자신의 삶을 지배하는 주권자가 아니라 자연적인 팀 구성원이다. 마르크스뿐만 아니라 그의 동시대인이었던 사회학의 아버지라고 일컫는 콩트도 그런 사고의 창시자였다. 사회주의와 복지는 민족주의와 동맹을 맺는 순간이다. 거대한 열린사회를 거대한 가족 또는 클럽으로 취급하고 이런 집단의 운영자와 보호자는 관료나 정치가들로 여긴다. 엘리트로서 정치가와 관료는 시민들의 좋은 삶을 보살필 수 있는 지적 능력과 도덕적 능력을 지니고 있다는 미신을 전제한 것이 자율론적 복지주의다. 엘리트주의는 사실상 낭만적인 국가관을 전제한다.

이런 질서관이 옳은가? 그런 사고방식은 인간의 본능을 중시하는 사고방식이다. 우리 인간들에게는 호모 사피엔스의 형성 시기에 생겨난 심리적·본능적 요소를 아직도 보존하고 있다. 복지주의는 가족의 질서 형태와 이를 구성하는 도덕을 거대한 사회에 적용하려는 생각이다. 이런 질서 사상은 자생적 질서의 존재를 무시하는 사고에서 비롯된 것이다. 자생적 질서에서는 구성원 전체가 달성해야 할 공동의 목적이 없다. 그 대신에 그들이 공동으로 지키는 공동의 행동규칙이 있다. 이런 행동규칙은 사적 소유권과 계약의 자유를 보장하는 행동규칙이다. 스스로 결정하고 결정한 결과에 대해 스스로 책임져야 한다는 것을 요구하는 행동규칙이다. 개인들이 자신의 삶을 스스로 정하는 자생적 질서가 바로 자유사회와 시장경제다.

주목할 것은 열린 거대한 사회를 클럽이나 가족으로 이해하는 민족국가에서 정부는 개인들의 자율성을 가능하게 하는 조건을 창출하는 과제, 다시 말하면 개인들을 자율적인 인간으로 만드는 과제가 있다. 따라서 좋은 삶을 누릴 수 있도록 필요한 재화와 서비스를 정부로부터 공급받는 사람은 이런 공급을 위한 조건과 관련된 타인들(관료나 정치가)의 의사결정에 예속되어야 한다. 이를 두고 과연 '자율적'이라고 말할 수 있는지 의심스럽다(Kukathas, 1992: 108). 정부의 개입은 개인의 자율성을 증진하기보다는 파괴한다.

자유주의만이 자율적인 인간의 전제조건이고 동시에 자율성을 증진할 수 있다. 소극적이고 수동적인 인간을 적극적이고 능동적인 인간으로 만드는 것이 자유주의라는 사실을 직시할 필요가 있다. 뒤에서 설명하겠지만 자율론적 국가가 제시한 어젠다를 보면 그런 사실은 더욱더 분명하게 된다. 중요한 것은 가족이나 종족 또는 클럽 등의 집단들도 사적 재산권과 계약의 자유 등과 밀접한 관련을 맺고 있는 사법질서를 존중해야 한다는 것이다. 그런 존중에서 생겨나는 자생적 질서는 가족이나 종족, 또는 씨족과 같은 집단의 등장처럼 그렇게 생물학적 진화의 결과가 아니라 문화적 진화의 결과이다. 이런 질서는 인간에게서만 볼 수 있는 인간의 고유한 질서이다.

더구나 복지주의는 인간의 성격이 충분히 실현되는 단위로서 자발적 집단을 무시하고 있다. 예를 들면 기업, 합작사업, 직업단체, 무역협회 등과 같은 상업적 집단, 자선단체, 자원봉사단 등과 같은 비영리집단 등은 무시하고 반면에 가족, 씨족 또는 마을과 같은 제1차 집단을 중시하고 있다. 물론 제1차 집단이 중요한 것은 사실이다. 특히 가족의 중요성은 아무리 강조해도 지나치지 않는다. 복지주의적 자율성을 위해서도 그렇다. 그러나 그가 개인들이 혼자서 해결할 수 없는 문제를 공동으로 해결하기 위한 다양한 그룹의 존재를 무시하고 있는 점은 동의할 수 없다. 현대인은 누구나 다수의 영리 또는 비영리집단의 구성원이다. 이런 집단에 소속하여 서로 다른 목표들을 추구한다. 개인들이 혼자서는 할 수 없는 목표를 실현하기 위해 그룹을 형성한다. 그러나 이런 집단에의 소속은 개체성을 상실하는 것이 아니라 오히려 개체성이 증가한다. 개인의 독자적인 능력의 한계를 극복하게 하고 개인들이 자신들의 목표를 달성할 기회를 증가시켜주기 때문이다. 이런 집단은 자율성을 강화한다고 볼 수 있다. 개인에게는 민족보다도 이런 자발적 그룹이 중요하다.

4.
개인의 자율 증진을 위한 정치적 어젠다

자율론적 국가정책의 기본가치는 개인의 자율성이다. 그 밖에도 유대감과 시민사회를 의미하는 공동체다. 세 가지 가치를 전제한 것이 자율을 위한 국가정책이다. 이것은 '좋은 삶'을 위한 전제조건이다. 자유라는 가치는 기본가치로서 등장하지 않는다. 그런 국가는 자유주의가 말하는 정의를 실현하는 국가도 아니다. 개인의 자율을 위한 국가의 과제는 무엇인가? 그런 국가의 과제는 개인의 재산과 자유 그리고 생명을 보호하는 법을 집행하는 과제에 국한되어 있지 않다. 이런 과제보다 훨씬 많은 과제가 있다.

인간들이 자율적인 삶에 필요한 자원과 기회를 보장하는 사회를 위해서는 개인의 소극적 자유를 보호하는 데 목적을 둔 법과 제도만으로는 충분하지 않다는 것이다. 더 많은 법과 제도 그리고 더 많은 국가의 과제가 필요하다는 것이다. 독일적 의미로 본다면 그런 국가는 사회국가이다. 국가의 과제는 크게 두 가지로 구분할 수 있다. 하나는 '기본 욕구(basic need)'의 충족이다. 이것이 본래 의미의 복지국가의 과제다. 두 번째가 '고유한 가치(intrinsic value)'를 가진 공공재화의 생산이다. 개인들의 주관적인 판단과는 관계없이 가치를 지닌 재화이다. 이에 속하는 것으로 가정, 문화예술, 그리고 과학 등을 들고 있다.

1) 기본 욕구 충족은 복지국가의 과제

국가의 과제는 모든 사람에게 기본 욕구를 충족시키는 일이다. 기본 욕구의 충족이 없이는 좋은 삶을 누리는 것은 가능하지 않지만, 시장에 의해서 충족하지 못하는 때는 국가의 지원이 필요하다고 한다. 이것은 서민층을 위한 정책이다. 국가의 도움이 없이 기본적 욕구를 충족하는 데는 세 가지 방법을 제안하고 있다(Gray, 1993: 104).

- 개인들이 제각각 타인들의 욕구를 충족한다.
- 자생적으로 생겨나는 사회그룹들의 맥락에서 복지가 마련된다. 가족, 이웃, 교회, 친구와 같은 제1차 그룹들이다.
- 자원봉사 또는 자선·복지를 위한 사적 단체가 복지를 마련하는 데 중요한 역할을 한다.

자율을 위한 복지주의자들은 시민사회의 복지활동을 촉진하기 위해서 참여자들에게 조세감면을 확대할 것을 제안했다. 그러나 이런 활동에 대한 조세감면의 확대 또는 조세감면의 개발은 국가의 중립성 원칙을 훼손할 우려가 있다는 사실 이외에도 그런 조세 감면정책이 시민사회의 활동을 강화한다는 보장도 없다. 자발적인 활동에 대해 외부에서 개입하는 것이 오히려 부정적인 효과가 나타날 수 있다. 그러나 그레이는 시민사회에 맡기는 것만으로는 충분하지 않다고 보고 있다. 복지정책 옹호자들은 실업자 문제, 교육, 그리고 의료복지 분야를 들어서 정부가 해야 할 일을 설명한다.

(1) 고용보험과 노동정책

여러 가지 이유로 노동시장에서 밀려난 노동자(실업자)에게 실업수당, 재교육, 그리고 전환교육을 국가가 공급할 의무가 있고 실업자는 그들을 요구할 권리가 있다. 자율 증진을 위해서다. 복지 편익의 목적은 하층계급을 노동시장에 재통합시킴으로써 그들의 자율성을 증진하는 데 있다(Gray, 1993: 105). 그러나 얼굴 표정도 없이 차갑고 거드름을 부리는 정부 관료의 판단에 예속된 그들이 정말로 자율성이 높아질 것인지는 의심스럽다. 더구나 그들은 교육을 이수하거나 실업수당을 받으면 정부가 알선하는 고용을 좋든 싫든 수락할 의무가 있다. 이런 의무가 국가에 대한 복지의존을 억제할 방법이다. 그러나 이런 제도가 과연 자율성을 증진할 것인지 의문이다.

복지 옹호론자 그레이는 실업자의 재통합 정책이 성공한 사례로 스웨덴을 들고 있다. 국가에 의한 재훈련, 전환교육 지원 등이 그런 정책이다. 그가 주장하는 것처럼 실업자의 교육은 필요하다. 그러나 그런 교육이 그렇게 간단한 것이 아니다. 교육 프로그램, 교육 공급의 주체, 교육재정의 조달 방법 등 어느 것 하나 쉬운 일이 아니다. 단순히 재정지원으로 문제가 해결되는 것은 아니다. 그는 이런 교육의 성공을 너무 낙관하고 있다. 스웨덴이 성공했다는 증거도 없다. 우리가 주목하는 것은 오늘날 실업의 원인은 무엇보다도 노동시장의 경직성 때문이라는 것이다. 실업을 구제할 최우선의 정책은 자유의 길이다. 복지주의자들은 스웨덴의 사례를 모범으로 여기고 있지만, 해고 금지, 종신고용, 연공서열, 동일노동-동일노임 등과 같은 스웨덴의 노동시장의 규제만 해체한다고 해도 재교육 또는 실업수당을 받을 실업자의 수는 대폭 줄어든다. 이런 탈규제가 자율성을 증진하기 위한 진정한 방법이다.

복지주의자들은 노동정책과 관련하여 스웨덴 계통의 정책을 선호하고 있다. 노동시장의 유연성은 그들이 찬성하는 편은 아니다. 대륙식의 노동자 경영참여제도에 대해 반대하는 것도 아니다. 오히려 그는 독일과 스웨덴식의 노동시장과 경영자 참여제도는 불평등을 억제하는 중요한 제도로 작용하고 있다는 것을 강조한다(Gray, 1998/1999: 142). 그러나 이런 제도가 노동자들의 자율성을 높이기는 고사하고 실업의 원인이 되고 있다.

(2) 교육제도

자율을 증진하기 위한 복지주의자들은 교육에의 접근을 복지권이라고 보고 있다. 그런 권리를 기본권으로 이해하고 있다. 그렇다면 교육은 국가가 공급해야 할 것이다. 하지만 그레이는 사립학교 제도를 선호하고 있다. 그리고 이와 함께 빈곤층에 목표를 둔 바우처제도와 필요한 사람에게 지급되는 우수 장학제도의 도입을 요구했다. 그런 식의 제도가 자율성을 높이기 위한 최선의 시스템이라고 한다. 사립학교 시스템은 영국적인 마인드의 표현이다. 독일, 프랑스, 오스트리아 등 대륙 국가에서는 생각할 수 없는 주장이다.

(3) 건강 보호

개인들은 세 번째 형태의 복지 편익으로서 건강 보호권을 가지고 있다. 누구나 국가로부터 이런 편익을 받을 수 있는 것이 아니다. 위급환자, 만성 중병, 신체의 중상(重傷)의 범주에 포괄한 사람 등 재정적 부담을 혼자의 힘으로는 감당하기 어려운 사람들, 그리고 특정한 소득 수준 이하의 저소득층에 속하는 사람, 치료비를 부담할 능력이 없는 사람, 이런 사람들이 성한 사람의 삶만큼 '의미 있고 자율적인 삶을 영위하기 위해 필요한' 의료서비스를 받을 자격이 있다.

2) 자율성을 확립하기 위한 공공재화 생산

'고유한 공공재화'는 자율적인 개인들이 선택할 풍부한 선택 대안과 오락시설이 있는 공공문화와 관련된 재화다. 단순히 경제적 의미의 공공재화가 아니라 문화적 의미를 가진 공공재화다. 자율을 위한 정책을 옹호하는 사람들은 도시의 예를 들어 설명하고 있다. 즉, 이런 의미의 도시는 도시가 깨끗하다는 것만을 의미하는 것이 아니다. 풍부한 문화적 오락시설을 가진 안전하고 쾌적한 도시, 개인들이 다양한 대안들 가운데에서 자율적으로 선택할 수 있는 공적인 공간을 형성한 도시를 일컫는다. 이런 도시를 만드는 것이 국가의 과제다. 공공재화의 개념은 자율성 개념에서 도출하고 있다. 즉, 자율적 인간이란 개인의 측면에서 선택 능력이 있어야 할 뿐만 아니다. 문화적 환경에서 그에게 가치 있는 선택 대안들이 주어져 있어야 한다(Gray, 1993: 111).

(1) 자연환경과 인공적 환경

자연적 환경과 인공적인 환경으로서 시장의 해결책과 정부의 해결책을 가미하려고 한다. 교통체증을 막기 위한 통행료[16], 적절한 오염 방출세, 그리고 자연적 공간에서의 재산권 창출 등이 그것이다. 그러나 자연환경에서 재산권 창출은 희소해져가는 자연환경의 보호를 위해 매우 중요함에도 이 문제를 심도 있게 다루지 않고 정부 개입의 필요성에만 집

---

16) 통행료 제도가 정말로 교통체증을 막는지도 의문이다.

착하고 있다. 특히 인과관계가 불확실한 '온실효과' 문제의 예를 들어 정부의 적극적인 정책을 주장하고 있다.[17] 이 문제는 짚고 넘어갈 필요가 있다. 정말로 현재 전례 없는 온난화의 수준을 경험하고 있는가의 문제다. 지금까지의 지질 역사의 연구 결과를 종합하면 그렇지 않다는 것이 일반적인 견해다. 온도가 내려가다가 온도가 높아지는 이런 현상이 정상적이라는 것이다. 장기적인 기후변화를 본다면 오히려 지구의 온난화가 아니라 지구의 한랭화를 보여준다는 것이다. 오늘날 과거보다 활발한 경제활동은 다행스럽게도 자연적인 한랭화를 막고 있다는 것이다(Heberling, 2001).[18]

그레이는 도시환경을 위해서는 사회 간접자본에 대한 사적 투자도 중요하지만 공공투자도 필요하다고 주장한다. 자가용 대신에 대중교통 이용을 촉진하기 위한 보조금제도를 도입할 것도 제안하고 있다. 이런 보조금을 지급하기 위한 강제적인 조세는 그 정당성이 없다. 이런 방식으로 도시환경이 개선된다는 보장도 없다. 인공적인 환경조성에서도 그레이

---

17) 온실가스로 인한 온난화 주장은 거짓말이라는 것은 이미 확실한 것 같다. 지구온난화와 이산화탄소 사이에는 상관관계는 있을지언정 인과관계는 찾을 수 없다는 주장이 유력하다. 지구온난화와 이산화탄소의 인과관계를 발견하기 어렵더라도 지구가 더워지는 추세라는 것은 사실인 것으로 보인다. 이에 관해서는 조영일의 논문 "지구 溫暖化 가설로 부시 행정부를 공격한 영화 「투모로우」 관람기", 자유기업원 홈페이지, 2004. 그러나 더워지는 것도 지속적인지 아니면 일시적인지도 분명하지 않다.

18) 서기 700~1400년 사이에는 오늘날보다 기온이 훨씬 더 높았다는 것이다. 그 증거는 오늘날보다 더 멀리 적도 북쪽 지역에서 그리고 고도가 더 높은 지역에서 농업이 번창했다는 것이다. 햇볕이 많고 따뜻한 기후조건에서만 가능한 포도 재배가 현재보다 북방 300마일에서도 가능했다는 것이다. 특히 1,100~1,300년간 영국의 남부 대부분은 포도 농장이었다는 것이다. 또 다른 증거가 있다. 당시 알프스산에는 오늘날보다 300미터 더 높은 지역에 나무숲이 있었다는 것이다. 1400년경에는 오늘날 수준으로 기온이 내려왔다는 것이다. '작은 빙하시대(little ice age)'로 알려진 15세기 초부터 19세기 중반까지는 지구의 대부분은 기온이 내려갔다는 것이다. 1600년 때부터 영국은 템스강에서 매년 겨울 축제를 했다. 그러나 1800년대 겨울이 더워지자 축제를 중단했다. 지난 150년 동안 섭씨 약 0.7도가 상승했는데, 1940년 이전에 기온이 상승했다. 그러나 1940년부터 1975년 이런 기온의 상승이 중단되었다. 그 당시 사람들은 다시 빙하시대가 도래하리라고 두려워했다. 그런데 다시 온난화를 말하고 있다(Heberling, 2001).

가 생각한 것만큼 그렇게 많이 정부가 할 일은 없다. 정부의 투자 대신에 민간투자를 활용하는 것이 오히려 도시환경을 조성하는 데 유리하다.

(2) 예술문화 정책

고유한 가치가 있는 어떤 특정의 문화예술은 시장에 맡길 수 없고 정부의 지원과 보조금을 통해 보호되어야 한다는 것이 자율을 위한 국가론이다. 이런 국가의 과제가 온당한가? 고유한 가치가 있다는 이유로 정부가 특정의 문화예술 활동을 지원하는 것은 온당하지 못하다. 그 이유는 이렇다. 즉, 고유한 가치가 있는 문화예술이라면 사람들이 이런 활동에 자발적으로 종사할 것이다. 그리고 이런 활동에 대한 지원도 시장에서 생겨난다. 그러나 사람들이 가치가 있다고 생각하지 않는 문화예술은 사람들이 종사하지도 않고 개인들이나 시장으로부터의 지원도 없다. 소수가 원하는 특정의 예술 활동을 지원하기 위한 강제적인 조세는 그 정당성이 없다. 이것은 특혜일 뿐이다. 그레이는 사람들의 자유로운 선택이 좋은 선택이 아니라고 판단하고 있다. 그러니까 문화예술 활동에 대한 선택을 관료에게 맡기고 정부가 지원해야 한다는 것이다. 어떤 문화예술 활동이 보호할 만한 가치가 있는가를 관료가 결정할 것이다.

그러나 우리가 주목하는 것은 이런 관료적 결정이 시장의 선택보다 더 좋다는 보장이 없다는 것이다. 그 이유는 이렇다. 즉, 첫째로, 관료가 어떤 문화예술 종목과 활동이 사람들에게 좋은 삶을 영위하기 위한 효과적인 조건을 마련해주는가에 관한 지식이 없다. 그런 지식을 습득할 의욕도 없다. 계획경제의 불가능성과 관련하여 이미 앞에서 설명했듯이 그런 지식을 습득하기도 쉽지 않다. 둘째로, 관료적 결정에 영향을 미치기 위한 다양한 문화예술단체들의 로비활동도 무시할 수 없다. 갈등을 회피하기 싫어하는 관료가 문화예술 단체들의 압력을 피할 방법은 나누어 먹기식 결정 방식이거나 또는 영향력과 목소리가 강력한 단체에서 또는 좌파에서 흔히 발견할 수 있듯이 정치적·이념적 '동지'에게 유리한 결정을 내리는 방법이다.

문화예술의 발전은 매우 중요하다. 그러나 효과적인 발전을 위해서는 정부의 간섭이 없어야 한다. 정부가 간섭하는 곳에는 문화예술의 발전이 왜곡된다. 문화예술의 다양성이라는 의미로 정부가 지원할 때도 마찬가지이다. 다양성은 자생적 질서로부터 저절로 생겨나야 한다. 시장에서 버림받은 문화예술 활동을 지원하는 것은 순수한 자원의 낭비이다. 문화예술에서도 사적 세계가 정부보다 현명하다는 것이 역사적 진실이다. 국가가 문화예술에 개입하는 경우 수요자와 공급자 모두의 자율성이 향상되지 못한다. 예술 활동에 대한 국가의 통제에 예속된 문화예술의 수요공급이 자율성을 증대한다는 것, 이것도 옳은 주장이 결코 아니다. 문화예술의 발전에 국가가 할 일이 없다. 국가의 개입은 재정 낭비와 문화예술의 경쟁력 약화만을 초래할 뿐이다. 방탄소년단 등의 케이팝, 영화 등 '한류'를 형성한 문화예술은 정부의 개입이 없었기 때문에 가능했다는 점을 간과해서는 안 된다.

그러나 개인들은 가치가 있는 문화예술이라도 이를 선택하지 않고 나쁜 것을 선택하므로 정부가 대신 선택해주어야 한다고 한다. 이것은 시민은 능력이 없으니까 정부가 대신해야 한다는 온정주의의 관점이다. 시민들이 나쁘게 선택하고 정부는 좋은 선택을 한다는 논리가 없다.[19] 어느 한 사회의 문화적 수준은 중요하다. 그렇다고 정부가 개입해야 한다는 논리는 없다. 오히려 중요하기 때문에 정부의 손에서 문화예술을 해방하는 것이 옳다(Kukathas, 2002: 111).

---

19) 정부가 친북 반미 선전을 위한 영화제작에 돈을 투입하는 것이 좋은가? 친북 영화를 보는 사람이 적으니까 대통령이 보고 선전하는 것이 좋은가?

(3) 과학정책

과학발전에 정부가 나서야 한다는 자율론적 복지주의의 주장은 냉전시대의 유물이다. 이런 주장을 강력하게 비판하고 과학 발전도 시장원리에 맡겨야 한다는 주장을 한 인물이 킬리(Terence Kealey)다. 그는 자신의 저서 『과학탐구의 경제법칙』[20]에서 정부의 연구지원을 대폭 확대했던 시기에 영국이나 미국이 상대적으로 쇠퇴했다는 것을 보여준다. 정부가 기초과학을 육성한답시고 나설 때는 순전히 낭비일 뿐이라는 것, 그러니까 정부는 과학기술의 공급자가 될 수 없다는 것이다. 낭비적일 수밖에 없는 것은 정부는 시장에서 멀리에 있기 때문에 정부 관료들은 어떤 과학기술이 필요한지 알 수가 없는 데다가 정부지원은 정치적으로 배분되기 때문이다. 자유경제에서 신기술은 물론 기초과학까지도 기업과 민간인들이 아주 효율적으로 개발하고 따라서 정부가 없이도 자급자족할 수 있다는 것이 킬리의 주장이다. 기초과학은 공공재화이니까 시장에서는 공급될 수 없고 따라서 정부가 맡아야 한다는 말도 옳지 않다는 것이다. 지금까지 기초과학과 기술혁신을 진작시킨 것도 정부 간섭의 힘이 아니라 자유시장의 덕택이라는 것이다.

우리는 헌법에 규정할 만큼(제127조 1항) 과학기술에 대한 정부투자를 매우 당연한 것으로 여기고 있다. 역대 정부는 과학기술 개발에 대해 막대한 보조금을 지급했다. 수많은 국공립 연구기관도 거느리고 있다. 그러나 그 결과는 미미하다(유영석, 1999). 한국의 경제발전이 정부의 과학기술 투자 때문이라기보다는 경쟁에서 이기려는 민간 기업들이 과학기술을 도입하려는 피나는 노력의 결과가 아닌가! 한국의 과학기술 개발과 관련된 수많은 통계와 사례가 이제는 과학기술 투자에도 자유시장을 도입해

---

20) T. Kealey, *The Economic Laws of Scientific Research*, Macmillan Press Ltd., 1996. 이 책은 조영일 교수가 번역하여 "과학탐구의 경제법칙"이라는 제목으로 자유기업원에서 출판했다.

야 한다는 것을 말해주고 있다. 한국의 과학기술 발전을 통계적으로 연구한 유영석의 결론은 흥미롭다.

  "정부의 과학기술 투자의 문제는 투입 비용에 비해, 실용화된 산출물이 적고 연구과제 선정의 정치화 변질 우려가 있음에 있다. 시장의 원리가 정부의 과학기술 투자에도 도입되어야 한다. 기술 수요를 정부가 판단하는 것은 부적절하다. 정부는 국방기술 등 헌법이 명하는 국가적 과학기술을 민간에서 살 수 있다. 특정한 기술의 최종 소비자가 정부이고 그 기술의 공급자가 없을 때만 국가적 차원의 기술지원을 해야 한다. 필요한 신기술을 개발해내는 주체는 기업을 비롯한 민간이어야 한다. 대부분의 기술소비는 민간에서 이루어지기 때문이다. 정부의 실패가 시장의 실패보다 더 커다란 부작용을 가져올 수 있기에 과학기술 투자에 있어서 정부의 개입을 최소한으로 줄여야 한다. 이제 과학기술도 상품이라는 인식의 전환이 필요한 시점이다."

다시 그레이의 주장을 보자. 그는 순수과학을 고유한 가치를 지닌 재화로 여기고 순수과학의 연구에 정부가 적극적으로 나서서 지원해야 한다고 주장한다. 그러나 고유한 가치가 있다면 정부의 지원이 없이도 순수연구가 이루어질 수 있다. 예를 들면 경제성이 인정된다면 민간연구소에서도 기초과학에 경쟁적으로 투자를 하게 마련이다. 정부가 기초과학에 매달려 엄청난 투자를 하고 결과를 기다려야 하는 시대는 이미 지났다. 오히려 정부 지원은 사람들의 자율성 제고에는 아무 관계가 없는 과학의 개발을 초래할 뿐이다. 구소련의 경우를 보라. 기초과학이 발전했지만, 이것이 소련 시민들의 좋은 삶에 무슨 보탬이 되었는가? 순수연구에서도 정부보다는 사적 세계가 더 현명하다.

문학, 역사 그리고 철학과 같은 인문학 연구도 마찬가지다. 이런 부문의 연구에 국가가 개입하는 것은 옳지 못하다. 이런 부문의 연구결과가 좋은 삶을 위한 조건이 된다면 정부의 지원이 없이도 그런 순수연구도 활성화될 수 있다. 시장의 자율적인 메커니즘을 통해 문사철(文史哲)의 수요와 공급이 자동적으로 이루어질 수 있다. 이 분야의 공급에 종사하는 사람이 너무 많다. 공급초과 현상이 나타나고 있다. 그리고 연구자가 인간들의 삶을 개선하는 데 공헌할 수 있는 연구 방향을 스스로 개척해야 한다. 이를 위해 지원이 필요한 것이 아니다. 연구자 자신의 의욕과 열정만이 필요하다. 연구자는 자신의 연구결과의 전망을 미리 예상하고 연구주제를 선택할 수 있다. 예를 들면 고구려사 연구, 일본사 연구가 왜 장차 중요할 것이고 얼마나 중요할 것인가를 누구보다도 잘 예상할 것이다. 왜 중요한가를 알리고 연구하여 수요를 창출하는 것도 연구자의 역할이다. 어떤 연구가 동시대인(同時代人)의 고뇌와 희망을 아우를 수 있는가의 문제는 스스로 고민해야 한다.

이런 일은 정부의 지원을 받아야 가능한 것이 아니다. 정부 지원은 간섭을 수반한다. 이것은 자율성의 상실이 아니고 무엇인가? 그리고 정부의 지원은 경쟁력을 약화시킨다. 인문학의 발전은 정부로부터 생겨난 것이 아니라 사적 세계의 자발적인 노력으로부터 생겨났다는 것은 역사의 진실이다. 정부는 연구 분야 선정과 지원을 정치화시킬 뿐이다. 끼리끼리 나누어 먹기식의 자금 배정은 정치화의 결과다. 그레이는 자본주의에서 기초과학은 국가의 지원이 없이는 쇠퇴한다는 생각을 가지고 있다. 그러나 이것은 진실이 아니다. 국가의 간섭과 지원이 많은 유럽의 기초과학이 그런 간섭과 지원이 상대적으로 적은 미국보다 더 많이 발전했다는 증거는 없다.

요컨대, 정부의 지원이 기초과학의 발전을 기대하기는 고사하고 오히려 경쟁력의 약화, 자원의 낭비만을 초래한다. 정부의 관료가 선택하고 지원하여 산출되는 기초과학이 과학의 공급자와 과학 수요자의 자율성을 제고한다는 논리는 당치도 않다. 자유시장 경제가 자율성을 높일 뿐만 아니라 과학의 발전에 기여하는 것도 민간 부분이다. 정부는 자유와 번영의 원천이 아니듯이, 정부는 과학 발전의 원천도 자율성의 원천도 아니다. 정부는 과학 침체의 원천이자 자율성 억제의 원천이다.

(4) 가족정책

그레이는 국가와 개인 사이에 존재하는 가족과 같은 중간제도를 매우 중시하고 있다. 이런 중간제도는 우정과 사랑 그리고 유대감을 기반으로 하고 있다. 자연적인 책임과 의무를 기반으로 하는 것이 가정이다. 가장(家長)은 장기적 계획을 갖는다. 자기 가정에 대한 애착심과 책임 때문에 무절제한 행동을 억제한다. 특히 주목할 것은 가정은 안정적인 사회질서의 유지를 위해 중요한 요소라는 사실이다. 자녀들에게 도덕률의 훈련장소이기 때문이다. 가치의 안정적인 시계(視界)를 창출하는 것도, 개인들이 서로의 행동에 대한 '기대'를 형성할 수 있는 안정적인 제도적 틀을 전달하는 장소도, 그리고 삶을 위한 실용적 지식의 전달 장소도 가정이다(Hayek, 2023: 148).

그레이가 가족의 중요성을 강조하는 것은 옳다. 그에 의하면 애정과 우정의 관계를 형성할 능력도 없고 책임감도 없고 도덕적 기초도 없는 방탕자들이 사는 세계에서 자율적인 행동이 가능하지 못하다는 것이다. 도덕적인 삶의 분위기를 만들기 위해서는 어린이 때부터 가정교육이 좋아야 한다는 것이다. 그는 국가는 가족을 보호해야 할 책임이 있다고 한다. 그레이는 가족정책을 제시하고 있다. 이혼 여부의 결정에서 어린애 양육 문제를 철저히 고려해야 한다는 요구, 어린이 보호와 양육을 위한 보조금 또는 조세삭감, 탁아소 보조금제도 등이 가족 정책이다(Gray, 2003: 113).

그러나 정부가 가족 정책을 통해 가정을 돌보고 양육할 적극적인 과제를 가지고 있다는 주장은 전적으로 옳은 주장이 아니다. 그는 정부가 자신의 책임을 확장하여 가정을 손상시킬 위험성을 간과했다. 복지국가의 성공사례로서 스웨덴의 예를 들어 가족 정책의 성공을 말하고 있지만, 스웨덴의 중병(重病) 가운데 하나가 가족의 해체라는 것을 간과했다. 각별히 주목할 것은 스웨덴 가정의 해체는 가족이 스스로 짊어질 책임 가운데 많은 것을 국가가 빼앗아간 결과라는 것이다. 이혼율과 결손가정 비율이 대단히 높다. 복지국가의 병폐는 가족에 대해서 스스로 책임지려는 도덕적 의지를 훼손한다는 것임은 잘 알려진 사실이다. 더구나 스웨덴의 탁아소 제도는 국가 재정의 낭비의 표본으로 여기고 있다. 스웨덴의 경제학자 스타인의 보고에 의하면 그 보조금이 연간 어린애 한 명당 1만 2천 달러나 되었다. 그리고 최대의 수혜자는 서민층이 아니라 상류층의 전문직 부부였다(Stein, 1991).

(5) 독립 부문으로서 제3섹터

그레이는 개인과 국가의 중간에 자리 잡고 있는 다양한 종류의 결사체를 중시하고 있다. 가족, 대학, 자선단체, 자원봉사단체 등이 그것이다. 정부는 가족과 같은 이런 결사체를 보살필 적극적인 책임이 있다고 주장하고 있다. 그러나 이런 결사체들에 개입하면 그들은 자신들의 존재 이유가 되는 목적이나 활동에서 벗어나 엉뚱한 방향으로 발전해가는 경향이 있다. 그들은 정부로부터 독립성을 상실한다. 독립성의 상실은 자유의 관점에서도 우려할 만하다. 이미 토크빌이 강조하고 있듯이 독립적인 시민사회가 없이는 전반적으로 자유의 상실을 초래한다. 자유는 분권화를 통해서 가능하다. 분권화의 구현이 국가와 독립적인 제3섹터의 존재다(Hayek, 2018: 569-570).

분권화는 입법, 사법, 행정의 공식적인 권력분립 또는 지방분권화만을 의미하는 것이 아니다. 다양한 결사들의 존재를 통한 국가권력의 제한 또는 국가과제의 축소, 이것은 비공식 권력분립에 속하지만, 공식적 권력분립보다 효과적으로 자유를 보호하는 장치다. 공식적 권력분립은 형식에 지나지 않을 수도 있기 때문에 권력분립의 효과가 적다. 비공식 제도와 관련하여 특히 주목할 것은 쿠카타스가 주장하고 있듯이(Kukathas, 2002: 112), 성문화된 헌법이 사회를 통합하는 것이 아니라 사회가 자신의 헌법을 확립·유지한다는 점이다. 이것은 아래로부터의 지지가 없이는 자유의 보장이 가능하지 않다는 것, 그러니까 자생적으로 생겨난 사적인 결사들의 존재가 자유의 효과적인 장치라는 것이다. 이런 인식은 매우 중요하다. 독립적인 중간제도의 중요성은 토크빌과 하이에크가 누누이 강조했다.

그러나 그레이는 중요한 오류를 범했다. 그에 의하면 시민사회를 정부가 보살필 것을 요구했기 때문이다. 시민사회까지도 정부가 개입하여 존립의 독립성을 약화시키고, 게다가 정부에 예속시키려고 했다. 이것은 권력분립을 약화시키면서 동시에 사회 전반에서 자유의 유지를 위태롭게 한다는 것을 직시할 필요가 있다. 가족, 교회 그리고 학교는 지식만이 아니라 현명한 결정을 할 수 있는 도덕적인 힘을 양성하는 곳이다. 어떤 도덕을 가질 것인가, 어떤 세계관을 가지고 어떤 삶을 누릴 수 있는가에 관한 결정을 위해 필요한 지식은 그 같은 기본적인 제도가 공급해준다. 가정과 국가의 분리, 교회와 국가의 분리 그리고 학교와 국가의 분리, 이런 분리는 관용과 자유를 실현하기 위한 기본적인 장치이다(Boaz, 1997: 110). 이런 분리가 없이 이루어지는 정부의 간섭은 관용의 도덕적 기반을 허무는 것이다.

3) 자율성의 확립을 위한 정부의 시장규제

자율성론자들은 정부는 지속적으로 통화를 팽창시키는 성향이 있다는 것을 잘 알고 있다. 중요한 것은 통화공급을 막고 통화가치의 안정을 유지할 수 있는 제도는 무엇인가의 문제다. 그들은 하이에크가 제안했던 시장에 의한 해결책으로서 민간화폐 제도를 반대했다. 정치적으로 당장 실현하기가 가능하지 않고 또 인플레의 해독제로서 기능할 수 있을 것인지도 불확실하다는 이유에서다. 밀턴 프리드먼의 규칙 지향적(준칙주의) 통화정책을 선호하는 것은 그래서다. 그러나 그런 통화정책은 중장기(장차 5~6년간) 통화 증가를 위한 계획이 필요하다. 그런 계획을 위해서는 무엇보다도 중장기 경제성장 추계가 요구된다. 그래서 프리드먼도 인간은 돈을 가지고 사회를 목적에 합당하게 조종·통제할 수 있는 능력이 있다고 하는 '구성주의적 합리주의'의 미신에서 결코 자유롭지 못하다.

자율성론자들이 시장에 의한 해결책을 과소평가하고 있는 것도 문제다. 시장에 의한 해결책을 무시할 수 없는 이유가 있다. 오늘날 중앙은행의 은행권보다 민간은행들이 발행한 은행권이 더 많이 통용되고 있는 나라들이 많다는 것이 그 하나의 이유다.[21] 오늘날 전자화폐의 발달도 민간화폐 제도로의 전환 가능성을 보여주는 대표적인 사건이라는 것도 그 이유다(안재욱, 2006). 주목할 것은 법정화폐의 대안으로 등장한 비트코인 같은 가상화폐의 등장이다.

그레이는 산업정책을 반대한다. 이런 면에서 그는 사회민주주의와 다른 차원이다. 그리고 조합주의도 반대했다. 이들은 과거 영국 정부의 실패한 정책이라는 것을 그레이는 잘 알고 있다. 실패의 원인을 지식의 문제에서 찾았다. 그렇다고 해서 그가 정부는 손 놓고 있어야 한다고 주

---

21) 스코틀랜드, 북아일랜드, 홍콩 등이다.

장하지는 않는다. 그는 다양한 정책을 지지하고 있다. 에너지 정책, 경쟁 정책, 노동시장 규제, 환경 규제, 금융시장 규제, 조세정책, 지방정책, 수입 규제, 자본시장 규제 등 시장 개입의 분야는 대단히 많다. 그는 경제에 대한 정부의 감독과 감시가 대단히 필요하고도 중요하다고 생각하고 있지만 이런 분야들을 일일이 다루고 있지 않다. 그러나 어디까지가 정부의 역할이고, 어디까지가 정부의 역할이 아닌가를 구분하는 선이 전혀 없다. 다만 우리가 추정할 수 있는 것은 그는 스웨덴 경제와 독일경제에 대해 대단히 우호적이라는 것이다. 따라서 그는 결코 자유주의가 지향하는 작은 정부론자는 아니다.

4) 미국 자본주의에 대한 그레이의 비판의 허실

그레이는 세계화를 대단히 싫어한다. 그가 1998년에 발간한 저서 『전 지구적 자본주의의 환상』은 반세계화 서적이다. 미국의 문화와 경제에 대해 대단히 비판적이다. 이 비판도 반세계화의 맥락과 같다. 글로벌에 대한 그의 반감은 물론이고 자유주의에 대한 반감도 대단히 크다. 미국의 자본주의가 자유시장의 모델이 되어 그것이 보편적 문화가 될지 모른다는 우려감 때문이었다. 그는 세계화, 자유주의 그리고 미국자본주의, 이 세 가지를 동일한 것이라고 여긴다.

그레이가 자본주에 대한 반감을 지닌 이유는 여러 가지다. 첫째로, 자본주의 종주국인 미국은 실패하고 불행한 국가라는 것이다. 인종차별, 빈자에 대한 무관심, 불안정한 가정생활 등 때문에 불행하다고 한다. 그래서 미국 사회는 본받을 점이 없다는 것이다. 둘째로, 자유시장이란 도덕적 당위성을 지닌 사회가 아니라는 이유에서 미국 사회를 반대한다. 부도덕한 사회라는 것이다. 소득을 필요로 하는 것이 자유시장이라는 것이다. 셋째로, 세계가 미국화된다면 우리에게 남게 될 것은 정치적·경제적 불안정뿐이라는 것이다.

　이런 이야기는 그레이의 2000년 저서 『자유주의의 두 개의 얼굴』에서 읽을 수 있다. 그는 유럽, 특히 스웨덴과 독일에 대해 대단히 우호적이다. '사회적 시장경제'라는 독일적 개념까지 서슴지 않고 자신의 사상의 명칭으로 사용하기까지 한다. 이같이 유럽경제를 예찬하는 학자의 대표적인 예는 1992년 저서 『자본주의 대 자본주의』로 유명해진 미셸 알베르트이다. '라인강 자본주의'는 영·미식 자본주의보다 도덕적으로도 그리고 경제적으로도 훌륭하다고, 그래서 전자의 자본주의가 전 지구적 자본주의가 될 것이라고 한다. 그러나 이런 예측과는 달리 오늘날 동유럽국가의 신생자본주의는 유럽식 자본주의보다는 영·미식 자본주의를 선호하고 있다. 그러나 독일이나 스웨덴 그리고 프랑스 등 유럽경제도 아시아 국가들이 배우기에는 너무나 많은 어려움을 겪고 있다. 10% 이상의 고실업과 2% 내외의 저성장이 그것이다. 그 원인은 반(反)자유주의적 제도라는 것은 일반적으로 확립된 진단이다. 노동시장의 경직성, 조합주의적·정치경제적 분위기, 값비싼 복지제도, 평등주의 교육, 이런 요소들이 장기적인 경제 침체의 원인이다. 유럽국가의 경제 자유 지수가 낮은 것이 침체의 주된 요인이다.

　그레이가 미국 자본주의를 아무리 비판한다고 해도 아시아인들에게는 큰 설득력이 없다. 그들에게는 유럽이나 독일, 스웨덴보다 미국이 과학기술이나 기업경영 또는 그 밖의 중요한 제도적 가치에 있어서 배울 것이 더 많다고 여긴다.[22] 자유와 민주주의 가치를 전 세계에 확산시키고 이를 견고하게 하는 데 공헌한 것도 미국이다. 자유의 가치가 중요하다는

---

22)　미국의 모든 제도가 본받을 제도라는 것은 아니다. 예를 들면 집단 소송제도나 기업지배구조 등의 잘못된 법적·제도적 장치가 있다. 그러나 자유의 가치의 실현은 아직도 유럽은 따라가지 못할 정도이다.

것, 자유의 가치를 실천하는 방법을 가르쳐준 것도 미국이지 유럽이 아니다. 히틀러의 나치즘을 멸망시키고 최근에는 옛 소련의 전체주의를 소멸시킨 것도 미국이다. 아시아인들은 유럽이 처한 것과 같은 저성장 고실업을 감당할 수 없다. 그들은 경제적 후진성은 참을 수 없다. 서구에 대한 열등감이 무엇보다도 물질적 번영을 갈구했다. 분배보다 성장을 중시하는 깊은 분위기는 유럽경제를 높이 평가하지 않는다.

흥미로운 것은 반(反)미 국가는 한결같이 경제가 불안정하고 정치도 불안정하다는 것이다. 반미적 분위기가 강력한 남미의 국가들 대부분이 그렇다. 따라서 교육적으로도 반미는 효과가 없다. 물론 그레이가 비판하는 것처럼 미국에 인종차별이 있는 것은 사실이다. 그러나 그런 인종차별은 유럽도 마찬가지이다. 프랑스의 민족주의와 독일의 민족주의는 대단히 위험스럽다. 히틀러, 무솔리니, 스탈린, 마르크스 등 수천만 명의 생명을 앗아간 일을 한 사람들은 모두 유럽 출신이다. 그레이가 주장하고 있는 것처럼 미국은, 예를 들면 스웨덴보다 빈곤자의 수가 많은 것도 사실이다. 1994년 유엔의 인간개발지수 통계를 보면 하루 11달러 이하로 사는 인구비율에서 스웨덴은 전체 인구의 6%인 데 반해 미국은 전체 인구의 14%에 이른다.

그러나 미국은 스웨덴보다 더 많은 물질적인 편의품의 풍요로움을 누리고 있다. 소비의 평준화가 스웨덴보다 더 크다. 제조업의 일자리도 스웨덴보다 더 많다. 미국인들의 스케줄이 스웨덴인들보다 훨씬 여유가 있다. 남성 대비 여성 노임이 스웨덴보다 높다(Carden, 2003). 가난한 사람이 부자가 될 기회가 유럽보다 훨씬 더 높다. 물론 미국에도 많은 문제점을 가지고 있다. 앤더슨이 보여주고 있듯이 지난 세기에 범죄율이 매우 높은 나라였다. 절약, 남성다움, 예절, 관용, 의무감, 헌신, 충성, 자제력 등이 점차 줄어들었다. 지구력, 정직성, 상호존중, 봉사 정신 등도 약화되어갔다(Anderson, 1992). 그러나 그런 소중한 도덕적 가치의 상실은 국가개입을 통해서 결정적인 영향을 받는다. 재산, 생명과 자유를 보호하는 데 초점을 맞추는 그런 작은 정부의 정책에서 벗어나, 복지국가 영역으로 들어가면 소중한 도덕적 가치가 손상된다. 오로지 작은 정부에서만 인간의 번영이 가능하고 지금까지 잃어버린 도덕적 가치가 회복될 수 있다.

5) 분석결과: 자율론이 자유주의를 싫어하는 이유

자유 사회에서 최고의 윤리적 가치를 개인의 자유가 아니라 자율에 두고 있는 게 자율론이다. 자율을 증진하기 위한 정부의 간섭은 자율을 얼마나 엄격하게 해석하느냐에 따라 달라진다. 자율론은 매우 엄격하게 사용하는 자율이라는 개념을 가지고 자유 사회를 비판한다. 합리적이고 냉철한 성찰적 삶, 즉 자율적 삶을 위해 소득, 교육, 만족스러운 건강 및 그리고 다양한 가치 있는 기회가 필요한데, 단순히 자유를 보호하는 데 제한된 정치는 그런 가치들이 빈약하게 마련될 수 있다고 목소리를 높인다.

자유주의자들은 자유의 정당성을 지식의 성장이나 경제적 번영에서 찾고 있지만, 이는 충분하지 못하다고 자율론은 비판한다. 자유시장은 경기변동으로 야기되는 실업과 소득상실을 초래한다고 한다. 빈부의 격차로 인해 교육 기회와 건강 유지를 위한 기회의 부족을 초래할 뿐만 아니라 역동적 변화가 심하기에 전통적 삶의 기회도 소멸시키고 공공문화도 파괴한다고 한다. 게다가 자유주의가 추구하는 자유는 그 의미가 확실하지 않기 때문에 정치적 가이드의 역할을 하기 어렵다고도 한다. 자율론이 추구하는 자율 개념이야말로 다원주의에도 적합하다고 한다.

자율론의 비판의 초점은 시장과정이 고유한 전통문화를 파괴하는 것은 보편적이고 합리적인 문명화의 길로 가는 현상이라는 자유주의의 시각이다. 자율론을 옹호하는 사람들은 시장과정에 의한 전통적 문화의 파괴가 사회주의에 의한 전통문화의 파괴와 다르다는 사실을 믿지 않는다. 자생적 질서와 인위적 질서를 똑같다고 보는 것은 어떤 정신이나 인간 그룹도 흉내 낼 수 없는 거대한 소통체계로서 자유시장의 비인격적 힘, 즉 사회적 과정에 대한 신뢰가 없기 때문이다. '정의의 규칙'만을 가지고는 사회의 유지가 충분하지 않다고 한다. 정부가 정의의 규칙에 어긋나더라도 자유경쟁을 억압할 것을 주문하고 있다. 국가가 시장에 개입하여 경쟁을 막아야 한다는 것이다. 자연의 파괴, 도시의 파괴가 시장사회의 결과라고 말하고 있다.

애덤 스미스와 하이에크도 정의의 규칙을 기반으로 하는 자생적 질서에만 의존할 수 없다는 것을 잘 알고 있었다. 중요한 예를 들면 보건위생 및 의료서비스, 도로건설과 유지, 거대한 자본이 드는 우주개발 등 국가가 할 일이 무수히 많다. 또 다른 국가의 과제는 스스로 부양할 수 없는 사람들을 위한 사회적 안전망의 설치 또는 초등교육 등이다. 이와 같은 국가의 '서비스 기능'은 국가가 강제력을 발동하여 독점적으로 공급할 과제가 아니다. 문제의 서비스들은 정부가 재정적 책임의 일부 혹은 전부를 부담하지만, 그런 서비스의 공급은 분산된 민간 관리를 위한 충분한 여지가 있다. 최소국가와 같은 국가 활동의 규모를 중시하는 것이 아니라 국가활동의 질적 성격을 중시한다.

시장사회의 안정성은 법의 집행에 달려 있다는 자유주의의 해법은 미성숙한 것이기 때문에 그런 해법에 머물러 우리가 지체할 필요가 없다는 것이 자율을 중시하는 사람들의 시각이다. 자유주의자들은 경제적 자유와 시민적 자유(언론·출판·학문·종교의 자유)의 자의적인 구분을 수락하지는 않는다고 해도 어떻게 개인의 웰빙을 증진하느냐에 따라 다양한 자유들을 구별했다. 예를 들면 자유주의자들이 선거참여 또는 정치에의 참여를 의미하는 민주정치보다는 사유재산을 중시하는 이유도 개인의 웰빙 차원에서 판단한 결과이다. 소극적 자유를 존중해야 한다는 원칙으로부터 개인적 권리 체계나 개인의 행동을 금지하는 규칙체계를 분명하게 도출할 수는 없다. 그렇다고 해도 법다운 법이 되기 위한 조건으로서 법의 지배원칙이야말로 다른 어떤 원칙보다도 훨씬 소극적 자유 그리고 이에 따른 지속 가능한 다원주의 사회의 확립과 유지를 위해 필수적이다.

VI

공동체주의와
자유주의

"부족사회의 윤리가 약화됨으로써
거대한 사회로의 접근이 가능했었는데,
바로 이 윤리의 부활이 사회주의다.
사회주의와 민족주의의 분리될 수 없는 영향을 받아
고전적 자유주의가 쇠퇴하게 되었는데,
그 결과가 바로 부족 사회의 감정의 부활이다."

Hayek, 2018: 453

공동체주의에 따르면 자유주의가 전제하는 인간은 사회적 환경의 외부에 자리한 이기적인 존재라고 한다. 그와 같은 원자화된 인간의 전제는 불충분하다고 공격하면서 그런 자아는 사회통합을 저해한다고 한다. 사회계약의 정당성과 최소국가에 대해, 그리고 사회질서 내에서 한편으로는 권리(존 롤스와 로버트 노직)가, 다른 한편으로는 분배적 정의(존 롤스)와 절차적 정의(로버트 노직)가 차지하는 핵심적 위치에 의문을 제기한다. 사회질서에 대한 자유주의적 접근의 문제점을 다음과 같이 제기한다. 자유주의는 첫째로, 도덕적 사회의 건설을 허용하는 논리가 부족하고, 둘째로, 정의와 공정성이 사회적 관심이라는 것을 이해할 수 없기에, 그리고 마지막 셋째로, 초월적 사회집단의 의식을 수용하지 않고는 사회를 이해될 수 없기에 자유주의는 실패할 수밖에 없다고 공동체주의자들은 목소리를 높인다.

공동체주의 이념과 관련하여 우리가 주목하는 것은 세 가지 문제다. 첫째로, 자유주의에 대한 공동체주의의 비판이 옳은가, 둘째로, 공동체주의가 제3의 길로서 자유주의의 대안이 될 수 있는가, 마지막 셋째로, 자유주의가 오히려 공동체주의의 가치를 더 잘 실현할 수 있는 것이 아닌가의 문제. 공동체주의 비평가들의 표적이 되는 자유주의는 공리주의, 자연권 사상 그리고 사회계약론과 같은 자유주의와는 전적으로 다른 자유주의의 관점, 즉 애덤 스미스, 데이비드 흄, 하이에크 등 스코틀랜드 계몽주의 전통의 자유주의에 비추어 그런 문제들을 검토할 것이다. 그들은 원자적이고 고립된 인간을 전제하지 않고 오히려 인간의 삶에서 공동체의 중요성을 밝히면서 공동체주의는 자신이 달성하고자 하는 공동체의 가치를 결코 실현할 수 없다는 것, 오히려 공동체를 파괴한다는 것, 자유주의만이 그런 가치를 효과적으로 달성할 수 있다는 것, 따라서 공동체주의는 자유주의의 대안이 될 수 없다는 것을 밝힌다. 이것이 여기에서 설명할 우리의 입장이다.

1.
공동체주의적 이념

어느 한 이념의 내용을 이해하기 위해 그것이 등장한 정치·경제사적 그리고 지성사적 배경을 검토하는 것이 매우 합리적이라고 여긴다.

1) 공동체주의의 등장 배경

공동체주의가 등장하게 된 배경은 첫째로, 정치·경제사적 배경이다. 사회의 결속과 우정과 연대감 그리고 공동선을 파괴하는 것이 자유주의라는 것이다. 이기적이고 원자적인 인간들이 살아가는 세계가 자유사회라는 것이다. 자유주의는 약육강식을 특징으로 하는 비정한 사회체제라고도 비판한다.[1] 개인들을 자유분방하게 내버려두기에 우정과 유대감을 기반으로 하는 공동체 문화가 파괴되고 인간들을 소외와 원자(atom)로 만든다고 비판한다. 자유사회의 역동성으로 인해 전통이 전부 파괴되고 이로써 개인의 정체성, 국가의 정체성, 사회의 정체성이 상실되어 인간성의 상실을 초래했다고 한다.

1980년대 이후의 서구사회에 등장했던 많은 사회적 문제도 자유시

---

[1] 시장경제를 "전체주의"(Michael Walzer) 또는 "폭정"(Robert N. Bellah)이라고 말하기까지 한다. 공동체를 파괴하는 주범이 시장이라는 것이다. 자유 자본주의에 대한 이런 비판은 1990년대 이후에 더욱더 힘을 얻는다.

장의 탓으로 돌리고 있다. 범죄의 증가, 이혼율의 증가, 공공정신의 파괴, 환경파괴 등을 그 탓으로 돌리고 있다. 자유사회에 대한 이런 비판은 동유럽 사회가 붕괴하면서 더욱 힘을 받았다. 전 지구적 자본주의에 대한 우려감 때문이다. 자본주의가 휩쓸고 가면 마치 '쓰나미'처럼 전통, 정체성, 은밀하고 친밀한 공동체적 관계 등 모든 가치를 없애버린다는 우려감이 팽배하기 시작했다.

요컨대 시장사회의 역동성과 세계화에 대한 불안감에서 우정, 유대감, 친근감, 인연 등과 같은 감성적 가치로 구성된 공동체주의가 등장했다. 그런 가치는 마을공동체가 붕괴하고 도시화 현상이 만연해지던 과거의 낭만주의가 등장할 때 사람들이 느꼈던 감성과 대단히 흡사하다.

공동체주의가 등장하게 된 둘째로, 지성사적 배경이다. 1980년대 '자유주의-공동체주의 논쟁'이 보여주고 있듯이 노직의『아나키, 국가 그리고 유토피아와』와 롤스의『정의론』등 서구사회에서 지배하고 있는 공공철학에 대한 반응이다. 이런 반응을 보일 때마다 공동체주의자들은 항상 칸트에 대한 비판적인 넓은 측면부터 시작한다. 노직과 롤스의 이념적 차원에서는 차이가 있지만, 그들은 칸트와 함께 공리주의를 비판한다. 공리주의는 인간들은 서로 다르다는 점을 부인하고 그래서 사회적 선을 개인의 이득의 합으로 정의한다. 최대 다수의 최대 행복을 의미한다. 그런 편익을 마련하기 위해 개인의 희생을 요구한다. 이에 반해 칸트로부터 영향을 받은 그들은 권리에 기초를 둔 윤리학에 초점을 맞춘다. 이 윤리학은 개인들을 분리된 독특한 존재, 즉 원자적 존재로 취급한다. 칸트와 함께 그들 모두는 인간을 목적 자체로 취급하고, 그 결과로서, 그런 취급을 구현하는 정의의 원칙을 찾으려고 한다.

2) 인간과 사회: 사회적 인간 vs. 원자적 인간

인간은 어느 한 공동체에서 태어나 살아간다. 그 속에서 하나의 인간으로 만들어진다. 즉 인간이란 스스로 선택한 일이 없는 채로 내던져진 '사회 속에 자리 잡고 있는(socially situated, embedded)' 존재로 여기고 있다. 인간은 물리적·심리적으로 고립해서 살 수가 없는, 그래서 인간은 사회적 존재다. 우리에게 필요한 것은 공동체다. 내가 존재하기 위해서는 '우리(we)'가 필요하다. 공동체가 없이는 나는 존재할 수 없다(Etzioni, 1996)[2] 인간은 타고날 때부터 사회적 피조물, 즉 사회의 산물인 이유다.

공동체의 내용은 의식적으로 표현된 공동체의 전통과 도덕적 가치와 목표 등이다. 이들은 개인의 선택 대상이 될 수 없고 오히려 그들이 선택의 행위를 결정한다고 한다. 공동체가 인간의 성격과 삶의 방식, 인간이 추구할 가치와 목표 등 모든 것을 좌지우지한다고 한다. 공동체는 자발적인 개인들의 연합이 아니라 개인의 목적과 존재를 정의하는 힘이라는 점을 강조한다. 공동체주의는 전체로서 사회는 구성원들의 믿음, 선호 및 행동과 독립적인 목적들(즉, 공동선)이 존재한다는 전제에서 출발한다. 그런 목적들은 개인의 행위를 좌우하지만, 그들 자체는 개인의 선택 대상은 아니라고 한다. 전체 사회로서 공동체는 '목적이 지배하는 사회(teleocratic society)'라고 볼 수 있다. 그런 공동체를 구성하는 인간에게는 행동의 자유란 의미도 없고 필요하지도 않다.[3]

---

2) 인간은 공동체에 속함으로써 소속감을 갖고 이로써 일종의 자부심과 자긍심을 갖는다. 그래서 소속감의 공동체라고 부른다(M. Taylor). 공동체는 나를 형성하고 내가 누구이고 내가 무엇인가를 형성하는 역할을 한다는 점에서 정체성(identity)을 구성하는 공동체라는 의미에서 '구성적 공동체'라고 말한다. 또한 '공동의 자기이해'의 공동체라고 말한다.

3) 제도 이론적으로 보면 공동체주의는 제도의 생성과 변동을 전체론적으로 설명한다. 전체론이란 사회, 경제, 정신, 언어 등은 그것의 구성요소들을 통해 설명될 수 없다고 믿는 사상이다. 즉, 부분이 그런 현상의 동작을 결정하는 것이 아니라 전체가 부분의 동작을 결정한다는 생각이다. 그리고 그런 제도들을 분석할 때 그들을 이용하는 개인들을 고려하지 않는다. 전

이와 대비되는 인간은 이기적이고 합리적인 그래서 자기 완료적인 인간(호모 에코노미쿠스)이다. 사회가 존재하기 이전에, 즉 사회와 독립적으로 형성된 인간 이성이 완전히 개발되었다. 따라서 인간을 자신의 공동체나 환경에 의해 전혀 영향받지 않고 어떤 것에도 '얽매이지 않는(unencumbered)' 존재로 취급한다. 인간은 그 어떤 것에도 구애받지 않고 자신의 이익에 따라 도덕과 사회를 만들 힘이 있다. 이런 인간을 전제하여 사회철학을 개발한 것이 칸트와 노직 그리고 롤스를 중심으로 하는 프랑스 계몽주의 전통의 합리주의적 자유주의 학파다. 공동체주의의 비판적 초점은 그런 자유주의학파의 인식이다.

> "개인은 각자 어떤 권위를 채택하거나 입장을 선택·지지하는
> 데 있어서 자유롭다. 도덕을 개인적 욕구의 충족 문제로 환원시킨
> 다. 사회는 개인이 자신의 의지를 표현하고 자신의 욕구를 충족하
> 기 위해서 서로 경쟁하는 장으로 이해된다."(김수정, 2009: 45)

이런 인간관을 전제로 하는 것이 하이에크는 '가짜 개인주의'라고 혹평한다. 그런 인간에게 도덕을 비롯하여 목적과 소망 그리고 심지어 사회 그 자체도 개인의 선택 대상이라는 것이다. 그 어떤 것에도 '구속돼 있지 않다'는 이유에서다(Sandel, 1982). 공동체주의에 따르면 인간이 자신의 의지로 결정하는 자기 결정적 주체라고 생각하는 것은 오해라는 것이다. 사실 인간은 타인에게 쉽게 영향을 받는 존재라는 것을 잊고 산다. 인간 행위의 대부분이 의식적인 선택이나 주체적 통제하에 이루어진 것으로

체 사회로서 공동체라는 집단이 행하는 기능에 의해 제도의 생성과 변동, 특히 제도의 존재 이유를 설명한다. 그런 기능주의에 따르면 특정한 제도가 생성·존재하는 이유는 그것이 전체 사회의 존립에 기여하기 때문이라는 것이다. 사회라는 집단을 제도가 자신에게 미치는 편익·피해를 인지하고 판단하는 실체로 이해하는 일종의 의인화의 오류를 범한다 (민경국, 2007: 228).

생각하는데, 이런 자기 결정(self-desision)이라는 것도 실제로는 환경에서 유발된 습관적 결정일 뿐, 즉 타성에 젖어 행동하는 것이라고 공동체주의 자들은 목소리를 높인다. 샌델에 의하면, 자유주의에서 개인의 도덕적 선택은 사적 선호이지 사회적 애착이나 사회적으로 규정된 행동규범의 압력에서 생겨난 것이 아니라고 한다.

공동체주의는 자유사회와 관련하여 이렇게 묻고 있다. 아무런 인연도 없고 서로 어떤 연대감이나 유대감도 없는 원자적 인간들끼리 도대체 어떻게 사회가 가능하냐고. 설사 이런 인간들끼리 사회가 가능하다고 해도 인간들은 소외감, 상실감, 허전함 등에 빠지게 되리라고 주장한다. 마이클 왈저(Michael Walzer)는 이렇게 말하고 있다.

"우리가 믿을 수 있는 이웃이 없으면, 우리와 직접적으로 가까이 살고 실제로 옆집에 사는 친척이 없으면, 그리고 진정한 직장동료나 정치적인 동반자가 없으면 우리는 과거 어느 때보다 훨씬 더 외로울 것이다."(Walzer, 1993: 167)

윤리적 문제를 개인적 선호의 문제로 축소하는 노직과 롤스, 그리고 벤담, 밀의 자유주의학파를 또 다른 관점에서 비판한다. 윤리적 문제를 개인의 선호에 좌우되도록 함으로써 도덕을 완전히 상대주의적인 개념으로 만들었다고 주장하면서 자유주의자들이 '공동선' 개념을 갖고 있다고 해도 이는 개인 선호의 총합을 반영하는 것이라고 매킨타이어는 목소리를 높인다. 그에게 공동체는 사회적 선에 없어서는 안 될 중대한 것이고 도덕적 덕성은 공동체 개념의 중심이다. "공동의 과제를 구성원들에게 부여하는 것은 공유된 선인데, 이를 지향하기 위해 공동체가 필요한 것은 도덕적 삶을 덕목과 법의 의미로 분명하게 언어로 표현하기 위해서다."(MacIntyre, 1984: 169) 공유된 선, 즉 공동선은 공동체 구성원들이 공

동으로 달성할 목표다. 이런 공동선으로부터 개인의 의무와 권리가 도출된다.[4]

롤스와 노직의 공공철학에 영향을 받아 오늘날 자유사회에서 사는 사람들은 전보다도 더 고립된 채, 사회에 관한 관심이 줄어들고 이기적 · 계산적 행동이 늘어나 정신적으로 더욱더 메말라졌다는 게 공동체주의자들의 진단이다. 그 결과, 현대인들은 사소하고 자의적으로 선택한 '사적 선(private good)'을 맹목적으로 추구함으로써 그들은 단순한 개인적 이익을 초월하는 포괄적인 선을 추구할 의무는 고사하고 그런 선의 존재조차도 인정하지 않게 됐다는 것이다. 자유주의에 대한 그런 공동체주의적 비판은 과거의 낭만주의가 등장하던 시기에 만연했던 비판과 매우 유사하지만, 루소, 마르크스 혹은 니체도 아닌 아리스토텔레스와 헤겔로부터 영감을 받은 것이다.

아리스토텔레스에 따라 공동체주의자들은 정치사회를 공동체라고 보고 있다. 공동체의 본질은 개인적인 선과 공동체의 선에 관한 공유된 이해를 통해 형성되는 결속과 유대다. 칸트를 비롯하여 노직과 롤스 전통의 자유주의학파는 공로(desert, merit)원칙을 간과했다는 매킨타이어의 비난, 사회에 대한 개인과 그의 권리의 우선성을 옹호하는 원자적 개인주의에 대한 테일러의 공격은 사실상 아리스토텔레스의 정의관에서 비롯된 것이다. 반면에 사람들을 자유롭고 합리적인 그리고 자율적인 존재로 취급하는 합리주의적 자유주의의 인간관을 부정하는 웅거와 샌델은 인간의 역사성을 강조한 헤겔의 인간관에서 비롯된 것이다(Gutmann, 1985: 308).

---

4) "권리는 목적의 도덕적 중요성으로부터 유래하고, 목적에 봉사한다"(Sandel, 1998: 11)라는 말이 생겨난 것은 그래서다.

3) 자유주의에 대한 공동체주의적 대안?

　　공동체주의자들은 자유주의가 전제하는 원자적 인간은 존재하지도 않는 허구라고 말하고 이런 인간을 전제로 하는 철학이나 이론은 온당하지 못하다는 것이다. 그들은 사회적 응집, 동료 정신, 공공선의 추구를 희생하고 그 대신에 개인의 권리를 옹호하는 '원자적 자유주의'가 우리의 공동체 감각을 파괴한다고 목소리를 높인다. 가족의 해체, 공공기물의 파괴, 마약과 범죄의 급증, 마을·지역 공동체의 파괴, 환경의 파괴 등 모든 사회적 문제를 공동체 정신의 붕괴에서 찾고 있다. 공동체 윤리가 붕괴한 탓을 권리의 정치가 지배하는 자유사회의 탓, 자본주의의 탓으로 돌리고 있다.

　　예를 들면 매킨타이어는 개별적 행위자를 초월하는 포괄적인 도덕 감각이 없으면 자유주의는 잠재적으로 스스로를 파괴하는 이데올로기라고 한다. 사유재산에 대한 존중과 같은 원칙 자체가 순전히 개인적인 선호의 문제가 되어 '수인(囚人)의 문제' 또는 '무임승차의 문제'가 야기되기 때문이라고 한다. 이런 결함에 대응하여, 공동체주의들이 이해하는 인간이란 공동체 전체를 반영하는 선(善)에 대한 공유된 개념과의 관계에서 파생되는 선호를 갖는 철저한 사회적 존재로 인식돼야 한다고 한다. 그런 인간에게 필요한 것은 개인적 선호의 미덕을 적절하게 판단할 수 있는 기준을 제공할 수 있는 '공동선'이라고 한다. 샌델과 매킨타이어 등과 같은 공동체주의자들의 견해에 따르면, 시장이 주도하는 소비주의의 '이기심'은 억제되어야 한다고 한다. 시장에 만연한 '탈출(exit)' 메커니즘(A. O. Hirschman)은 사람들이 자신의 공동체로부터 '단절'하고 그들의 선택을 공유된 선 개념과 연결하지 못한다는 이유에서다(Pennington, 2005: 43).[5] 대조

---

[5]　탈출은 기업, 국가 또는 기타 형태의 인간 집단 등이 기업의 고객 또는 조직의 구성원에게 제공하는 재화와 서비스의 품질이나 편익이 저하되고 있음을 인식할 때 본질적으로 그들은 소

적으로, '공공 영역'에서의 민주적 심의와 집단적 선택은 '최선의 이유'에 따라 공동체가 선호의 미덕을 판단할 수 있는 대화를 통해 개인이 자신의 가치를 교육할 수 있다고 주장한다.

4) 공동체주의적 이상사회란 유대감으로 뭉치는 사회

인간의 성격과 성품, 인간의 품격을 만들 정도로 공동체가 중요하다면 공동체가 좋아야 한다. 어떤 공동체가 좋다고 보는가? 공동체주의가 갈망하는 이상사회는 무엇인가?[6] 이는 도구적 사회(사적 사회)도 아니고 또한 정서적(협력 사회) 사회도 아니다. 도구적 공동체는 이기적인 목표를 추구하기 위해 고안된 협력적인 제도들에서 비롯된 사적 사회라는 이유에서다(Rawls, 2005: 667).[7] 상호 이익 또는 이익공유의 실현을 통해 협력할 수 있게 하는 공동체도 개인은 다른 사람들의 이익을 위해 희생할 수 있지만, 정의의 문제로서 그렇게 할 의무는 없다는 이유에서 공동체주의가 갈망하는 사회가 될 수 없다고 한다.

요컨대 그런 접근 방식 모두는 "주체의 선행적인 개별화"를 요구하

비자로서 또는 구성원으로서 관계를 종료하겠다는 의견을 전달하여 관계를 회복하거나 개선하려고 시도다. 이에 관해서는 Hirschman(1970)을 참조.

6) 에치오니는 공동체주의의 핵심 가치를 10가지로 구분하고 있다. ① 민주주의, ② 헌법과 권리장전을 수용하고 존중한다. ③ 우리의 정치체제를 구성하는 수많은 작은 공동체들에 대한 충성, ④ 주어진 공동체에의 가입의 자발성, ⑤ 다른 작은 그룹들의 서로 다른 믿음에 대한 관용, 중립성 그리고 상호존중, ⑥ 정치적 운동에서 제한된 정체성의 정치를 실시, ⑦ 편견이나 차별 없이 모두를 공정하게 취급, ⑧ 우리와 낯선 사람 간의 화해, ⑨ 우리가 공유하고 있는 공동의 가치와 유산에 대한 교육, ⑩ 공동체들끼리 그리고 공동체들 내에서 작고 큰 대화 (Etzioni, 1993).

7) 이런 사회는 기본적 제도도 자체가 정의롭고 선하다는 대중의 확신에 의해서가 아니라, 개인적 목적을 추구하기 위한 수단의 절약을 가져오리라는 모든 사람의 계산을 통해 결속된 사회라는 이유에서다(Rawls, 2005: 668).

기 때문에 공동체의 기반이 될 수 없다는 것이 공동체주의자들의 인식이다. 이상적인 사회로 여기는 공동체를 댈리(M. Daly)가 1994년 편집한 책, 『공동체주의: 새로운 공공윤리』의 서문에서 잘 기술하고 있다.

"공동체란 다양한 관계의 망으로 결속한 사람들로 구성되어 있다. 그 구성원들은 신념과 가치를 공유하고 있다. 이기심보다는 우정, 애정, 의무감을 통해서 구성원들이 결속되어 있다. 구성원들끼리의 인연은 그들의 삶 전체를 포괄하는 것이지 단순히 삶의 일부분이나 어느 특정의 국면과 관련된 것이 아니다. 구성원들은 소속감을 지니고 있다. '우리(we-ness)'가 그런 감정이다. 각 구성원의 정체성과 관심은 그런 공동체에 의해 부여된다. 구성원들은 연대와 유대감을 가지고 서로를 대한다."

따라서 공동체주의자들에게 공동체는 그 구성원들이 인격화하여 자기들과 동일시한 것이다. 사람들은 공동체 내에서 여전히 제각각 별도의 정체성을 지니고 있으며 공동체의 다른 구성원과 투쟁하기도 한다. 하지만 아무도 완전히 자율적이지 않으며, 아무도 자신을 고독한 의식 단위로만 생각하지 않는다. 더욱이, 흥미롭게도, 각 개인은 어느 정도 핵가족, 대가족, 부족, 인종 또는 종교집단, 지역, 민족, 마지막으로 국가와 같은 어떤 공동체(또는 공동체들)와도 동일시한다. 그 사회에서 "사람들 사이의 사회적 응집력의 요소"로서 공동체의 중요성이 강조된다.

그런 공동체는 공동선이라는 명분으로 특정한 구체적인 목적을 추구한다. 그런 목적을 달성하기 위해 적합한 도덕규칙을 도출한다. 공동체의 목적과 도덕규칙은 초개인적 현상이다. 도덕은 개인 행위자를 초월하며 개인 취향의 문제로 되돌릴 수 있는 문제가 아니라는 뜻이다. 그리고 개인들은 자신들의 마음속에 새겨진 사회적 관행, 습관 등을 통해 자신들이 누구인가를 식별한다. 따라서 개인적인 행위자가 어떤 '공동 목적'을 추구하는 데 의식적으로 참여한다고 공동체주의자들은 주장한다면, 그런 공동체는 사회를 목적론적으로, 다시 말해, 탈목적적인 자생적 질서와는 전혀 다른 인위적 질서로서 '조직(Organiztion)'으로 이해해야 한다.

5) 소규모 사회의 도덕을 거대 사회에 적용하겠다고?

공동체주의자들이 선호하는 조직의 개념은 달성하고자 하는 목적에 따라 운영되는 소규모의 부족 사회에만 적합하다. 이처럼 공동체주의가 추구하는 도덕들은 대단히 목가적(牧歌的)인 것처럼 들린다. 이 사회의 특징은 인류가 겪어온 원시적 부족 사회를 연상시킨다. 공동체주의의 특징은 소속한 그룹에 대한 연대감·애착심·이타심·헌신·상호성 등과 같은 도덕을 강조한다는 점이다.

그러나 자유주의자들은 항상 '공동체'에 대한 그런 도덕적 요구를 의심해왔다. 칼빈, 루소, 마르크스, 히틀러, 레닌 그리고 마오쩌둥은 공동체주의의 꿈에 어두운 그림자를 드리웠다. 공동선이라는 개념은 전통적으로 특권, 위계, 공동체에 대한 충성과 존중의 정당화에 연루되었다는 홀름스의 주장(Holmes, 1989: 240)을 인용하여 래더는 역사적으로 그러한 수사법은 종교적 불관용, 민족주의, 군국주의 등 위험한 억압적인 여러 가지 감정을 동반했다고 한다(Raeder, 1998: 520).[8] 따라서 주목할 것은 공동체주의는 국가에게 어떤 역할을 부여하는가의 문제다.

---

8) 아리스토텔레스가 공동선을 인식하고 이해하는 주인의 뛰어난 능력을 주장함으로써 주인과 노예를 구별한 이후로, 주인과 노예의 본성에 대한 특별한 통찰력을 주장하고 선함이나 미덕에 대한 배타적인 개념을 노예에게 강요하려고 노력하는 잠재적인 통치자들이 적지 않았다.

6) 공동체주의와 국가의 역할: 국가주의

공동체주의의 정책은 국가 단위의 공동선에 비추어 다양한 그룹 활동의 질을 평가하고 또 다양한 그룹들의 사정을 고려하는 정책이다. 그 입법정책도 그런 특수한 사정을 고려한 입법이다. 이것이야말로 '공동선의 정치(politics of common good)'다. 공동선을 찾아 이를 생산·유지하는 것이 공동체주의가 지향하는 국가 제일의 공공 정책적 과제다. 자유주의에는 없는 것이 바로 공동선이라고 주장하면서 설사 자유주의가 공공선이 있다고 해도 이는 개인적 선호의 총합을 반영할 뿐, 원자적 인간을 전제하기 때문에 그것을 도덕적으로 접근하지 못한다고 한다.

그런데 중요한 것은 공동선은 무엇이고 이를 누가 어떻게 정하는가의 문제다. 예를 들면, 교육정책, 재분배 정책 그리고 녹색 정책 등에서 공동선을 찾아 이를 실시하기 위한 제도를 정치 공동체로서 민주정치에서 찾고 있다. 이는 공동체주의에서 지칭하는 '숙의민주주의(deliberative democracy)'다. 공동체주의는 자유보다 공동체를 그리고 권리(right)보다는 의무를 중시한다.

① 봉사단체와 같은 시민사회를 중시한다. 시민들이 시민사회에 직접적으로 참여하여 사회공동체의 일원으로서 사회적 책임을 다해야 한다고 촉구한다. 사회공동체의 일원으로서 무의탁 노인을 위한 자원봉사단체에 참여하여 사회적 책임을 다해야 한다. 범죄예방 단체에 참여하여 범죄예방에 봉사한다. 정부는 재정지원을 통해서라도, 그런 '시민사회'의 설립과 활동을 적극적으로 장려해야 한다. 공동체주의는 시민사회를 보호하기 위해 각종 정책을 국가에 요구하고 있다. 어떤 시민사회의 활동을 권장하고 지원해야 하는가를 정부가 정해야 한다. 그러나 이런 정부의 개입을 통한 공동체는 '독립적인 자발적 공동체'라고 볼 수 없다.

② 가족공동체의 보호: 정책은 공동체주의가 각별한 관심을 지닌 부문이다. 가족은 어린아이의 도덕 교육의 장소이다. 어린아이 때부터 건전한 가정에서 도덕교육을 잘 받아야 나중에 성인이 되어 좋은 이웃이 될 수 있다.

③ 도시 주변의 공동체를 보호하기 위해서 도심지의 대형백화점 건설을 규제하거나 억제해야 한다. 지역 공동체를 보호하기 위한 중소기업 육성 지원, 지역 공동체를 보호하기 위한 전통산업이나 농촌 공동체를 보호하기 위한 정책이다.

④ 공동체주의는 이주억제 정책을 요구한다. 외국인들의 국내 이주는 자국의 문화를 훼손할 우려 때문이다.[9] 반세계화를 위한 관세 및 비관세제도를 요구한다. 세계화는 자국의 문화적 가치의 파괴를 야기한다. 문화적 가치는 사회의 적절한 기능을 위해 매우 중요하다.

⑤ 정부는 개인들이 부도덕한 행위를 억제하고 대신에 도덕적인 행동을 하도록 유도하는 정책을 추구한다. 환경오염을 막기 위한 정책으로서 환경에 대한 통제와 명령, 오염 배출 기업의 명단과 배출량을 정기적으로 공개하여 오염 배출에 대한 죄의식과 창피함을 느끼게 만든다. 자동차 안전벨트 의무화는 사고방지 효과 때문에 공동체에 대한 책임 전가의 부도덕을 막을 수 있다. 정부는 개인들의 도덕적 선택을 유도하기 위해 다양한 정책을 투입할 수 있을 것이다. 성매매 금지를 위해 성매매자의 명단을 발표할 수도 있다. 이같이 공동체주의는 공동체라는 이름으로 임의로 개인들에게 법적 의무를 부과하거나 사생활을 침해할 수도 있다.

그러나 이런 모든 공동체주의적 공동선의 정책은 구성원들이 자신

---

9) 특정의 문화를 보호하기 위한 정책, 샌델이 "정체성의 정치(politics of identity)"라고 부르는 정치에 속하는 분야이다. 예를 들면 자기 문화의 정체성을 유지하기 위해서는 한국계 미국인 자녀는 법적으로 한국계 미국 학교에 보내야 한다. 한국 문화와 언어를 방어하고 이것들을 촉진하기 위해 개인의 자유를 제한해도 된다는 생각이다. 자국의 문화와 언어를 보호하기 위해서는 외국의 자본이 한국 교육 시장에 들어오는 것도 막아야 한다.

들의 공동체적 감정을 충족할 기회의 상실을 막아주는 역할을 한다고 하지만, 시장사회와 세계화의 역동성을 차단한다. 공동체를 보호하기 위해서는 자유의 희생을 각오해야 한다. 이것은 공동체주의자들이 보기에는 자유의 희생으로 이해하는 것이 아니라 공동체적 감각을 느끼면서 누릴 기회를 위한 공동체적 도덕의 행사라고 이해한다.

7) 분석 결과: 자유주의에 대한 공동체주의적 비판

공동체주의는 전체로서 사회는 구성원들의 믿음, 선호 및 행동과 독립적인 목적들(즉, 공동선)이 존재한다는 전제에서 출발한다. 그런 목적들은 개인의 행위를 좌우하지만, 그들 자체는 개인의 선택 대상은 아니라고 한다. 공동체를 구성하는 인간에게는 행동의 자유란 의미도 없고 필요하지도 않다. 공동체가 인간의 성격과 삶의 방식, 인간이 추구할 가치, 추구할 목표 등 모든 것을 좌우한다고 한다. 이런 의미에서 사회 속에 자리 잡고(socially embedded) 있는 인간은 공동체에 대한 선행(善行) 또는 이타심이라는 의미에서 도덕적이다. 권리보다는 사회적 선(목표)에 대한 사회적 의무를 중시하는 인간이다. 공동체는 자발적인 개인들의 연합이 아니라 개인의 목적과 존재를 정의하는 힘이라는 점을 강조한다.

이에 반해 공동체주의자들은 자유주의는 자신의 권리만을 주장하는 이기적이고 원자화된 계산적인 인간을 전제로 하고 있다고, 그리고 이러한 인간은 반사회적이고 정신적으로 황폐한 인간이라고 주장한다. 작은 정부와 큰 시장 이데올로기는 원래 사회적 · 도덕적이었던 인간을 모래알처럼 고립된 인간으로, 그리고 순전히 이기적인 인간으로 만든다고 한다. 자유를 허용하는 개인주의 사회는 구성원들로부터 공동의 편익을 박탈하고, 도덕적 용기, 정의, 성실, 정직성, 충성과 같은 덕성을 발휘할 기회까지도 박탈한다는 것이다. 공동체주의 학파가 주장하는 바와 같이 자유사회가 도덕적 인간, 공동체 감각을 가진 인간을 원자화된 인간으로 만든다는 것이 사실인가?

공동체주의가 추구할 목표는 달성할 수 없다는 것, 공동체의 기초가 되는 도덕률만을 파괴할 뿐이라는 것, 오히려 진짜 개인주의를 전제로 하는 스코틀랜드 계몽사상에서 비롯된 자유사회가 그런 목표를 더 잘 달성할 수 있다는 것을 보여줄 것이다. 자유사회에 대한 그런 비판은 공동체주의의 편견이라는 것, 이것이 우리가 주목하는 점이다. 이를 분석하기 위해 스코틀랜드 계몽사상과 공동체주의를 비교할 것이다.

2.
진화론적 자유주의에 담긴
공동체주의적 요소 I

앞에서 설명한 '자유주의-공동체주의 논쟁'에서 공동체주의가 비판하는 대상은 주로 칸트, 롤스, 노직, 로스바드 등 프랑스 계몽주의 전통의 구성주의적 합리주의 패러다임이다. 이는 인간 이성은 사회의 외생적 존재로서 이상적인 사회를 임의로 만들 수 있는 지적 및 도덕적 능력을 지니고 있다고 가정한다. 인간을 고립된 원자적 존재로 취급하고 있다. 인간은 사회와 완전히 독립적인 그래서 사회로부터 배울 필요가 없다는 뜻이다. 역사도 전통도 무시해버렸다. 인간을 비역사적 존재로 여겼다. 프랑스혁명의 기반이 되었던 것도 홉스, 루소 등 그리고 모든 유형의 사회주의도 구성주의적 합리주의 전통의 프랑스 계몽주의다. 구성주의적 합리주의의 인식론적 원조는 이미 잘 알려져 있듯이 르네 데카르트다. 그에게 "이성은 명백한 전제로부터 논리적으로 연역한 것이라고 정의했다. 이기적인 합리적 행동도 전적으로 알려진 그리고 입증할 수 있는 진리에 의해서 결정된 행동을 의미하게 되었다(Hayek, 2018: 44).

그런 자유주의와는 전적으로 다른 자유주의 전통이 있다는 사실을 사회철학, 특히 공동체주의는 간과하고 있다. 그런 전통이 데이비드 흄, 애덤 퍼거슨, 애덤 스미스가 확립했고 멩거와 하이에크가 계승했던 스코틀랜드 계몽사상이다. 이 전통은 인간 이성에 관한 회의(懷疑)에서 비롯된 것이다. 인간 이성보다 사회적 과정을 신뢰한다. 사회적 과정에 관한 것이 진화사상인데 이에 의존하여 자유주의가 기초로 하는 언어, 전통, 관행, 관습, 도덕규칙, 심지어 법 앞의 평등 등 자유사회의 기초가 되는 행동 규칙들의 생성과 유지를 설명하기 때문에 진화론적 자유주의라고 부른다. 본래 진화는 어떤 상태가 아닌 스스로 변동하는 과정을, 즉 내생적 변화를 기술(記述)하는 개념이다. 변화 자체가 내생적이다. 외적 요인이 작동한다고 해도 그것은 전체 시스템의 내적 변동의 단순한 발동일 뿐이다. 특히 문화적 진화는 후천적인 학습의 대상으로서 언어, 도덕, 관습, 관행, 시장, 화폐 등 문화적 요소들의 생성과 변화의 내생적 과정을 설명하는 개념이다. 그것은 특정의 목적을 달성하기 위해 계획하여 만드는 것을 기술하는 개념이 아니다.

루드비히 미제스, 로버트 노직, 머리 로스바드 등을 포함한 모든 변형을 포괄하는 리버태리언, 존 롤스의 평등주의적 자유주의를 정당화하기 위해 도입한 사회계약론, 그리고 칸트의 정언명령에서는 공동체라는 말이 전혀 어울리지 않는다. 이와 달리, 진화 사상을 기반으로 하여 '초개인적 도덕'을 명시적으로 설명하는 개인주의 철학인 자유주의가 어떻게 공동체를 중시할 수 있느냐의 문제다. 이어지는 내용에서는 스코틀랜드 계몽철학이 바로 그와 같은 사회철학을 실제로 명시화했다는 점을 설명할 것이다. 스코틀랜드의 진화론적 자유주의와 프랑스 계몽철학에 바탕을 두고 있는 합리주의적 자유주의를 비교함으로써 자유주의에 대한 공동체주의적 비판의 한계를 밝히고자 한다.

이런 설명에서 우리는 18세기 스코틀랜드 도덕철학자들의 진화론적 자유주의를 현대적인 언어로 심화·확립한 하이에크를 동반할 것이다. 그는 도덕 이론의 핵심 요체인 사회적 존재론과 사회질서의 성격에 관한 연구를 통해서 의무론적 윤리학을 개발한 자유주의자였다.

1) 인간과 사회의 관계: 사회적 인간

공동체주의적 사상과 스코틀랜드 전통의 자유주의 사상의 가장 직접적인 유사점은 인간을 사회의 피조물로 본다는 점이다. 인간은 사회 속에 자리 잡고 있다. 인간을 사회적 존재로, '사회 속에 자리를 잡은 존재(socially situated being)'로, 그래서 사회적으로 구성된 존재로 그리고 사회적으로 얽매여 있는 존재로 여긴다. 개인들은 사회로부터 고립되어 존재할 수 없다는 전제에서 출발한다. 개인의 선호는 고정돼 있는 것도 아니고 미리 주어진 것도 아니다. 그래서 인간을 사회 이전에 이미 주어진 것으로 보는 개인주의는 틀렸다. 그런 개인주의를 '가짜 개인주의'라고 비판한 대표적 인물은 하이에크였다.[10)]

"이런 사실은 일반적 오해들 가운데 다음과 같은 가장 우매한 것을 반박하는 것으로 충분하다: 개인주의가 전반적인 본성과 성격이 사회에서의 존재에 의해 결정되는 인간으로부터 출발하는 대신에 고립되거나, 자기 완료적 개인의 존재를 전제한다는 믿음이다."(Hayek, 1996: 19)

---

10) 하이에크에게 개인주의는 인간은 사회적으로 만들어진다는 사실로부터, 즉 '인간의 사회적 존재로부터 도출된 본성과 성격'에 대한 이해에 근거한 사회이론이다. 하지만 사람들은 하이에크를 '극단적인' 개인주의자로 보고 있다. 예를 들면 갈레오티가 보기에 하이에크는 개인을 "정치체제와 독립적인 사적인 존재로 보고 있다"라고 주장하면서 그를 "일반의지"를 증진하고 "좋은 정치공동체를 보존하기 위한 사회적 응집력의 중요성에 초점을 맞춘" 루소와 대비한다(Galeotti, 1987: 164). 호지슨은 하이에크가 "현대 경제에 대한 원자적 관점"을 가지고 있으며, 심지어 그의 사회철학을 "전체주의적 자유주의의 일종"이라고까지 혹평한다(Hodgson, 1993: 185). 하지만, 하이에크는 '고립적이거나 자기완료적 개인의 존재'를 가정하는 철학을 명시적으로 거부했다. 그런 철학을 가짜 개인주의라고 비판했다. '사회적으로 얽매이지 않는 자아'의 존재를 인정하지 않고, 합리주의적인 개인주의를 악의적인 변종으로 보는 하이에크의 관점을 고려할 때, 그에 관한 갈레오티와 호지슨의 해석은 그를 오독한 결과로 볼 수밖에 없다.

자연권이론, 사회계약론, 칸트의 윤리학, 그리고 주류경제학을 포함하는 공리주의 등, 반자유주의적 패러다임들이 비판의 대상이었던 자유주의가 전제하는 가짜 개인주의는 공동체주의가 표현하듯 "얽매이지 않은(unencumbered)" 인간을 전제하고 있다. 그러나 흄, 스미스, 하이에크에게 인간은 사회의 피조물이다. 동감(sympathy)은 바로 인간의 사회적 성격에 관한 적절한 표현이다(Montes, 2010: 11).[11] 그들에게 사회가 없는 인간은 인간이 아니고, 동감이 없는 사회는 사회일 수 없다. 인간들은 타인들의 호응 또는 시인을 의미하는 동감을 얻을 수 있는 행동, 즉, '적정한' 행동을 찾으려고 애쓴다. 이런 노력이 없으면 사회는 성립될 수 없다. "모든 도덕률은 기존의 도덕적 기준에 부합되게 행동하는지를 따지는 주위 사람들의 평가에 입각해서 형성된다. 도덕적 행동이 사회적 가치를 지니게 되는 이유가 바로 여기에 있다"고 말한다(Hayek, 2018: 726).

동감에는 두 가지 의미가 있다. 첫째로, 인간은 사회 속에서 태어나고 성장한다. 사회와 독립된 인간의 존재는 상상할 수 없다. 사회적 관계 속에서 지식을 습득하고 모방하는 등 학습하지 않으면 누구도 살 수 없다.[12] 인간들의 행동이 상업문화를 뒷받침하는 필수적 법과 제도뿐만 아니라 도덕적·문화적 요소와 결부되어 있다. 스코틀랜드 계몽철학자들이 도덕을 인간의 삶을 구성하는 요소라고 지적하는 이유다.

둘째로, 공동체주의처럼 스코틀랜드 전통의 자유주의도 인간을 자기중심주의, 즉 오로지 자기만을 생각하는 아주 편협한 이기심으로 여

---

11) 특히 "최종적으로 인간들의 사회적 상호과정을 안내하는 스미스의 윤리학을 구성하는 것이 상호 동감의 달성을 통한 동감적 과정이다"(Montes, 2010: 11). 하이에크는 자신의 저서 여러 곳에서, 인간행동은 주위 사람들의 칭찬과 비난에 의해 결정된다는 것을 강력히 주장한다(Hayek, 2023: 123-125).

12) 스미스에게는 사회란 서로를 비춰보는 거울이라는 흄의 논리(Hume, 1996: 112-113)를 이용하여, 동감이 없는 사회, 다시 말해 한 개인이 어떠한 교류도 없이 고립된 장소에서 성인으로 성장하는 상황을 서로를 비춰볼 거울이 없는 상황에 비유하고 있다(Smith, 2005: III. 1. 3.: 210-211).

기는 패러다임은 결코 아니다. 인간은 배려·유대의 이타적인 욕구를 자발적으로 충족한다. 가족의 가치와 소규모의 공동체와 집단의 모든 단결된 노력을 긍정적으로 평가하고, 지역자치와 자발적 결사를 신뢰하는 넓은 자아와 관련이 있다. 이것이 바로 사회로부터 고립된 인간에서 출발하는 원자론적 접근법, 즉 "그런 소규모 집단들을 어떤 다른 응집력도 가지지 않는 원자로 분해하길 원하며" 그래서 "모든 사회적 유대를 명령으로 대체하려는" 접근법과 대조적이다(Hayek, 1997: 40). 프랑스혁명의 목표에서처럼, 자발적으로 형성되는 중간 조직과 단체들을 의도적으로 억압하고 해체하는 등, 개인을 그런 소규모 사회로부터 격리하여 원자화한다. 이런 원자화를 가장 두려워했던 인물이 토크빌이었다. 이런 고립주의야말로 가짜 개인주의다. 이는 상호의존성으로부터의 시민들의 단절을 말한다. 토크빌에게 그같은 개인주의는 개탄스럽고 그래서 거부해야 할 태도였다. 역사적·문화적 연고관계도 없다. 유대감, 우정, 사랑도 고갈되어 있다. 공유된 전통과 문화, 공동으로 지키는 행동규칙도 없다. 공적인 덕목은 고갈되어 공적인 것은 남의 것인 양 취급하는 것이다(Tocqueville, 1995: 667). 그 결과, 정치에 대한 무관심과 함께 독재를 불러오기 마련이다.

요컨대 흄-스미스-하이에크로 이어지는 진화사상의 전통에서 인간 본성과 관련된 개인주의는 인간을 사회적으로 완전히 독립된, 따라서 사회로부터 고립된 원자적 존재로 취급하지 않는다. 인간들은 자신들이 태어나 그 속에서 성장하는 사회의 전통, 관행과 관습, 종교, 도덕 등 문화적 진화의 선물들을 존중할 줄을 배운다. 그렇다고 진화사상이 모든 전통을 받아들이는 것은 아니다. 자유를 확립하거나 자유를 보호하는 데 도왔던 전통만을 수용한다. 바로 이것이 앞에서 말한 보수주의와 다른 점이다. 인간을 사회와 완전히 독립적인, 그래서 고립된, 원자적인 존재로 취급하는 프랑스 계몽주의 전통을 따르는 가짜 개인주의는 인간들은 사회로부터 배울 필요가 없다고 주장한다. "만일 훌륭한 법을 원한다면 지금의 모든 법을 전부 불살라버리고 새것을 만들라"라는 볼테르의 충고는 바로 가짜 개인주의의 핵심을 표현한 말이다.

2) 공동체는 계획된 것이냐 아니면 계획되지 않은 것이냐

사람은 사회의 산물이라는 것을 인정한다는 것은 사회는 인간 이성에 의한 합리적인 계획의 산물일 수 없다는 뜻을 함축하고 있다. 다시 말해 언어, 도덕, 관행, 관습, 예의범절 등으로 구성된 사회문화적 환경은 수많은 개인적 행위들의 의도치 않은 그리고 어느 행위자든, 아니면 어떤 그룹이든 미리 알 수 없는 산물이다. 이 맥락에서 주목할 것은 인간의 사회적 존재로서 인간 정신의 구조적 한계다. 이것이야말로 진화이론이 전제한 유서 깊은, 하지만 인간 이성을 무한정으로 신뢰한 프랑스 계몽주의의 인기 영합 때문에 역사의 뒤안길로 밀려났던 회의주의(懷疑主義)다. 인지능력은 전체 사회의 아주 작은 부분만을 파악할 수밖에 없을 정도로 극히 제한적이다. 인간이나 인간 그룹은 이들의 합보다 훨씬 크기 때문에 그들이 파악하기가 불가능한 전체 사회라는 결과를 초래하는 과정 내에 존재한다. 더 정확하게 표현한다면, 의도치 않게, 자생적으로 질서가 형성되는 과정의 내에서 인간들이 활동할 수밖에 다른 방도가 없다. 사회는 인간 정신보다 훨씬 더 복잡하기 때문이다.

사회는 수많은 인간과 인간 그룹이 제각각 자신의 목적을 위해 노력하는 과정에서 의도치 않게 형성된 부산물, 즉 계획되지 않은 산물이다. 대표적인 예가 언어다. 언어는 인간의 소통능력에서 개발되었지만 수많은 소통행위의 의도치 않은 부산물이다. 이런 의미에서 언어는 도덕 화폐 시장과 마찬가지로 자생적 질서의 전형적인 예다.[13] 새로운 단어들과 새로운 단어의 조합

---

13)   그러나 많은 국가가 언어에 대한 계획된 질서의 접근 방식을 채택하여 정부의 언어 아카데미를

들이 생겨나면 이들은 사람들의 모방 과정과 적응과정을 거쳐 사회 전체로 확산한다. 그들의 창시자들은 기존의 다른 단어들 및 조합들에 그 같은 새로운 단어나 조합을 사람들이 어떻게 적응시켜 이용할 것인가를 알 수 없다. 마찬가지로, 언어 사용자는 단어와 문구를 통해 일반적인 용법으로 문장을 만들어 말할 때 이용하는 수많은 개별 노드(node)를, 그리고 왜 그러한 기호가 채택되었는지의 '이유'를 의식하지 못한다.[14] 이런 의미에서 언어와 같은 복잡한 사회적 전체는 부분의 합보다 훨씬 더 크다.'

　　스코틀랜드 계몽사상의 관점에서 본다면, 공동체는 공유된 소속의식, 도덕, 그리고 사적 소유와 같은 사회적 습속과 언어를 비롯하여 자생적으로 진화하는 문화적 규칙들의 준수와 연결된 의무들로 구성되어 있다. 공동체의 그 같은 내용은 의식적으로 명확하게 표현할 수 없지만 수많은 인간과 인간 그룹들의 상호작용으로부터 생겨난 '창발적' 특성(제1부 제2장)을 지니고 있다. 공동체 내 누구도 의도하지 않은 현상이라는 뜻이다. 그런데 의도치 않은, 창발적 결과로서 공동체에 대한 설명은 '보이지 않는 손'을 비롯하여 합리주의적 자유주의를 비판했던 반자유주의적 패러다임들이 흔히 지적했던 것처럼, 인간의 사회성을 완벽하게 배제한 개인의 합리적 선택에 의존할 수 없다.[15] 합리적 선택을 통해서는, 개인들이

통해 계획하고 통제하려고 시도한다. 언어에 대한 계획된 질서의 접근 방식을 채택한 국가가 법률에서도 그렇게 하고 경제에서도 마찬가지로 계획된 질서의 접근 방식에 의존한다. 이에 반해, 언어에 대한 자생적 질서의 접근 방식을 채택한 국가는 법률에서도 그렇게 하고 경제에서도 마찬가지로 자생적 질서의 접근 방식에 의존한다. 이는 그런 접근법들이 두 가지 유형의 질서에 대한 기본적인 문화적 태도에 의해 주도된다는 생각과 일치한다(Givati, 2018).

14)　언어학에서 '노드'는 주로 구문론에서 사용된다. 이를 설명하자면, 연결점 같은 역할을 하는 것이 노드다. "고양이가 물을 마신다." 이 문장은 각 단어와 문구가 서로 연결되며, 이 연결 지점들이 바로 '노드'다. 최상위 노드는 문장 전체다. 이 문장은 다시 주어(고양이)와 동사구(물을 마신다)로 나뉘고, 각각은 또 다른 노드가 된다. 동사구 안에서 '물을'은 목적어, '마신다'는 동사로 다시 나뉜다. 이처럼, 노드는 문장에서 구조적인 부분을 연결하는 지점으로 이해하면 된다.

15)　합리적 이론은 인간의 사회적 성격을 부인하기 때문에 가짜 개인주의이다.

각자 자신의 삶을 영위하기 위해 다양한 삶의 계획들의 상호 간 조정과정을 설명하기가 불가능하다는 이유에서다. 그런 조정 과정에서 개인의 선호의 변화를 초래하는 인지와 평가가 변동하기 때문이다.

그렇다고 공동체주의로는 설명이 가능한가? 사회적 전체는 부분의 합보다 훨씬 더 크다. 이런 의미에서 그 전체는 공동체주의자들이 보는 대로 초개인적 현상이다. 이는 개인들이 만나 서로 결합했을 때 개별적으로 지니지 않은 성질이 나타나는 현상이라고 볼 수 있다. 그러나 공동체주의는 공동체를 이해하는 데 장애가 되는 '집단주의(holism)'를 채택하고 있다. 이로써 공동체주의가 잘못 생각하고 있는 첫 번째는 개인들이 공동체가 스스로 가지고 있다고 전제하는 목표를 추구하는 데 의도적으로 관여한다는 인식이다. 이는 공동체의 내용이 의식적으로 명확하게 말로 표현할 수 있다는 것을 의미한다. 그러나 문화적 규칙들 가운데 대부분은 분명하게 말로 표현하기가 매우 어려운 암묵적인 것들로 구성되어 있다. 게다가 그런 행동규칙들은 특정한 행동을 지시·명령하는 내용이 아닌 특정한 행동을 금지하는 내용의 것들이다.

공동체주의의 두 번째 잘못은 공동체의 발전은 의식적인 계획을 통해서 달성할 수 있다는 믿음이다. 그런 계획은 '공동체 스스로가 수행해야 할' 과제다. 따라서 공동체를 일종의 지적(知的) 그리고 도덕적 슈퍼맨으로 여기고 있다.[16) 슈퍼맨으로서 공동체 자신이 그 구성원들이 공유해야 할 공동선을 정한다. 공동체의 구성원들에게는 자율성이 전혀 없다. 그들은 공동체가 지시·명령에 따라 행동할 수밖에 다른 방도가 없다.

마지막 세 번째로 우리가 진화사상에 따라, 공동체를 자생적 질서로

---

16) 샌델, 매킨타이어, 왈저, 에치오니(Amitai Etzioni) 등 현대의 공동체주의자들은 콩트, 뒤르켕, 그리고 마르크스와 같은 19세기 집단주의자들과 달리 사회문화적 법칙에 관한 아이디어를 거부하지만, 그들의 집단주의적 전망을 수용한다. 그들은 초 개인적 실체에 부여할 수 있는 독립적인 의미를 믿기 때문이다.

이해한다면, 공동체는 자신을 구성하는 개인들과 전적으로 독립적으로 독자적인 목표를 가지고 있다고 생각할 수 없다. 그런데 만약 공동체주의가 전제하는 것처럼 독자적인 목적을 가지고 있다고 한다면, 공동체주의에서 사회는 자신의 목적을 위해 인간을 전적으로 도구화하는 '도구적 조직'으로서 작동한다. 이런 조직은 시민들이 추구할 선호와 목적을 정의하는 "초인(superman)"과 같다(Pennington, 2005: 43). 공동체 구성원들은 공동체의 안정성과 응집력을 유지하는 데 도움이 되는 기능을 행사한다. 구성원들은 동질적인 이유다. 공동체주의는 보수주의가 전제하는 것과 동일한 사회유기체론을 전제하고 있다. 공동체주의가 선호하는 사회질서의 콘셉트는, 뒤에 가서 자세히 설명하겠지만, 인류 역사의 대부분을 차지했던 석기시대를 지배했던 부족·종족사회에나 적합할 뿐이다. 그것은 오늘날과 같이 열린 사회에는 부적합한 콘셉트다. 이제 주목할 것은 열린 사회에서는 자유와 번영 속에서 인간들이 어떻게 공동체주의의 가치를 누리면서 공존할 수 있는가의 문제다.

3) 스코틀랜드 계몽주의 인간관과 기독교

이같이 개별 인간의 본성에 관한 두 학파의 가정에서 양자 간의 차이가 특히 두드러지게 나타난다. 합리주의적 구성주의는 필연적으로 인간의 합리적 행위 성향, 자연적 지성과 선(善)의 가정에 기초한다. 진화이론은 그 반대로 어떻게 특정한 제도적 장치가 인간이 최고의 효과를 위해 자신의 지성을 쓰도록 유도하는가를, 또 나쁜 사람이라고 해도 그가 최소의 해악만 범하도록 하게 하는 제도가 어떻게 형성되는지를 보여준다. 진화사상의 전통, 즉 반합리주의적 전통이야말로 불완전하고 죄 많은 지극히 현실적인 인간을 전제하는 기독교 전통에 비교적 가깝다. 이에 반해 구성주의적 합리주의는 기독교 전통과는 도저히 화해할 수 없는 갈등 속에 놓여 있다. 그도 그럴 것이 종전까지만 해도 신이 차지했던 자리를 어떤 변동도 가하지 않고 인간 이성에게 부여했던 것이 르네 데카르트의 구성주의적 합리주의이기 때문이다.

특히 호모 이코노미쿠스, 즉 '경제인'이라는 허구는 영국 진화론적 전통의 고유한 구성 부분은 결코 아니었다. 조금 과장해서 말하자면, 인간이란 그 본성상 게으르고 나태하며, 또 아낄 줄 모르고 헤프게 돈을 지출한다는 영국 철학자의 견해였다는 것에 주목할 필요가 있다. 사람이 검소하게 행동하게 되거나 그의 목적을 위해 수단을 조심스럽게 조정하도록 배우는 것은 전적으로 외부환경의 힘이라고 진화론가들은 역설한다. 호모 이코노미쿠스는 진화론적 전통보다는 합리주의적 전통에 속하는 다른 많은 것들과 함께 젊은 날의 존 스튜어트 밀에 의해서 명시적으로 도입된다.

4) 인간 이성에 관한 진화사상과 공동체주의

진화론적 자유주의에 담긴 공동체주의적 요소는 인간을 사회의 피조물로 본다는 점이다. 인간은 사회로부터 고립되어 존재할 수 없다는 것이다. 개인의 선호는 고정돼 있는 것도 아니고, 타인들로부터 배워야 한다. 또한 삶에 필요한 지식은 물론 타인들과 교제할 때 필요로 하는 행동방식(행동규칙)을 배워 습득해야 한다. 인간이 사회 속에 자리를 잡은 존재(socially situated being)인 이유다. 그런 인간은 자기만을 생각하는 아주 편협한 것도 아니다. 인간은 배려·유대의 이타적인 욕구를 자발적으로 충족한다. 가족의 가치, 소규모의 공동체와 집단의 모든 단결된 노력을 긍정적으로 평가하고, 지역자치와 자발적 결사를 신뢰하는 넓은 자아와 관련이 있다. 이런 점에서 인간을 고립된 원자적 존재로 취급하고 그래서 사회로부터 배울 필요가 없는 자기중심적 인간을 전제하는 합리주의적 자유주의와 전적으로 다르다.

그러함에도 공동체주의자들을 비롯하여 반자유주의자들은 자신들이 비판의 대상이 된 자유주의 전통과는 전적으로 다른 자유주의 전통, 즉 데이비드 흄, 애덤 스미스가 확립했고 하이에크가 현대적으로 재해석하여 계승했던 스코틀랜드 계몽사상을 무시해버렸다. 이 전통은 개별 인간의 이성의 사회적 이용에 대한 회의(懷疑)에서 비롯된 것이다. 인간 이성보다 사회적 과정을 신뢰한다. 그런 과정에 관한 것이 진화사상인데 이에 의존하여 언어, 전통, 관행, 관습, 도덕규칙, 심지어 법 앞의 평등 등 자유사회의 기초가 되는 행동규칙들의 자생적 생성과 유지를 설명한다.

이에 반해 자생적 질서를 이해하는 데 장애가 되는 집단주의를 채택한 공동체주의는 공동체를 하나의 유기체로 보고, 개인보다 공동체 전체의 선을 우선시하는 태도다. 이성을 지니고 있다고 전제하는, 인격화된 공동체는 도덕적·지적인 슈퍼맨으로서 그 구성원들이 공동으로 달성할 공동선을 능동적으로 정한다. 이로부터 구성원들이 추구할 과제들과 사회를 위해 수행할 의무가 도출된다. 그들에게 스스로 결정할 자율성이 없다. 그들은 그런 의미에서 수동적이다. 그들을 집단으로서의 공동체가 지시·명령함에 따라 행동할 수밖에 다른 방도가 없다. 공동체주의가 인간을 사회적으로 구성된 그리고 사회적으로 얽매인 존재로 여기고 인간은 사회로부터 고립되어 존재할 수 없다는 전제에서 출발하는 이유다. 공동체주의도 구성주의적 합리주의를 전제하고 있다.

3.
도덕관: 공동체주의 vs. 자유주의

공동체의 존재로 인간은 비로소 자신의 선호, 정체성, 소속감 등을 가질 수 있다. 그리고 이런 것들을 실행할 때 필요한 도덕이 구성원들의 상호작용을 안내하는 공동체적 덕성이다. 이 덕성은 앞에서 설명한 바와 같이 우정, 상호존중, 유대·연대감, 공동체에 대한 헌신과 충성이다. 사람들이 행동할 때 자신 이외의 다른 사람들의 관심을 고려해서 행동할 것을 요구한다. 우리가 주목할 것은 그런 도덕들은 특정한 공동체의 목적과 결부되어 있다는 점이다. 이에 반해 자유사회의 도덕은 그런 목적과 독립적이다. 자유사회의 도덕은 적극적으로 특정한 행동을 지정하는 것이 아니라, 특정한 행동방식을 당연히 금지하는 내용으로 구성되어 있다.

1) 도덕의 원천: 문화적 진화 vs. 생물학적 진화

사실상 공동체주의적 도덕들은 가족 단위의 구성원들이 표준적인 도덕의 예를 보여준다. 아버지와 어머니가 아들과 딸에게, 할아버지가 손자 손녀에게 애착심을 갖고 그들을 위해서라면 언제나 스스로를 희생한다. 가족에 대한 사랑, 헌신, 충성이다. 이런 공동체적 도덕은 가족을 넘어 친구, 이웃, 마을공동체 등에서 볼 수 있듯이 얼굴을 마주하는 사회의 규범이다. 원래 인류는 소규모의 부족·종족 사회에서 살았다. 인류학자 로

빈 던바(Robin Dunbar)가 확인했듯이 부족·종족 사회는 30~150명 정도로 구성되어 그룹 성원들이 서로를 직접 알 수 있을 만한 정도의 그룹 규모였다(Dunbar, 1998).

인간의 본능적 성향은 생물학적 진화사에 뿌리를 두고 있고 인간 정신이란 인류가 진화하여 적응한 환경의 결과라는 진화심리학의 인식결과에 따른다면, 인간이 사랑, 이타심, 그리고 공동체에 대한 애착과 충성 등 유대감의 도덕을 생물학적으로 습득한 것은 바로 부족과 혈연으로 소규모 집단을 이루어 살아왔던 환경 때문이었다. 인류는 그들 생활 및 종족 유지에 필수적인 사냥, 육아, 채집 등을 부족 또는 종족 내에서 지도자의 명령에 따라 분업했다. 그들의 환경은 집단적으로 행동하지 않으면 멸종에 처할 확률이 높을 정도로 매우 척박했다. 인류는 역사의 대부분을 집단주의 문화 속에서 살아왔다. 그런 종족그룹 구성원은 '우리'이고 그룹의 밖에 있는 인간들은 '그들'에 속한다. 진영논리의 원천은 바로 그런 원시적 부족사회였다. 소규모의 사회 집단에서는 구성원의 친밀함과 목적의 통일성 때문에 도덕적 응집력이 매우 강력했다. 그리고 이 소규모 집단의 연대성, 즉 공동의 집단적 목적을 위해 노력하는 것도 어렵지 않다. 부족사회에서 공유된 정체성, 가치관, 헌신, 감정은 미덕 그 자체였다.

인류의 등장 이후 지금까지도 다양한 집단주의 문화가 발달해왔는데 예를 들면, 군대와 기업, 국가도 이러한 집단주의 문화를 수용한 조직이라고 볼 수 있다. 현대사회에서 인간들은 다양하고도 복합적인 요소들을 공동의 목표로 삼아 집단을 인위적으로 만든다. 인간만이 아니라 짐승도 종에 따라서는 공동 목적을 위해 집단생활을 한다. 그런데 주목할 것은 조직의 기초가 되는 도덕이다. 제일의 도덕은 조직의 공동 목적을 향해 구성원들의 노력을 집중하기 위한 유대·연대감이다. 이때 구성원들의 상호작용을 안내하는 덕성이 사랑, 이타심, 나눔, 경쟁, 혐오 그리고 집단에 대한 애착심, 충성 등 선행(善行)이다. 이런 선행은 본능적이다. 오늘날 우리가 직접 목격하는 집단들의 공통점은 제각각 공동의 목표, 즉 공동선과 이를 달성하기 위해 구성원들의 행동을 안내하는 선행이다. 하지만 오늘날 흔히 볼 수 있는 가족, 친구, 놀이집단, 신앙집단, 촌락 등 제1차 집단과 자발적으로 형성된 국경없는의사회, 마약퇴치 운동, 자선단체 등 제3섹터로서 제2차 집단은 하이에크가 말한 순수한 본능에서 생겨난 '자연적 질서'에 해당한다.

그러나 거대 사회의 도덕질서는 그와는 전혀 성격이 다르다. 거대한 사회에서 사람들은 관습, 상관행, 예의범절, 소유·계약의 존중과 관련된 도덕 등에 따라 행동한다. 자본주의적 문화 내에서 전통적인 행동규칙들과 규범들은 그들이 의심하지도 않고 또한 이해하려는 어떤 명시적인 노력도 없이 환경의 일부로 수용된 것이다. 우리의 문화적 유산을 구성하는 관행들 및 행동규칙들을 설명하기 위해 18세기 가장 체계적으로 노력했던 인물은 데이비드 흄이었다. 그는 우리가 준수하는 규칙들 대부분은 사회계약의 결과 또는 천재의 업적이 아니라 실제로는 수많은 세대의 공통된 경험의 결과라고 한다(Hume, 1998).

행동규칙들은 개인들이 사회화 과정을 거치는 동안 행했던 '관찰적 학습'이라고도 부르는 단순한 모방을 통해서 채택된 것이다. 그들은 성공한 사람들을 관찰하여 유사한 방식으로 행동하려고 한다(민경국, 2021: 184-186). 문화적 진화의 핵심은 경험으로부터의 배움 과정이다. 이 과정은 추론의 과정이 아니라, 성공적인 관행들의 준수, 확산, 전달 그리고 발전의 과정이다. 규칙들이 도입되기 위해서는 습관적으로 지켜온 규칙들을 위반해야 한다. 이런 위반이 혁신이다. 위반의 결과에 관한 주관적 지식 또는 경험적 지식이 없다면 상상, 환상, 또는 본능적 호기심에 의존하는 수밖에 없다. 경쟁 압력 혹은 도태 위협 또는 불만족한 상황 등 이런 상태의 지속성은 새로운 행동방식이 도입될 여지가 있음을 보여준다(민경국, 2021: 188).

새로운 행동방식은 테스트를 거쳐 성공적이라고 판명되면 그런 특정한 방식으로 행동하는 사람들의 수가 증가한다. 모방 과정이 지속 되어 특수한 행동규칙을 사용하는 사람들 수가 증가하면 타인들로부터 그런 유사한 행동을 기대할 수 있다. 그런 규칙들이 사회제도로서 자리를 잡는다(Horwitz, 2001: 89). 진화과정에서 인간 행동을 통해서 생성되기는 했지만, 인간의 합리적 계산을 기초로 하여 계획한 것도 아니고 자율적인 개인들의 합목적적인 합의를 통해서 만든 것도 아니다. 인간 이성은 그럴 능력이 없다. 오히려 인간 이성은 문화적 진화과정에서 비로소 형성되기 때문에 문화적 진화를 인간 이성이 조종할 수 있다고 말하는 것은 논리의 모순이다.

하이에크의 진화사상이 돋보이는 것은 규칙의 성공 여부를 판단하는 기준인데, 이를 그룹의 번영에 두고 있다. 문화적 진화는 채택했던 그룹에게 번영을 안겨주었던 규칙이 선택되고 우세하여 확산한다는 그룹 선택을 통해서 작동한다는 것이다(Hayek, 2018: 55; Hayek, 1988: 25).

> "관행들이 확산된 것은 흔히 주장하듯이 그것들이 행동하는 개인에게 알아볼 정도의 혜택을 주었기 때문이 아니라, 그가 속한 그룹의 생존 기회를 증대시켰기 때문이다."(Hayek, 2018: 55, 강조는 필자)

다시 말해 관행들 및 행동규칙들이 널리 퍼진 이유는 그것들이 인간 그룹에게 성공하도록 했기 때문이지 사람들이 바라는 효과를 발생시키리라는 점을 알았기 때문에 그것들을 채택한 것은 아니다. 진화된 행동규칙은 사람들이 자연적인 혹은 동물적인 본능에서 하는 행동을 억제한다. 그런 도덕질서가 어떤 긍정적인 의미가 있는가? 이런 질문에 대한 해답을 위해서는 규칙들의 명시적인 내용을 검토할 필요가 있다. 규칙과 전통들이 문화적 진화과정을 통해서 생성되었다는 사실을 인정하는 것만으로는 충분하지 않기 때문이다. 그런 인정과 함께 행동규칙들에 관한 적극적 평가가 필요하다. 그렇지 않으면, 많은 사람이 비판하듯이 '극단적인 진화낙관주의'[17]의 위험성에 서 있게 되기 때문이다. 이런 위험성을 회피하기 위해 스코틀랜드 계몽사상가들은 자유사회의 기초가 되는 행동규칙의 성격을 규명해야 했다.

그런 행동규칙의 성격은 보편적 그리고 추상적이었다. 보편성이란 거대 사회의 질서정책의 원칙은 게임참여자들 모두에게 평등하게 적용되어야 한다는 것을 요구한다.[18] 행동규칙의 추상성이란 규칙은 추구할 구체적 목적이나 동기를 내포해서는 안 되고 오로지 취해서는 안 될 행동을 당연히 금지하는 내용으로 구성되어야 한다는 원칙이다. 이 두 가지 원칙을 통해서 비로소 사람들이 평등한 자유를 누릴 수 있다. 그런 원칙에 적합한 규칙들만이 효율적인 행동질서를 보장한다. 그런 성격의 규칙은 개인의 행동을 인도하는 역할을 하지만 특정한 목적을 달성할 수단이 될 수 없다. 이런 도덕규칙이 할 수 있는 모든 것은 게임참여자들 모두에게 일반적인 지침을 제공하는 것이다. 그런 규칙의 도덕성은 실제로 방향과 지침을 제공할 수 있지만 특정한 행동을 결정하고 명시할 수는 없다.

---

17) 진화낙관주의(panglossian optimism)란 사회적 진화는 세계의 모든 가능한 것 중에서 최선의 것을 창출한다는, 그런 세상에 존재하는 것은 무엇이든 바람직하고 효율적이라는 것을 의미한다.

18) 우리가 동포들과 함께 공동으로 가지고 있는 것은 개별적인 것에 관한 지식이 아니라 환경의 일반적인, 그리고 매우 추상적인 모습들에 관한 지식이다. 예를 들면 우리가 전에 한 번도 만나본 일이 없는 모국 사람들의 말하는 태도, 외관 형태, 건축 스타일, 경작방식, 행동방식, 그리고 도덕적 · 미학적 가치들은 우리에게 낯익은 것들이다. 하지만 그들은 추상적인 모습들이다.

2) 도덕적 진보는 차별이 아닌 보편성

공동체주의가 소중하게 여기는 공동체는 연대감·애착심·이타심 등과 같은 도덕 감정을 근간으로 하는 부족사회와 매우 흡사하다. 규모가 아주 작은 사회다. 오늘날 거대 사회는 앞에서 언급한 핵가족, 대가족, 친구, 인종 또는 종교집단, 마을, 제3섹터 그리고 회사, 노동조합과 같은 이익집단 등으로 구성되어 있다. 거대 사회는 다원주의 사회다. 거대 사회와 부족사회의 도덕성을 말할 때, 카를 구스타프 융(Carl Gustav Jung)의 주장을 공동체주의자들은 깊이 생각할 필요가 있다.

> "사회 전체의 도덕성이 사회의 크기에 반비례한다는 것은 잘 알려진 사실이다. 개인이 많을수록 개인적 요소는 더욱 사라지고, 그와 함께 도덕성도 사라지는데, 도덕성은 전적으로 개인의 도덕감각과 이에 필요한 자유에 달려 있다."(Jung, 1966: 153)[19]

융의 이 같은 인식은 데이비드 흄, 애덤 스미스, 하이에크는 전적으로 동감할 것이다. 그들에게 문제는 거대 사회가 부족사회의 단순한 확장이 아니라는 사실이다. 부족사회에서 발견되는 특정한 그룹에 대한 충성은 거대 사회의 도덕질서와 무관하다는 이유에서다(McCann, 2002: 22). 부족사회의 도덕을 거대한 열린사회에 강요하는 것은 대단히 위험하고 헛된 시도다. 우리가 알다시피, 대규모 사회는 실제로 다원적이며, 각각 고유한 사명과 인식된 충성심을 가진 더 작은 집단으로 구성되어 있다. 그들이 각각 추구하는 목적이 서로 다를 뿐만 아니라 거대한 사회에서 구성원들이 함께 추구할 목적들의 순위를 정할 수도 없다. 따라서 다원주의는

---

19)   이 인용문은 McCANN(2002: 22)에서 재인용한 것이다.

어떤 구체적인 목적순위에 도달하지 못하기 때문에 생겨난 결과라는 사실에 주목해야 한다.

본능적이고 '자연적인' 부족사회로부터 유래된 공동체적 도덕을 열린사회에 집행하고 싶어 하는 존 듀이(John Dewey) 그리고 마이클 샌델과 같은 공동체주의자들은 "열린사회를 뒷받침하는 행동규칙들을 결코 배운 일이 없는, 따라서 교화되지 못한 사람들"이라는 하이에크의 비판(Hayek, 2018: 472)을 귀담아들어야 한다.[20]

심지어 매킨타이어까지도 이 사실을 인식하고 있으며, 가족 또는 친족에 대한 충성심을 국가 전체, 즉 사회 전체로 확장하려는 시도는 전적으로 잘못된 것이라고 한다(MacIntyre, 1999: 132-133). 그 같은 경종에도 불구하고 사회생물학자 리처드 도킨스는 『이기적 유전자』에서 가족과 친족에 대한 충성심을 익명의 거대 사회로 보편화해야 한다는 내가 보기에 매우 "위험한 장난"을 제안한다(민경국, 2021: 241-243).[21] 문화적 진화론의 관점에서 볼 때, 규모가 작은 폐쇄된 공동체의 도덕으로서 석기시대에 형성된 미덕 대신에 열린 거대 사회라는 새로운 사회 질서의 복잡성과 일치하는 새로운 도덕이 실제로 등장했다는 것을 인정해야 한다.

거대한 사회에서 무엇보다도 중요한 것은 개인들이 자신들의 목표를 추구할 수 있도록 그들에게 될 수 있는 대로 많은 자유를 차별 없이 허용하는 보편적 행동규칙이다. 우리를 열린사회로 이끌어왔던 도덕적 진보는 우리 부족의 구성원들은 물론이고 점점 더 확대되어 가는 우리의 관

---

20) "협소한 감정을 지닌 폐쇄된 부족사회의 도덕성을 확장되고 복잡한 사회질서로 확대·적용하려는 시도는 자유로이 선택할 상식적인 도덕성의 범위를 줄이는 것을 의미한다."(Maccan, 2002: 22) 그 결과는 열린 거대한 사회에서 폐쇄된 소규모 사회로의 치명적 전환이다.

21) "자연계에서도 찾아볼 수 없고 세계 역사상에도 지금까지 존재한 적이 없는 순수하고 사심 없는 이타주의를 기르고 가꾸는 데" 그런 의식적인 예지력(미래의 일을 미리 아는 능력)을 사용할 수 있다고 말한다(Dawkins, 1992: 291). 이런 생각은 사회공학적으로 인간을 보편적 이타심을 가진 존재로 만들어낼 수 있다는 마르크스 사상과도 일치한다.

계의 범위 내에 있는 사람들을, 그리고 궁극적으로는 모든 인간을 똑같이 대우해야 할 의무의 확대였다. 보편적·추상적 규칙들은 개인들에게 '자유의 영역', 즉 '책임의 범위'를 확립함으로써 그들이 개별행동을 할 수 있는 틀을 확립한다. 그런 틀 내에서 개인들에게 각자 자신의 목표를 추구하기 위해 자신이 지닌 지식을 이용하도록 허용할 경우, 지식의 이용은 타인들의 욕구를 위해 봉사하는 결과를 초래한다. 이같이 자유로운 질서의 중심된 특징은 예를 들면 사회계약을 통해서나 또는 공리주의, 자연법 이론, 칸트의 정언명령론을 통해서, 대안적 체제들 가운데 의도적인 선택이라는 의미에서 명시적으로 선택할 대상이 아니었다는 점이다. 자유 사회는 반자유주의가 비판의 대상으로 여긴 합리주의적 자유주의로는 그 생성과 유지 및 그 정당성을 설명하기가 매우 곤란하다. 실제로 우리의 특정한 행동방식을 금지하는 규칙들, 즉 보편적 규칙들 대부분은 문화적 진화의 선물임이 틀림없다.

거대 사회의 확장된 질서에서 사람들은 분쟁 해결로부터 보편적으로 적용할 수 있는 행동규칙으로 진화해온 법, 즉 코먼로(common law, 법관의 법)를 지킨다. 그들은 그런 법을 어기면서 타인들을 착취하거나 사기나 기만을 통해 이들을 기회주의적으로 이용하는 행위 또는 차별하는 행위를 금지하는 규범에 따라 행동한다. 그들은 애초에 그런 규범과 물리적 세계를 지배하는 자연의 법칙을 구분할 줄도 몰랐다. 그럴 줄도 모르기 때문에 그런 행동규칙들을 마치 물리적 세계를 지배하는 자연법칙처럼 취급한다. 그런 행동규칙들은 본능 또는 기회주의적 편익과는 반대라는 의미에서 도덕적이라는 내적 의식도 없었다.

정체성을 묻지 않고 모든 사람을 포용하여 이들끼리의 상호관계에서 자생적으로 생성되는 질서에 대해 하이에크를 비롯하여 문화적 진화 사상가들이 보여주는 열광을 우리는 충분히 이해할 수 있다. 그 같은 자생적 질서는 인간들끼리 벌어지는 모든 상호작용의 확장과 일반화에 지나지 않는다. 타인들에 관한 상세한 지식이 없이도 우리가 그들의 행동에 관한 어느 정도의 정확한 기대의 형성을, 다시 말해 인간들과 인간 그룹 들끼리 자유로운 교환관계의 형성을 쉽게 한다는 진화사상가들의 통찰 을 배울 수 있는 지점이다. 교환 과정에서 개인들이 자신의 행동이 차별 적인 기회주의적 편익을 확보하려는 노력이 없는 한, 그들이 사용하는 지 식은 모든 사람에게 유익한 기회를 창출한다. 자생적으로 형성되어 공동 으로 지키는 도덕질서는 적절히 기능하는 확장된 시장 관계의 기초가 되 는 질서다.

진화론적 접근이 도덕의 생성에 대한 설명과 이해에 이바지한 점은 문화적 진화과정을 통해서 사람들이 확장된 질서가 작동하도록 만드는 데 필요한 보편적 규칙과 전통에 따라 자발적으로 행동할 줄을 배웠다는 점이다. 문법에 따라 말할 줄을 배우는 것처럼 말이다. 자생적으로 생성 된 언어공동체와 나란히 자유로운 도덕공동체가 형성된 것이다.[22]

---

22) 이 맥락에서 우리는 사회계약론의 허구성을 또렷하게 볼 수 있다. 이미 잘 알려져 있듯이 사 회계약론은 인간들의 상호작용을 안내하는 어떤 도덕규칙도 존재하지 않는 자연상태에서 출발하여 그들의 합의를 통해(계약을 통해) 도덕규칙을 선택하는 모습을 기술한다. 사회계 약을 체결하기 위해서는 의사소통과 이를 위한 수단이 필요하다. 그 수단이 바로 언어 그리 고 계약을 명문화하기 위해서는 문자까지도 필요하다. 따라서 사회계약이 체결되기 이전에 언어적인 영역에서 개인들 사이에는 협조가 이미 이루어져 있다고 보아야 할 것이다. 그런 데 특정의 언어를 배움으로써 우리는 어떤 세계관을 습득하게 되고 또한 사고방식을 습득하 게 되고 따라서 언어규칙을 따라 말하는 방법을 배울 뿐만 아니라 다른 많은 규칙에 따라 세 계를 해석하고 또한 적절히 행동하는 방법을 습득하게 된다. 이와 같은 시각에서 볼 때 언어 적인 협조는 존재하면서 다른 사회적 관계가 전혀 존재하지 않는 만인에 대한 만인의 투쟁 상태가 존재할 수 있다는 가정은 애매하고 모호하다(민경국, 1993: 167).

3) 인간은 규칙을 따르는 동물

규칙이 없는 상태는 있을 수 없다. 이는 혼란 상태일 뿐이다. 인간은 규칙을 따르는 동물이다. 인간의 행동은 단순하게 목적들만 향한 것이 아니라 사회적 관행, 사회적 습속, 그리고 관습 등 문화의 전통을 준수하면서 행동한다. 가짜 개인주의가 전제하는 것처럼 인간은 계산하는 기계와 다르다. 기계는 순전히 목적에 따라서만 행동하지만, 인간은 규칙들 및 행동 대상들에 대한 지식의 덕택으로 행동한다. 예를 들어 성실성, 정직성, 시간 엄수, 배려, 신중, 자제력, 예의범절, 정의감 등과 같은 도덕적 성향을 지킨다. 그 밖에도 이런 규칙들은 야망, 탐욕, 갈증 혹은 사회적 욕망과 같이 인간이 추구하는 종류의 목표들을 가리키는 것이 아니라, 인간이 추구하는 목표들이 무엇이건 그의 행위에 가할 제약들의 유형을 가리킨다.

인간들이 행동에서만 규칙에 따르는 것이 아니다. 그 이전 단계, 즉 인지 과정에서도 규칙을 통해 조종된다. 외부환경을 관찰하고 평가할 때 모든 구체적인 상황과 사실을 일일이 고려하는 것이 아니라 어떤 국면만을 간추려낸다. 그런데 이런 간추려내기란 인간들의 의도적인 선택에 의해서만 이루어지는 것이 아니라 스스로 통제할 수 없는 메커니즘에 의해 이루어진다. 이 후자가 인간행동의 초의식적 행동 국면에 해당하는 부분이다. 인간들이 행동규칙에 따라 행동할 경우 그 행동규칙은 반드시 알려질 필요는 없다. 암묵적 행동규칙이 존재한다. 알고는 있지만 말로 표현할 수 없는 행동규칙 또는 지키기는 하지만 알고 있는지조차 모르는 그런 행동규칙이다.

행동규칙은 인간에게 무엇을 해도 좋은가에 관한 적극적 지식뿐만 아니라, 특히 무엇을 해서는 안 되는가에 관한 '소극적' 지식을 제공한다. 행동규칙들은 사람들 상호 간에 기대의 안정화에 이바지하고, 우리의 치유 불가능한 무지에 대한 성공적인 적응을 가능하게 한다. 다시 말하면 행동규칙들은 성공하기 위해서 우리가 알 필요가 있는 것을 줄이는 역할을 한다. 따라서 행동규칙 또는 제도는 랭글로와가 정확하게 표현하듯이(Langlois, 1986: 237), 행동을 조정하는 '지식의 저장고'라고 볼 수 있다.

이 맥락에서 인간 이성의 구조적 무지라는 사실을 상기할 필요가 있다. 거대 사회에서 인간 활동을 결정하는 모든 특수한 사실에 관해 아는 것은 근본적으로 불가능하다는 점이다. 이런 엄연한 사실은 규칙의 중요성을 이해할 수 있게 한다. "행동규칙들은 우리의 구조적인 무지에 대처하기 위한 수단이라는" 하이에크의 빼어난 통찰(Hayek, 2018: 277)을 주지해야 한다. 행동규칙들의 그런 역할을 통해 개인들은 타인들의 행동에 대해 적중이 가능한 기대를 형성할 수 있다. 사람들이 구조적인 무지에도 불구하고 성공적으로 자신의 목적을 달성할 수 있게 하는 것이 도덕규칙이다. 공동체의 구성원들이 그런 도덕규칙을 지키기 때문이다. 이것이야말로 생산적·건설적인 사회 질서가 생성·유지될 수 있는 조건이다. 더구나 개인들이 공동의 행동규칙을 지키는 것이야말로 타인들에게 신뢰를 줌으로써 이들에게 유익한 행동을 취할 기회를 부여한다. 따라서 거대한 사회에서 진정으로 사회적인 것은 필연적으로 일반적·추상적인 행동규칙, 즉 도덕이다.

각별하게 강조할 점은 고등동물일수록 사회적 행동규칙들은 일반적·추상적이라는 사실이다. 다시 말하면, 문명화된 사회일수록 알려진 특정한 목적을 위해 인간행동을 적극적으로 지정하는 명령이나 지시의 형태가 보편적·추상적 성격의 행동규칙으로 변화된다. 사회적 규칙들은 오로지 행동성향, 기질만을 규정할 뿐, 특정한 구체적 행동을 적극적으로 규정하는 것이 아니다. 예를 들면 인간의 세상에서 중요한 역할을 하는 정직성이라는 행동규칙이 지향하는 것은 단일 행동과 관련된 것이 아니라 매우 광범위한 행동 부류이다(Hayek, 2018: 139).[23] 이는 예컨대 목사, 기업가, 자본가, 히피 등에도 적용할 수 있다. 그리고 그것은 시간과 장소도 불문하고 보편적 적용이 가능하다. 따라서 보편적·추상적 행동규칙을 준수하는 것은 거대 사회의 모든 구성원을 차별 없이 포용한다는 것을 의미한다. 그런 성격의 행동규칙을 기반으로 하는 거대 사회의 시장문화야말로 참된 공동체가 아닐 수 없다.

거대한 사회에서 무엇보다도 중요한 것은 개인들이 자신들의 목표를 추구할 수 있도록 그들에게 될 수 있는 대로 많은 자유를 허용하는 일반적·추상적 행동규칙이다. 수백만 명의 인간들이 제각각 가진 지식에 따라 자신들의 행동을 결정할 수 있을 때만 그들 사이에 광범위하게 흩어져 있는 사실에 관한 지식의 이용이 가능하기 때문이다. 일반적·추상적인 사회적 행동규칙들은 개개인들에게 각자 자신들의 목적을 위해서 자신들의 지식을 이용하도록 허용하는 자유를 확립한다. 그런 성격의 행동규칙들은 구체적 상황에 따라 취할 행동 부류들을 광범위하게 허용하여 자유로이 선택할 행동 범위가 넓다. 개인들에게 각자 자신의 목표를 추구하기 위해 자신이 지닌 지식을 이용하도록 허용한다면, 각자의 지식 이용은 타인들의 욕구를 위해 봉사하는 결과를 초래한다. 이같이 개인의 자유가 사회적으로 바람직한 결과를 불러온다는 것, 그래서 개인의 자유를 보호하기 위해 필요로 하는 것이 규칙의 제일의 특성으로서 보편성 원칙이라는 것, 이것이야말로 하이에크의 자유 헌법의 핵심주제다.

공동체주의적 철학자 찰스 테일러(Charles Taylor)도 그의 1995년 저서

---

23) 인간의 행동들은 "사회적 기준들 그리고 관습들에도 순응한다. 인간은 계산하는 기계와 달리 규칙들 및 대상들에 관한 지식 때문에 타인들과 상호 간에 행동할 수 있다. 예를 들어 우리는 사람들의 정직성, 시간 엄수, 배려 그리고 비열함과 같은 성격의 기질들(*traits*)을 속성이라고 말한다. 그러한 용어들은 야망, 혹은 갈구(hunger), 혹은 사회적 욕망과 같이 인간이 추구하고자 하는 종류의 목표들을 가리키는 것이 아니다. 오히려 그것들은 그의 목표들이 무엇이건 그의 행위에 가할 규제들의 유형을 가리키는 것이다"(Hayek, 2018: 236, 각주 8). 이는 감각적 질서를 자연주의적으로 해석할 수 없음을 말한다.

『철학적 논구(*Philosophical Arguement*)』에서 인간은 규칙에 따르는 동물이라는 것을 실제로 다음과 같이 잘 표현한다. "규칙은 단순히 인과적 규칙을 구성하는 것과 달리 행동의 이유로 우리의 삶에서 작동한다. (중략) 규칙은 신체에 암호화된 감각과 함께 우리의 삶에서만 작동할 수 있다. '규칙'을 활성화하는 것이 그 같은 습관이다(Taylor, 1995: 179 - 180)." 마찬가지로, 윤리학자 매킨타이어도 그의 저서 『종속된 합리적 동물』에서 "규칙을 따르는 것은 덕목 중 중요한 요소이다"라고 주장하면서 "규칙을 따르는 것은 우리 자신과 다른 사람들 모두가 가져야 하는 미덕 중 일부의 필수적인 구성요소"이며, "특정 규칙을 지키지 않는 것은 일부 중요한 미덕에 결함이 있음을 보여주기에 충분할 수 있다"라고 목소리를 높인다(MacIntyre, 1999: 109).[24]

그런데 거대 사회로서 자생적 질서의 기초가 되는 보편적 · 추상적 행동규칙은 반드시 언어로 표현될 필요는 없다. 정의감 또는 법 감정 등처럼 구두(口頭)로 표현할 수는 없지만, 행동으로 표출할 수 없는 암묵적 또는 초의식적 행동규칙이야말로 사회질서의 생성과 유지를 위해 매우 중요하다. 그러나 공동체주의자들은 구성주의적 합리주의와 똑같이 규칙과 경험의 암묵성 대신에 명시성을 강조한다. 예를 들면 테일러는 "신체에 부호화된 감각과 나란히 우리의 삶에 **명시적 규칙**만이 기능할 수 있다"(Taylor, 1995: 179-180, 강조는 필자)라고 말했다. 공동체주의자들에게 사회적 관행과 관습이나 도덕도 목적 지향적이고 따라서 개별적인 행위자가 어떤 '공동 목적'을 추구하는 데 의식적으로 참여해야 한다는 이유에서다.

---

24) 그러나 공동체주의자들은 행동과 관련하여 규칙에 너무 엄격하게 의존하는 것을 조심한다. "어떤 규칙도 올바르게 대응하는 방법을 결정하지 않는다. 항상 존중되어야 하는 규칙들마저도 우리가 어떻게 행동해야 하는지를 결정하기에 결코 충분하지 않기 때문이다. 반면에, 다른 규칙들과 함께 반드시 결정되어야 할 것은 이 특별한 경우에 그것들이 관련이 있는지, 만약 그렇다면, 그것들을 어떻게 적용해야 하는지의 문제다(MacIntire, 1999: 93)."

4) 의무론: 자유와 책임

　　공동체주의는 공동체 자체가 추구하는 공동선으로부터 구성원의 의무를 중시한다. 그 패러다임에 자유보다 분배적 평등이 더 중요하다. 그리고 책임은 개별적 책임이 아니라 공동체 전체의 책임이다. 인간은 타인의 자의적인 의지를 통해 강요당하지 않는다면 그는 자유롭다. 흄, 스미스 그리고 하이에크 등 진화사상가들은 개인의 자유를 공동체주의자들이 공리주의에서 배워 이해하듯이 그렇게 방종으로 이해하는 것이 아니라 보편적·추상적인 행동규칙 아래에서의 자유를 말한다. 문화적 진화 과정에서 사람들이 배워 습득한 그 같은 행동규칙들은 누구도 침범해서는 안 될 '자유 영역'을 모든 개인에게 똑같이 확립한다. 따라서 사회성과 공동체감을 촉진하는 동시에 개체성과 자유로운 선택을 존중하는 데 가장 중요한 것은 그런 규칙들은 자유 프레임과 동시에 책임 있는 행동을 위한 프레임이라는 것이다. 자유와 책임이라는 쌍둥이 아이디어를 자유주의자들이 중요시한 것은 우연이 아니라는 이유다. 자유와 책임은 서로 불가분의 관계가 있다는 뜻이다. 자신의 행위에 대해 책임지지 않으면 사회적 혼란은 필연이다.

　　사회구성원들이 그런 두 가지 가치를 믿지 않으면 자유사회는 기능하지도 못하고 유지되지도 못한다. 자유롭고 책임 있게 행동하는 인간을 중시하고, 이 같은 인간을 길러내는 것을 자유사회의 중요한 교육목표로 여기는 것도 자유와 책임의 그 같은 중요성 때문이다. "각 개인이 자신의 행동결과에 따른 지위를 차지하고 그 지위를 자신의 행동에 따른 몫으로 받아들이는 것을 옳다고 여기지 않는다면 자유사회는 제대로 기능하거나 유지되지 않을 것이다."(Hayek, 2023: 119) 선택의 자유와 자신의 행동에 대한 개인의 책임은 함께 도덕감각이 성장하는 분위기를 조성하고 그런 분위기 속에서 개인의 선택과 관련된 자유로운 결정 과정에서 정의, 정직, 자율, 배려, 협력 등 도덕적 가치들이 매일매일 새로이 등장한다.

자유에 가치가 있는 이유는 첫째로, 인간의 존엄성이라는 도덕적 가치를 지키기 위해서다. 누구나 각자 자신의 가치를 가지고 있다는 것을 인정하지 않는 사회는 인간의 존엄성을 존중할 줄 모르며 진정한 자유를 알지 못한다. 그런데 "내가 자유를 믿는다는 것은 나 자신을 내가 다른 사람의 가치를 평가하는 최종심판관으로 여기지 않는다는 것이고 그도 마찬가지로 다른 사람의 삶의 영역을 침범하지 않는 한, 탐탁하지 않다고 하더라도 그의 목적 추구를 막을 자격이 없다고 느낀다는 것을 의미한다"(Hayek, 2023: 131). 자유에 대한 이런 이해야말로 타인을 배려할 줄을 아는 오로지 사회적 인간으로부터 기대할 수 있을 뿐이다. 거대 사회의 특징인 다원주의는 자유를 인간의 존엄성과 연결하고 있다. 인간의 존엄성을 지키기 위한 것이 자유이다. 자유가 없는 곳에는 인간의 존엄성도 없다.

자유가 가치가 있는 두 번째 이유는 그것이 우리의 계획들을 실현하는 데 필요한 다양한 수단을 제공하기 때문이다. 우리가 추구하는 목표들은 매우 다양하다. 다양한 목표들을 달성하는 데도 다양한 수단들이 필요하다. 다양한 수단을 제공하기 위한 조건이 개인의 자유다. 그런데 자유의 궁극적 목적을 하이에크는 『자유헌정론』에서 이렇게 설파했다. 즉, "인간이 조상의 능력을 능가하고 각 세대가 지식의 성장과 도덕적·미학적 신념의 점진적 발전에 각자의 몫을 더하기 위해 노력하도록 능력을 확장하는 것이다"(599쪽). 그런 몫을 보탤 수 있는 능력의 확대, 즉 인간의 발전은, 훔볼트의 말을 빌리면, 가장 풍요로운 다양성 속에서 가능하다. 바로 이런 다양성을 위한 조건이 개인의 자유다(민경국, 2018: 189-194). 인간의 발전 가운데 우리가 주목할 것은 자유에 대한 도덕적 신념이다. 이런 신념이 중요한 이유는 "자유는 뿌리 깊은 도덕적 믿음 없이는 절대로 작동하지 않으며, 모든 개인이 자발적으로 특정한 원칙들을 준수하리라는 것이 규칙처럼 예측되는 곳에서만 강제가 최소한으로 줄어들 수 있기" 때문이다(Hayek, 2018: 107).

이같이 자유는 필연적으로 개인의 책임을 자발적으로 수용하는 합리적·이성적 행동을 부추긴다. 책임을 할당함으로써 사람들은 결과에 비추어 자신들의 행동을 보지 않을 수 없도록 한다. 다시 말해 책임을 부여하는 것은 그가 인과성과 독립적으로 과거에 행동했다는 이유(자유의지) 때문이 아니라[25] 장차 그를 전과는 다르게 행동하도록, 더 바람직한 목적을 위해 행동하도록 하기 위함이다. 이성과 합리성은 자유의 결과라는 것이 또렷하게 드러난다.

그런데 행동을 보다 바람직한 목적으로 이끌 수 있는 유일하고 정당한 장치는 도덕적 의무감이다. 이것이야말로 "인간 생활에서 가장 중요한 하나의 원칙이며, 인류의 대부분이 자신들의 행동을 지시할 수 있는 유일한 원칙"이다(Smith, 2009: III.5.1: 300). 책임감은 자유가 의존할 기둥으로 여길 정도로 매우 중요하다. 그도 그럴 것이 책임을 질 수 있는 사람에게만 자유에 대한 호소가 가능하기 때문이다. 경험에서 배우고 얻은 지식을 이용해서 행동할 수 있는 능력이 없는 예를 들면 마약중독자와 같은 사람에게 자유와 책임은 아무런 의미도 없다(Hayek, 2023: 127).[26]

---

25) 사실상 이미 뇌과학이 밝혀냈듯이 자유의지란 존재하지 않는다. 이 주제와 관련해서 나의 논문 「자유와 책임에 대한 인식: 신경과학과 하이에크」에서 상세히 다루었다. 이 논문은 민경국(2016: 145-169)에 수록되어 있다.

26) "자유와 책임의 상호보완성은 자유에 대한 변론이 책임질 수 있는 이들에게만 적용됨을 의미한다. 이는 유아, 백치 또는 정신병자에게는 적용될 수 없다. 이는 사람은 경험에서 배우고 그렇게 얻은 지식을 이용해서 행동할 수 있는 능력이 있음을 전제한다."(Hayek, 2023: 128)

5) 책임원칙의 원천과 자유사회

책임부여가 "사회적 규약(social convention)"(Gazzaniga, 2005: 100)이라고 한다면, 왜 이 같은 제도가 필요하고 중요한가, 그리고 그 원천은 어디인가? 우리가 개인에게 자신의 행동과 행동결과에 대해 책임을 부여하는 이유는 앞에서 언급한 바와 같이 그의 행동에 영향을 미쳐서 바람직한 방향으로 행동을 유도하기 위해서다(Hayek, 2023: 124). 좀 더 부언한다면, 사람들을 칭찬하고 비난하는 것도 그들의 행동에 영향을 미치기 위한 것이다. 게임이론의 의미로 표현한다면, 잠재적 변절자에 책임을 부여하여 비협력적 게임을 협력적 게임으로 만들기 위한 것이다(Gifford, 2007: 284). 이같이 책임원칙의 존재 이유는 교육적 기능이다. 이는 사람들의 자유로운 의사결정을 이끌고 또 그들의 행동을 더 합리적으로 만드는 데 있다(Hayek, 2023: 124-125).[27] 개인들이 잘못을 저지를 경우, 이에 대해 책임을 진다는 것을 미리 알게 되면 그들은 조심스럽게 그리고 신중하게 행동한다.

이같이 책임원칙이 사회질서를 위해 중요한 기능이 있다고 한다면 그 기원 또는 원천은 무엇인가? 하이에크는 그의 유명한 논문 「인간 가치의 세 가지 원천」에서 개인의 책임의 사회적 관행이 문화적 진화의 선물이라는 것을 보여주고 있다(Hayek, 2018: 702-732). 오늘날 문명화된 사회를 가능하게 한 규범과 경제질서 그리고 법질서의 성공적인 진화의 상당 부

---

27) 인간행동이 자신의 의지에 따르는가 아니면 인과관계에 따르는가와 관련된 논쟁, 즉, 의지론이냐 결정론이냐의 논쟁은 "유령 같은 문제"라고 취급한 학자가 하이에크였다. 논쟁에서 특이한 사실은 어느 경우에도 결론이 그 전제로부터 도출되지 않는다는 점이다. 의지론에서 인간은 인과법칙의 밖에서 행동하기 때문에, 칭찬이나 비난에 전혀 영향을 받지 않는 것으로 간주할 수 있는 '자아'의 구축은 단지 인간의 책임 면제만을 정당화시킬 수 있을 뿐이다. 이에 반해 책임 개념은 결정론적 견해에 기초하는 게 의미가 있다고 볼 수 있다. 즉 자아는 칭찬이나 비난에 영향을 받는 것으로 여길 수 있다. 따라서 하이에크가 정곡을 찔렀듯이, 자유의지 여부와 관련된 전체 쟁점은 실체가 없는 유령 같은 문제라고 볼 수밖에 없다(Hayek, 2023: 121-123).

분은 책임원칙의 진화적 산물이라는 것이 그의 입장이다. 생물학적 진화이든 문화적 진화이든, 인류의 진화, 호모 사피엔스의 진화는 반사회성의 진화가 아니라 친사회성의 진화였다. 책임원칙도 인간의 친사회성이 진화하는 과정의 산물이다. 이 진화과정에서 형성된 우리의 동기 시스템과 가치 시스템은 옳음과 그름에 대한 감정을 산출한다.

게다가 그 같은 시스템은 그른 행동을 하는 사람들을 처벌할 비용을 기꺼이 부담하겠다는 자세도 불러왔다. 이 같은 자세가 법 위반을 막기 위한 형법이라는 국가 제도의 도입을 정당화하고 이를 통해서 잠재적인 위반자를 방어한다. 물론 처벌과 보상의 형태로 책임원칙을 구현하는 것이 반드시 성문화된 형법만은 아니다. 인류의 진화는 사회성과 협력을 촉진하고 반사회성을 억제하기 위해서 다양한 처벌 메커니즘을 탄생시켰다. 양심의 가책과 같은 내재화된 메커니즘을 비롯하여 비난과 칭찬, 또는 그룹으로부터의 배제(따돌림) 등과 같은 비공식 처벌 메커니즘, 그리고 사적 그룹 내에서의 공식적 처벌 메커니즘 등 무수히 많다. 이 같은 내적 제도가 오히려 민법 및 형법과 같은 외적 제도보다 사회질서의 강력한 뒷받침이다(Kasper & Streit, 1998: 103-105). 그래서 지나치게 법을 중시하면 책임을 오로지 법적 개념으로만 이해하고 도덕적 의무와 책임을 무시할 우려가 있다.

또 우리가 주목해야 할 것은 경제적 성공과 실패에 대한 책임감이다. 서로 다른 개인들 간의 상대적 위치가 결정되는 방식에 대한 승인도 책임에 대한 견해와 밀접한 관련성이 있다. 성공과 실패에 대한 책임이 법적이 아니라고 해도 이것은 법적인 것과 똑같이 작동하여 사회질서의 유지와 번영에 이바지한다. 맥칸은 책임감이 "자원과 지식의 합리적 이용을 유발하고 더구나 중요한 것은 분별없는 위험 추구를 지양하고 스스로 위험을 대비할 수 있게 만든다"(McCann, 2002)라고 주장했다.

따라서 하이에크가 강조하듯이, "자유사회는 법을 통해 강요되는 의무를 넘어 요구하는 책임감에 이끌려 행동하고, 개인이 노력한 결과인 성공과 실패 모두에 스스로 책임진다는 것, 스스로 적합하다고 여기는 대로 행동하도록 허용할 때 그 결과도 스스로 감당해야 한다는 것을 당연한 견해로 수용할 것을 요구한다"(Hayek, 2023: 126-127).

4.
진화론적 자유주의에 담긴
공동체주의적 요소 Ⅱ

진화사상을 기반으로 하는 자유주의는 공동체주의적으로 구성되어 있다. 첫째로 인간의 사회적 존재라는 사실이다. 동감(sympathy)은 바로 인간의 사회적 성격에 관한 적절한 표현이다. 동감이 없는 사회는 사회일 수 없다. 둘째로 호모 사피엔스의 진화는 반사회성의 진화가 아니라 친 사회성의 진화였다. 책임원칙도 인간의 친사회성이 진화하는 과정의 산물이다. 셋째로 인간은 규칙을 따르는 동물이다. 이로써 세대 간의 지식 소통이 가능하다. 이 밖에도 질서와 관련해서 공동체주의적 요소를 찾을 수 있다.

1) 자생적 질서: 공동체주의적 요소

사회구성원들이 자신들의 목적을 위해 노력한다고 해도 다양한 노력이 의도하지 않게, 자생적으로 조정된다. 하이에크 전통의 오스트리아학파가 그런 자생적 질서를 강조하면서 누구도 의도하지 않고도, 수많은 인간의 서로 충돌하는 노력을 평화롭게 조정하는 사회적 과정을 설명하려고 애썼던 최고 절정은 경제학, 특히 시장제도에 대한 옹호와 사회주의 계획에 대한 비판에서 볼 수 있다. 하이에크에 따르면 시장과정은 의도적인 사회 계획으로는 도저히 흉내를 내거나 복제할 수 없는 중요한 기능을 수행한다. 시장가격은 어떤 정신도 전체적으로 이해할 수 없는, 개인과 조직에 영향을 미치는 시간적·장소적 상황에 관한 지식을 코드화된 형태로 소통한다. 상대 가격 구조의 변화는 특정 거래에 참여하는 사람들에게만 알려진, 예를 들면 개인들의 취향, 윤리적 가치, 새로운 대체품의 가용성, 기업가적 혁신 및 상황에 특유한 요인의 모든 방식 등의 변화를 반영할 수 있다. 중요한 것은 생산이나 소비 패턴을 바꾸기 위해 행위자는 가격 상승 또는 하락에 영향을 미친 복잡한 사건에 대해 알 수도 없고 알 필요가 없다는 것이다. 그들이 알아야 할 것은 가격이 변했다는 것뿐이다.

시장에서 자생적으로 이루어지는 동등한 수준의 조정을 달성하기 위해 정부와 같은 조직화한 그룹이 계획을 수립하고 이를 집행할 때, 그런 인간 그룹은 복잡한 경제를 형성하는 다양한 구성요소의 연결을 확보하는 데 필요한 모든 관련 사실을 의식적으로 인식해야 한다. 하지만 그런 유형의 의식적인 조정을 방해하는 요인은 개인과 기업의 끊임없이 변화하는 상황에 접근하는 그런 조직화한 그룹의 인지적 무능력이다. 시장경제는 사람들이 변화하는 상대적 희소성의 패턴에 맞춰 자신의 행동을 조정할 수 있게 할 뿐만 아니라, '어떤 상품이 희소한 상품인가'라는 희소성의 내용 자체가 발견되고 경쟁적인 모방 과정을 거쳐 확산하는 창조적 절차의 역할도 수행한다. 하이에크는 경쟁의 의미를 지식이론적 시각에서 '발견의 절차'로 파악한 최초의 학자다.[28] 그는 경쟁을 "경쟁이 없다면 알려지지 않거나 또한 이용되지 못하게 될 사실들을 발견하기 위한 절차다"(Hayek, 1948; Hayek, 1978)라고 말했다.

---

28) 하이에크가 이 개념을 최초로 사용한 논문은 1968년 "Der Wettbewerb als Ent-deckungsver-fahren"이다. 이것은 그의 1969년 논문 249-265쪽과 1978쪽 논문 179-190쪽에 재수록되어 있음. "Competition as a Discovery Procedure." 그러나 이 개념과 유사하게 사용한 그의 최초의 논문은 「경쟁의 의미」라는 논문이다. 이 논문은 (1952/1976a)에 수록되어 있다.

경쟁은 한편으로는 공급 측면의 경쟁과 다른 한편으로는 수요 측면에서 보는 경쟁이다. 공급 측면의 경쟁은 공급자들이 수요자들을 끌어들이기 위한 경쟁인데, 새로운 제품이나 조직 방식, 생산방식을 기업들이 개발하려는 경쟁이다. 이런 기업가적 경쟁행위는 눈에 띄지 않았을 수도 있는 새로운 지식을 적극적으로 창출한다. 창출된 지식의 테스트 과정에서 판명된 성공과 실패는 가격을 거쳐 이윤과 손실로 구체화한다. 성공한 기업의 행동은 모방하고, 실패한 기업의 행동은 똑같은 오류를 범하지 않는 방법을 배우는 다른 기업에 의해 발견될 수 있다. 수요 측면에서 수요자는 개인이 이웃의 구매를 모방하는 과정을 통해 새로운 상품과 가격에 대해 배우고, 카탈로그나 광고에 표시된 경쟁 상품을 관찰함으로써 새로운 생활 방식을 배운다. 새로운 상품과 가격에 관한 수요자들의 지식수준이 높아질수록 공급자들끼리의 경쟁이 그만큼 치열해지고 따라서 기업가적 발견도 그만큼 질적으로 높아지고 양적으로 증가한다. 하이에크의 관점에서 볼 때, 정부의 계획가들은 시장에서 소유물을 교환할 자유를 가진, 각처에서 생업에 종사하는 다양한 시장참여자들의 '마음속에' 분산되어 있거나 새로이 발견한 또는 창조한 다양한 생산 및 소비 아이디어 전부를 인식하고 대응할 수 없다. 따라서 정부가 명령을 통해 가격을 설정하려는 시도는 실패할 수밖에 없다.

요컨대 시장에서 자생적으로 질서가 형성되는 원리는 서로 다른 목표를 추구하는 행동들이 상호 간에 스스로 조정되는 과정(self-coordination)이다. 그리고 잘못된 지식의 이용을 제거하고 성공적인 행동들은 확산하는 등 행동들이 스스로 통제하는 과정(self-control)이다. 전자는 앞에서 설명한 새로운 지식의 창출과 조정 과정을, 후자는 지식의 통제와 선택 과정을 말한다. 이런 과정에서 중요한 역할을 하는 것이 가격구조다.

그리고 시장은 재화의 교환만 이루어지는 것이 아니다. 시장은 사람들이 삶의 과정에서 습득한 지식, 생각, 의견, 논거 등이 소통되는 '거대한 소통체계'로서 작동한다(민경국, 2021: 142). 시장에서 직접 대화와 설득을 통한 소통이 가능하다.[29] 이는 글로 쓰거나 직접 대화할 수 있는 범위 내에 있는 사람들의 경우에 해당한다. 그러나 시장경제에서 언어적 소통은 전체 소통의 일부일 뿐이다. 비언어적 소통이 있다. 타인들의 성공에 대한 관찰과 모방을 통해서도 소통이 가능하다. 사람은 타인의 행동을 관찰해서 그들의 생생한 경험을 습득할 수 있다(민경국, 2021: 162).[30] 그러나 중요한 것은 가격을 통한 소통이다. 이는 시장경제만이 가질 수 있는 소통 방법이다. 비언어적 소통은 언어적 소통에 비해 여러 가지 장점이 있다. 언어적 방법은 글로 쓰거나 목소리를 들을 수 있는 범위 내의 아는 사람들끼리 가능하다. 그런 소통이 불가능한 경우가 있다. 글이나 말로 표현할 수 없는 지식의 소통이다. 그리고 우리의 눈으로 전혀 볼 수도, 귀로도 들을 수도, 그리고 우리의 인지 능력으로 알 수도 없는 범세계적인 거시우주로까지 소통영역의 확대를 가능하도록 한 것도 가격을 통한 비언어적 소통수단의 도움 때문이다(민경국, 2021: 162-163).

요컨대 문화적 진화의 선물로서 우리에게 전수된 시장문화로 인해 우리의 사회성은 부족적 사회성을 넘어 아주 낯선 사람들에게까지도 사회성을 확대하게 된 것이다(165-166쪽). 인간은 근본적으로 '자생적 질서'라고 부르는 공동체의 범위 안에서 행동하는 사회적 행위자인 이유다. 자생적 질서는 문화적으로 진화된 규칙들을 따르는 행동을, 특히 그런 규칙을 지키는 사람과 지키지 않는 사람을 확인할 수 있도록 하는 상호 간의

---

29) 흥미롭게도 호르위츠가 확인하고 있듯이(Horwitz, 2001: 84), 애덤 스미스는 『국부론』의 '분업을 불어오는 원리'에 관한 논의에서 '하나의 물건을 다른 물건과 바꾸고 거래하고 교환하는 성향'을 '이성 및 대화의 재능'과 연결했다.

30) "얀 칩체이스와 사이먼 슈타인하트가 『관찰의 힘』에서 밝혔듯이, 이윤기회를 포착하는 막강한 힘은 관찰이다. 관찰 과정에서 생각지도 못한 사업 기회가 열리기도 한다. 이 책의 두 저자는 사람들의 일상을 관찰하는 것이 우리의 과제이며, 진정으로 성공하고 싶으면 '일상에서 기회를 포착하라'라고 한다. 사람들은 모방을 통해서도 타인의 경험을 습득할 수 있다. 왜 성공했는지 말로는 표현할 수 없지만, 성공한 역할 모델을 모방해 비로소 그의 값진 경험을 배울 수 있다."(민경국, 2021: 162)

인정과 관련된 내용 그리고 공동체의 의미 있는 가치를 포함하는 상호관계적 구조다.

2) 시장질서는 적을 친구로 만드는 질서

시장질서는 인위적으로 만든 조직이 아니라 자생적 질서다. 이 질서에는 생산자, 소비자, 자본가, 노동자가 공동으로 달성할 단일 목적 체계가 없다. 구성원들이 스스로 정한 개별적 목표만 있을 뿐이다. 상황에 관한 지식, 사실에 관한 지식이 각처에서 생업에 종사하는 사람들의 머릿속에 분산된 것처럼 자원에 대한 통제도 개인들 각자에게 분산되어 있다. 그들이 추구할 공동 목적 대신에 공동으로 지키는 추상적 · 보편적 행동 규칙만이 있을 뿐이다. 구성원들 사이의 관계는 수평적이다. 마이클 폴라니(Michael Polanyi)가 자생적 질서를 '다중심적 질서(polycentric order)'라고 부르는 이유다.

오늘날 경제학이라는 개념이 수평적 질서로서 탈목적적인 자생적 질서에 적합한 개념인가의 문제가 제기된다. 경제라는 말은 경세제민(經世濟民)의 준말이다. 경세제민은 세상을 다스리고 백성을 구한다는 뜻이다. 경제학이란 그렇게 하는 방법을 탐구하는 학문이라고 말해도 될 듯싶다. 영어로는 'national economics'다. 'economics'는 원래 가정관리학을 뜻한다.[31] 'national economics'는 마치 가장으로서 아버지가 알려진 목표로써 가족들의 후생을 위해 가족을 다스리듯이 나라님도 똑같이 국민을

---

31) 'economy'는 'Oikos'(오이코스)와 'Nomia'(노미아)의 합성어다. 'Oikos'는 가계(고대에서는 농가)를 뜻한다. 'Nomia'는 관리 · 경영하다 또는 다스리다의 의미가 있다. 이 두 가지의 합성어인 'economy'란 가계를 운영 · 관리한다는 뜻이다.

다스린다는 경세제민의 뜻을 지니고 있다.[32] 그런데 경세제민이나 'eco-nomics'으로 표현한다면, 이것은 공동으로 달성할 특정한 목적을 가지고 시장을 인위적으로 계획을 통해 만들(또는 만들어진) 조직으로 이해하는 용어다. 경세제민 또는 국민경제의 대표적인 예가 중앙집권적 계획경제 또는 간섭주의 경제다. 국민경제는 국민의 후생을 극대화할 목적으로 생산과 소비를 중앙에 의해 계획하는 조직이다. '중앙(사령탑)'이라는 단일중심에서 자원을 통제한다. 이런 의미에서 마이클 폴라니가 말했던 단일중심 질서(mono-centric order)다. 경제라는 개념을 개별적으로 시장게임에 참여하는 개별 경제주체(개인, 가계, 기업, 기타 인간 그룹)가 아니라 이들의 상호작용과정으로 이해되는 시장질서에 적용한다면, 그 개념은 이성의 자만을 의미하는 구성주의적 합리주의를 전제한 것이다. '경제'라는 말을 시장질서에 적용하는 것은 옳지 않다. 기업과 같은 조직에만 경제라는 말을 사용할수 있을 뿐이다. 시장질서의 성격은 특정한 구체적 목적을 위한 위계적 '조직'과는 전혀 다른 '자생적 질서'라는 이유에서다.

하이에크가 '이코노미'라는 개념 대신에 '카탈락시(catallaxy)'라는 개념을 시장질서에 적용해야 할 것을 제안했던 것은 결코 우연이 아니다. 카탈락시는 '교환하다' 또는 '공동체에 수용하다' 또는 '적(敵)을 친구로 만들다'라는 의미를 지니고 있는데, 그는 후자의 두 가지 의미를 선호한다. 이것들이야말로 매우 적절한 의미다. 인간의 사회성이라는 공동체주의적 의미를 잘 표현하고 있기 때문이다. 시장문화는 부족 사회에서 '그들'이나 또는 적(敵)으로 취급했던 다른 부족의 구성원들을 '친구'로 받아들여 함께 분업과 교환이 이루어지게 되었다. 그들을 친구로 수용한 것은 소유와 인격, 계약과 관련된 정의의 규칙을 함께 지키겠다는 무언의 의무

---

32) 가정은 가장으로서의 아버지, 처와 자녀들(그리고 고대에서는 하인들)로 구성된 위계질서다. 경영학의 인식 대상(예를 들면 기업)도 구성원들 간에 상하관계 또는 지배와 복종 관계를 특징으로 한다. 전자는 원칙적으로 본능의 산물이고 후자는 이성의 산물이다.

감을 표시했기 때문이다. 따라서 하이에크의 의미의 카탈락시는 스미스의 동감의 원칙에 해당하는 사회성을 표현한다.

시장질서는 이 질서의 기초가 되는 게임규칙을 지키는 사람은 누구든 가리지 않고 친구로 인정하고 분업과 교환 과정에 통합하는 사회다. 빈부, 출신, 인종, 종교, 히피 따위는 분업이나 교환과 관계가 없다. 그래서 누구와도 대화와 통합이 가능하다. 심지어 적(敵)도 친구로 만든다. 인종적·종교적 감정 등과 같은 개인적 감정이 교환 과정에 전혀 개입하지 않는다. 그런 감정 개입 없이 사람들이 타인들을 대우하는 능력, 오로지 상호 간의 이익을 위해 서로를 대우하는 능력이 관용과 다원성의 기반이다. 시장 관계를 '비인격적(impersonal)'이라고 말하는데, 바로 그런 능력을 기반으로 인간관계를 갖는 것이 시장 관계다. 따라서 시장 관계는 종교적 차원, 인종적 그리고 그 밖의 신분적 차원의 관용을 실현하는 장소라고 보아도 무방하다. 시장 관계를 단순히 상업적 관계라고만 볼 수 없는 이유다.

그런 관용의 미덕이 실현되는 장소가 시장이라는 것은 프랑스 계몽주의 철학자 볼테르(1694~1778)의 설명에서도 확연히 드러난다. 그는 런던의 증권거래소를 예로 들며 경제적 자유와 종교적 관용을 설명한다. 런던의 증권거래소는 수많은 법정보다 훨씬 존중할 만한 집회 장소라고 말했다. 모든 국가의 대표자들이 거기에 모여서 이윤을 추구하고 있기 때문이다. 이슬람교도, 유대인, 기독교인 등 서로 다른 종교인들이 그곳에 모여 마치 똑같은 종교를 가진 사람들처럼 서로를 대하고 있다는 것이다. 교환과 협력의 일과를 끝내고 퇴근하면 뿔뿔이 흩어져 각자 자신이 속한 교회로 가는 사람도 있고 친구들과 어울려 술을 마시러 가는 사람도 있다. 그들에게 이교도(異敎徒)란 다른 종교를 믿는 사람들이 아니라 사업이 망하여 상업적 관계가 끊긴 사람들이다. 그런 내용은 맥켈로이의 어느 한 기고문에서 인용한 것인데,[33] 종교의 관용을 창출하고 실행하는 데 시장경제가 역사적으로 수행한 역할은 주목받아 마땅하다. 시장 관계는 단순히 자원 배분 또는 물질적 분배의 역할만을 수행하는 것이 아니다. 관용의 창출과 실천이라는 위대한 역사적 역할을 하는 것은 시장경제, 경제적 자유의 위대한 지혜가 아닐 수 없다.

볼테르가 본 것과 똑같은 런던의 주식시장을 보았지만 다르게 평가한 인물은 마르크스다. 그는 시장 관계를 아무런 감정도 개입하지 않는 관계 때문에 비정하다고 비판한다.[34] 그러나 만약 증권거래소에서 거래 관계에 인종적·종교적 또는 도덕적 감정을 개입시킨다면 거래는 성립할 수도 없고 심지어 관용이 깨지고 만다. 그 결과는 오로지 갈등만 초래할 뿐이다.[35] 볼테르는 마르크스보다 시장경제와 관용을 제대로 잘 이해했다. 마르크스주의는 관용의 미덕이 인간 사회에 얼마나 소중한 가치인가를 알지 못했다. 그 증거로 마르크스주의가 수천만 명을 죽였다는 것은 역사적 사실이다. 카탈락시로서 자유시장을 부인하는 것은 불관용과 일치한다. 이런 사실은 마르크스주의와 사회주의가 입증한다. 이란, 이라크, 파키스탄 등처럼 시장경제가 발전하지 못한 사회에서는 관용도 없다. 마찬가지로 종교적 관용이 없는 곳에서는 시장경제도 발전하지 못한다.

그러나 볼테르가 제대로 보지 못한 것은 관용의 조건은 "한 사회 안

---

33) 볼테르는 "시장경제는 관용을 기반으로 하는데, 정치는 결코 관용이 실현되지 않는다"라고 개탄했다. 그는 영국에서 훌륭한 국교 신앙자가 아니면 관직을 얻을 수 없다고 말했다(McElroy, 1998).

34) 시장은 어떤 개인적 사정이나 개인적 신분을 고려하지 않고 작동하기 때문이다. 시장경제가 개인적 사정이나 신분, 종교, 출신 등 그 어느 것도 고려하지 않고 작동한다는 것은 평등의 원칙에 따라 작동한다는 것을 의미한다. 다시 말하면 자유시장에서는 어떤 특권도 없다. 이에 관해서는 Boaz(1997: 153) 참조.

35) 공동체주의도 자유주의가 인간적인 감정과 정서를 반영하지 않고 정부가 중립적인 자세를 취하기 때문에 살과 피도 없는 인간을 전제하고 있다고 비판한다. 그러나 마찬가지로 그런 감정을 개입시켜 정부가 좋은 삶을 규정하고 이를 촉진하기 시작하면 사회질서는 혼란으로 치닫는다.

에서 통용되는 모든 행동규칙을 준수함으로써 그 사회의 구성원이 될 수 있다는 사실 그리고 일단 사회가 받아주고 나면 그런 규칙은 모든 사람에게 똑같이 적용되어야 한다"는 점이다. 다시 말해 구성원 자격은 공동의 행동규칙에 대한 충성을 함께하는 것이고 또한 그런 사회는 바로 그 사람에게도 똑같이 적용해야 할 의무가 있다. 이런 충성과 의무가 필요한 것은 하이에크가 정곡을 찌르듯이 "도덕을 지키는 사람과 그렇지 않은 사람을 구분해서 취급해야만 도덕이 유지될 수 있다"(Hayek, 2018: 725)는 이유에서다. 왜 어떤 사람들이 그 도덕을 따르지 않는지 따져볼 필요는 없다. 다만 도덕규칙을 잘 준수하는 사람은 그렇지 못한 다른 사람보다 우월한 가치를 지닌 것으로 간주하고, 따라서 전자는 후자를 자기들의 집단에 포함시키지 않으려 한다. 이미 앞에서 설명한 바와 같이 반복적으로 규칙을 지키지 않는 사람은 그룹으로부터 추방되거나 사업 파트너로부터 배제당하거나, 또는 악평을 통해 신용을 잃는 등, 이런 것이 없으면 도덕은 존재할 수가 없을 것이다.

일반성과 상호 간 존중의 규칙에 대한 준수를 통해 정의된 공동체에서는 어느 한 구성원이 같은 공동체 내의 다른 구성원들의 삶에 대한 적극적인 관심을 가질 필요는 없다. 하지만 친구로 인정받아 사회구성원이 되면 종교적, 정치적 그리고 경제적으로 차별받지 않기에 사람들은 관용으로 서로를 대한다. 게다가 관용에 따른 다원주의 사회에서는 누구나 타인들로부터 모방을 통해 배울 풍요로운 기회를 가질 수 있다. 이로써 각 구성원은 타인들의 적극적인 도움에 의해서가 아니라 그와 같은 시장사회라는 공동체를 경유해서만 구성원들은 특히 평등한 자유에 의한 자긍심을 가지고 각자 자신의 목표를 증진할 수 있다.

3) 칸트 vs. 스코틀랜드 계몽사상

이제는 칸트와 스코틀랜드 계몽사상을 비교하는 게 적합하다고 생각한다. 우리는 앞에서 스코틀랜드 계몽사상과 관련하여 규칙을 따르는 행위 그리고 자유를 설명했다. 자유에 관한 스코틀랜드 전통에서 자유 개념은 이렇다. 즉, 자유인은 타인의 자의적인 의지에 의해 강제당하지 않는 사람이다. 따라서 그 개념은 소극적으로 규정하고 있다. 그리고 그런 전통은 소극적 의미의 자유가 왜 존재하는가를 자생적 질서와 관련하여 설명한다. 그런 자유는 계획하지 않고서도 인간들의 서로 다른 활동들의 조정을 가능하게 한다. 이런 조정은 인류사회의 독특한 특징이다. 홉스는 자유를 질서가 아닌 혼란으로 여겼지만, 흄과 스미스, 그리고 하이에크의 스코틀랜드 계몽사상의 전통에서는 자유는 질서를 촉진한다. 자유와 질서는 양립한다는 사실이다(민경국, 2021: 119). 자유가 없이는 자생적 질서가 존재할 수 없다. 그래서 사회를 인위적으로 재구성하기 위한 모든 노력은 자생적 질서가 구성원들 모두에게 안겨주는 풍요와 번영을 파괴함으로써 역효과를 낳을 뿐이다. 자유는 사용하지 않은 또는 발견되지 않은 역량을 자유롭게 활성화할 수 있는 여건이자 미지의 세계에 대한 경험의 폭을 확장한다. 스코틀랜드 전통은 신고전파의 경제학처럼 개인들이 각자 주어진 선호에 맞추어 재화를 수요할 수 있다는 이유에서 자유가 가치가 있다고 보지 않는다. 그 전통은 인간을 효용을 극대화하는 존재로 보지 않는다. 오히려 자유는 발견의 절차다. 선호를 발견하도록 하는 절차다.

자유사회가 그같이 작동하기 위해 필수적인 것이 있다. 이것이 자생적으로 형성된 행동규칙과 관행에 복종하는 것, 즉 전통의 존중이다. 이런 엄연한 사실을 유감스럽게도 합리주의적 정신이 도저히 용납하지 못하고 있다. 데이비드 흄이 강조했고, 하이에크가 발전시킨 반합리주의적 진화론의 전통에 결정적으로 영향을 미친 중요한 통찰이 있는데, 이는

"도덕은 이성의 산물이 아니라 그 전제이며, 우리의 지성이라는 도구는 도덕에 이바지하도록 발전되어온 것"이라는 점이다(Hayek, 2023: 108).

자유사회를 위한 도덕 규칙들은 신(神)이 정한 것도, 인간본능의 일부에 의한 것도, 순수이성에 의해 드러난 것도 아니다. 그것들은 사람들이 함께 모여 합의를 통해 인위적으로 만든 것도 아니다.[36] 그것들은 인간들이 자신의 목적을 추구하는 과정에서 자생적으로 생겨난 실천적 경험의 산물이다. 시간이라는 완만한 경험 과정에서 유일하게 고려된 것은 도덕규칙들이 이바지한 그룹의 성장과 복지증진이었다. 그리고 우리에게 척박한 야만 대신에 풍요로운 문명을 안겨준 것은 이성이 아니라 그런 문명의 결과가 이성이다. 따라서 우리가 자생적으로 진화한 행동규칙을 준수하는 것은 바로 이성에 따르는 행위다. 그런 행동규칙을 따르는 사람은 자유롭게 되고 합리적으로 행동하고 있는 것이다.

이상과 같은 스코틀랜드 반합리주의적 자유론에서 우리가 확인할 것은 자유는 어떤 특정한 예측한 결과를 달성하는 데 유용한 게 아니라는 점이다. 행위의 모든 결과를 예측할 수 있다고 한다면, 자유가 불필요하다. 자유는 인간 이성의 구조적인 무지를 전제로 하기 때문이다. 자생적 질서를 가능하게 하는 자유의 덕택으로 우리는 비로소 이성적으로 행동할 수 있다. 이성은 문명의 기초도 아니고 문명의 안내자도 아니다. 그것은 오히려 문명의 결과다.

이제 칸트의 자유 개념을 보자. 그의 자유 개념은 적극적이다. 적극적인 자유 개념은 순수이성에 따라 행동할 경우 인간은 자유롭다는 것을 의미한다. 순수이성이란 전통, 관습, 관행 등과 같은 외적 요인, 또는 충동, 탐욕, 취향, 선호 등 내적 요인들 가운데 어떤 요인에 의해서도 영향을

---

36) 데이비드 흄은 『인성론』 제3권의 "도덕적 구별의 원천은 이성이 아니다"라는 제목(Hume, 1998: 25)의 구절에서 이렇게 말했다. "따라서 도덕규칙들은 우리 이성의 산물(conclusion)이 아니다."(27-28쪽)

받지 않는 내면적 상태다. 이를 의지의 자유라도 말해도 된다. 따라서 이성에 따른 행동이 자유로운 것이다. 그러나 스코틀랜드 전통에서는 자생적으로 진화하는 전통적인 도덕을 따르는 행동이 이성이다.

스코틀랜드 전통에서 진정한 법은 자유를 제한할 수 없다. 자유와 법은 서로 양립한다. 칸트의 이론에서도 자유와 법은 양립한다. 합리적인 행위자라고 하면 그가 스스로에게 명령하게 될 법, 즉 정언명령에 충실하게 복종하는 경우 그는 자유롭다. 그렇다고 스코틀랜드 전통과 일치된다고 볼 수 없다. 칸트의 공식은 이성의 개념을 관습과 독립적이라고 믿고 있다. 스코틀랜드 전통에서는 합리적 인간이란 늘 관습에 젖어 있는 존재이고 그래서 그런 인간이 복종할 법은 그가 모든 관습이 제거된 상태에서, 즉 순수이성에 의해서 선택했을 그런 법이 아니다. 그런 인간이 법을 수락하는 이유는 칸트와 같은 적극적인 자유에 부착된 이유와 전적으로 다르다.

스코틀랜드 전통의 계승자인 하이에크에게 진정한 법은 칸트의 보편화 가능성에 맞추려 하고 있다. 그러나 하이에크에게 보편적이라는 말은 구체적인 개인들끼리 차별이 없이 공정하게 대우한다는 뜻이다. 구체적인 개인이란 역사적 상상력으로 풍부하게 옷을 입은 그리고 그들 자신의 목적과 요구사항을 지닌 존재다. 이에 반해 칸트의 보편성이란 이런 구체적인 특성을 가진 인간을 무시하고 그 대신에 순전히 합리적인 행위자의 차원으로 추상화된 개인들의 성격을 나타내는 추상적인 도덕적 품성을 선호하고 있다. 특히 하이에크에개 주목할 점은 그런 도덕은 예지와 추측을 뜻하는 이성의 산물이 아니라 도덕의 산물이 이성이라는 것이다. 이성은 문명의 기초와 그 안내자라기보다는 문명의 결과다. 따라서 이 모든 것이 시장사회의 공동체적 결속을 말해준다. 이것이야말로 칸트나 또는 자연법론자들이 전혀 말할 수 없는 것이다.

4) 시장문화가 곧 공동체 문화다

하이에크에게 사회와 독립된 인간의 존재는 상상할 수 없다. 사회적 관계 속에서 지식을 습득하고 모방하는 등 학습하지 않으면 누구도 살 수 없다. 인간은 사회 속에서 성장한다. 인간들이 고립적일 수 없는 이유는 그들의 행동이 상업문화를 뒷받침하는 필수적 법과 제도뿐만 아니라 도덕적·문화적 요소와 결부되어 있기 때문이다. 사회적 학습을 통해서 개인 자신도 발전한다. 사회적 관계 속에서 도덕적 행동도 개발하고 학습한다. 그레이(1998)는 도덕은 인간의 삶을 구성하는 필수적 요소라고 지적한다. 이런 지적은 하이에크를 올바르게 해석한 결과다.

하이에크에게 개인주의는 자기중심주의와 같은 편협한 자아를 의미하는 것이 아니다. 가족의 가치와 소규모의 공동체와 집단의 모든 단결된 노력을 긍정적으로 평가하고, 지역자치와 자발적 결사를 신뢰하는 넓은 자아와 관련이 있다. 인간을 사회로부터 격리하는 원자론적 접근법, 즉 "그런 소규모 집단들을 어떤 다른 응집력도 가지지 않는 원자로 분해하길 원하며" 그래서 "모든 사회적 유대를 명령으로 대체하려는" 접근법과 대조적이다(Hayek, 1997: 40). 프랑스혁명의 목표에서처럼, 자발적으로 형성되는 중간 조직과 단체들을 의도적으로 억압하고 해체하는 등 개인을 그런 소규모 사회로부터 격리하여 원자화한다.[37] 이런 원자화를 가장 두려워했던 인물이 토크빌이었다. 그 같은 고립주의야말로 가짜 개인주의다. 이는 상호의존성으로부터의 시민들의 단절을 말한다. 개인주의는 개탄스럽고 그래서 거부해야 할 태도였다. 역사적·문화적 연고관계도 없다. 유대감, 우정, 사랑도 고갈되어 있다. 공유된 전통과 문화, 공동으로 지키

---

37) "개인주의는 사회의 각 구성원들로 하여금 스스로를 그의 대다수의 동료들과 유대관계를 단절시키게 하고 또한 그의 가족들과 친구들과도 단절하게 만들며 그 결과, 그가 자신의 조그마한 동심원을 형성한 이후에는 기꺼이 사회를 떠나버린다."(Tocqueville, 1995: 667-668)

는 행동규칙도 없다. 공적인 덕목은 고갈되어 공적인 것은 남의 것인 양 취급하는 것이다(Tocqueville, 1995: 667). 그 결과, 정치에 대한 무관심과 함께 독재를 불러오기 마련이다.

사람들은 서로 의존하면서 살아간다. 평등한 자유는 인간들의 상호 의존성을 가능하게 하는 요소다. 상호의존 관계의 유익한 결속을 유지하는 사람들만이 시장에서 성공할 수 있다. 가족, 공적인 삶, 종교단체, 상공단체 등 정치와 독립적으로 형성된 자발적 연합에 의해 촉진되는 생산적인 상호의존이야말로 혁신과 기업가정신의 원천이다. 깊은 연합적 결속과 건전한 상호의존이 없으면 상업 정신도 위축되고 장사하는 사람들이 일상생활에서 함께하는 버릇을, 타인들과 결속하는 버릇을 배우지 못하면 문명 자체를 위태롭게 한다.

하이에크의 개인주의에서 중요한 것은 개인의 자유다. 이는 누구나 자신의 행복을 추구하기 위해 무분별하게 행동할 자유가 아니다. 더구나 개인적 선호, 목표가 주어져 있다고 전제하는 가짜 개인주의에서 자유는 불필요하다. 자유는 알려지지 않은 개인들의 선호와 목표를 위해 존재한다. 순전히 개인의 목표에만 이바지한다는 이유에서가 아니라 사회의 이익에 도움이 된다는 이유에서 개인의 자유가 존재한다. 개인들에게 자신의 지식을 이용할 자유를 허용하는 것은 자신의 욕구 충족뿐만 아니라 타인들의 욕구 충족에 이바지하기 때문이다. 이런 맥락에서 하이에크는 이렇게 말했다.

"중요한 것은 내가 개인적으로 행사하려는 자유가 무엇이냐가 아니라, 어떤 누군가가 사회에 유익한 일을 하기 위해 필요로 하는 자유가 무엇이냐는 점이다. 미지의 개인에게 자유를 보장할 수 있는 유일한 방법은 모두에게 자유를 주는 것이다."(Hayek, 2023: 60)

개인주의의 실현과 사회문제의 해결을 위해 사회질서를 창출하는 수단으로서 일반 원칙을 보편적으로 수용할 것을 요구하며, 일반 원칙의 본질은 "인간으로서의 개별 인간에 대한 존중"(Hayek, 2006: 52)이다.[38]

진화론적 접근이 도덕의 생성에 대한 설명과 이해에 이바지한 가장 중요한 것은 하이에크와 함께 다음과 같이 두 가지로 표현할 수 있다. 첫째로, "도덕은 이성의 산물이 아니라 그 전제이며, 우리의 지성이라는 도구는 도덕에 기여하도록 발전되어온 것이다"(Hayek, 2023: 109). 문화적 진화 과정을 통해서 사람들이 확장된 질서가 작동하도록 만드는 데 필요한 보편적 규칙과 전통에 따라 자발적으로 행동할 줄을 배웠다는 점이다. 문법에 따라 말할 줄을 배우는 것처럼 말이다. 그런 속에서 인간들은 소속감을 갖는다. 이런 점에서 시장문화는 곧 공동체적 문화다.

따라서 존 롤스의 사회계약론, 노직, 로스바드의 자연권 사상, 칸트의 정언명령과 똑같이 이성으로부터 도출된 그래서 역사적 맥락으로부터 분리된 규범들의 웅대한 기획에 대해 진화이론가들이 비판적이라는 것은 놀라운 일이 아니다.

---

38) 즉 "그 자신의 견해와 선호를 그 자신의 영역에서는 궁극적인 것으로 인정하는 것과 사람이 자신의 재능과 취향을 발전시키는 것이 바람직하다는 신념이다"(Hayek, 2006: 52).

5.
하이에크 vs. 미제스

오늘날 하이에크의 연구자들과 미제스의 연구자들은 그들의 차이를 구분하고 있다. 그 차이는 프리드리히 폰 비서가 하이에크에 미친 영향, 예를 들면 그의 화폐의 관점과 자본론에 미친 영향에서 비롯된 것이다. 그들 사이의 주요 쟁점 중 하나가 사회주의와 계획경제는 가격계산이 불가능하기 때문에 실패했는가 아니면, 수많은 정보를 가공할 수 있는 인간 정신의 무능력 때문에 실패했는가의 문제다. 금본위 제도의 도입에 관한 문제에서도 그들의 견해는 차이가 있다. 미제스는 대공황 기간 동안 그 도입을 즉각적으로 이뤄져야 한다고 생각했지만 하이에크는 금본위제도를 원칙적으로 지지하지만 그런 제도는 너무 많은 어려움을 창출할 거라고 생각했다. 그들은 국가의 과제에 관해서도 서로 다르다. 하이에크는 개인의 삶에 대한 국가의 개입을 미제스보다도 많이 옹호하고 있다. 이런 차이들의 원천을 그들의 인간관에서 비롯된 것인 수 있다.

1) 목적 지향적 행동 vs. 규칙을 따르는 행동

미제스는 인간행동은 의식적이고 목적 지향적이라고 한다. 이런 인식은 하이에크와 전혀 다르다. 그는 이렇게 말했다.

"인간은 목적을 추구하는 동물인 만큼이나 규칙을 따르는 동물이기도 하다. 그리고 그는 자신이 준수하고 있는 규칙들을 왜 준수해야 하는지를 알기 때문이 아니라, 혹은 이 모든 규칙을 말로 표현할 수 있기 때문이 아니라, 그의 사고와 행동이 그가 살아가고 있는 사회에서 선택(selection) 과정에 의해 진화해왔던, 그럼으로써 여러 세대의 경험의 산물이기도 한 규칙들에 의해 지배되고 있기 때문이다."(Hayek, 2018: 46)[39]

인간행동을 안내하는 규칙들 속에는 세계에 관한 지식, 즉 인류의 진화과정과 개인의 학습 과정에서 시행과 착오를 통해서 축적된 지식이 담겨 있다. 이런 지식은 '집단지성'이라고 볼 수 있다(Vanberg, 2002: 14). 행동규칙을 통해 전달되는 지식은 특정한 행동을 해서는 안 된다는 내용의 소극적 지식을 전달한다. 규칙을 따르는 행동 때문에 비로소 인간은 합리적으로 행동할 수 있다. 많은 사회제도는 우리가 목적을 성공적으로 추구하기 위한 불가결한 조건들이다. 그들은 사실상 어떤 목적을 고려하여 발명되지도 않고 준수되지도 않았던, 다시 말해 목적과 독립적인 도덕규칙들이다. 이와 같은 규칙을 따르는 행동 때문에 수많은 사람의 다양한 목적들이 일관성 있게 조정된 질서가 자생적으로 형성된다.

자유사회가 기능하기 위해서는 우리의 행동이 그런 규칙에 부합해야 한다. 실제로도 자유는 뿌리 깊은 도덕적 신념이 없이는 작동하지 않

---

39) 이 인용된 문구와 관련하여 하이에크는 각주에서 다음과 같이 Peters(1959: 5)를 인용하고 있다. "인간은 규칙을 따르는 동물이다. 그의 행동은 단순하게 목적들만을 향한 것이 아니다. 그것은 사회적 기준들 그리고 관습들에도 순응한다. 인간은 계산하는 기계와 달리 규칙들 및 대상들에 대한 지식 때문에 행동한다. 예를 들어 우리는 사람들에게 정직성, 시간 엄수, 배려 그리고 비열(meanness)과 같은 성격의 기질들(traits)을 속성으로 붙인다. 그러한 용어들은 야망 혹은 갈구(hunger) 혹은 사회적 욕망과 같이 인간이 추구하고자 하는 종류의 목표들을 가리키는 것이 아니다. 오히려 그것들은 그의 목표들이 무엇이건 그의 행위에 가할 규제들의 유형을 가리키는 것이다."(Hayek, 2018: 236. Fn. 8)

았고 개인들이 특정 원칙에 자발적으로 순종하리라고 기대할 수 있는 곳에서만, 강제력이 최소로 감소할 수 있었다. 이는 합리주의 학파의 밖에 있는 자유의 모든 위대한 사도들, 예를 들면 데이비드 흄, 애덤 스미스, 알렉시스 드 토크빌(Alexis de Tocqueville), 하이에크 등이 각별하게 강조하는 진실이다. 여기서 공리주의를 포함하여 모든 합리주의적 자유주의와 그리고 반합리주의적 자유주의 접근법의 차이를 볼 수 있다. 의도치 않게 또는 무의식적으로 등장하는 관습과 습관은 합리주의자(과학적 전통 또는 이성의 렌즈를 통해 세상을 보는 사람)에게는 거의 의미가 없다.

미제스는 이런 사실을 고려하지 못하고 인간행동을 목적 지향적으로만 취급함으로써 데카르트의 구성주의적 합리주의의 오류를 범하고 있다. 흥미로운 것은 그런 오류를 범하고 있는 대표적인 예가 미제시안(Misesian)으로 유명한 한스-헤르만 호페(Hans-Hermann Hoppe)다. 그에 의하면 "모든 행동은 부족한 수단을 의도적으로 사용하는 것을 포함하며, 모든 행위자는 항상 성공적인 행동과 실패할 행동을 구별할 수 있다"(Hoppe, 1994: 77)라고 말하면서 "행동은 항상 의식적이고 합리적"(77-78쪽)이라고 한다. 호페의 그런 주장들이 유효하려면 완벽한 예지력과 극도의 인지능력이 필요하며, 이는 우리와 같은 인간에게 단순히 존재하지 않는 속성이다. 그 밖에도 그에 의하면, 하이에크는 합리주의에 대한 비판을 개인의 행동이 빚어낸 의도치 않은 사회적 결과들에 대한 앎의 불가능성에 집중하여 사회 계획을 강력히 반대한다고 한다. 다른 한편 호페는 효용 극대화로 표현되는 개인의 이성적인 행동의 가능성까지도 하이에크는 부인한다고 비판한다. 이런 비판은 유감스럽게도 하이에크에게 적합한 것이 아니다. 그는 인간을 효용을 극대화하는 존재로 보지 않기 때문이다. 오히려 인간은 새로운 것을 찾는 기업가적 존재이기 때문이다.

어쨌든 하이에크에 대해 호페는 그가 개인의 이성적인 행동의 가능성까지도 인정하지 않는다고 비판한다. 이런 비판도 틀렸다.[40] 개별적인 행동에서 인간은 예지적으로 추측된 숙고한 행위라는 의미에서 합리적으로 행동한다. 그러나 이는 이미 앞에서 자세히 설명한 바와 같이, 문화적 진화를 통해 자생적으로 형성된 규칙의 테두리 내에서 그런 예지적 추측과 깊이 있는 숙고가 가능하다. 그렇다고 해서 그 합리성이 호페가 전제하는 것처럼 "성공적인 행동과 실패할 행동"을 구별할 수 있을 만큼 완전한 합리성이 아니다. 호페가 그런 합리성을 전제한 이유는 위에서 언급했듯이 인간행동은 항상 필연적으로 합리적이라는 미제스의 입장을 곡해한 나머지 실패한 행동은 비합리적 행동으로 취급하기 때문이다.

미제스 자신은 '합리적' 혹은 '비합리적'이라는 용어를 단순히 목적 달성을 위해 선택된 수단에 사용한다면 그 용어들은 '부적절하고 무의미한' 것으로 간주했다. 그 용어들은 단순히 목적 달성에 사용되는 절차의 편의성과 적절성에 관한 판단을 의미하는데, 이는 "인간의 이성은 실수를 저지를 수 있으며 (중략) 인간은 수단을 선택하고 적용하는 데 있어서 자주 오류를 범하기 때문이다"(Mises, 2011: 44)라고 미제스는 주장했다. 그렇다면 미제스에게 비합리적 행위란 없다. 합리적 행위는 동의어 반복을 의미하기 때문이다. 유감스럽게도 미제스에게는 인간들이 자신들의 그같은 오류를 극복하거나 개선하기 위해 어떻게 하는가에 대한 설명이 없다. 그러나 하이에크에게 정보의 처리 과정과 학습 과정 그리고 정보의 확산과정에 관해 매우 상세히 설명하고 있다(민경국, 2021: 158-162). 이런 과정에 관한 설명이 선험적인 행동 논리로는 접근하기 곤란하다. 그리고 그런 행동 논리를 가지고는 하이에크의 자생적 질서를 설명할 수 없다. 게다가 미제스의 "연합의 법칙(law of association)"도 하이에크의 자생적 질서를

---

40) "여기서 옹호하는 것은 이성의 포기가 아니라 이성이 적절하게 통제되는 분야에 대한 합리적인 검토다."(Hayek, 2023: 69)

설명할 수 없다.[41)]

2) 의식적 행동 vs. 무(초)의식적 행동

미제스에게 합리적 행동의 반대는 무의식적 행동을 의미한다. 이는 그가 인간 행위를 의식적인 그리고 목적 지향적인 행위로 규정한 이유다. 그는 "의식적이거나 의도적인 행동은 무의식적 행동, 즉 신체의 세포와 신경이 자극에 반응하는 반사작용 및 무의식적 반응과 극명하게 대조를 이룬다"라고 말했다(Mises, 2011: 25). 그는 인간 행동은 의식적이고 의도적이라고 주장하고 싶어 한다. 인간행동은 목적에 의해서만 유도된다는 생각은 규칙을 준수하는 행동을 간과한 데서 비롯되었다는 점은 앞에서 설명했다. 그런데 사람들이 지키는 행동규칙은 언어로 표현된 의식적인 행동규칙뿐만 아니라 하이에크가 지적하듯이, 정의감 또는 법 감정처럼 행동으로 표현할 수는 있지만 말로는 표현하기 어려운 것들이 있다. 이런 행동규칙은 의식할 수 없다. 예를 들면 우리는 공정한 게임규칙이 어떤 것인지 말로 표현할 수는 없지만, 게임 하는 모습을 직접 볼 때, 불공정한 게임을 지적할 수 있다. 또 다른 예를 들면, 우리는 문법을 모르면서도 의사소통할 수 있다. 인간 행위에서뿐만 아니라 행동을 산출하는 정신 과정에도 무의식적 사고가 지배하고 있다.

의도성을 강조하는 미제스는 버논 스미스(Vernon Smith)가 적절히 비

---

41) "제휴의 법칙은 인간 협동의 급진적인 심화로 귀결된 경향들을 이해할 수 있게 한다. 우리는 사람들로 하여금 스스로를 자연이 준 한정된 생계수단을 차지하기 위해서 투쟁하는 단순한 경쟁자로 간주하지 않도록 유도했던 인센티브가 무엇인가를 안다. 우리는 사람들로 하여금 협력을 위해 서로 조화하도록 해왔고 또 영원히 조화하도록 하는 것이 무엇인가를 안다. 보다 발전된 분업 양식을 향한 길로 나아가는 단계마다 참가자들 모두의 이익에 도움이 된다. (중략) 이렇게 해서 우리는 사회적 진화의 경로를 파악할 수 있는 위치에 서게 된다."(Mises, 2011: 318)

판하듯이, 신경과학의 최근 추세에 밀려났다. 그리고 의도성의 강조는 그의 시스템에 필요한 조건도 아니다. 인간 행동의 주요 원동력이 자기 인식적이고 곰곰이 따진 선택을 포함하든, 그렇지 않든 관계없이 시장은 작동한다는 이유에서다(Smith, 1999: 200). 그런데 미제스에 대한 그런 비판은 균형상태에서 자극에 대한 반응 즉, 균형을 유지하려는 반응에 초점을 맞추는 월라스와 같은 균형이론에서나 타당할 뿐이지, 미제스의 이론체계에 대한 비판으로는 옳지 않다는 비판이 있다(White, 1999: 213). 미제스는 시장을 균형이 아닌 과정으로, 즉 지극에 대한 단순한 균형적 반응만이 아닌 기업가적 발견과정으로 이해한다는 이유에서다. 따라서 우리가 주목할 것은 화이트는 자신이 말하는 인간행동의 '반사작용' 및 '무의식적 반응'을 어떻게 이해하는가의 문제다. 그는 "개인은 자신의 취향에 대한 사진만 남겨둔다면 사라질 수도 있다"라고 말한 파레토를 인용하고 있다(213쪽). 인용문은 자극을 해석하고 인지하는 정신적 과정이 없이 스키너의 '자극-반응' 공식을 따른 행동을 의미한다. 그런 공식은 자극을 해석하고 인지하는 정신적 과정이 없이 행동으로 이어진다.

그러나 어떻게 외부의 자극을 해석하고 인지하여 행동을 산출하는가의 문제를 다룬 것이 21살 때 썼지만 30년이 지나 1952년에 발간한, 그리고 오늘날 두뇌 과학의 효시로 평가받는 『감각적 질서』다. 그가 주목했던 것은 외부에서 들어오는 자극을 해석하고 행동을 결정하는 역할을 하는 것이 무엇인가의 문제다. 그런 역할을 하는 것이 분류 도구(인지 틀)이다. 스키너 또는 미제스가 반사적 행동처럼 외부의 자극과 행동의 관계를 1대1 관계로 이해하는 게 아니라 분류 도구라고 하는 정신과정을 통해서 외부의 자극이 인지·해석된다. 그 해석이 능동적이고 창조적이라는 것이다. 그래서 우리의 두뇌 속에서 벌어지고 있는 사고과정은 결코 스키너의 결정론으로 설명할 수 없다. 하이에크에게 정신은 복잡한 자생적 질서다. 게다가 사고과정은 심오한 차원에서는 무의식적인 복잡계다.

그러함에도 미제스는 무의식적 정신과정의 작동을 과소평가한다. 그의 이런 과소평가는 앞에서 언급한 하이에크의 『감각적 질서』에 의해 지적으로 추월당했다. 그의 이 저서가 명확하게 입증하듯이, 의식적인 사고는 의식할 수 없는 규칙들, 다시 말하면 무의식적(초의식적, supra-conscious) 메커니즘에 의해 지배된다는 점을 직시할 필요가 있다. 그는 감각적 질서에서 산꼭대기에 비유하여 의식적인 경험과 초의식적인 경험의 관계를 설명하고 있다(Hayek, 2000.6. 21: 240).

> "의식적인 경험들은 이러한 관점에서 구름 위에 우뚝 솟은 산 정상과 비유할 수 있다. 산 정상은 눈에 보이지만, 그러나 (중략) 보이지 않는 하부구조를 전제로 한다."

인지와 행동을 안내하는 규칙들은 위계적으로 구성되어 있다. 가장 근본적인 규칙들은 언제나 초의식적이다. 그런 규칙들을 확인하고 말로 표현하기가 불가능하다. 그런 규칙들은 우리의 사고의 '범주'를 형성한다. 따라서 흥미로운 것은 의식성 목적 지향성은 출발점이 아니라 그것은 초의식성의 결과라는 점이다. 뒤에 가서 자세히 설명하겠지만, 우리가 의식하는 것은 초의식적 작용이 이미 끝났음을 말한다. 주목할 점은 초의식적 규칙들은 주어져 있고 불변적인 것이 아니라는 것이다. 우리의 삶을 지배하는 모든 규칙은 진화적 선별과 변형의 산물이라는 것을 직시할 필요가 있다. 더구나 초의식적 규칙은 의식적인 것에, 반대로 의식적인 것은 초의식적 사고에 영향을 미친다.[42] 어느 한 초의식적 행동규칙을 의식화하거나 소멸하면 새로운 초의식적인 것이 등장한다.

---

42) 새로운 행동과 인지규칙을 습득하거나 의식적으로 그들을 언어로 표현하면 새로운 초의식적 규칙에 지배받게 된다. 이들이 언어로 표현되거나 모습을 볼 수 없게 되면 또 다른 초의식적 규칙이 등장한다.

인간의 무의식적 행동에 관한 예는 차고 넘친다. 버논 스미스에 의존하여 (Smith, 1999: 200) 예를 들면 우리가 아는 것의 대부분은 학습과정을 통해서 알게 되는데, 우리는 이를 기억하지 못한다. 왜냐하면 학습 과정은 우리의 의식적 경험에 접근할 수 없기 때문이다. 정상적으로 발달한 아이는 네 살이 되면 배우지 않고도 구문적으로 옳은 자연어를 배운다. 우리가 직면한 중요한 결정문제조차도 의식적으로 접근할 수 없는 뇌에 의해 처리된다. 이것은 우리가 의사결정에 어려움을 겪거나 문제를 해결하려고 노력하다가 잠자리에 들고 상당한 진전을 이루거나 해결책을 찾았을 때 분명하게 드러난다. 이같이 인간행동의 무의식인 경우가 대부분이라는 사실은 신경과학자 겸 윤리학자 가짜니가가 아주 특징적으로 지적했다. 중요하기 때문에 긴 문장이지만 이를 재인용하고자 한다.

> "우리가 무언가를 안다고 생각할 때 (즉, 그것이 우리의 의식적 경험의 일부라는 것을) 뇌는 이미 일을 마친 때다. 그것은 두뇌에게 오래된 소식이지만, '우리'(의식적인 정신)에게는 새로운 소식이다. 뇌에 내장된 시스템은 자동적으로 그리고 주로 우리의 의식적 인식 밖에서 작동한다. 뇌가 처리하는 정보가 우리의 의식에 도달하기 반 초 전에 뇌는 이미 처리를 끝낸 것이다. (중략) 우리(즉, 우리의 마음)는 이 모든 것이 어떻게 작동하고 영향을 받는지 전혀 모른다. 우리는 이러한 행동을 계획하거나 말로 표현하지 않는다. 우리는 그저 결과를 관찰할 뿐이다. (중략) 뇌는 우리가 경험하고 있는 사건이 실시간으로 일어나고 있다는 환상을 우리 안에 만들어내어 뇌의 기능의 이 '완료된' 측면을 감추기 시작한다. 무언가를 하기로 결정한다는 우리의 의식적 경험 이전에 일어난 것이 아니다."(Gazzaniga, 1998: 63-64)

두뇌의 이런 무의식적 과정 때문에 두뇌가 의식적인 정보 이용보다 훨씬 더 많고 훨씬 더 포괄적으로 저장된 지식을 동원할 수 있다. 이는 진화적 선별에서 매우 유익한 역할을 했다(민경국, 2016: 157). 의식적인 의사결정도 수많은 무의식적인 두뇌 과정의 도움을 통해서 준비되고 또 그로부터 영향을 받는다는 신경과학의 인식도 흥미롭다.[43] 따라서 우리는 어떤 행동 결정이 생겨날 것인가를 미리 알 수 없다.

무의식성에 관한 이 같은 생각은 시장에 관한 우리의 이해의 지평을 넓혀준다. 정신이 이해할 수 없을 정도로 시장이 부의 창출을 불러온 것은 사회적 두뇌가 가격을 통해서 정보처리 능력을 다른 두뇌들로 확대하기 때문이다. 가격은 다른 두뇌들의 무의식적 지식까지도 전달하고 있다. 시장에서 자생적으로 형성·변화하는 가격은 두뇌들끼리 비언어적으로 지식을 소통하는 메커니즘의 역할을 한다. 정신은 뇌가 하는 일의 대부분에 접근 불가능한 것과 똑같이, 시장참여자들은 자신들의 다양한 노력이 가격에 의해 스스로 조정되고, 잘못된 노력은 마찬가지로 가격을 통해 스스로 통제됨으로써 시장은 스스로 조직되는 시스템으로서 작동한다는 것을 이해하지 못한다.

이같이 행위자가 자신의 뇌 기능에 대한 인식에 접근 곤란한 것만큼 경제의 작동 방식도 마찬가지로 사업가를 포함한 모든 행위자의 인식에 접근 불가능하다. 경제의 작동 방식, 넓게 말한다면 시장질서는 의식적인 이성의 산물이 아니며, 산물이 될 수도 없다. 시장질서의 산물이 의식적인 이성이다. 따라서 인간은 자신의 한계를 인식하고, 하이에크가 말했듯이 "경제학과 생물학이 밝힌 놀라운 사실, 즉 설계 없이 생성된 질서는 인간이 의식적으로 고안한 계획을 훨씬 능가할 수 있다는 것의 의미"와 직면해야 한다(Hayek, 1988: 8).

---

43) 하이에크는 수학자이자 철학자인 화이트헤드(A. N. Whitehead, 1861~1947)를 인용하여 무의식적 두뇌 작용의 중요성을 강조하고 있다(Hayek, 1949/1998: 131).

3) 인간 사회와 협력에 관해

　미제스는 "사회는 협력적 행동, 협동이다. 사회는 의식적이고 합목적적인 행위의 산물이다. (중략) 협력적 행동들을 통해 창출된 상호관계의 복잡계가 사회다"(Mises, 2011: 285)라고 말했다. 그에 따르면 모든 사회적 관계는 시장경제에 의해 가능해진 노동의 분업에서 발생한다. "사회적 협력의 틀 안에서 사회구성원들 사이에는 공감, 우정의 감정, 그리고 소속감이 출현할 수 있다. (중략) 이런 감정들은 사회적 관계를 초래한 요인이 아니라 사회적 협력의 열매이며, 그 틀 안에서만 번성한다. (중략) 협력, 사회, 문명을 불러오고 동물적 인간을 인간으로 변형시킨 근본적인 사실은 노동 분업의 아래에서 수행되는 일이 고립된 일보다 더 생산적이며, 인간의 이성은 이런 진실을 인식할 수 있다는 사실이다."(286-287쪽)

　시장경제에 의해 비로소 분업이 가능했고, 이를 통해 사람들에게 동정심, 친절 그리고 소속감이 나타날 수 있다는 미제스의 메시지야말로 우리에게 매우 소중하지만, 그것은 두 가지 다른 맥락을 간과하고 있다. 첫째로, 도덕적 본성이 없다고 해도 분업이 가능한가에 대한 충분한 논의가 없다. 둘째로, 분업이 가능하게 된 제도적인 근본 원인에 대한 설명이 없다.

　첫 번째 문제와 관련하여 미제스는 지나치게 합리성을 강조하여 본능적 행위를 무시하고 있다. 사람들은 지속적으로, 그리고 대부분 의식함이 없이 적대적으로 인식되지 않는다면 친구, 동료, 심지어 낯선 사람과 호혜적 관계를 맺는다. "상호적 이타심"(Trivers, 1971)이라고 부르는 그런 사례는 실제로 차고 넘친다. 우리는 지인을 저녁 식사에 초대하고, 그 후에 그들이 우리를 초대한다. 친구들은 긴밀한 계산이 없이 서로에게 호의를 베풀고, 재산을 빌려주고, 서비스를 제공한다. "나는 당신에게 빚을 졌다"라는 일반적인 표현이 생겨난 이유다(Smith, 1999: 204). 인류가 지도자의 명령에 쫓으면서 삶을 영위했던 수렵·채집 사회는 광범위한 경제적 영향을 미치는 사회적 교환시스템으로 가득 차 있다. 일부는 물론 상품화폐 형태를 가지고 있지만, 많은 사회는 상품화폐가 없고, 돈이나 냉장이 없는 세상에서 교환에서 이익을 얻기 위해 '적극적 상호성'을 통한 사회적 교환에 전적으로 의존한다. 이런 상호성이 지켜지지 않을 때는 보복과 같은 '소극적 상호성'이 뒤따른다. 이런 소극적 상호성은 네가 날 더 이상 초대하지 않는다면 나도 널 초대하기를 중단하겠다는 일종의 팃포탯(tit for tat)과 같은 것이다. 이를 트리버스는 "도덕적 공격(moral aggression)"이라고 말했다.

어쨌든 사회적 교환을 위한 제도의 형태는 매우 다양하지만, 그런 제도의 기능은 호혜성이라는 점에서 똑같다. 예를 들면, 세대와 성별 간에 노동 분업이 발생한다. 일반적으로 여성, 어린이, 노인과 같은 신체적 약자는 식물성 식량을 채집하고 가공한다. 장성한 남성과 소년은 사냥하면서 배운다. 노인은 사냥에 대해 조언하고 도구를 만든다. 할머니는 특징적인 인간적·생물학적 적응의 일부인 폐경으로 출산이 정지되어 그 대신에 손자 손녀의 출산과 양육을 돕고, 이는 폐경 후 가족과 지역 공동체 봉사로까지 확장된 삶으로 이어진다(Smith, 1999: 204). 이러한 분업적 호혜성에 대한 '본능'은 다양하고 광범위한 형태로 아는 사람끼리의 사회적 교환(일종의 '품앗이')을 불러왔고, 오늘날에도 가족, 친지, 교회와 같은 소규모 사회에서 흔하게 목격될 수 있다.

친족으로 구성된 소규모의 무리에서 벗어난 비혈연적 관계의 사람들이 서로 협력할 방법은 전문화 이외에는 다른 방도가 없었다. 사냥할 때도 전문화와 이에 따른 분업이 가능했다. 누군가는 사냥감 추적에, 또 다른 누군가는 사냥 전체를 계획하고 지시하는 일에 전문성을 가질 수 있었을 것이다(Seabright, 2018: 89). 무임승차의 행위가 혈연관계보다 비혈연관계에서 더 빈번히 등장할 것이고 따라서 적극적 상호성의 암묵적 거래

비용 혹은 집행비용으로서 무임승차자를 처벌할 소극적 상호성이 내생적으로 형성한다.

이상과 같이 인류는 태초에 확장된 가족 또는 부족과 같은 소규모의 위계적 사회에서 수렵·채집자로서 본능에서 생겨나는 호혜성, 아는 사람끼리의 교환을 통해 최소 250만 년 동안 살았다. 우리의 조상들 대부분이 수렵 대신에 양을 키우고 채집 대신에 곡물을 재배하기 시작함으로써 그런 전통적인 삶의 스타일을 포기했던 것은 겨우 대략 10,000년 전이었다(Smith, 1998: 4). 그 이후부터 점차 사회적 교환은 가족과 부족을 넘어서 확대되었다. 아는 사람끼리의 본능적 호혜성은 특히 문화적 진화를 거쳐 매우 어렵게 등장한 시장 제도를 통한 호혜성, 즉 서로 모르는 사람들끼리의 교환으로 교체되었다. 시장 제도에서 사람들이 자신의 이익을 위해 사유재산을 활용하여 부를 창출했다. 시장에서의 교환은 전문화와 부의 창출로 이끄는 정합 게임(positive sum game)인데, 그 한계는 시장의 규모에 좌우된다.

오늘날 우리가 도달한 풍요로운 상황은 시장의 교환을 통해서였다는 미제스의 주장에 동의하지만, 우리 역사의 대부분 동안, 즉 인류 역사를 24시간으로 본다면, 23시간 56분 동안(North, 1993) 교환은 가족, 대가족, 부족 내에서 상호성을 통해 이루어졌다는 사실을 간과할 수 없다. 본능적 호혜성은 한편으로는 오늘날 세계 시장과 전자 상거래 시대의 시작으로 이어졌다. 그것은 시장이 등장하기 훨씬 전에 가장 초기의 전문화의 기초를 마련한 것이다.

그러나 다른 한편 그런 본능적·심리적인 요소가 오늘날에는 족벌주의, 종족주의, 팬덤 정치 또는 사회주의 정당의 정책 어젠다로 변형되어 인류의 발전을 가로막고 있다. 인간의 본능은 열린사회가 아닌 닫힌사회에 적합하게 개발되었기 때문이다. 지도자의 지시와 명령에 따라 소규모의 그룹을 지어 수렵과 채집을 통해 인류가 살아가던 석기시대의 삶의 방식이 아직도 현대인의 본능 속에 깊숙이 잠복돼 있다. 오늘날 사회주의, 공동체주의와 분배 정의 등은 사라진 듯이 보이던 그런 과거의 삶의 방식에 대한 향수에 젖어 그런 삶으로 회귀하겠다는 격제유전(隔世遺傳, atavism)의 현상의 발로가 아닐 수 없다. 그런 회귀는 본능과 이성의 결탁에서 나온 것임에 틀림없다.

6.
자유주의에 대한 공동체주의적 비판의 한계

공동체주의에 의하면, 합리주의적 자유주의가 생각하듯, 인간을 자기 의지로 결정하는 자기 결정적 주체라고 생각하는 것은 큰 오해라는 것이다. 사실 인간은 타인에게 쉽게 영향을 받는 존재라는 것을 우리는 자주 잊고 산다. 미제스처럼 의식적인 선택이나 주체적 통제하에 이루어진 것으로 생각하는 것도 잘못이다. 그런 생각이 틀린 것은 인간 행위의 대부분은 환경에서 유발된 습관적이고 타성에 젖은 행동이라는 이유 때문이다.

공동체주의자들은 합리주의적 자유주의는 자신의 권리만을 주장하는 이기적이고 원자화된 계산적인 인간을 전제로 하고 있다고, 그리고 이런 인간은 반사회적이고 정신적으로 황폐한 인간이라고 주장한다. 그 결과, 첫째로 자유주의에는 없는 것이 바로 공동선이라고 한다. 설사 공공선이 있다고 해도 이는 개인의 개별적 선호의 총합을 반영할 뿐, 원자적 인간을 전제하기 때문에 그것을 도덕적으로 접근하지 못한다고 한다. 둘째로, 작은 정부와 큰 시장의 이데올로기는 원래 사회적·도덕적이었던 인간을 모래알처럼 고립된 인간으로, 그리고 순전히 이기적인 인간으로 만든다고 한다. 셋째로, 공동체주의에 따른다면, 자유를 허용하는 개인주의 사회는 구성원들로부터 공동의 편익을 박탈하고, 도덕적 용기, 정의, 성실, 정직성과 충성과 같은 덕성을 발휘할 기회까지도 박탈한다는 것이다. 원자적 인간을 전제하는 합리주의적 자유주의에 대한 그런 비판이 옳다고 보자. 우리가 주목할 것은 그런 비판이 사회적 인간을 전제하는 진화론적 자유주의에 대한 비판에도 적용할 수 있는가의 문제다.

1) 자유사회에는 공동선이 없다는 주장이 옳은가?

공동체주의자들은 공화주의자들과 똑같이 자유사회에는 공동선이 없다고 주장한다. 그 이유와 관련해서는 서로 다른 입장이다. 공화주의는 공익과 사익을 엄격히 구분하면서 시장과 사법(私法)은 사익 추구를 위한 제도이고 이에 반해 정부와 공법은 공익을 위한 제도라고 한다. 이에 반해 자유사회는 원자적 인간을 전제하기 때문에 공동선을 생각할 수 없다고, 오히려 공동선을 희생하여 사적 이익의 추구를 지지하는 사회라고 주장하는 것이 공동체주의다. 그러나 공화주의든 공동체주의든 공동선을 찾아내고 이를 실현하기 위해 개인들의 정치참여를 중요하게 여긴다. 공동체주의가 주장하듯이 정말로 자유사회에는 공동선이 없는가?

정치의 정당성은 누가 정치적 권위를 행사하는가의 문제뿐만 아니라 권위가 행사하는 목표의 문제에 의해서도 좌우된다. 이 후자의 문제, 즉 공권력의 정당성을 부여하는 역할을 하는 것이 공동선이다. 이미 앞에서 설명했듯이 일반복지 또는 공공선을 위해서 필요한 경우에만 개인에 대한 국가의 강제가 허용된다는 것은 자유주의 전통에서 강조되고 있는 원칙들 가운데 하나다. 권력의 정당성은 그 행사가 일반적 혹은 공적 성격을 지니고 있어야 한다. 자유사회에서 공동선은 개인들 또는 인간그룹들에게 알려지지 않은 개별적인 목적을 추구하는 것을 원활하게 하는 데 있다. 우리가 시장이라고 부르는 자생적 조정 메커니즘의 원활한 기능을

보장하는 일반적인 조건을 확보함으로써 실현된다.[44]

공동선은 자유에 기초를 둔 자생적 행동질서다. 이 질서가 형성되는 과정에서 등장하는 지식의 축적, 생산성, 번영, 평화 등 추상적 가치가 공동선이다. 따라서 정치적 결정의 대상도, 또한 특정 구체적 목적을 성취하는 것도 아니다. 공동선의 달성을 위한 조건은 주로 법적 성격을 띤 것이다. 정부는 특정한 종류의 법적 틀을 시행함으로써 그런 조건이 확립된다. 그 틀은 모든 개인과 그룹이 자신의 목표를 추구하는 데 사용하는 추상적인 그리고 탈목적적인 정의로운 행동규칙들로 구성되어 있다. 그런 행동규칙은 공동체주의나 공화주의의 공익개념처럼 알려진 특수한 목적을 달성하려는 것이 아니라 다양한 목적들을 위한 공동의 수단으로 이용할 수 있는 규칙인데, 이는 차별이나 예외가 없다는 의미에서 보편적 성격을, 그리고 목적에 독립적이라는 의미에서 추상적 성격을 지닌 것이다. 이런 성격의 행동규칙들이 어떻게 문화적 진화를 거쳐 생성 유지됐는가에 관해서는 이미 앞에서 설명했다.[45]

목적에 독립적인 자생적 질서(사회)와 목적에 의존하는 조직(정부)은 개념적으로나 기능적으로 별개의 질서 유형이며, 서로 다른 규칙을 기초로 하기 때문에 서로 양립할 수 없는 원칙에 따라 운영된다. 따라서 사회질서에 구체적인 분배 패턴, 예를 들면, 공로, 욕구 또는 차등 원칙 등을 부과하는 공동선에 대한 개념은 거부하는 것이 마땅하다. 사회주의의 지적 빈곤은 널리 인정되고 있지만, 사회주의 교리를 뒷받침하는 도덕적 · 인식론적 관점은 여전히 사회정의, 산업정책, 산업조직, 보호주의 등에 대한 요구를 불러일으키고 있다. 그들은 모두 시장과정에 대한 모든 종류

---

44) 정부가 전혀 알 수 없는 방식대로 개인들이 자신들의 욕구 충족을 마련할 수 있도록 추상적 질서를 유지하기 위한 조건을 확립함으로써 달성할 수 있다.

45) "그와 같은 규칙들을 채택한 **그룹이 좀 더 성공적**이었기 때문에 그런 규칙들이 우세했다고 해도, 누구도 이 그룹이 왜 성공적이었는지, 그리고 그 결과 왜 그 규칙들이 일반적으로 채택되었는지를 의식할 필요가 없었다."(Hayek, 2018: 53)

의 단편적 개입을 요구한다.

하이에크를 비롯한 자유주의자들은 그런 요구의 충족은 결코 공동의 이익에 도움이 될 수 없다고 목소리를 높인다. 만약 우리가 자원의 희소성에 몸살을 앓고 있는 세계에서 살아가면서 모든 사람이 그런 희소한 자원의 효율적인 사용으로부터 이익을 얻을 수 있기 위해서라면, 자생적으로 질서가 형성하는 과정을 무시하거나 사회질서에 어떤 분배적 패턴도 강요해서는 안 된다. 그런 시도는 장기적인 공동의 이익에 반하는 결과를 가져올 수밖에 없다는 이유에서다. 특히 우리가 주목할 것은 자유사회에서는 자발적으로 공급될 다양한 공동재들이 존재한다는 점이다.

2) 본래 사회적 성격을 지닌 재화와 자연적 질서

진화사상이 자생적 질서의 대표적인 예로서 언어 시장 그리고 보통법을 들고 있드시, 가족관계와 본래 사회적 성격을 갖는 재화는 공동체주의에게 자신의 패러다임 설명에서 예시하는 대표적 예다. 우리는 어느 한 활동을 타인과 함께할 때 그 활동이 가치 있다고 평가한다. 혼자서 농담을 말하는 것은 불가능하다. 듣고 즐기는 청중이 필요하기 때문이다. 혼자 춤을 추거나 노래를 부를 경우보다 여럿이 행하는 것이 더 즐겁다. 흔히 사람들은 혼자서 음악을 듣기보다는 콘서트에 가는 것을 더 즐긴다. 청각적으로 볼 때 직접 귀로 듣는 것이 훨씬 더 좋기 때문이 아니라 다른 사람들과 나란히 앉아서 음악을 듣는 것 자체를 목적으로 평가하기 때문이다. 이런 식으로 이해하여 콘서트에 가는 것은 '본래 고유한 사회적 재화'다. 사람들은 혼자서 TV를 통해 축구나 야구를 구경하기보다 수많은 사람이 모이는 축구·야구장에서 구경하기를 즐기는 것도 마찬가지다. 수많은 게임은 그 같은 재화에 속한다. 재화의 논리에 따라 그것은 다른 사람과 함께 즐기지 않으면 즐길 수가 없다. 이런 재화는 그 공급이 기술적인 상황에 의해서만 좌우되는 것이 아니라는 점에서 앞에서 설명한 공공재와 다르다.

경제학자에게 국방이 공공재의 전형인 것처럼 윤리학자에게는 우정이 본래 사회적 성격을 가진 재화다(Brennan & Lomasky, 2006: 226). 우정을 중시하는 공동체주의가 그런 재화에 깊은 관심을 가진 이유다. 친구와 함께하는 그 같은 성격의 활동은 바둑이나 장기처럼 기술적 이유만이 아니라 그렇게 함께하기 자체가 행동목적이라는 이유에서 가치가 있다. 중요한 것은 타인의 참여다. 이같이 많은 종류의 게임은 본래 사회적 성격을 가진 재화다. 그런 게임이 주는 자극과 만족을 위해서는 두 사람 이상의 "독립적인 정신과 의지"가 필요하다(Galston, 2013: 10).

인간 삶은 그 본질에 있어서 사회적이다. 어린애가 생존하고 성품을 학습·개발하기 위해서는 타인들의 양육과 그들과 사귈 교우관계를 의미하는 '사회적 요람'(10쪽)이 필요하다. 일단 성장하면 우리는 타인들과 교제하려고 한다. 특수한 편익을 위해서뿐만 아니라 혼자 있게 되면 고립감을 느끼기 때문이다. 우리는 서로 다르다. 외로움을 참지 못하는 사람도 있다. 또는 일상적인 삶도 거추장스럽게 여기는 사람도 있다. 그러나 아무리 내향적인 사람이라고 해도 나름대로 타인과의 교제를 그리워하기 마련이다. 사람들이 공원 또는 음식점 등에서 서로 만나는 이유다. 특별한 목적이 있어서가 아니다. 단순히 타인들과 어울리고 싶은 것이다. 이런 것이 혼자서는 즐길 수 없는 그러나 사람들이 함께 즐길 수 있는 일종의 재화다.

공동체주의는 그 같은 사회적 재화가 풍부한 질서가 훌륭한 질서라고 주장한다. 그러나 자유주의는 원자적 개인주의를 전제하기 때문에 그 같은 사회적 재화가 존재할 수 없고 그래서 자유사회는 인간들의 관계가 메마르다고 한다. 하지만 그런 인간을 전제하는 패러다임이 반자유주의가 비판의 대상으로 여겼던 합리주의적 자유주의뿐만이 아니라, 토머스 홉스를 비롯하여 제러미 벤담, 그리고 그런 전통에 따른 신고전파의 주류 경제학이다. 하이에크는 중요한 논문 「개인주의: 진짜와 가짜」에서 원자적 개인주의를 가짜 개인주의라고 말했다(Hayek, 1998: 11-52). 데이비드 흄, 애덤 스미스, 알렉시스 토크빌, 하이에크 등 스코틀랜드 계몽주의 전통의 개인주의에서 인간은 제도적 환경의 산물, 간단히 말해서 사회적 산물로 이해된다. 인간은 잘못을 저지르기 쉽고 근시안적이다. 그리고 타인들의 지식에 의존하는 것도 인간이다(Horowitz, 2005: 33). 그래서 필요한 것은 소통이다. 자유주의에서 말하는 자유 중에는 타인들과 함께 콘서트에 가서 음악을 들을 자유도 있다. 물론 인간은 혼자서 음악을 들을 자유도 있다. 그렇다고 해서 그것이 자유주의 이론의 결함은 아니다.

공동체주의는 본래 사회적 성격을 지닌 재화를 산출하는 것을 국가의 과제로 여기고 있다. 예를 들면 콘서트 참가에 보조금을 지급한다. 이것은 자유주의에서는 국가가 해서는 안 될 과제다. 또는 시민으로서 자연적 본성을 실현하기 위해 다른 시민들과 공동의 명분을 함께해야 한다는 이유에서 가난한 사람과 부유한 사람이 함께 공동의 주거지를 만든다. 4년마다 개최하는 세계 축구경기 참가팀에 대한 국가의 지원, 선수들에 대한 군 면제 등은 앞에서 설명한 보수주의자 에드먼트 버크가 주장했던 국위선양(國威宣揚)이라는 공공선과 관련되어 있다. 중요한 것은 공동체주의가 본래의 사회적 재화 중에서 어떤 것을 국가가 나서서 증진할 것인가의 문제다.

강제적으로 증진할 사회적 재화의 목록을 작성하여 사적 목적을 선호하는 사람들을 이용하려고 한다. 이것은 자유사회에서는 가능하지도 않다. 예를 들면 운동경기 또는 바둑, 볼링, 장기 등과 같은 오락은 어떤 사람에게는 사회적 재화이지만 다른 사람에게는 비사회적 재화다. 사람들이 혼자 있기 싫어하고 여럿이 아울리기를 좋아하는 것, 끼리끼리 모여서 놀이를 즐기는 것 등의 원천은 본능이다. 그런 모임은 본능적 욕구를 충족하기 위한 자연적 질서이다. 특정한 공동의 본능적 욕구를 충족하는 것이 자연적 질서의 목적이다. 그리고 그런 질서의 도덕은 애착, 우정, 유대감이다. 공동체주의란 본능에서 우러나는 자연적 질서를, 즉 우정을 거대한 사회로까지 인위적으로 확대·적용하겠다는 야심을 가진 패러다임이다.

이미 앞에서 설명했듯이 공화주의와 마찬가지로 공동체주의도 자유사회를 사회적 재화의 빈곤을 특징으로 하는 사회라고 말한다. 하지만 그런 주장은 옳지 않다. 자유사회는 그런 패러다임이 중시하는 본래 사회적 재화가 자생적으로 꽃을 피우는 데 우호적인 질서다. 이런 질서야말로 정의의 법을 기반으로 하는 자생적 사회질서다. 이런 사회야말로 뜻이 있는 사람들이 협력할 자유를 허용하는 질서다. 우정은 자발적인 수단을 통해서만 달성될 수 있는 사회적 재화일 뿐 그것을 보편화할 수 없는 질서다. 우정은 강제할 수 없다. 우리가 다양한 게임이나 다양한 모임에서처럼 함께 즐길 수많은 기회를, 즉 본래 사회적 성격인 재화의 축적을 바란다면 자유국가의 정치적 원칙으로서 자유를 보장하는 법에 따라서 통치하는 법치국가를 추구해야지, 높은 사회적 이상을 강제적으로 부과할 권력을 가진 공동체주의 또는 공화주의 정치체제를 추구해서는 안 된다. 자생적 질서에서 사람들은 소규모 그룹의 성원들이 값싸게 함께 즐길 다양한 기회(예를 들면 게임 오락 등)를 발견하고 테스트하고 성공적인 것은 확산한다.

3) 공동선으로서의 사회적 자본

사회적 자본은 비공식적 혹은 자발적인 조직과 네트워크다. 이들은 학부모교사협의회(PTA), 자선단체, 신앙집회, 볼링리그와 같은 오락클럽, 청소년보호협회 등 자선적 활동을 통해서 타인들을 위한 일종의 공공재를 생산하는 집단이다. 우리끼리 공적 문제를 해결하겠다는 공동체 정신을 구현한 것이 토크빌이 말했던 "공공결사"(토크빌, 1848/1995: 676), 오늘날 의미로 보면 시민사회다. 이는 국가가 부과하는 강제질서와는 구분되는 사회구조의 토대다. 국가와 개인 사이에 존재하는 민간조직의 형성을 통해서 국가의 비대화를 막을 수 있다. 독립 부분 또는 제3섹터라고도 부르는 그런 집단은 정부에 손을 벌리지 않고 뜻을 같이하는 사람들끼리 기부를 통해서 공공복지를 실행하거나 도서관, 학교, 병원 등을 짓기 위해서 결사를 만든다.[46] 사회적 자본은 시민으로서 성공적으로 삶을 살아가기 위해 개인들이 사회화하는 방향으로 나가는 길이다. 사적 이유에서 사람들이 스스로 행한 활동의 부산물이 사회적 자본이다.

공동체주의가 공동선을 갈구할 경우 염두에 둔 것의 일부는 사회적 자본의 형성이다. 그러나 사회적 자본의 형성에서 공동체주의 제도가 자유주의의 제도보다 훨씬 더 우호적이라고 볼 수 없다. 퍼트넘이 설명한 바와 같이(Putnam, 1993), 사회적 자본을 산출하겠다는 의도라기보다는 다른 이유에서 사람들이 시도하는 연합적 활동의 부산물이기 때문이다. 공동선으로서 사회적 자본을 축적하기 위해서 국가가 계획적으로 나선다면 성공할 가능성은 거의 없다. 협조할 뜻을 가진 사람들과 함께 사적인 선호를 추구할 광범위한 자유를 누릴 때, 풍요로운 사회적 자본의 축적이 가능하다. 다양한 사회적 자본의 축적을 바란다면 이는 정치적 원칙으로서 자유를 보장하는 법에 따라서 통치하는 법치국가이지, 높은 사회적 이상을 강제적으로 부과할 권력을 가진 공동체주의의 정치체제는 아니다.

1960년대 이래 미국에서 사회적 자본이 갑자기 줄어든 것은 린든 존슨 대통령의 '위대한 사회'라는 형태의 복지 프로그램이 등장한 시점과 일치한다. 그 같은 복지 프로그램은 성공하지도 못했을 뿐만 아니라(Sowell, 1984), 복지 프로그램이 사적인 선호에 따라 행동하는 사람들의

---

46) 토크빌(1848/1995: 676). "어떤 새로운 사업을 시작할 때 프랑스에서는 정부 기관을, 영국에서는 귀족을 보는 데 반해 아메리카합중국에서는 어떤 민간단체를 틀림없이 발견하게 된다."

자발적인 연합을 억압하는 이상, 복지국가가 사회적 자본의 축적에 미치는 영향은 부정적이다. 복지 프로그램에는 사회적 자본을 밀어내는 이른바 구축(驅逐)효과가 발생한다. 브렌넌과 로매스키가 확인하듯이(Brennan & Lomasky, 2006: 229), 자유사회는 공동선으로서 사회적 자본의 결핍을 초래하기에 공동체주의(또는 공화주의)가 자유주의의 대안체제라고 주장하는 사람들은 사회적 자본의 자생적 생성을 오해하고 있다. 사회적 자본은 결코 공동체주의를 선호하지 않는다. 사회적 자본으로서 결사체의 존재야말로 자유사회의 진정한 모습이다. 자유는 인간을 이기적으로 만드는 게 아니라 유덕하게 만든다. 역으로 독립적인 시민사회가 없이는 전반적으로 자유의 상실을 초래한다. 자유는 분권화를 통해서 가능하다. 이런 분권화를 실현할 조건이 국가와 독립적인 제3섹터의 존재다.[47] 원래 공공병원, 도서관, 박물관, 극장, 공원 등이 처음부터 정부에 의해서 설립된 것은 아니었다. 공공정신이 투철했던 몇몇 사람이 모여서 만들었던 것이 그런 시설이다.

　　정치적으로 독립적인 다양한 결사들의 존재를 통한 국가권력의 제한 또는 국가과제의 축소는 비공식 권력분립에 속하지만, 공식적 권력분립보다 효과적으로 자유를 보호하는 장치라는 사실에 주목할 필요가 있다. 공식적 권력분립은 형식에 지나지 않을 수도 있기에 효과가 상대적으로 적다(민경국, 2018: 454-455). 이 독립 부문이 정부의 공공 부문과 경쟁한다면 정부 독점의 비효율과 권력집중을 막는 데 크게 도움이 될 수 있다. 따라서 "공공 부문과 민간 부문으로만 나누어서 접근하는 이분법적 방법은 옳지 않다"라는 하이에크의 인식은 정곡을 찌른다. "사회가 건강하게 발전하려면 상업적 영역과 정부의 공공 부문 사이에 정부가 하는 일보다 훨씬 더 효율을 낼 수 있는 제3의 독립 부문을 유지하는 것이 매우 중요하

---

47)　분권화는 입법, 사법, 행정의 공식적인 권력분립 또는 공식적인 지방분권화만을 의미하는 것이 아니다.

다."(Hayek, 2018: 570) 우리가 주목할 것은 자유가 없는 사회에서는 제3섹터가 존재할 수가 없다는 점이다. 그런 활동이 적극적으로 이루어질 수 있는 조건은 자유이기 때문이다.

4) 자유사회는 이기심을 조장하는가?

공동체주의자들은 개인주의를 축으로 하는 자유주의는 반(反)공동체적이고 무자비하게 행동하도록 만든다고 주장한다. 그 증거로서 그들은 범죄의 증가, 이혼율의 증가, 가족 붕괴, 그리고 우정, 이타적 감정 등 공동체 감각의 붕괴를 들고 있다. 오늘날 우리가 당면하고 있는 모든 형태의 사회적 병폐를 자유주의 탓으로 돌리고 있다. 자본주의 때문에 책임감과 예의범절, 도덕심이 줄어들었다는 것이다. 도덕적 위기의 장본인이 자유주의라고 말한다. 정말로 그런가? 공동체주의는 역사를 오해하고 있다. 그 오해 가운데 하나는 상업의 등장으로 인해, 다시 말하면 시장경제의 등장으로 인해 이기심이 조장되었고 시장경제는 이기심을 요구한다는 오해이다.

앞에서 설명한 바와 같이 인간이 이타심과 선행을 행사하는 데 필요한 지식을 수집하여 이용할 수 없을 만큼 사회 규모가 커졌기 때문에, 다시 말하면 지식의 한계 때문에 이타심보다는 이기심이 지배한다. 이런 인간 이성의 구조적 무지에 대한 적응이 이기심이다. 소규모의 그룹보다 시장경제는 이기심이 상대적으로 지배한다. 그 이유는 시장경제가 이기심을 조장하기 때문이 아니다. 인간 이성의 구조적 무지 때문에 인간은 이기적일 수밖에 없다. 우리의 구조적 무지에 대한 적응이 시장경제이다. 그런데 흥미로운 것은 시장경제는 오로지 이기심 그 자체를 일방적으로 충족하게 만들지 않는다. 내 이기적인 욕구를 충족하기 위해서는 타인들에게 봉사해야 한다. 타인들의 욕구를 충족해야 한다는 말이다. 타인들에게 봉사하지 못하면 보상이 없다. 그리고 시장경제가 충족하는 욕구는 아는 사람들의 알려진 욕구가 아니라 모르는 사람들의 알지 못하는 욕구이다.

그리고 공동체주의가 비판하는 이기심은 타인들과는 관련이 없이 일방적으로 당사자의 욕구 충족에 몰두하는 이기심이다. 이런 이기심은 타인들이 가진 것에서 원하는 것을 빼앗는 것도 이기심이다. 타인들의 욕구 충족보다 더 많은 것을 취하는 이기심이다. 그러나 자유시장의 이기심은 그렇지 않다. 시장경제에서 개인들이 자신의 이기적인 욕구를 충족하기 위해서는 먼저 타인들의 욕구를 충족해야 한다. 따라서 이기심이 일방적이지 않고 상호 간 호혜적이다.[48] 시장경제는 사람들에게 이기심을 조장하는 것이 아니라 이기심이 사람들을 타인들에게 봉사하도록 만든다.[49] 이것이 자본주의의 지혜이다. 정치에서는 사람들이 타인들보다 앞서가기 위해서는 정치적 권력을 장악해야 한다. 정치적 권력을 가진 사람들이 자기들의 요구를 수행하도록 타인들을 강요한다. 그러나 자본주의에서는 부자가 되고 싶으면 타인들이 원하는 것을 알아내고 이를 제공해야 한다(Boaz, 1997: 157). 그리고 특히 주지해야 할 것은 시장경제에서 나의 이기적 욕구를 충족하기 위해서는 내가 얻는 것보다 더 많이 봉사해야 한다는 것이다. 뿌린 대로 거두는 것이 아니라, 거두기 위해서는 거두는 것보다 더 많이 뿌려야 한다. 자본주의를 시장의 폭정 또는 약육강식이라고 비판하는 것은 자본주의에 대한 공동체주의의 순박한 오해다.

---

48) 다른 사람에게 돈을 주고 잔디를 깎을 때 사람은 결코 단순히 수단으로 취급되어서는 안 된다. 잔디 깎는 사람의 인격을 존중하는 것은 아마도 그에게 제안하고 그가 자신의 합리성에 따라 적절하다고 판단하는 대로 그것을 수락하거나 거절할 수 있도록 하는 것을 수반할 것이다. 누군가에게 자신의 의지에 반해 잔디를 깎도록 강요하는 것은 그를 단지 수단으로 취급하는 것이다.

49) 이런 봉사를 가능하게 하는 것이 시장경제에서 자생적으로 형성되는 가격과 행동규칙이다. 이 두 가지야말로 시장경제에서 지식을 전달하는 역할을 한다.

자유사회의 상업적 영역에서 이기심이 압도한다고 해도 자유사회의 모든 영역에서 이기심이 지배하는 것이 아니다. 특정의 영역에서는 이타심이 지배한다. 이런 이타심이 압도적인 영역이 제1차 집단이다. 가족, 친지, 친구, 이웃 등이 그것이다. 공동체주의가 이런 1차 집단을 중시하는 것은 정확히 옳다. 그렇다고 이런 제1차 집단의 중요성을 강조한 것이 공동체주의의 공헌인 것은 아니다. 스코틀랜드 계몽주의도 이런 집단을 대단히 중시했다. 이런 제1차 집단이 없이는 인간이 살아갈 수 없다. 그리고 이 밖에도 수많은 소규모 집단이 생성·소멸하기도 하고 새로이 생성되어 번창도 한다. 공동체주의자들이 강조하는 '시민사회'도 자발적으로 형성된다. 이런 모든 것들은 자유주의가 제일의 가치로 여기는 자유의 산물이다. 자유주의와 공동체주의는 이런 자생적인 공동체의 중요성을 인정한다는 점에서는 공통이다. 그러나 공동체주의는 그 활동이 바람직하다고 인정하는 공동체를 골라서 국가가 지원하거나 바람직한 공동체의 생성을 위해 국가가 개입한다. 그러나 이런 개입이 오히려 부작용을 낳는다.

　　공동체주의는 자유사회가 도덕을 파괴한다고 비판하는데 이런 비판도 옳지 않다. 오히려 시장경제는 도덕적 행동을 조장하고 이를 권장하는 메커니즘이 존재한다. 정직한 사람들을 보상하는 것이 시장이다. 시장은 정직성을 보상한다. 사람들은 정직하다고 평판이 있는 사람들과 거래관계를 확립하려 하기 때문이다. 평판이 나쁜 기업은 노동자들이 싫어한다. 사후관리가 나쁜 기업의 제품은 고객들이 기피한다. 불친절한 백화점은 손님들이 꺼려한다. 시장경제는 예의 바르고 공손한 사람들에게 보상한다. 불친절하고 무례하고 허풍 떠는 사람들을 싫어한다. 이같이 시장경제와 자유주의는 그 어떤 사회체제와 비교할 수 없을 정도로 도덕적 행동을 권장하고 실제로 보상한다.

5) 자유사회와 도덕은 갈등하는가?

자유주의와 시장경제가 도덕적 위기를 불러왔다는 공동체주의자들의 비판도 옳지 않다. 그들은 1970년대 후반 이후, 특히 20세기 말을 '탐욕의 시대(age of greed)'라고 규정하고 이 시대를 도덕적 위기라고 진단하고 있다. 이 위기를 자유주의의 탓으로 돌리고 있다. 그러나 그들이 탐욕의 시대라고 부르는 이 시기가 자유주의 시대인가? 1970년대 이후 서구사회는 케인스주의와 복지국가를 그 특징으로 하는 시대였다. 정부가 노후와 건강, 교육, 경제 등 모든 부문에서 개인들의 삶을 책임지겠다고 나서던 시기였다. 국내총생산의 40~60%를 정부가 사용하던 시기였다. 이런 시기는 결코 자유주의 시대가 아니다. 오히려 자유주의가 완전히 후퇴했던 시기였다. 이같이 자생적 질서를 통한 개인들의 삶의 방식이 대규모의 관료조직을 통한 삶의 방식으로 교체된 시기가 공동체주의자들이 탐욕의 시대로 규정한 시기이다. 정부가 개인의 자유를 보호하는 역할을 넘어서 시민사회의 영역으로 깊이 진입한 시기이다.

정부의 이런 개입 속에서는 개개인들의 창의력과 책임감 그리고 진취성까지도 소멸한다. 정부에 의존하려는 인간, 기업가정신의 약화 등과 같이 개인의 도덕성까지 파괴한 것이다. 정부가 자본시장에서 돈을 빌리면 이자율도 높아지고 민간 기업들이 빌릴 돈도 줄어들어 경제성장이 하락하는 이른바 '구축효과'가 발생하듯이, 어떤 분야에서든 정부의 활동은 민간의 상업적 활동은 물론 모든 자발적 활동을 몰아낸다. 국가독점의 사회보험은 사적 보험을 약화한다. 국가 균형발전이라는 명분으로 추진하는 지역 개발정책은 마을공동체를 해체한다. 인간들을 모래알처럼 뿔뿔이 흩어지게 만드는 것은 국가의 간섭주의와 사회주의이지 자유주의가 결코 아니다. 정부가 교회세(敎會稅)의 명분으로 교회를 지원하거나 간섭하면 교회도 망한다. 그 대표적인 예가 유럽의 교회이다. 정부가 강제적 세금의 한 종류에 속하는 교회 세금을 거두기 때문에 교회는 고객을 유치하지 않아도, 교회 참가자가 없다고 해도 교회가 운영될 수 있다. 종교공동체는 공공재화를 공급할 인센티브가 없어진다.

자유주의가 인간 사회의 도덕적 가치와 공동체를 해체한다는 주장은 틀린 주장이라는 것, 오히려 자유주의와 시장경제가 발달할수록 인간들의 도덕적 태도도 고양된다는 것, 이것은 역사적으로도 입증된다. 이런 입증을 위해 흔히 들고 있는 것이 영국의 빅토리아 시대(1837~1901, 빅토리아 여왕이 통치하던 시기)다. 이 시기는 영국에서 시장의 자유주의가 가장 잘 관철되었던 시기이다. 산업혁명에 성공한 영국이 강대한 공업국이 되고 물질문명도 번영하는 등 '대영제국'을 형성한 시기였다. 미제스가 말하고 있듯이 "거지를, 빵을 만들어 먹는 사람으로 만든 시기" 그리고 "영국의 평균 생활 수준이 유럽에서 가장 높은 시기"였다.

자유기업이 성장했던 빅토리아 시대와 관련하여 주목할 것은 모든 종류의 자발적인 박애주의 활동들이 최대로 증대되었던 시기라는 것이다(Doering, 1997: 37-40). 그러니까 빅토리아 시대 사람들의 도덕적 그리고 물질적 자본이 그 후의 영국의 번영에 막중한 영향을 미쳤다고 주장한 것은 과장된 것은 아니다. 빅토리아 시대의 도덕적 번창은 자유주의는 과거로부터 상속받은 도덕규칙을 파손한다거나 또는 시장경제는 신뢰의 도덕을 파괴하고 공동체의 문화를 파괴한다는 주장을 반박하는 소중한 역사적 교훈이다. 19세기 위대한 자유주의 시대에는 국가는 뒤로 물러나 있고 개인과 시장 그리고 시민들이 전면에 나섰다. 그 당시 개개인들이 자신의 가족과 자신에 대해 스스로 책임을 지고자 하는 의지는 오늘날보다 훨씬 더 컸다. 오늘날 공동체주의자들이 그토록 강조하는 공동체 정신도 강력했다.

자유사회의 도덕적 기반을 파괴한 것은 현대적인 복지국가이지 자유주의가 아니라는 것이다. 현실 사회의 병폐가 생기면 자유주의와 자본주의에 그 탓을 돌리는 것이 좌파의 전략이듯이 공동체주의의 전략도 이와 마찬가지이다. 좌파든 공동체주의든 현실의 세계를 자유주의, 그것도 합리주의적 자유주의와 동일시한다. 그리고 현실의 병폐를 자유주의 탓으로 돌린다. 그러나 이같이 똑같이 보는 시각은 솔직하지 못하다. 공동체 감각이 상실하게 된 원인 가운데 대부분은 자유주의 사상이 다른 간섭주의 사상으로 대체되었기 때문이다.

6) 사유재산이야말로 공동체 정신을 촉진한다

공동체주의자 글렌돈(M. Glendon)의 주장은 흥미롭다. 그는 1991년 저서 『권리 논쟁』에서 사유재산제도는 과도한 개인주의를 조장하고 이로써 사회질서를 파괴한다고 한다. 그러나 이런 주장은 잘못된 것이다. 사유재산을 인정한다고 해서 사람들이 토지 또는 그 밖의 물질적인 것만을 추구하는 동기를 갖는 것이 아니다. 사유재산을 인정하면 고립되어 있던 인간들은 사업 관계와 같은 공동의 관심을 추구하기 위해 타인들과 인연과 결속을 다진다. 이런 결속과 인연은 사업 관계를 넘어 그들의 관계가 확대된다. 더구나 이런 일상적인 상업적 관계를 넘어서 종교적·사회적·오락적·예술적 연합으로까지도 확장된다. 인간들의 공동 관심은 활력이 있는 공동체가 만들어질 수 있는 재료이다. 공동의 관심을 지니고 있으면 사람들은 이를 위해 연합하고 모여들기 마련이다. 우리의 주변에서 볼 수 있는 수많은 집단은 그렇게 해서 만들어진 것이다.

그런데 괴상하게도 강력한 국가는 이런 자발적인 연합을 파괴하는 경향이 있다. 국가 주도의 개발계획의 실행이 그것이다. 새로운 공항을 만들거나 신도시를 만들거나 아니면 수도권을 이전하는 경우이다. 이 거대한 프로젝트는 정부의 강압적인 방법이 동원된다. 이런 강압은 그 보상이 무엇이든 사유재산을 경시하는 경향에서 비롯된 것이다. 그 결과는 무엇인가? 풀뿌리 공동체와 조직의 붕괴가 치명적 결과이다. 가정, 이웃 관계, 기업, 교회 등과 같은 사유재산의 소유관계 그리고 이들과 연결된 인적 관계, 인연 관계가 거대한 국가사업에 의해 헝클어지기 때문이다. 그동안 돈독히 쌓아온 이웃과의 친밀함과 교우관계도 해체된다. 사업 관계로 맺어온 인연들이 기업의 이전으로 단절된다. 하나의 돈독한 공동체 구성원들이 뿔뿔이 흩어진다. 이런 흩어짐, 이것이 인간을 원자화하는 것이다.

공동체적 관계를 중시한다면 함부로 정부가 나서서 대형 개발사업을 해서는 안 된다. 그런 공동체적 관계를 존중하기 위한 첩경은 사유재산에 대한 정부의 간섭을 억제하는 것이다. 사유재산이 효과적으로 보장되어 있으면, 그리고 이를 신성한 것으로서 존중하면 재산의 침해가 생겨날 수 없다. 물론 사유재산의 수용과 사용을 법에 따라 충분히 보상하면 된다. 토지 상실에 대한 보상, 이사비용에 대한 보상 등이 그것이다. 그러나 문제는 금전적으로 환산할 수 없는 심리적·정신적 요소의 상실을 어떻게 보상하는가의 문제다. 재산의 가치뿐만 아니라 이주와 관련된 위자료까지 보상한다고 하더라도 사람들이 지금까지 쌓아올린 그 공동체적 관계, 심리적 유대관계, 안락한 그리고 편안한 그런 인적 관계, 서로 의지하면서 심적 위로와 우정을 교환하면서 살던 분위기, 이런 것들에 대한 상실까지는 보상할 수 없다(Epstein, 1995: 323). 따라서 공동체를 위해서도 사유재산을 보호해야 한다. 이 보호의 당위성은 마르크스주의를 실천한 나라의 역사적 경험이 또렷이 보여주고 있다. 마르크스주의는 폭정만을 불러오는 것이 아니라 인간을 원자화했다.

옛 소련을 보자. 공동체의 대표적인 예인 교회를 없앴다. 교회 공동체를 통해 공동의 관심과 인적 유대가 파괴되었다. 종교가 국가에 의해 다스려졌다. 인적인 유대와 상호 간의 안락 그리고 상호 간의 도움을 약속하던 독립된 학교나 사회단체, 이웃의 상부상조, 심지어 정원 가꾸기 클럽도 해체했다. 이런 독립된 조직들이 국가권력을 위협하리라고 생각했기 때문이었다. 그 결과, 개인들이 공동체와 맺어졌던 인연이 끊기고 말았다. 개인들은 뿔뿔이 흩어져 원자화되었다. 공동체의 형성을 억압했기 때문에 사람들이 자기 이웃과 연계하거나 교우를 조직하고 사업파트너와 연계하는 방법이 파괴되었다. 속 다르고 겉 다른 말을 하는 데 익숙한 인간이 되었다. 서로 의심하고 불신했다. 자유와 공동체를 약속했던 마르크스주의는 이런 식으로 폭정과 원자화를 불러왔던 것이다.

7.
공동체주의의 입법의 특징

이미 앞에서 설명했듯이 자유사회는 정의의 규칙으로서 추상적·보편적 행동규칙에 의해 지배되는 사회다. 그런 규칙들은 모든 개인에 대해 중립적이라는 의미에서 비인격적(impersonal)이다. 비인격적이란 행동규칙의 내용에 특정한 인간 또는 인간 그룹에 대한 특별한 감정, 인정(人情), 선호가 들어 있지 않다는 뜻이다. 행동규칙은 특정한 인간이나 인간 그룹과 관련이 없고, 그들을 언급하는 내용도 없다. 추상적이고 비인격적인 규칙을 통해 지배되는 사회는 차갑고 가혹할 뿐만 아니라 도덕적으로 의심스럽게 보이는 이유다. 정의의 규칙은 우정, 유대, 이웃사랑, 애착심, 배려 등과 같은 공동체주의가 지향하는 적극적 덕성과 전혀 다르다. 그런 적극적 덕성은 어떤 목적, 의도 또는 의지를 공동으로 달성하는 데 필요한 조직의 기초가 된다.

1) 공동체주의적 특혜입법과 차별 입법

공동체주의자들이 갈망하는 것은 추상적인 자유주의적 정의가 제공할 수 있는 것보다 더 따뜻하고, 더 인격적이고, 더 도덕적으로 고상한 사회, 즉 더불어 사는 사회다. 앞서가는 사람들은 유대감과 형제애로써 뒤처진 사람들을 배려하고 양보하는 사회다. 그들이 갈망하는 공동체는 다음과 같은 특성을 지닌 법에 따라 통치하는 사회다(Crowley, 1989: v). 첫째, 다양한 그룹들의 구성원들이 공유한 자기 이해를 반영하는 법, 둘째, 어느 한 인간의 정체성을 구성하는 특정한 성격과 사회적 소속을 고려하는 법, ③ 셋째, '구체적인 인간의 실제 문제'나 그들의 행동과 목적의 본질적인 도덕적 가치에도 무관심하지 않은 법. 이같이 공동체주의자들은 특정의 인간이나 인간 그룹이 처한 실제의 문제가 심각하다거나 그들이 추구하는 목적이나 가치의 도덕적 우월성 여부를 따져서 이를 법에 반영해야 한다고 주장한다. 공동체주의자들은 자유주의적 정의가 개인적 그리고 사회적 특성과 상황이 매우 다양한 사람들에게 그런 개별적 특성을 무시하는 보편적인 규칙을 엄격하게 적용하는 것은 부당하다고 한다.

그러나 공유된 자기 이해라고 하는 공동체주의적 개념에 문제가 있다. 래더가 적절히 지적했듯이(Raeder, 1998: 529), 가장 반사회적인 그룹들의 구성원들도 확실히 자기이해(정체성)를 공유하고 있다. 예컨대, 특정한 인종에 대한 비밀결사대 또는 친북 또는 친중 집단과 같은 반(反)대한민국 운동단체, 비밀 간첩집단 등 반사회적 그룹들이 오늘날 아주 많다. 그런 구성원들도 노동자 집단, 농민단체, 환경단체, 교사·의사·변호사 단체 등과 같은 경제적으로 특별한 모든 이익집단의 구성원처럼 제각각 자기이해(정체성)를 공유하고 있다. 도대체 왜 반사회적 집단들은 물론이고 이익집단들의 정치적 요구에 특혜를 부여해야 하는가가 불분명하다. 그같은 요구를 충족할 경우, 빈곤층을 비롯하여 모든 사람의 보편적 번영에 치명적으로 해롭다. 노동집단을 위한 특혜로 얼룩진 어떤 사회에도 번영을 기대할 수 없다. 공공정신이 투철한 개인들이 집단을 구성하여, 예를 들면 익명의 알코올 중독자 치료기구, 국경없는의사회, 마약퇴치 운동 단체, 지역 방범대, 자선단체 등과 같이 필요한 공공재를 공급하는 독립 부문은 정부가 개입할 성질의 것이 아니다.

2) 공동체주의적 입법과 정책은 법치의 위반

공동체주의라는 이름에 합당한 유일한 정의 개념은 인간의 역사적 특수성을 인정하고 인간의 실질적인 필요에 관심을 기울이는 개념이라고 한다. 공동체주의자들은 특정의 인간이나 인간 그룹이 처한 실제의 문제의 심각성 여부를, 또는 그들이 추구하는 목적이나 가치의 도덕적 우월성 여부를 따져서 이를 법에 반영해야 한다고 주장한다. 그러나 그 같은 공동체주의적 입법은 발전된 자유사회를 구성하는 복잡한 자생적 질서의 유지와 양립할 수 없고 자생적 질서의 기초가 되는 법의 지배와 전혀 맞지 않는다.

첫째로, 공동체주의적 입법은 동기와 목표를 내포하고 있다. 이에 반해, 자유주의 법은 인간 그룹들이 추구하는 행동목적, 행동 동기, 또는 그들의 사회적 역할을 전혀 고려하지 않는다. 둘째로, 공동체주의적 입법은 특정의 인간그룹에 일종의 특권과 특혜를 허용하는 데 반해, 다른 그룹에 희생을 강요한다. 이로써 법은 차별적이어서는 안 된다는, 그리고 법은 특정의 목적과 결부되어서는 안 된다는 조건을 위반하는 입법이다.

입법자가 이같이 특정한 집단을 위한 특정한 결과를 얻어내려는 데 초점을 맞추는 차별적인 특별법률로 구성된 법적 틀은 자유 질서의 기초이자 핵심 가치인 법의 지배와 정반대다. 그리고 공동체주의적 입법은 추상적인 자유주의의 법적 틀의 포기로부터 생겨날 대부분의 치명적 결과를 간과한다. 특히 공동체주의자들은 자신들이 갈망하는, 개인감정에서 나온, 그리고 결과 지향적 정의가 자유사회의 법적 기반을 약화할 것이라는 사실을 인식하지 못하는 것 같다. 그들은 스스로를 문화적 갱신의 온건한 행위자로서, 그리고 그들이 내린 처방을 자유주의 질서의 대체가 아닌 '보완물'로 묘사한다(Holmes, 1989: 22). 이런 묘사에는 추상적이고 보편적인 정의를 포기하는 대신에 개인과 그룹의 사정을 봐주는 '특별법'을 선호하여 생겨난 치명적인 결과를 그들이 모른다는 전제가 깔려 있다.

　　보편적·추상적 성격을 지닌 법, 즉 자유의 법(Nomos)은 인간의 선에 무관심한 자의적이고 야비한 훈령이 아니라, 천박한 목적이든 숭고한 목적이든 모든 목적을 추구하는 데 의존하는 전반적인 질서를 유지하는 필수 불가결한 틀이다. 그러함에도 자유를 확립·유지하는 법은 개인이나 그룹 또는 공동체에 대해 인정사정을 보지 않는다는 이유에서 공동체주의자들은 법치주의(자유의 법에 의해 지배하는 정치)는 매정하고 차갑다고 비판한다. 공동체주의에서 법은 개인들이나 그룹들의 특수한 사정을 고려하기 때문에 그것은 따뜻한 법이라고 한다. 그러나 우리는 공동체주의의 이런 주장이 적합한 주장이 될 수 없다는 것을 입증할 수 있어야 한다. 공동체주의 논쟁을 추적하면서 그 주장의 문제점을 지적할 것이다.

　　공동체주의가 법의 제정에서 고려하는 그룹들의 활동의 특질과 사정(事情) 등은 주관적이고 그렇기에 이들은 고려의 대상이 될 수 없다는 것, 이것이 자유주의의 입장이다. 자유주의는 국가가 이런 주관적 요소에 대해 중립성을 지켜야 한다고 주장한다. 그러나 공동체주의는 이런 주관적이라는 비판에 대해 다음과 같이 반응한다. 자유주의의 중립성도 주관적이고 권리라는 가치도, 그리고 자유라는 가치도 공동체주의가 입법에서 고려하는 것들만큼 주관적이라고 주장한다. 공동체주의의 이런 대응은 옳다. 그러나 양측의 주장이 옳다고 한다면 이념의 옳고 그름의 판단이 흐려진다. 이제 법치주의가 옳은가, 아니면 그른가의 문제는 그 실현 가능성에 비추어 판단할 수밖에 없다. 그 실현 가능성은 두 가지 차원이 있다. 그 하나는 정치적 실현 가능성이다. 다른 하나는 인식론적 실현 가능성이다.

(1) 공공선택론적 비판

실현 가능성과 관련된 첫 번째는 뷰캐넌과 털록의 공공선택론과 관련되어 있다. 공동체주의의 법은 차별적 성격의 법이다. 이런 법을 제정하는 경우, 한편으로는 잠재적인 피해자는 차별당하지 않기 위해 이런 법제정을 막으려고 할 것이다. 다른 한편 잠재적인 특혜수혜자는 자신에게 유리한 입법을 할 수 있도록 정치적 영향력을 행사하려고 할 것이다. 그리고 입법자의 측에서는 차별적인 입법을 가지고 이권을 챙기려고 할 것이다. 이런 입법 과정은 결국에는 부패한 정치를 부른다. 공동체주의의 정책은 좋게 말해 공동선의 정책이지만, 사실상 "이익의 정치"(Buchanan & Congleton, 1998)이기 때문이다.[50] 그러나 법의 지배에 따른 법 규칙을 입법부에서 정한다고 해도 그것은 차별하지 않기 때문에 이권 추구 동기가 적다. 자유의 법 개념이야말로 부패하지 않은 진짜 법이라고 주장할 수 있다. 자유주의자들이 '원칙의 정치'를 요구하는 것은 이권 추구를 막기 위해서다.

이런 비판에 대해 공동체주의는 어떻게 대응할 것인가? 공공선택론은 이기적이고 원자적인 인간을 전제하고 법의 생성과정을 설명하려는 것은 잘못이라고, 정치적 과정은 인간이 도덕적 역량을 넓히고 도덕적 역량을 연마하는 곳이기 때문에 이권 추구 문제가 공공선택론이 보는 것처럼 그렇게 심각하지 않다고 공동체주의는 주장할 것이다. 이제 공공선택론과 공동체주의의 논쟁은 이기적이냐 이타적이냐, 즉 인간 행동의 동기에 관한 문제로 바뀐 것이다. 하지만 이기적이냐 이타적이냐의 문제는 중요하지 않다. 중요한 것은 지식의 문제다. 왜냐하면 제아무리 이타적이라고 해도 관심을 보일 인적 범위는 제한되기 때문이다. 간단히 말해 진화

---

50) 공동체주의를 정체성의 정치라고도 부르는데 이것은 사실상 특정의 그룹의 이익을 보호하기 위한 정책에 지나지 않는다. 정체성의 정치는 결국 이익의 정치나 다름이 없다.

사상이 전제하는 이성의 한계 즉 지식의 문제 때문이다.

(2) 지식이론적 비판

이런 쟁점을 최종적으로 해결하는 것이 하이에크를 비롯한 스코틀랜드 계몽주의 전통의 '지식의 문제'에 관한 관점이다. 자유주의자는 지식의 문제와 관련하여 공동체주의의 '따뜻한 법' 개념을 비판한다. 공동체주의의 법을 성공적으로 제정하기 위해서는 수많은 그룹의 개별 사정들, 그들이 추구하는 가치들, 목표들을 사회적 중요도에 따라 우선순위를 매겨야 한다. 그리고 이런 우선순위에 따라 법을 제정하고 이를 집행해야 한다. 집행하기 위해서도 지식이 필요하다. 집행과정에서 사람들이 어떻게 반응할 것인가에 관한 지식이 그것이다. 그러나 정부의 관료나 전문가들이 이런 지식을 전부 수집하여 이용하는 것이 불가능하다. 사회주의 계획경제가 망했고, 규제와 계획이 번번이 실패하는 이유가 이런 지식의 문제 때문이다.

그러나 법의 지배원칙에 해당하는 법을 정하는 것은 지식의 문제가 크지 않다. 개인들이나 그룹들 또는 공동체들의 행동목표나 그들의 사정을 알 필요가 없다. 금지될 행동만을 잡아내기만 하면 된다. 어떤 행동을 금지할 것인가를 정하기만 하면 된다. 개인의 생명과 재산 그리고 인격 그리고 약속을 침해하는 행동이 그것이다. 이런 행동만을 금지하는 법 규칙을 통해 개인들의 자유 영역이 확립되면 이런 법적 테두리 내에서 사람들은 타인들과의 상호작용 과정에서 이기심과 이타심을 적절하게 조합한다.

3) 공동체주의의 제한 없는 입법권력

공동체주의에서 정치 공동체의 기반은 민주주의이다. 공동체주의는 정치를 인간 자신이 도덕적 존재라는 것을, 그리고 사회적 존재라는 것을 스스로 발견하고 확인할 수 있는 과정으로 이해하고 있다. 정치를 고귀하고 개명된 활동이라고 보는 이유다. 공동체주의가 정치를 이같이 중시한다면, 이 이념이 '참여'의 가치를 중시하는 것,[51] 그리고 참여를 민주정치의 본질이며 동시에 이를 '진정한 민주주의'라고 믿는 것은 당연한 논리적 귀결이라고 볼 수 있다.[52] 그리고 공동체주의는 시민들에게 참여의 기회를 될 수 있는 한 광범위하게 열어놓아야 할 것을 주장하면서 심도 있는 그리고 이성적인 토론과정을 중시하고 있다. 진지하고 합리적인 토론과 대화 과정, 성찰적이고 숙고하는 과정을 상정하고 있다. "광범위한 참여와 심도 있는 그리고 합리적인 토론", 진지한 심의(deliberation)와 같은 명칭을 붙여 오늘날 토론민주주의 또는 심의민주주의 등 다양한 민주주의 모델(Held, 1996) 또는 이미 잘 알려져 있듯이 성찰적 사회모델(Giddens, 1990)이 제안되고 있다. 이런 정치과정은 프랑크푸르트학파의 하버마스(Habermas, 1984/1998)가 주장한 "이상적 담론상태" 또는 "이상적인 의사소통체계"를 연상시킨다.[53]

공동체주의에는 자의적인 차별 입법을 막을 방도가 없다. 공동체주의가 왜 그런 방도를 마련하는 데 인색한가? 그 이유는 간단하다. 국가는 지적으로 현명하고 도덕적으로 훌륭하다고 믿고 있기 때문이다. 이런 믿음은 낭만

---

51) 따라서 올프(Wolff, 1968: 193)는 참여의 정치라고 부르고 있고, 이러한 정치를 핵심으로 하는 공동체를 합리적 공동체라고 부르고 있다. 이 공동체에서는 개인들이 그 자체 탁월한 가치로 여기는 공적인 대화와 담론에 참여한다. 참여의 정치란 바로 일종의 공공의 선으로 간주하고 있다.

52) 그렇기에 공동체주의는 경제민주화 그리고 이를 바탕으로 하는 노동자의 경영참여제도를 매우 중시하고 있다(민경국, 1998: 95).

53) 시장경제는 거대한 의사소통 체계이다. 시장경제의 의사소통 체계는 하버마스의 담론 상황에 의해 더 잘 기술될 수 있다.

적인 국가관에서 비롯된 것이다. 국가에 대한 낭만적 생각 때문에 모든 것을 국가에 일임했다. 공동체주의의 생성 배경을 보면 사회주의와 국가주의를 비난하면서도 국가에 대한 낭만적인 생각에서 벗어나지 못한 것은 정말로 아이러니가 아닐 수 없다. 공동체주의자들은 민주적 권력을 제한하는 헌법적 제한규칙 대신에 도덕을 호소하고 있다. 애국정신, 공동체 정신에 호소한다. 또는 소인을 극복하고 대인이 되라고 요구한다.[54]

물론 도덕적 호소도 중요하다. 그러나 이런 도덕적 호소는 문제가 있다. 도덕적 호소는 그 내용이 불명확하다는 이유에서다. 제한규칙을 중시하는 것은 자유주의의 지혜가 아닐 수 없다. 자유주의는 이런 도덕적 호소보다는 법의 지배원칙을 민주 정부의 입법을 제한하는 장치로 이용하고 있다. 자유주의는 국가를 신비하게 여기지도 않는다. 그것은 우리와 똑같은 인간들인 관료와 정치가로 구성되어 있는 일종의 조직으로 파악한다. 권력을 남용할 위험성을 자유주의자들은 충분히 예견했다. 그런 남용을 막기 위한 효과적인 장치를 법의 지배원칙으로 간주하고 있다.

---

54) 공동체주의적 법 체제 아래에서는 그룹들이 국가로부터 특권을 획득하기 위해, 그리고 자신들에게 유리한 입법을 위해 투쟁할 것이다. 이러한 주장은 결코 공허한 주장이 아니라, '이권 추구이론'을 명쾌하게 설명한, 그리고 역사적 사실에 의해 입증된 주장이다(민경국, 1993). 도덕적 무질서의 원인은 다른 데 있는 것이 아니다. 공공이익의 이름으로, 공동체의 이름으로 국가가 자생적 질서에 개입한 결과가 우리가 역사적으로 빈번히 경험한 도덕적 혼란이다.

8.
공동체주의적 정의에 대한 자유주의적 비판

공동체주의는 분배 정의를 공로에 따른 분배에서 찾고 있다. 공로란 공동체가 추구하는 공동선을 위한 행위의 속성이다. 공로에 관해 데이비드 흄이 아주 적절하게 표현하고 있다. 즉, "외적 성과에는 공로가 없다. 우리가 도덕적 특질을 발견하기 위해서는 안을 들여다보아야 한다. (중략) 우리의 칭찬과 승인의 궁극적 대상은 그것을 만들어낸 동기다"(Hume, 1998: 53). 예를 들면, '열심히 노력했다', '어려운 일을 해냈다', '가상(嘉賞)하다', '능력껏 성실하게 했다', '정신을 집중해서 해낸 일이다', '위험을 무릅쓰고 해냈다', '어려운 처지에도 불구하고 해냈다'는 등이다.

1) 공로에 근거한 정의의 치명적 결과

누구도 자신의 고통과 노고의 가치 이상으로 보상을 받아서는 안 된다는 주장을 매우 당연한 것으로 간주하지만, 그런 주장에는 받아들이기 어려운 전제가 깔려 있다. 즉, 개인들의 보수가 공로에 의해 결정되는 사회에서는 누군가가 수많은 개인의 행동 속성을 판단해야 한다.[55] 예컨대

---

55) 공로원칙에 따르면 열악한 환경에도 불구하고 성과가 좋은 사람의 보수와 좋은 환경에도 불구하고 그 사람과 동일한 성과를 낸 사람의 보수는 달라야 할 것이다. 좋은 환경에도 불구하고 나쁜 성과를 낸 사람의 보수와 나쁜 환경 때문에 성과가 나쁜 사람의 보수는 달라야 할 것이다.

그들의 노고와 고통이 얼마나 컸는지, 그들이 주어진 다양한 기회와 재능을 얼마나 잘 사용했는지, 어려운 환경에 비추어볼 때, 그 성과가 얼마나 갸륵하고 가상한지를 판단해야 한다.

도덕적 공로라는 아이디어에 따라 개인들의 사회·경제적 위치를 정하는 공동체주의적 사회는 자유사회와 정확히 반대다. 그 이유는 이렇다. 그런 사회에서는 사람들은 성공 대신에 수행한 임무에 따라 보상받으며, 각 개인의 모든 활동은 타인들이 그가 해야 할 일이라고 생각하는 바에 따라 인도되고 그래서 개인들은 의사결정에 따른 책임과 위험을 감수하지 않아도 되기 때문이다. 다른 한편 우리가 지닌 지식도 모든 인간행동을 인도하기에 충분하지 못하다면, 공로에 따라 모든 행위를 보상할 권능을 가진 인간은 존재하지 않는다. 서로를 상세히 알고 친근하게 지내는 사람들로 구성된 소규모 사회에서는 가능하다. 이런 공로가 적용되는 전형적인 사회가 원시 부족사회였던 것은 그래서다. 그리고 오늘날에도 가족, 가족과 같은 소규모 사회, 친목단체, 종교 그룹에서도 이런 분배적 원칙이 적용된다(민경국, 1996: 408). 그러나 그런 소규모 사회를 넘어 확장된 익명의 거대한 사회에서는 사람들이 타인들이 처한 사정을 알고 싶어도 알 수가 없다. 개인들의 목표함수 속에는 극히 제한된 사람들의 관심만을 포함할 수밖에 없다.

그런데 공로에 관한 판단을 위해서는 전지전능한 인간이 존재해야 한다. 개개인들이 특정의 성과를 올린 환경적 조건과 그들의 행동의 다양한 동기, 그들의 행동의 다양한 속성, 이런 것들을 속속히 알아야 한다. 거대하고 확장된 사회에서는 그 적용이 불가능하다. '지식의 문제' 때문이다. 정부의 관료나 전문가가 개인들이 처한 상황과 행동 동기나 노고와 고통을 전부 확인하고 비교하기도 불가능하다. 다양한 종류의 공로들의 우선순위를 정하기도 불가능하다.

우리가 타인들과 거래할 때, 일반적으로 그들의 재화와 서비스에 대한 우리의 지불 의무를 결정하는 것은 그들의 공로가 아니라 그들의 성과가 지닌 가치라는 전제이다. 그들이 서비스를 우리에게 제공하기 위해 어느 정도의 비용을 들였는지를 묻지 않고 제공된 서비스가 우리에게 주는 가치에 따라 보상한다. 우리가 지불하는 금액을 결정하는 데 영향을 주는 것은 상대가 우리에게 제공한 것으로부터 얻는 이득이지, 그것을 제공하는 사람들의 공로는 아니다. 그들에 대한 어떤 인격적 편견도 없이 오로지 그들이 제공한 재화와 서비스의 품질만을 평가한다.

우리도 다른 사람과의 거래에서 우리의 주관적인 공로가 아니라 우리의 서비스가 그들에게 지니는 가치에 따라서 보상받기를 기대한다. 사실상 우리가 자유롭다는 것은 우리 자신의 생계를 위해 자기의 공로에 대한 다른 사람들의 견해가 아닌 오직 그들에게 제공한 것에만 의존한다는 사실에 있다. 우리의 자유는 타인들에게 유익한 재화와 서비스를 공급하겠다는 일념으로 자신의 공로를 자유로이 선택하여 투입하는 데 있다. 우리가 얼마나 노력하고 어떤 재주를 동원할 것인가를 우리 스스로가 판단한다. 우리가 공로에 따른 보상을 요구하는 것은 오직 우리의 지위나 소득이 '사회' 전체에 의해 결정된다는 의인화에서 비롯된 것이다.

이같이 자유사회의 소득형성 원리가 성과원리인 이유는 바로 지식의 문제 때문이다. 인간 이성의 구조적 무지에 대한 적응이 바로 성과원리에 따른 소득형성 구조이다. 인류사회가 진화해오면서 사람들은 공로원칙을 적용할 경우 사회가 유지될 수 없었다는 것을 발견했다. 인구가 늘어나고 사회의 규모가 커짐에 따라서 아는 사람과의 거래 빈도수보다 낯선 사람들과 거래 빈도수가 점차 늘어났다. 이런 과정에서 성과에 관한 가치가 공로원칙을 교체해왔다.

2) 성과의 가치와 자유인

공로원칙이 적합하지 않은 이유가 또 있다. 그것은 인센티브 문제 때문이다. 공로원칙에 따르면 성공에 따른 보수가 아니라 성공과 관계없이 도덕적인 행동, 영웅적인 행동만 했으면, 또는 연구나 탐험에서처럼 위험한 시도만 했어도, 분투만 했어도, 성공한 사람과 똑같이 보수를 받는다. 하지만 그런 공로원칙에서는 특정의 활동에 적합한 인물들을 끌어들이기가 어렵다. 이에 반해, 성과원칙은 보수를 직접 결과와 관련시키기 때문에 주어진 부문에 적합한 인물을 끌어들일 수 있다. 특히 주목하는 것은 공로원칙은 스스로 책임감을 지니고 행동할 의욕을 상실시키는 원칙이다. 그 이유는 이렇게 설명할 수 있다. 즉, 보수를 결정하는 사람은 보수를 받아 마땅한 도덕적 행동, 옳은 행동과 갸륵한 행동이 무엇인가를 정한다. 이런 결정은 순전히 결정하는 사람의 주관과 편견에 속한다. 따라서 공로원칙에서는 사람들이 보수를 정하는 사람의 주관과 편견에 예속된다. 이것은 심각한 자유의 제한이다. 그들은 행동을 결정할 때 보수를 결정하는 자의 눈치만 살핀다. 공로원칙에서는 사람들은 스스로 결정하려는 의욕이 상실된다.

하이에크는 자유인의 특징을 "자신의 삶이 자신의 행동에 관한 타인들의 견해에 좌우되는 것이 아니라 오로지 그가 그들에게 제공하는 것, 즉 성과에만 좌우되는 사람이다"라고 말했다(Hayek, 2023: 162). 타인들이 정상을 참작해주기를 바라는 것이 자유인이 할 일이 아니다. 떳떳하게 그들에게 제공한 것에 대한 그들의 평가를 바라는 사람, 이런 사람이 자유인이다. 이런 자유인을 가능하게 하는 것이 시장경제이고 자유사회다. 자유사회에서 사람들은 자기 책임으로 다른 사람들에게 가치 있는 것을 발견하려고 노력한다. 자신의 능력이 정말로 타인들에게 가치 있는 능력인가를 알아내기 위해, 타인들에게 가치 있는 생산을 찾기 위해 애를 쓴다. 내가 가진 능력이 쓸모 있는 능력인가를, 그리고 내 능력이 어디에 쓸모 있는가를 찾기 위해 애를 쓴다. 그래야 소득을 얻을 수 있기 때문이다. 소득의 기회가 바로 타인들에게 가치 있는 유용한 공급 가능성이다. 이런 가능성을 찾는 것이 오스트리안 학파가 중시하는 '기업가정신'이다. 성장의 원동력일 뿐만 아니라 성과원칙에 따른 소득형성의 원동력이 기업가정신이다.

시장경제의 탁월한 국면은 우리 자신에 관한 타인들의 주관적인 판단으로부터 해방시키고 우리에 관한 타인들의 편견을 최소화하는 기능이다. 시장경제는 가격과 품질 이외에는 그 어떤 것에 의해서도 차별하지 않는다. 얼마나 자유사회가 지혜로운가를 단적으로 보여주는 대목이다(Friedman, 1999: 138-141). 자유시장에서는 인격적인 비난이 정치의 경우보다 적은 이유가 바로 이 때문이다. 인격적인 비난은 상품의 질과 관련이 없다. 반(反)기업 정서란 상품과 서비스의 공급과 관련이 없는 차원에 대한 비판을 의미한다. 그것은 편견이다. 이런 편견이 기업 환경을 지배할 경우 기업가정신이 위축된다.

3) 공로원칙은 사회의 불안정을 초래

공로에 따른 정의가 성공적인 시도라고 하더라도 그것이 더욱 매력적인, 아니면 적어도 참을 수 있을 만한 사회질서를 가져올 것인지에 대해서는 단순한 의구심 이상의 것이 존재한다. 일반적으로 고소득은 공로의 증거이며, 저소득이 그 결핍의 증거라고 간주하는 사회, 또 지위와 보수는 공로에 상응한다고 보편적으로 믿어지는 사회, 자신의 행동이 자기 동료들 대다수에 의해 인정되는 것 이외에는 성공으로 가는 길이 없는 사회, 이런 사회는 성공하지 못한 사람들로서는 아마도 공로와 성공 간에는 필연적인 연관이 없다고 솔직하게 인정되는 사회보다 훨씬 더 견디기 힘들 것이다. 그 결과는 치명적이다. 실패한 모든 사람이 자기들에게 동등한 기회가 있었다는 사실을 확신한다고 하더라도 그들의 불만은 누그러지지 않을 것이다. 그것은 오히려 강화될 수도 있다.

그런데 만약 기회가 불평등하다고 알려지고, 그 불평등이 명백하게 빈곤과 연줄에 되어 있다면, 사람들은 다음과 같은 말로 자신들의 실패를 위안할 것이다. 즉 자신들은 결코 적절한 기회를 갖지 못했다고, 체제가 불공정하며, 그 저울이 자신들의 반대쪽으로 지나치게 기울었다는 말이다. 그러나 그 선택이 분명하게 공로에 의한 것이라고 한다면 이러한 위안의 근거는 사라지며, 실패가 어떠한 변명거리나 위안거리도 없이 온갖 종류의 열등감을 초래하게 된다. 또한 이것은 인간 본성에서 나온 자연적인 변덕에 의해 실제로 타인의 성공에 대한 질투와 원한을 증가시킨다(Crosland, 1956: 235).

4) 자유사회에서 운(運)의 역할

자유사회에서 성과원칙에 따라 소득이 결정된다고 해서 노력, 능력, 인내심 같은 것이 필요 없다는 것은 아니다. 개인의 공급이 타인들로부터 인정받기 위해서는 자신의 능력과 재주, 집중력, 인내심 등 수많은 칭찬할 만한 요인들을 투입해야 한다. 따라서 자유사회에서 개인의 성공은 그런 요인들에 의해 결정되기는 하지만 성공과 실패의 결정요인은 그런 것들뿐만이 아니다. 중요한 요인 하나가 더 있다. 행운이 그것이다. 스스로의 힘으로는 통제하기 어려운 상황 또는 아무런 노력 없이 주어진 유리한 환경의 덕분인 경우가 많다. 그러나 사람들은 매우 가치 있는 성과가 행운 또는 환경 덕분인 경우, 그 성과를 긍정적으로 인정하려고 하지 않는다. 애쓴 노력과 같은 공로가 없기 때문이다. 그러니까 이런 경우에 생겨나는 소득과 재산은 가질 자격이 없다고 주장한다. 재분배의 대상이라는 것이다.

그러나 어느 한 사람의 성과 가운데 어떤 부분이 공로에 해당하고 어떤 부분이 우연이나 유리한 환경의 탓인가를 구분하기가 불가능하다. 내가 지금까지 살아오는 동안 그 어떤 것이 우연이었고 그 어떤 부분이 고통과 고난의 부분인가를 아무도 구분할 수 없다. 이런 문제를 떠나서 보다 중요한 것은 진정으로 행운 또는 유리한 환경 탓을 배제하고 오로지 공로에만 의존하는 것이 옳은가의 문제이다. 물론 열심히 능력껏 노력했음에도 불구하고 실패한 사람들은 단순히 행운이나 유리한 환경 탓으로 부자가 된 사람을 보면 분통이 터지고 불쾌할 것이다. 하지만 전적으로 공로원칙이 지배하는 세계에서 사람들이 사는 것이 더 행복할 것인가? 이런 사회는 부자는 공로의 증거이고 저소득층은 공로의 결핍 탓이라고 여기는 세계이다. 부자는 열심히 노력하는 사람이고 가난한 사람은 게으르고 인내심도 없는 사람으로 취급받는 사회다.

다시 말하면 실패한 사람은 타인들로부터 인정받지도 못하는 낙오된 사람으로 취급당한다. 인격적, 심리적, 또는 그 밖의 인간적 결함 때문에 실패했다는 비난을 받는다. 엄밀히 따지면, 경제적으로 실패한 사람은 타인들의 인격적 편견 속에서 살 수밖에 없다. 따라서 그런 세상은 실패한 사람들이 얼굴을 들고 살 수가 없는 세상이다. 실패 그 자체로부터 오는 좌절감 그리고 주위 사람들의 편견과 오명의 낙인으로부터 생기는 자괴감, 이 두 가지가 중첩되어 그들은 살기가 힘이 든다.

그러나 자유사회는 이런 비인간적이고 잔인한 방향으로 발전하지 않았다. 실패한 자들이 실의를 딛고 거듭날 수 있는 심리적 위안을 주는 중요한 메커니즘이 체제 내에 있기 때문이다. 이 메커니즘이 개인의 실패에 대한 인격적 편견과 오명을 제거해주는 역할을 한다. 자유사회의 성과

원칙이 허용하는 운의 요소가 성공과 실패의 측면에서 어떻게 작용하는 가를 보자. 자유사회는 행운에 의해 부자가 될 수 있는 사회다. 우연이라고 해도 그 결과가 타인들을 위한 가치 창출에 이바지한다면 그는 행운에 의해 성공할 수 있다. 그러나 사람들은 그런 성공을 높이 평가하지 않는다. 그리고 행운에 따른 성공을 시기하고 질투하지도 않는다.

주목해야 할 것은 운(運)이 나빠 실패하는 사람의 입장이다. 실패의 원인을 자신의 탓으로 돌리는 것보다 우연적 요인에 돌리는 것, 이것이 실패한 자에게는 훨씬 더 위안이 된다. 따라서 운의 탓으로 돌림으로써 그는 자괴감으로부터 해방될 수 있다. 그리고 타인들이 패자에 대한 인격적 낙인을 찍을 여지도 줄어든다. 다시 말하면, 실패한 자에 대한 타인들의 편견과 오명을 제거해준다. 프리드먼이 명쾌하게 주장하고 있듯이(Friedman, 1999: 204), 공로에 의해 생겨나는 불평등보다도 우연의 요인 때문에 생겨나는 불평등을 참아내기가 쉽다. 그리고 하이에크가 주장하는 것처럼, 보상을 공로에 맞추려는 노력 대신에 공로와 가치는 불확실한 관계라는 것을 분명히 하는 것이 인간의 행복에 더 도움이 된다고 본다(Hayek, 2023: 163). 비판자들도 공로원칙을 입으로만 주장할 뿐, 이를 엄격하게 적용하라고 주장하지 않는다. 그 대신 엄격한 평등분배를 주장하거나 아니면 욕구에 따른 분배를 주장한다.

5) 성과의 가치: 운과 공로의 중간

공로와 운을 매끄럽게 조합하여 이들 사이의 중간에서 개인들의 소득이 생성된다는 것, 이것이 자유사회의 또 다른 특징이다. 개인들의 소득과 재산이 전적으로 사회경제적 운에 의해서만 형성된다면 이것은 또다른 문제를 불러오는데, 이것은 허무주의이다. 아무도 노력하지 않을 것이다. 자신의 능력이나 재주를 개발할 의욕도 생겨나지 않을 것이다. 실패와 성공은 아무런 의미도 없다. "이런들 어떠리, 저런들 어떠리"의 냉소주의가 지배한다. 이런 허무주의와 냉소주의가 지배하는 경우, 삶의 의미가 상실된다. 그리고 의미 있는 사회질서도 가능하지 않다.

우연의 요소로서 출생과 가정환경이 모든 일생을 완전히 결정한다면 이런 자연적 로또에 당첨되지 못한 사람들, 이들도 역시 허무주의와 냉소주의에 빠질 것이다.[56] 이 같은 경우에도 사회질서가 안정적이지 못하다. 더구나 자연적 로또에 당첨된, 다시 말해 행운의 여신의 환대를 받은 사람들이 정치적 권력을 장악한다면 전형적인 봉건사회나 마찬가지이다. 유럽의 중세시대가 그랬다. 조선시대도 마찬가지였다. 서민들은 삶의 의욕을 상실했다. 이미 앞에서 설명했듯이, 존 롤스가 행운에 의한 분배결정을 전적으로 반대했던 것을 주목할 필요가 있다. 어떤 형태의 우연이든, 그 우연은 도덕적 관점에서 볼 때 자의적이기 때문에 우연에 의한 소득과 재산분배는 도덕적 정당성이 없다는 것이 그의 주장의 핵심이다.

그러나 자유사회는 이런 우연적인 요소를 제대로 잘 소화하고 있다. 자유사회에서 소득과 재산은 공로와 우연의 중간에서 형성된다. 한편으로는 타인들로부터 좋은 평가를 받을 수 있는 가치 창출을 위해 부단히 끈기 있게 노력하는 기업가정신이 자유사회에서 개인들의 소득과 재산 형성의 원동력이다. 노력, 능력, 행동 동기 등 공로 그 자체는 어느 한 개인이 경제적으로 성공하기 위한 필요조건일 뿐이다. 중요한 것은 그런 공로 그리고 타인들에게 유익한 가치 창출과의 연결이다. 이 연결이 기업가정신이다. 다른 한편, 행운을 보자. 행운 그 자체 또는 운에 의해 사람들에게 주어진 기회 그 자체는 어느 한 사람이 성공하기 위한 필요조건일 뿐

---

56) 그러나 유전학의 연구결과에 따르면 유전적인 요소가 사람들의 성공과 실패를 좌우하는 것은 겨우 30% 정도라고 한다. 그러나 내가 어떤 소질을 갖고 태어났는가를 알아내기는 결코 쉬운 일이 아니다. 이를 발견하기 위한 부단한 노력이 필요하다.

충분조건이 아니라는 것, 이것을 우리가 주목해야 한다. 우리는 이 맥락에서 두 가지 차원을 구분할 필요가 있다. 그 하나는 주어진 유리한 환경, 운 좋게 전수된 선천적 능력과 재주, 건강, 용모, 체격 등 이들 자체의 차원이다. 이런 차원의 것들을 소득과 재산을 획득할 수 있도록 하는 기회로 만드는 것, 이것이 두 번째 차원이다. 그런데 이 두 가지 차원을 연결하는 것이 기업가정신이다. 이것이 운이 가져다준 기회와 성공을 연결하는 매개 변수다.

따라서 기업가정신은 한편으로는 개인의 공로를 성공과 연결하고, 다른 한편, 우연을 성공과 연결하는 역할을 한다. 자유사회는 공로와 우연을 적절히 조합하는 탁월한 재주를 가지고 있다. 이런 조합은 기업가정신을 통해 이루어진다. 이런 지혜로운 조합을 통해 실패한 사람들에게 자괴감과 패배주의의 극복을, 우연의 지배에서 생겨나는 허무주의의 극복을 가능하도록 하는 것도 자유사회의 지혜이다. 자유사회, 성과원칙 그리고 기업가정신, 이 세 가지 사이에는 상호 간 불가분의 관계가 있다. 그런데 우리가 주목해야 할 것은 자유사회에서 성공과 실패가 운에 의해서도 결정된다고 해서 성공과 실패에 대한 책임이 감소하거나 바른 선택을 해야 하는 중요성이 없다는 말이 아니다. 우리는 경험으로부터 배울 수 있는 능력, 학습능력이 있다. 하이에크가 자유와 책임의 관계와 관련하여 상세히 설명하고 있듯이(Hayek, 2023: 119-140), 개인의 책임 원칙은 앞으로 더 잘 선택하라는 교육적 기능이 있다.[57] 그리고 우리의 통제 범위 내에서 최선의 선택을 해야 한다는 것을 요구한다.

"인간 사회는 본질적으로 분배적 공동체다"라는 마이클 왈저의 주

---

57) 내가 행한 행동 결과라고 해도 그 결과는 나의 행동 이외에 환경적 요인, 내가 통제할 수 없는 환경적 요인에 의해 형성된다. 책임원칙은 나의 행동 결과에 대해 책임을 지게 함으로써 보다 나은 선택을 하도록 하려는 자극을 주기 위한 것이다. 책임원칙의 이런 교육적 기능은 인간은 학습능력을 가지고 있다는 전제에서 출발한다(Hayek, 2023: 123-126).

장(Walzer, 1983: 3)과 대조적으로 하이에크에게 국가가 정당성을 가지고 실현할 수 있는 유일한 평등은 법 앞의 평등이며, 분배 정의가 요구하는 패턴화된 배열은 그런 평등을 위배한다는 것은 명백하다. 그에게 정의는 분배의 패턴이 아니라 분배를 생성하는 메커니즘에 있다. 분배를 '수정'하기 위해 취한 모든 조치는 차별적이며, 가치가 아닌 공로에 따라 보상을 할당해야 한다. 그러나 의무는 가치에서 발생한다. "우리의 지불액을 결정하는 것은 다른 사람들이 우리에게 제공하는 것에서 얻은 혜택이지, 그것을 제공하는 사람들의 공로가 아니다."(Hayek, 2023: 161)

6) 사회보험: 샌델과 하이에크

샌델은 미국의 보험 시스템이 선택의 자유에 전적으로 의존하는 자발적인 가입에 너무 많이 의존하고 있고, 이에 반해 공동체의 의무감에 너무 적게 의존하고 있다고 비판한다(Sandel, 1996: 282-283). 하지만 하이에크는 자발성과 공동체를 무시하지 않는다. 혼자의 힘으로 감당하기 어려울 정도로 "빈곤이나 기아로 위협받는 사람들을 위한 구제는 공동체의 의무"라고 역사적 사례를 들어 설명한다(Hayek, 2023: 442-443). 하이에크는 실업, 질병, 노년 등과 같이 변덕스러운 변화로부터 개인의 삶을 보호하는 것을 공동체의 의무로 여기고 있다. 개인들이 공동체의 그런 의무를 인식하고 자신의 복지를 위해 스스로 준비하는 정도까지는 공동체의 의무라고 간주하는 데 문제가 없다.

하지만 모든 사람이 그런 준비를 할 수 있다거나 혹은 그렇게 할 자세가 있는 게 아니라는 점은 분명하다. 특히 후자의 경우가 발생하는 것은 비상사태에 대비할 수 있음에도 개인들은 자신의 복지를 위한 부담을 공동체에 전가하려는 동기(무임승차 할 동기)가 활성화되기 때문이다. 그런 동기를 막기 위해 사회보험에 가입하여 기여금을 스스로 부담하도록 강제하는 것은 '공공의 의무'가 되어야 한다는 것이 하이에크의 입장이다. 미래의 삶을 스스로 준비하지 않으면 공동체에 부담을 준다는 이유에서라고 한다.

따라서 "문제의 핵심은 개인들 자신에게 이익이 되는 일을 하도록 강제하는 것이 아니라 대비하는 일을 소홀히 함으로써 공동체의 부담이 된다는 데 있다"(Hayek, 2023: 443). 이것은 자동차 운전자에게 자신들을 위해서가 아니라 자신들의 사고로 해를 당할 수 있는 다른 사람들을 위해, 즉 제3자의 위험에 대비한 보험을 들도록 요구하는 것과 같다. 왜 강제보험이냐의 문제는 인간들의 "미래선호의 경시 태도"(Böhm-Bawerk)로 설명하는 것과 전적으로 다른 차원에서 다룬다. 보험을 개인의 선택에 맡긴다면, 미래 선호를 높이 평가하는 사람은 자발적으로 기여할 것이다. 미래 선호를 경시하면, 보험에 가입과 기여를 원하지 않을 것이고 그 피해는 개인에게 발생한다. 따라서 그런 피해를 막기 위한 보험 가입과 기여를 강제를 통해서 실천한다면 이런 강제는 정부의 온정주의로 정당화될 수 있다. 이같이 안전망에 의해 제공되는 보험에 대한 공동의 관심은 개인의 선택할 자유의 신성함에 대한 편협한 우려보다 훨씬 더 중요하다. 이런 점이야말로 반합리주의적 자유주의가 가진 공동체주의적 요소다.

그런데 중요한 것은 어떤 위험에 대한 보험을 공동체의 의무로 할 것인가의 문제다. 이는 여러 가지 위험들 가운데 강제보험의 대상을 선택하기 위한 기준이다. 로스바드는 하이에크가 개인의 자유의 체계에 어떤 기준이나 기초도 제공할 수 없다고 비판한다(Rothbard, 2016: 278). 그러나 하이에크에게 법의 지배 (또는 법의 보편화 가능성) 이외에도 다음과 같은 기준이 있다. 개인이 스스로를 보호하거나 결과에 대비할 수 없는 재난이 공동행위를 통해 완화될 수 있는 곳이라면, 그러한 공동 행동이 의심의 여지 없이 취해져야 한다는 것이다(Hayek, 2006: 187). 따라서 이런 것이 공동체 윤리의 증진에 관여하는 제도적 장치다. 그러나 정부의 그런 역할 자체는 제한적이다. 즉 국가는 사회보험의 촉진을 위한 제도적 분위기를 확보하는 촉매적 기능을 지니고 있다. 하지만, 이 의무적인 회원 자격은 의무 수행 이상의 강제력을 필요로 하기에 이를 위한 영구적인 중앙기관을 설립하는 것은 정당화되지 않는다.

VII

결론적 전망: 진화사상에 기초한 자유주의를!

"자유사회를 구성하는 규칙은 합리적인 인간들 사이의 합의나
명시적 동의를 얻는 데서 발생하는 것이 아니라,
자유 사회의 구조적 요건, 즉 사회가 어떻게 '작동하는지'
또는 초기 법학자들이 '사물의 본질'이라고 불렀던 것에서
비롯된다. 입법자는 핵심적인 지적 과제를 안고 있다.
바로 작동하는 사회질서를 지배하는 일련의 수용된 규칙들과
조화를 이루는 규칙을 찾아내는 것이다.
이 과제는 법학과 사회이론에 정통하고, 자신이 속한 사회의
암묵적 차원을 깊이 이해하는 사람들이 수행해야 한다.
올바른 규칙은 어떤 의미에서 기존 질서의 근거와 요건에 의해
결정된다. '대화'와 '참여'는 문법 규칙을 결정하는 데
도움이 되지 않는 것처럼 자유사회의 작동에 적합한 규칙을
결정하는 데도 도움이 되지 않는다."

Raeder, 1998: 531

"지적인 다양성과 규모에 관한 한,
독일인조차도 데이비드 흄, 애덤 스미스, 애덤 퍼거슨,
존 밀러 (중략) 등을 능가하지 못했다."

MacIntyre, 2021: 98-99

우 리는 앞에서 다양한 자유주의에 대한 반자유주의자들의 비판적 관점을 해부하면서, 그들이 전혀 언급하지도 않은 채 전적으로 간과한 자유주의의 패러다임이 있음을 발견했다. 그 패러다임의 근원을 스코틀랜드 계몽주의의 도덕철학과 정치경제학, 특히 애덤 스미스와 데이비드 흄의 사상에서 찾을 수 있다. 20세기에 하이에크의 저작들에서 부활했던 진화사상에 기초를 둔 자유주의다. 나는 이런 전통의 자유주의 버전이 이론적으로 훨씬 더 현실적이고 정책적으로도 마찬가지로 훨씬 더 타당하다고 믿는다.

반자유주의들은 물론이거니와 이들의 비판의 대상인 자유주의까지도 기회가 되는 대로 진화사상의 관점에서 비판적으로 해부했다. 하지만 진화사상에 기초를 둔 자유주의 사상의 전체 모습을 충분히 알기 어렵다. 따라서 그런 자유주의 사상을 체계적으로 재구성하는 것이 합당하다고 믿는다. 이를 위해 오늘날 우리가 살아가는 사회질서의 모습과 그 원천을 설명하자.

1.
사회질서의 원천

    사회질서는 거대한 여러 부문을 아우른다. 거대 사회는 복잡계다. 수많은 개별 인간과 인간 그룹으로 구성된 시장질서를 포함한다. 이때 인간 그룹으로는 가족, 친구, 마을공동체, 그 밖에도 교회를 중심으로 하는 종교 공동체, 자선단체, 청소년 보호단체, 국경없는의사회, 시민 방범대 등 제3섹터로서 개인과 정부 사이에서 비영리적으로 활동하는 자발적 연합, 그리고 슈퍼마켓, 백화점, 각종 조합과 회사들, 대학들, 의료시설, 언론사 등과 같은 영리기관도 개인들로 구성된 인간 그룹에 속한다. 서울시를 비롯하여 지방정부 기구들, 육·해·공군과 입법부, 사법부, 행정부 등 조직화한 국가기관도 거대 사회에 포함한다.

    개인들과 인간 그룹들(즉, 다양한 소규모 공동체 그리고 집단들)이 사회적 과정에 참여하여 전체로서의 사회질서를 형성한다. 이런 질서의 연장선 상에서 결혼, 출생, 사망과 관련된 제도들, 그리고 기원, 선술집, 영화, 미술관, 프로야구팀, 프로축구팀 등 취미그룹을 위한 영리기관, 부의 축적과 사회계층 이동의 유형, 특히 시장질서도 거대 사회에 포함된다. 개인들과 인간 그룹들은 때로는 서로 경쟁하고 협력하면서, 때로는 서로를 견제하면서 각자 자신들의 삶을 영위한다.

1) 인간에게 질서가 필요한 이유

그런데 사회들 제각각은 부유하거나 가난하고, 개방적이거나 폐쇄적이고, 중앙집권적이거나 분권적이고, 호전적이거나 평화적이다. 하지만 각 사회는 나름의 질서가 있기 마련이다. 하이에크는 질서를 인간들이 타인들의 행동에 대한 기대를 형성할 가능성이라고 정의하고 있다.[1] 질서의 중요성을 인류학자, 에반스-프리차드는 이렇게 말했다.

> "사회적인 삶에서 일종의 질서가 존재하고 있음은 분명하다. 질서가 없으면 누구도 일상적인 활동을 할 수 없거나, 심지어는 가장 기본적인 욕구까지도 충족시킬 수 없다."(Evans-Pritchard, 1954: 49)

질서의 중요성에 대한 인식은 오늘날 생물학에서조차 강조되고 있다. 예컨대 진화적 인식론의 발전에 매우 크게 이바지한 오스트리아 출신 생물학자 리들(R. Riedl)은 질서라는 개념을 보편적 개념으로 간주하면서 질서의 중요성을 다음과 같이 거론하고 있다. "질서 없는 세상은 상상할 수도 없고, 질서 없는 세계는 인식될 수도 없다. 질서 없는 세계는 의미도 없다. 만약 이 세상에 질서가 없다면 이를 촉진해야 한다."(Riedl, 1975: 20)

따라서 우리가 주목할 것은 자유롭고 책임 있는 인간들의 상호작용이 벌어지는 사회의 전체 영역을 파악하는 고유한 방법은 어떤 것이 있는가의 문제다. 이 문제는 하이에크가 말한 인간 가치의 세 가지 원천에 따라 사회 전체영역을 세 가지 질서로 첫째, 자연적 질서, 둘째, 인위적 질서

---

[1] "무수히 많은 구성요소끼리 존재하는 관계들 전체 중에서 일부분을 알게 되면 나머지 부분들에 관해 들어맞을 가능성이 높거나, 아니면 낮은 기대들을 형성할 수 있는 상황(Hayek, 2018: 80 또는 1969: 164, 207)." 그런 가능성은 클 수도 있고 적을 수도 있다. 따라서 질서는 정도 개념으로 파악한다. 개인들이 갖는 주변 환경의 모습이나 행동 패턴에 관한 기대의 형성 가능성 여부는 질서가 잡혀 있느냐, 그렇지 않으냐를 판단하기 위한 중요한 기준이다.

그리고 마지막 셋째, 자생적 질서로 나눌 수 있다.

2) 인간 가치의 원천

동서양을 불문하고 아직도 중대한 실수를 범하고 있음에도 사람들 사이에서 습관이 된 듯, 그들의 입에 자주 오르내리는 주장이 있다. 인간 사회에는 오직 두 종류의 가치밖에 존재하지 않는데, 인간의 본성으로부터 기인하는 '1차적 가치'와, 이성적 사고의 산물인 '2차적 가치'가 바로 그것이다(Hayek, 2018: 702). 이 같은 구분은 오늘날에는 대표적으로 에드워드 윌슨(Eduward Wilson), 조지 퍼그(George Pugh) 그리고 리처드 도킨스(Richard Dawkins) 등의 사회생물학에서 비롯된 것이다. 인간행동을 결정하는 요인을 본능과 이성으로만 파악함으로써 사회질서를 이분법적으로 분류하여 본능에서 생겨난 모든 질서를 '자연적 질서'로, 그리고 계획하는 이성을 통해서 계획적으로 만든 '인위적 질서'로 이분한다. 이 같은 이분법은 인간의 본능적 산물도 아니고 또한 인간 이성에 의한 계획의 산물도 아닌 사회적 과정의 산물을 파악할 수 없다(Hayek, 2018: 702-704).

대표적인 것이 언어다. 이것은 인간의 본능에서 우러나온 것도 아니고 그렇다고 언어를 만들겠다는 집단적 의도에서 언어가 생겨난 것이 아니라, 그런 의도가 없었음에도 자생적으로 형성되는 질서다. 즉, 그런 의도가 없었음에도 장구한 역사적 과정을 거쳐 사람들이 서로 소통하는 사회적 과정에서 자생적으로 언어가 생겨난 것이다. 이같이 사회생물학은 사회질서의 원천을 본능과 이성으로 이분함으로써 언어는 물론 화폐, 시장, 도덕규칙, 관행, 관습, 그리고 보통법(코먼 로)에서 보는 바와 같은 법규칙 등 사회·문화적인 현상들은 이분법적 사고방식으로는 이해할 수 없다.

    그런 이분법적 사고는 새로운 건 아니다. 원래의 이분법적 방법은 동양에서는 노자(老子) 이래, 서양에서는 아리스토텔레스 이래[2] 우리의 사고방식을 지배했다(민경국, 2021: 136). 즉, 자연적 질서와 인위적 질서를 구분했던 것은 사회생물학적 이분법과 일치했다. 하지만 자생적 질서의 존재를 배제하지는 않았다는 점에서 원래의 이분법은 사회생물학적 이분법과 다르다. 원래 분류의 의미에 따른다면 언어, 시장, 도덕규칙, 상관행 등 문화적인 현상은 인간행동에 의해 형성된다는 점에서 인위적 질서와 유사하지만, 인간계획을 통해 만든 것이 아니라는 점에서는 자연적 질서와 흡사하다. 우리가 사용하는 문법 규칙과 언어는 인간행동을 통해 생겨난 것임이 틀림없다. 인간이 없었으면 우리가 매일같이 사용하는 언어도 없었을 것이다. 이런 의미에서 인위적 질서와 흡사하다.

    그러나 특정한 목적을 가지고 누군가가 계획해서 언어를 만든 것이 결코 아니라는 점에서 언어는 자연적 산물이다. 따라서 원래의 이분법은 언어의 예에서처럼 동일한 대상을 상이하게 분류하는 오류를 범했다. 인위적인 것과 자연적인 것 사이에 제3의 범주로서 '자생적 질서'라는 개념이 절대적으로 필요한 이유다. 그 개념은 스코틀랜드의 철학자이자 역사학자였던 애덤 퍼거슨(1723~1816)이 표현한 대로 "인간행동의 결과이기는 하지만 인간계획의 결과가 아닌" 질서다. 그런 질서를 하이에크는 '자생적 질서(Spontaneous Order)'라고 불렀고 애덤 스미스는 '보이지 않는 손'을 빌려서 그런 질서의 형성과정을 설명했다.[3]

---

[2]   기원전 5세기 소피스트학파를 거쳐 아리스토텔레스가 이어받은 생각이다.

[3]   그런데 흔히 문화를 '자연과 대립하는' 것으로 여기는 경향이 있다. 그러면서 '본능과 자연환경 사이에서 만들어진 완충물'이라고도 한다. 이한구(2019: 42)처럼 "문화를 자연과 대립하는 것이라고 한다면" 문화에 대한 이런 이해는 이분법적 사고에서 비롯된 것이다. 그러나 문화는 이성과 본능의 중간에 있다. 이에 관한 상세한 논의에 관해서는 민경국(2021: 117-120, 243-245)을 참조.

3) 본능과 자연적 질서

　　자연적 질서는 가족, 친구, 취미 그룹, 마을공동체 등 얼굴을 마주하는 소규모 사회에서 흔히 목격할 수 있는 집단이다. 이런 집단 내에서 구성원들의 상호관계를 안내하는 것은 사랑, 우정, 상호존중, 유대·연대감과 같은 사회 규범이다. 원래 인간은 가족끼리 또는 떼를 지어서 또는 부족 또는 종족 사회에서 살았다. 5만 세대를 거치면서 호모 사피엔스의 신경구조와 본능 그리고 타고난 소망들이 형성되었는데, 그것들은 아직도 오늘날 인간의 특징을 구성하고 있다. 그것들은 부족사회 또는 종족 사회, 그 후 500세대 혹은 300세대 동안 개발된 것과는 전혀 다른 삶의 형태에 적응된 것이다.

　　부족사회에서는 혈연적 친척관계를 통해서 얼굴을 마주할 정도로 가까운 공동의 삶, 공동의 노력과 공동의 위험에 참여를 통해서 그리고 기쁨과 불행을 함께함으로써 구성원들이 통합될 수 있었다. 종족이나 부족의 모든 구성원을 공동의 목적으로 나눔에 포용하는 것이 삶의 습관이 된 것이다. 그런 포용은 음식에만 한정된 것이 아니었다. 모든 사용 가능한 수단에도 그런 포용을 확대·적용했다. 공동의 목적을 위해 지도자의 명령과 지시를 통해 구성원들이 수행해야 할 노동이 할당되었다. 공동으로 노력한 결과도 그룹의 생존능력을 보장할 수 있도록 지도자의 명령에 따라 부족·종족 사회의 구성원들에게 나누어주었다. 누구든지 공동체의 팔다리로서 받아야 할 것을, 그에게 분배할, 즉 '도덕적 공로'에 따라 분배할 것을 명령할 권한이 지도자 수령에게 부여되어 있다.

　　이 모든 것은 폐쇄적인 그룹의 집단주의적 경제였다는 것을 말한다. 그룹이 생존할 수 있는 전제조건은 사랑, 연대 또는 유대였다. 이같이 연대의 도덕, 즉 우정, 상호존중, 이타심과 같은 사회적인 것의 도덕이 약 150만 년 동안 성장했고 그 이후 우리의 본능 속에 정착되어 있다. 이런 본능적인 도덕을 인식의 대상으로 여기는 것이 진화심리학, 그리고 도킨스와 그 추종자들이 추구하는 사회생물학이다.

4) 이성의 진화와 인위적 질서

두 번째 차원이 인간 이성의 진화다. 그 차원에서의 진화는 인간지능과 그 산물의 진화, 즉 지식의 진화와 아울러 지식을 기록하고 전달하고 가공하는 수많은 방법의 진화다. 피상적으로 보면 이 단계의 진화는 생물학적 진화와 유사하다. 즉, 새로운 아이디어들의 원천으로서 혁신, 현재의 선호에 따라 그리고 기존의 지식에 비추어 그런 아이디어들의 테스트와 선별, 성공적인 것의 복제와 확산과정으로 구성되어 있다. 그런데 우리가 주목할 것은 지식의 체계적인 확산, 지식의 정확성과 치밀함, 그리고 지식의 저장은 첫째로, 개별두뇌와 독립적이라는 그래서 초개인적 현상이라는 점이고, 둘째로, 과학과 기술발전의 가속화를 초래했다는 점이다(Witt, 1998: 182).

문화적 진화의 선물로서 인간 이성이 등장하자, 우리는 앞에서 설명했던, 예를 들면 공공정신을 지닌 종교 공동체, 지역 공동체 그리고 자선단체 등 '독립 부문' 그리고 마찬가지로 공공정신을 지닌 개인들에 의해 제공되는 공공재화의 공급을 주도하는 정신(Hayek, 2018: 568-571), 영리단체로서 기업, 이익집단, 대학, 병원 등과 같이 소규모 공동체와 집단들, 정부조직들과 그리고 이들의 제각기 단결된 노력의 상호작용을 만나게 된다. 소규모 공동체와 집단, 그리고 정부조직은 '조직(organization)'이라는 말로 표현된다. 그들은 제각각 나름의 전통과 관습에 따라 움직이면서 개인의 정체성을 형성하는 데 중요한 역할을 한다. 조직은 인간의 삶에 필수적이다. 혼자 즐길 수 없거나 혼자서는 해결할 수 없는 경우에 우리는 집단에 의존한다.

조직은 설계하는 정신의 의식적 의도에 따라 구성원들을 의도적으로 배치하여 만들어진 질서다. 물리적 세계의 예로는 시계나 컴퓨터, 마이크로칩이 있는데, 각 구성요소는 제작자의 지식과 목적에 따라 의도적으로 배치된다. 누군가가 특정 집단적 목적을 달성하는 데 적합하다고 믿는 대로 조직의 구성원들을 그의 계획에 따라 자리에 배치하거나 그들의 행동을 명령·지시한다. 조직은 알려진 집단적 목표를 달성하기 위해 질서를 잡는 데 필수적인 기술이라고 보아도 무방하다.

그런 발전에 개별 두뇌는 중요한 투입의 역할을 톡톡히 해낸 것은 사실이다. 하지만 그런 발전을 과대평가하여 과학을 이용하여 사회를 목적에 합당하게 구성할 수 있다는 '과학주의'와 '구성주의'의 믿음이 생겨났다. 그런 믿음을 '모더니즘'이라고 한다. 이성의 시대가 온 것이다. 지식인들은 원시사회에 대한 낭만적 향수(평가적 요소)와 인간 이성(인지적 요소)을 결합해서 비롯된 결과가 사회주의, 공동체주의, 공화주의, 민족주의, 나치즘 등 다양한 형태의 체제라고 주장한다. 소규모 사회의 특징인 폐쇄된 자연적 질서의 기초가 되는 본능적 유대감의 도덕을 오늘날과 같은 열린 거대 사회에 확대·적용하려는 시도다. 하이에크가 늘 주장하듯이 사회과학이 제아무리 발전한다고 해도 사실에 관한 지식을 과학적으로 파악할 수 없다는 이유에서다.

5) 자생적 질서: 이성과 본능의 중간에서

칼 포퍼는 폐쇄된 사회에 대비하여 열린사회를 말하지만 열린사회가 어떻게 생성되는가에 관한 설명이 없다. 이런 설명을 제공하는 것이 자생적 질서이론이다. 인간들은 앞에서 설명한 폐쇄된 소규모 사회로부터 이탈하여 낯선 사람들과 함께 재화를 교환하는 새로운 삶의 형태 속에서 살게 되었다. 새로운 삶에 등장했던 것이 무엇인가? 지금까지 알지 못했던 심지어 적대적이었던 다른 부족이나 종족에서 온 교환 파트너들이 평화롭게 서로 함께 접촉하게 된 것이다. 이때 유대감의 도덕 바깥에서 인간들끼리의 평화로운 인간관계가 자생적으로 등장했다.

자생적 질서는 모든 구성원이 참여하여 공동으로 달성할 목적 대신에 그들이 공동으로 지키는 행동규칙들을 전제로 한다. 이같이 생성되는 행동질서가 우리에게 번영, 고용, 소득성장, 삶의 기회 확보 등 좋은 결과를 안겨주려면 적절한 행동규칙이 필요하다. 교환행위를 용인해야 했다. 사적 소유에 대한 요구를 인정해야 했다. 계약을 지켜야 했다. 이로써 개인의 자유가 생성되었다. 다시 말해 조직에서처럼 개인들에게 조직의 목적을 위해 적극적으로 그리고 구체적으로 행할 것을 규정하는 것이 아니라, 특정한 행동을 차별이 없이 보편적으로 금지하는 행동규칙이 등장하게 되었다. 이런 행동규칙들은 특정한 구체적인 사람과 어떤 구체적인 목적과도 독립적이다. 이런 의미에서 추상적인 금지로 구성된 행동규칙의 예를 모세의 십계명에서 들면, "도둑질해서는 안 된다", "약속을 어겨서는 안 된다", "속여서는 안 된다" 등이다. 자생적 질서의 바탕에는 그 밖에도 예의범절, 상관행, 상관습, 인격존중과 같은 도덕규칙들이 두껍게 깔려 있다.

흥미로운 것은 그런 도덕의 원천이다. 흄은 이미 250여 년 전에 인식했던 것처럼 "도덕은 결코 우리 이성의 산물(conclusion)이 아니다"(Hume, 1998: 27)라고 주장했다. 이런 인식은 스미스도 마찬가지다. "옳고 그름에 관한 최초의 지각이 이성에서 도출될 수 있다고 가정하는 것은 완전히 황당하고 이해하기 어렵다."(Smith, 2009: VII, iii. 2.7: 616) 그렇다고 도덕이 우연에 의해 보존된 것도 결코 아니다. 그런 도덕적 전통이 지배하게 된 이유는 하이에크에 따르면, 개인들이 그런 도덕규칙을 준수할 때 야기될 결과를 예견했기 때문이 아니라 이를 실제로 실시했던 집단이 다른 집단보다 훨씬 더 번창했고, 다른 그룹의 구성원들도 번창했던 그룹의 행동방식을 모방했기 때문이다(Hayek, 2018: 55). 이런 인식은 반(反)합리주의적 진화사 상의 전통에서 매우 중시하는 통찰이다. 도덕은 이성의 산물이 아니라 그 전제다. 도덕의 존재 때문에 이성이 존재한다. 행동규칙들은 "우리의 구조적인 무지에 대처하기 위한 수단"으로서 기능하기 때문이다(Hayek, 2018: 277).[4] 따라서 우리의 지성이라는 도구는 도덕을 창조할 수는 없고, 다만 그것을 섬기도록 발전되어온 것이다(Hayek, 2023: 108).

---

4) "모든 서로 다른 목적들의 상대적인 중요성에 관해 일치된 상태에 있는 전지전능한 인간들에게는 규칙이란 필요가 없다. 도덕적, 혹은 법적 질서를 연구하면서 이러한 사실을 고려하지 않으면, 그 연구는 그러한 중심문제를 놓치게 된다."(Hayek, 2018: 277)

2.
스코틀랜드 계몽사상: 자생적 질서이론

　　이같이 진화사상에 따른 사회질서의 원천을 설명했다. 자생적 질서를 구성하는 요소들은 개인들 그리고 제1차 집단으로, 본능에 원천이 되는 가족, 친지, 친구, 마을공동체 등과 같이 개인과 국가의 중간에 위치한 독립 부문 그리고 인간의 개별적 이성을 통해 만든 기업, 이익집단, 병원, 대학 등과 같은 사적인 집단과 정부조직을 포함한다. 열린 거대한 사회가 전대미문의 풍요로운 번영을 가져다주었다는 의미에서 성공적이었던 이유는 자생적으로 질서가 형성되는 힘의 덕택이다. 우리가 제2부에서 제6부까지 다룬 반자유주의적 패러다임들은 그런 자생적 질서의 존재를 믿지 않는다. 그들이 믿지 않는 이유를 요약하면서 동시에 자생적 질서의 의미를 밝히고자 한다.

1) 자생적 질서에 대한 반자유주의의 입장

　　보수주의자들은 강력한 정치적 권위가 없이는 사회의 안정과 번영은 기대할 수 없다고 주장한다. 이는 자생적 질서의 존재를 부정하고 목적이 지배하는 계획된 인위적 질서를 옹호한다는 것을 뜻한다. 수요자들과 공급자들의 상호작용을 통해서 그들의 행동들이 조정되는 시장 과정에 관한 이론을 추상적이라는 이유에서 믿으려 하지 않기 때문이다. 자유주의는 경제·사회적 환경변화에 대해 사회질서가 스스로 적응할 수 있는 자생적인 힘을 믿는 데 반해 보수주의는 외적인 어떤 현명하고 선한 권위(초자연적 권위)가 없이는 질서의 생성·유지가 가능하지 않다고 한다. 시장경제는 자생적인 힘을 통해서 변화하는 환경에 적응할 수 있다는 사실을 받아들이는 것이 자유주의의 중요한 부분이다.

롤스는 재산 소유 민주주의에서처럼 정부 활동은 생산, 분배, 안정, 이전 등의 목표로 구성되었지만, 지금까지 자본주의 체제에는 생산만을 그 체제의 목표로 정했다고 지적한다. 레닌주의적 정부의 생산부와 같이 목적을 위해 설계된 기관의 경우 목적에 따라 기관을 판단하는 게 적절하다고, 또는 차등 원칙에 따라 시장경제의 '소득분포'가 평가돼야 한다고 한다. 그러나 이런 시각은 전적으로 잘못된 것이다. 자생적 질서로서 시장경제를 생산적 또는 분배적 목적을 위해 계획해서 만든 조직으로 오해하고 있기 때문이다. 시장사회는 자체 목적이 없다. 생산과 유통의 전반적인 구조는 인간행동의 결과이지 인간계획의 결과가 아니다. 자생적으로 그런 구조가 생겨나는 것은 조직과는 달리 공동의 목표 대신에 공동으로 지키는 행동규칙의 존재 때문이다. 그런 행동규칙은 이미 앞에서 설명한 정의로운 행동규칙의 성격을 지닌 것들로 구성돼 있다. 정의의 규칙을 가지고는 특정한 생산·분배의 목표를 달성할 수 없다.

공화주의자들은 시장에서의 인간관계를 '자생적 질서'의 특징인 수평적 관계로 보는 게 아니라 오로지 수직적 관계로 보는 것도 문제다. 시장지배력 때문에 경제적 과두제가 형성되어 경제적으로 취약한 계층의 자유를 위태롭게 한다고 한다. 롤스주의(Rawlsianism)와 공화주의가 재산·소득의 불평등에 대한 공동의 반응이다. 그러나 대기업은 생산과 유통에 대해 독재적인 권력을 행사하지 않는다. 오히려 뛰어난 효율성과 소비자 수요에 대한 대응력을 통해 지배적인 시장 점유율을 유지한다. 기업의 혁신은 독점력에 대한 상당한 견제를 제공한다. 혁신을 위한 자유경쟁이 중요하다. 이같이 사회를 목적론적이거나 또는 위계적 수직적으로 보는 시각은 탈목적적인 그래서 인간관계가 수평적인 자생적 질서의 존재를 부정하거나, 또는 간과하게 된다.

공동체주의는 공동체로서 사회는 독자적 목표를 지니고 있다는 전제에서 출발한다. 그것은 전체가 부분의 동작을 전적으로 결정한다는 믿음을 전제한다(전체론, holism). 따라서 사회는 구성원을 전적으로 도구화하는 조직으로서 작동한다. 조직은 시민들이 추구할 선호와 목적을 규정하고 계획하는 슈퍼맨이다. 인격화된 공동체가 지향할 공동의 선을 정의해야 한다. 구성원들은 공동체가 지향하는 공동의 목적을 의도적으로 추구할 의무가 있다. 따라서 그런 이념은 인식론적으로 본다면, 특정한 계급이 지닌 이성의 힘에 대한 과장된 믿음의 산물이다. 이에 반해 스코틀랜드 계몽주의 전통의 관점에서 볼 때 공동체는 공유된 소속의식, 도덕, 그리고 사적 소유와 같은 사회적 습속과 언어를 비롯하여 자생적으로 진화하는 문화적 규칙들을 지킬 의무들로 구성되어 있다. 공동체주의처럼 그런 규칙들은 개인을 초월한 것이다. 그런 규칙들은 수 세대를 거치면서 각 세대가 겪은 경험들을 반영하기 때문이다. 그들을 개인의 선호 문제 또는 선택의 문제로 되돌릴 수 없는 이유다.

이같이 반자유주의적 패러다임들은 인간 이성을 중시하는 합리주의를 전제한다는 점에서 그것들의 비판의 대상이었던 공리주의, 사회계약론, 노직과 로스바드의 권리이론, 그리고 칸트의 정언명령 등과 똑같다. 그래서 이들을 합리주의적 자유주의라고 부를 수 있다. 반자유주의들은 바로 동일한 인식론적 측면에서 존 스튜어트 밀, 홉하우스, 케인스, 새뮤얼슨, 맨큐 등의 사회주의와 간섭주의와 똑같다. 이들 모두를 합리주의적 반자유주의라고 부를 수 있다.

2) 진짜 개인주의 vs. 가짜 개인주의

자생적 질서가 생성·유지되기 위해서는 특정한 인간관이 필요하다는 것을 설명하고자 한다. 인간관을 구성하는 것은 두 가지다. 하나는 인지적 측면이고, 다른 하나는 평가적 측면, 즉 행동 동기다. 이 두 가지 요소에 의해 개인의 행동이 결정된다. 반자유주의자들은 자유주의는 원자화된 인간들을 전제하고 있다고 비판한다. 그들은 그런 비판에 초점을 맞추어 공리주의, 사회계약론, 권리이론 그리고 칸트의 윤리학과 같은 합리주의적 자유주의를 비판한다. 원자화된 인간이란 첫째로, 자신의 권리 또는 자신의 이익만을 주장하는 이기적이고 계산적인 인간을 뜻한다. 이것이 인간행동의 평가적 측면이다. 둘째로, 인간 이성은 사회의 외생적 존재로서 이상적인 사회를 임의로 계획하여 필요한 도덕과 제도를 구성할 수 있는 지적 및 도덕적 능력을 지니고 있다. 이것이 바로 인간행동의 인지적 측면이다. 셋째로, 역사도 전통도 무시해버렸다. 인간을 비역사적 존재로 여겼다. 하이에크는 이런 인간관에서 출발하는 개인주의를 가짜 개인주의라고 혹평했다(Hayek, 1997: 19).

가짜 개인주의의 내용 가운데 두 번째의 구성주의적 합리주의의 인식론적 원조는 이미 잘 알려져 있듯이 르네 데카르트다. 그는 "이성은 명백한 전제로부터 논리적으로 연역한 것"이라고 정의했다(의무론적 윤리학으로서 노직과 로스바드의 권리이론과 칸트의 정언명령의 윤리학). 그리고 합리적 행동도 전적으로 알려진 그리고 입증할 수 있는 진리(목적)에 의해서 결정된 행동(목적론적 윤리학에 속하는 공리주의, 사회계약론)을 의미하게 되었다(Hayek, 2018: 44). 이 후자에 속하는 패러다임은 이미 앞에서 설명한 반자유주의 패러다임으로서 보수주의, 공화주의, 롤스의 정의론, 그리고 자율론을 비롯하여 모든 형태의 사회주의와 간섭주의 등이다.

합리성에 관해 주류 경제학에서 잘 설명되어 있는 바와 같이 인간은 주어진 상황과 조건에서 정확한 또는 최적의 의사결정을 내린다고 가정한다. 관련 사실에 관한 완전한 지식을 가지고 있고 정보 처리능력도 완전하다고 가정한다. 이런 인간들이 사는 시장경제에서 자원 배분은 완벽하다. 시장경제가 시장참여자들의 합리성에 좌우되고 있다. 이것은 인간 이성이 사회를 조종·통제할 수 있다는 것과 동일한 논리다. 인간이 불합리하면 시장이 불합리하기에 정부가 합리적으로 만들어야 한다고 주장한다. 시장이 제대로 작동하지 않는 것은 시장참여자들이 불합리하기 때문이라는 것이다. 그러니까 정부가 시장을 대신해야 한다고 주장한다. 이런 주장은 정부는 전지전능하다는 전제, 대단히 합리적이라는 전제를 바탕으로 하고 있다. 인간 이성은 완전하다는 전제에서 출발하는 것이 프랑스 계몽사상의 핵심이다. 그런 전제를 달리 표현한다면, 자기의 환경을 통제하고 다룰 수 있는 인간의 능력에 대한, 그리고 사회제도를 임의로 디자인할 수 있는 능력에 대한 낙관적 태도, 이런 태도가 구성주의적 합리주의이다.

그러나 이런 합리주의는 개별적인 이성의 힘에 대한 과장된 믿음의 산물이며, 그런 믿음에 따른다면 이성에 의해 의식적으로 설계되지 않았거나, 이성으로는 완전히 이해할 수 없는 것을 경멸한다. 그런 합리주의는 믿을 수 없다. 이런 프랑스 계몽사상의 가짜 개인주의와는 대조적으로, 진짜 개인주의는 첫째로 "사회에 관한 이론, 즉 사람들의 사회생활을 결정하는 힘을 이해하려는 시도이고 오로지 둘째에서만 그런 사회관으로부터 이끌어지는 일련의 정치적 훈계다"(Hayek, 1997: 19). 그러니까 가짜 개인주의는 내세울 만한 사회이론이 없이 오로지 정치적 훈계뿐이다. 가짜 개인주의에 의해서는 오늘날 열린 거대한 확장된 사회가 어떻게 등장했는가를 이해할 수 없다.

진화사상을 기초로 하는 자유주의는 개별적인 인간 이성에 대한 비판적 인식의 결과다. 즉, 개인들은 자신들이 아는 것을 통해서 수행하는 것보다 더 큰일들을 창출하는 데 도움을 주는 비인격적인 익명의 사회적 과정을 믿는 태도의 산물이자 개별적인 정신의 한계에 대한 예리한 인식의 산물이다(Hayek, 1996: 22). 진짜 개인주의는 인간을 합리적이라거나 또는 지적이라고도 보지 않는다. 그 특징은 다음과 같이 세 가지로 구분할 수 있다. 첫째로, 인간들은 오히려 비합리적이며 오류를 범하기 쉬운 존재로 인식한다. 그 결과 둘째로, 그들의 개별적인 오류가 사회적 과정, 즉 관찰과 모방 및 경쟁 과정을 통해 발견되고 교정되어, 셋째로, 그들이 매우 불완전한 것들 가운데 최선의 것을 목표로 한다.

따라서 제러미 벤담의 공리주의, 존 롤스의 사회계약론, 로버트 노직과 머리 로스바드의 자연권 사상, 칸트의 정언명령과 똑같이 이성으로부터 도출된, 그래서 역사적 맥락으로부터 분리된 규범들의 웅대한 기획에 대해 진화이론가들이 비판적이라는 것은 놀라운 일이 아니다.

3) 사회적 존재냐 vs. 원자화된 존재냐

반자유주의자들은 자유주의는 사회로부터 고립된 그리고 그것에 독립적인 인간의 존재를 전제한다고 한다. 그들이 비판의 대상으로 여겼던 자유주의 패러다임들은 실제로 그런 전제에서 출발했다. 칸트의 윤리학, 노직과 로스바드의 권리이론, 그리고 공리주의 등은 인간의 사회적 존재에서 출발하는 게 아니다. 들은 공동체주의가 표현하듯이 사회적으로 '얽매이지 않은(unencumbered)' 인간을 전제하고 있다. 사회적 응집, 동료 정신, 공공선의 추구를 희생하고 그 대신에 개인의 이익과 권리를 옹호하는 '원자적 자유주의'가 우리의 공동체 감각을 파괴한다고 반자유주의자들은 목소리를 높인다. 가족의 해체, 공공기물의 파괴, 마약과 범죄의 급증, 마을·지역 공동체의 파괴, 환경의 파괴 등 모든 사회적 문제를 공동체 정신의 붕괴에서 찾으면서 그들은 공동체 모럴의 붕괴를 이익의 정치와 권리의 정치가 지배하는 자유사회의 탓, 자본주의의 탓으로 돌리고 있다.

보수주의, 공화주의 그리고 특히 공동체주의와 숙의민주주의 등 반자유주의자들은 인간의 사회적 존재를 강조하고 있다. 인간은 물리적·심리적으로도 고립해서 살 수가 없다. 사회가 없이 인간은 존재할 수 없다. 인간은 타고날 때부터 사회적 피조물, 즉 사회의 산물인 이유다. 인간은 사회적 동물이라는 것이다. 그렇다고 해서 반자유주의가 전제한 인간이 시장의 자생적 질서에서 사회적 존재로서 스스로를 발견하는 것이 아니다. 시장보다 정치를 중시하는 반자유주의는 '정치야말로 인간이 사회적인 존재로서 자신을 발견하고 확인하는 과정'이라는 신(新)아리스토텔레스적 견해를 진지하게 수용한다. 인간은 시장에서는 언제나 소비자일 뿐인 데 반해 정치에서는 시민(citizen)이다.

그런데 인간의 사회적 존재를 전제하고 사회이론을 개발한 데이비드 흄, 애덤 스미스, 그리고 프리드리히 하이에크 등에 주목할 필요가 있다. 이들은 스코틀랜드 계몽철학의 진화사상을 기초로 했지만 유감스럽게도 반자유주의자들이 그것을 몰랐거나 간과했다. 스코틀랜드 전통에서 인간이란 합리적이지도 않고 고립된 원자도 아닌 타인들과 서로 의존하여 살아가는 사회적 존재다. 두 가지 이유 때문이다. 첫째로, 인간이 가질 수 있는 지식은 극도로 제한되어 있다. 사회 전체를 다 아는 것이 아니라 지극히 부분적이고 추상적일 뿐만이 아니라 오류도 있을 수 있다. 사회 속에서 배우고 학습해야 할 이유다. 따라서 진화사상은 사회적으로 뿌리 박힌 인간에서 출발한다.

그들은 시장에서 그리고 그 밖의 다른 사회제도 속에서 자신의 이해관계를 추구하기 위해 행동하고 반응하는 상호작용을 통해 꾸준히 새로운 정보를 습득한다. 그래서 그들의 선호와 취향 등이 변동하지 않을 수 없다. 그들은 목적 달성에 새로운 방식을 찾기 위해 창조력과 학습역량을 활용한다. 둘째로, 인간들로 하여금 상호작용 속에서 그런 창조력과 학습 역량의 활용과 개발을 가능하게 하는 것은 그들이 왜 지키는지도 모르면서 학습과 모방을 통해 전래된 추상적인 공동의 행동규범을 따르기 때문이다. 그런 비공식 규칙들은 수 세대가 겪은 경험들을 사회구성원 모두에게 전달함으로써 그들은 알게 모르게 소속감을 느낀다.

이같이 인간은 결코 고립된 원자도 아니고 타인들과 전적으로 독립된 개인이 아니라 그들과 서로 의존하여 서로 배우고 가르치면서 살아가는 사회적 존재다. 스코틀랜드 계몽사상의 기본적인 주장은 이렇다. 즉, "타인들을 지향하고 이들의 기대에 부응하는 개인의 행동에 관한 이해를 통해서 사회현상을 이해하는 방법 이외에는 다른 방도가 전혀 없다"(Hayek, 1996: 19). 이같이 고전적 자유주의는 인간 본성에 대한 냉정하고 현실적인 평가를 한다. 그것은 로빈슨 크루소와 같은 무인도에서 외롭게 살아가는 이기적이고 합리적인 인간관(가짜 개인주의)과는 거리가 아주 멀다. 진화사상은 자유시장을 옹호할 때도 앞에서 설명한 바와 같이 완벽한 시장의 합리적인 인간에게 의존하지 않는다. 오히려 인간의 본성은 어리석고 무지하며, 변덕스러운 존재로 여긴다. 자유시장은 결코 '좋은' 인간에게 의존하는 시스템이 아니다. 오히려 '나쁜 인간이 최소한의 해를 끼칠 수 있는' 시스템이다. 따라서 자유시장을 지지하는 고전적 자유주의 주장의 밑바탕에는 복잡한 세상에서 삶을 영위하는 실용적이고 경험적이며 아마도 거칠게 준비된 인간에 대한 복잡한 가정이 깔려 있다. 이같이 진화사상에 기초한 자유주의는 지나치게 엄격하고 비현실적인 추상화를 피함으로써 공공 정책의 요구사항과 꾸준히 관련성을 유지한다.

실제로 시장에서 벌어지는 교환과 계약을 보자. 예를 들면 노직이나 로스바드가 전제하듯이 단순히 공식적인 권리만으로 또는 시카고학파처럼 기심만으로 교환과 계약이 지속적으로 이루어지는 게 아니다. 교환과 계약은 아래로부터 출현하는, 그리고 역사적으로 '성장'하는 비공식적인 사회적 협력과 그리고 비공식적인 규범을 지지함으로써만 지속할 수 있다. 그런 규범은 도덕, 전통, 관행과 관습, 그리고 사회적 미풍양속 등 자생적으로 형성된 수많은 행동규칙에 구현되어 있다. 이같이 "수요와 공급의 너머"(Röpke, 1979: 145-225)에 사람들이 스스로 지키는 관행, 관습에서 생겨난 도덕규칙이 없이는 자유도 위태롭다. 이런 경우 사회는 불가피하게 무정부 상태와 방종으로 타락하며, 이는 일반적으로 자유 자체를 억누르는 폭압적 반응을 일으키기 마련이다. 게다가 개인과 정부의 중개자 역할을 하는 자연적 집단(가족, 교회, 지역 공동체)과 독립 부문(즉 자발적 연합)은 자유와 질서를 연결하는 중요한 다리의 역할을 한다. 사회의 그 같은 비공식적 메커니즘은 공식적인 법 규칙과 결합하여 최소한의 질서와 안정성을 제공하는데, 이는 개인의 자유를 점진적으로 확장하고 장기적으로 유지하기 위한 전제 조건이다.

요컨대 자유주의는 원자적 인간을 전제하는 것이 아니라 사회로부터 형성되는 사회적 인간을 전제한다. 이런 인간이 현실에 적합한 인간이다. 자유의 존재 이유는 인간이 사회 속에서 그 같은 전통을 습득하고 테스트하고 새로운 것을 발견할 수 있게 하는 기반이기 때문이다.

4) 실익이 없는 쟁점: 이타적이냐 이기적이냐

인간행동을 결정하는 것은 한편으로는 수단과 상황에 관한 지식, 즉 인지적 요인과 그리고 다른 한편으로는 선호 욕구 등과 같은 평가적 요인으로 구분할 수 있다. 그런데 반자유주의와 그리고 자유주의의 논쟁은 인지적 측면에 관한 논쟁은 찾아보기 힘들다. 그래서 우리는 모두 합리주의적 반자유주의와 합리주의적 자유주의로 구분할 수 있다. 그런데 그들 사이의 논쟁은 인간이 이기적이냐 이타적이냐의 도덕적 문제로 축소되었고 따라서 인간행동의 인지적 측면과 관련된 문제는 이미 해결된 것이라고 믿고 있다.

그러나 바로 이런 문제를 핵심주제로 이해하고 등장한 게 데이비드 흄, 애덤 스미스 그리고 프리드리히 하이에크 등의 진화사상이다. 개인들이 자신의 행동결과에 대해 얼마나 알고 있느냐의 문제, 즉 '지식의 문제'가 존재하기 때문이다. 왜 지식이 문제일까? 그 이유는 이렇다. 이기심이냐 이타심이냐의 문제는 자신의 욕구에 관심이 있느냐 아니면 얼마나 많은 사람의 욕구 충족에만 관심이 있을까의 문제다. 따라서 중요한 건 행위자가 자신의 행동 동기(그가 추구할 목적)에 얼마나 많은 사람의 선호와 목표를 배려하느냐의 문제다. 앞에서 설명한 바와 같이 인간은 "사회 전체 중에서 아주 작은 일부 그 이상을 알지 못한다. 그의 행동 동기에 포함될 수 있는 전부는 그가 알고 있는 영역에서 그의 행동이 갖게 될 즉각적인 효과"뿐이다(Hayek, 1997: 29).

따라서 사회질서를 설명하거나 개혁안을 생각할 때, 중요한 한 것은 이기심과 이타심에 대한 도덕적 태도가 아닌 지식의 문제라는 걸 직시해야 한다. 인간은 자신의 행동이 전체 사회에 미치는 효과에 따라 행동하는 것이 아니다. 그는 자신의 이해관계 그리고 자신의 가족 또는 소규모 공동체와 자발적 집단과 같은 친숙한 범위 내에 있는 사람들에 미치는 효과를 고려하여 행동한다. 따라서 진정한 개인주의는 가족의 가치, 소규모 공동체와 집단의 모든 단결된 노력을 긍정적으로 평가하고 또한 지역자치와 자발적 결사를 신뢰한다. 개인과 국가의 중간집단으로서 자발적이고 대부분 비영리적인 협력이 국가의 강제행동보다 공적 과제를 훨씬 더 잘 수행할 수 있을 뿐만 아니라, 국가로부터 개인의 자유를 매우 효과적으로 지켜줄 것이기 때문이다. 그래서 그런 자발적 연합들은 개인주의 사회가 제대로 기능하기 위해 없어서는 안 될 필수적인 것들이다.

그런데 흔히 개인주의가 인간의 이기심을 인정하고 이를 조장한다고 한다. 그래서 사람들은 개인주의를 싫어한다. 물론 18세기 위대한 철학자들의 언어에 그들이 인간행동의 보편적인 동기로 표현한 것은 인간의 자애심 또는 이기심이다. 널리 지켜지는 도덕적 태도를 언급하여 그런 용어의 부도덕성을 말한다. 하지만 그런 용어들은 인간에게 고유한 즉각적인 욕구에만 관심(편협한 관심)이 있는 협의의 의미에서의 이기주의를 의미하지는 않았다. 오히려 가짜 개인주의는 편협한 자아를 전제로 하는 프랑스 전통의 합리주의적 개인주의였을 뿐, 스코틀랜드 계몽주의 전통이 의미하는 자아는 그런 편협한 자아와는 전혀 관련이 없다. 이는 토크빌이 입증한다. 그가 반대한 개인주의는 바로 편협한 이기심을 전제한 것이었다. 즉, 편협한 이기심이 지배하는 "사회는 각 구성원에게 동료들과의 유대관계를 단절하게 하고 또한 그의 가족들과 친구들과도 단절하게 만들며, 그 결과 그가 자신의 조그마한 동심원을 형성한 이후에는 기꺼이 사회를 떠나버린다"(Tocqueville, 1995: 667-668). 이것이야말로 가짜 개인주의이다.

5) 프랑스 계몽사상과 치명적 자만

우리는 앞에서 반자유주의적 패러다임들뿐 아니라 이들이 비판의 대상이었던 합리주의적 자유주의는 구성주의적 합리주의의 미신을 흠뻑 즐기고 있다고 비판했다. 이런 비판에 해당되는 것을 바로 인간의 본능과 이성의 결합에서 찾을 수 있다. 대표적인 예가 롤스의 분배 사상이다. 분배 정의는 생물학적 진화 과정에서 선택될 수 있다는 것이 그의 시각이다. 롤스와 똑같이 자본주의적 노사관계를 절대적인 권위주의적 상하관계라고, 따라서 자본주의를 자본가가 노동자를 착취하는 세상이라고 여기는 공화주의도 자본주의를 원시적 낭만주의 시각에서 보고 있다. 소규모 사회에 대한 낭만적 향수를 이성의 자만을 통해 거대 사회로까지 확대·적용하려는 이념으로서 빼놓을 수 없는 게 바로 공동체주의다. 연대감·애착심·이타심·헌신·상호성 등과 같은 도덕을 강조하는 공동체주의의 꿈에 어두운 그림자를 드리웠던 칼빈, 루소, 마르크스, 히틀러를 연상할 만큼 자유주의자들은 그런 이념을 몹시 두려워한다.

롤시안니즘, 공동체주의, 공화주의, 숙의민주주의 자율론 등을 개발한 합리주의적 반자유주의는 이들과 똑같이 소규모 사회에 대한 본능적 향수에서 비롯된 복지국가, 사회주의, 민족주의, 나치즘 등 다양한 형태의 반자유주의적 체제다. 소규모 사회의 특징인 폐쇄된 자연적 질서의 기초가 되는 본능적 유대감의 도덕을 오늘날과 같은 열린 거대 사회에 확대·적용하려는 헛된 시도다. 그런 체제는 본능과 이성의 합작품, 즉 원시사회에 대한 낭만적 향수(평가적 요소)와 인간 이성(인지적 요소)의 자만에서 비롯된 것이다. 반자유주의자들처럼 지식인들은 정의로움을 성취할 수 있는 새롭고 더 좋은 사회적 도덕을 발명했다고 주장할 수도 있다. 그러나 새로운 도덕규칙은 원시적으로 폐쇄된 소규모 사회로 되돌아가는 것이며, 그런 도덕을 열린 거대 사회에 적용한다면 이런 거대 사회로부터 삶의 뒷받침을 받고 있는 수십억의 생명과 건강을 유지할 수 없을 것이 확실하다.

그런 합리주의적 반자유주의는 원자적 인간을 전제로 하는 합리주의적 자유주의를 대체하려고 한다. 그러나 우리가 주목할 것은 자유주의든 반자유주의든 합리주의는 프랑스 계몽사상에서 비롯된 것이라는 점이다. 인간 이성은 자연과 사회에 독립적으로 존재하고 오히려 문화를 창조할 수 있다는 믿음의 원조는 프랑스 철학자 르네 데카르트(1596~1650)였다. 그는 종전까지 신(神)이차지했던 자리를 고스란히 인간 이성에게 부여했다 그의 인식론에 영향을 받아, 정치철학에 적용했던 토머스 홉스, 장 자크 루소, 존 오스틴 그리고 칸트 등 17~18세기를 누볐던 수많은 정치철학자를 통해서 구성주의를 바탕으로 하는 전통이 형성되었는데 이 것이 프랑스 계몽주의다.

이 같은 계몽사상은 원래 극복하고 깨우치겠다는 미신을 또 다른 미 신, 즉 구성주의적 합리주의의 미신으로 교체한 나머지 이성의 자만으 로 인류사회에 치명상을 입혀온 것이다. 인간을 신과 각종 미신에서 깨우 치기 위해 벌여온[5] 프랑스 계몽사상의 지적 운동은 프랑스혁명과 그 후 인류 역사에 매우 부정적인 영향만을 남겼다. 예를 들면, 1917년 러시아 혁명, 1930~1940년대 히틀러의 나치즘, 1968년 마오쩌둥의 문화혁명, 1970년대 폴포트의 킬링 필드가 그렇게 직접적인 영향을 받은 것이다. 하이에크의 1988년 마지막 저서의 제목이 말해주듯 "치명적 자만"이 인 간 이성에 알랑거리던 프랑스 계몽사상의 결함에 정곡을 찌르는 개념이 된 것은 결코 놀라울 일이 아니다.

반자유주의든 친자유주의든, 합리주의자는 합리적으로 정당화될 수 없다는 이유로 인간들의 상호작용을 안내하는 도덕, 상관습·관행, 행동 규칙 등과 같이 대대손손 이어받은 행동규범을 싫어한다. 그런 전통의 싫 어함을 프랑스 계몽사상가였던 볼테르만큼 가장 잘 표현한 인물은 없을 것이다. "만일 당신이 훌륭한 법을 원한다면 지금의 법을 모두 불살라버 리고 새것을 만들어라"라고 말했다. 게다가 과학·기술 발전과 자연의 지 배가 가속화되는 것을 목격한 구성주의자들은 '과학주의[6]'를 사회적 유 토피아의 설계를 정당화하는 데 이용한다. 그러나 자연과학 지식을 이용 하여 다리를 건설하기 위해 재료를 투입하는 것처럼 사회과학의 지식을 현실에 적용하기 위해서는 사람, 시간과 장소 등 사실에 관한 지식이 필

---

5) 당시 사람들이 이런 표현을 쓴 것은 인간의 합리적으로 생각하는 힘인 '이성의 빛'이 무지몽 매함과 미신, 종교적 광신, 불합리한 관습이나 전통 같은 어두움으로부터 사람들을 깨어나 게 할 수 있다고 믿었기 때문이다.

6) 과학주의(scientism)란 과학기술을 무비판적으로 모방하는 태도를 의미한다.

요하다. 하지만 자연과학의 재료와는 달리 사회과학에서 사용될 사실에 관한 지식은 시간, 장소, 상황과 결부된 지역적 지식(생산기술 선호, 원료공급처, 공급량 등)처럼 각처에 흩어져 생업에 종사하는 인간들의 머릿속에 분산되어 있기 때문에 그런 사실에 관한 지식을 어느 한 장소로 전부 모아놓고 이용하기 불가능한 지식이다(Hayek, 2018: 51-54). 하이에크가 말했듯이 "사실에 관한 지식이 영구적 무지"라는 이유에서다.

그리고 개별적인 인간지능이 과학과 기술발전을 위한 투입의 중요한 요인인 것은 사실이지만 그것을 유일한 성공 요인이라고 볼 수 없다. 그러함에도 구성주의자들은 개별적인 인간지능이 그런 발전의 유일한 성공 요인이라는 치명적인 착각의 목소리를 높인다. 마이클 폴라니가 과학의 자유가 왜 중요한가의 문제와 관련하여 누누이 말했듯이(민경국, 2018: 217)[7] 문명화된 사회의 특징인 확장된 자생적 질서야말로 과학의 성장을 위한 전제조건이라는 건 확실하다. 이런 질서는 계획된 인위적 질서가 아니라 비인격적인 또는 집단적인 지성을 구현한 것이다.

6) 스코틀랜드 계몽사상과 자생적 질서

스코틀랜드 계몽주의의 유산은 무한히 복잡한 사회질서에서 인간의 합리성에 대해 회의적이거나 비판적이다. 스미스와 흄에게 인간은 이성이 아니라 '열정'에 의해 크게 지배받는다. 인간은 의사결정 과정에서 오류를 범하기 쉽고, 하이에크가 지적하듯이 사실에 관한 지식이 '영구적'으

---

7) "모든 과학자들에게 완전한 독립성을 허용하는 것 이외에 어떤 방법으로도 과학 추구를 조직할 수 없다. 학문의 자유가 있으면 그들은 자신의 능력을 이용하여 자신들에게 유익한 과제에 투입하고 가능한 모든 발견들을 위해 노력한다. 지적 발견이야말로 과학 발전을 좌우하는 새로운 지식이다."(민경국, 2018: 212-213에서 재인용)

로 불완전하다(Hayek, 2018: 46). 애덤 스미스의 말대로 "나약하고 불완전한 존재"(Smith, 2009: II.i.9: 143)[8]를, 또는 데이비드 흄의 말대로 "인간 이성의 좁은 경계"(Hume, 1996: 158-160)[9]를 고려할 때 시장은 '완벽'과는 거리가 멀다.

이런 회의주의적 전통을 이어받은 하이에크는 "인간 이성의 구조적 무지"를 강조한다(Hayek, 2018: 277).[10] 사회의 각처에서 생업에 종사하는 사람들의 머릿속에 제각각 흩어져 있는 전체 지식 가운데 자기의 삶과 관련된 지식만을 가지고 있다. 알고 있는 것은 그래서 부분적이고 지역적이다. 지식이 불완전하다. 의사결정 과정에도 오류를 범한다. 모르는 것이 무엇인지조차 모를 정도(unknown ignorance)로 인간의 무지는 무한대이다. 아는 것이 아주 부분적이고 선택적이다.[11]

스코틀랜드 계몽주의 전통이 전제하는 것처럼 그같이 인간을 보는 것이 매우 현실적이라고 본다. 인간들이 구조적으로 무지하기에 이런 인간들이 사는 사회는 늘 완전하지 않다. 모순되게 들릴지 모르겠지만 이런 사회가 불완전한 인간들에게는 유익하게 보인다. 그 이유가 무엇인가? 구조적 무지를 완화하는 두 가지 메커니즘이 작동하기 때문이다. 첫째로, 구성원들이 무의식적 행위 유형을 따르고, 명령이나 강제의 결과가 아니

---

8) 그 밖에도 스미스는 "우리 이성의 느리고 불확실한 판단"(Smith, 2009:   II.i.10 : 145), "수많은 인류를 빚어낸 거친 흙으로는 그처럼 미완한 인간"(302쪽), "미약한 능력이나 편협한 이해력"(450쪽)을 말하고 있다.

9) "이성은 정념의 노예다"(Hume, 1996: 160)라는 말은 이성의 한계가 있음을 단적으로 표현한다. 우리의 지식은 오류가 있을 수 있고 변동한다는 흄의 주제에 관해서는 민경국(2018: 269 – 270)을 참조.

10) 하이에크는 인간 이성의 한계를 "사실에 관한 영원한 한계(permanent limitations of our factual knowledge)"(Hayek, 2018: 46), "무지의 바다(sea of ignorance)"라는 말로 표현한다(Hayek, 1978: 88). 그는 자신의 저작들 가운데 어딘가에서 "불가피한 무지(inevitable ignorance)"를 말하기도 했다.

11) 하이에크가 늘 주장하듯이 사실에 관한 지식을 정부는 가질 수 없다는 지식의 문제다. 시간과 장소 등 상황과 독립적인 과학적 지식과 달리 사실에 관한 지식은 시간, 장소, 상황과 결부된 지역적 지식(생산기술 선호, 원료공급처, 공급량 등)처럼 각처에 분산되어 있고 어느 한 장소로 전부 모아놓고 이용하기 불가능한 지식이다(Hayek, 2018: 51-54).

라 단단히 확립된 습관과 전통의 결과로 행위의 규칙성을 보이기 때문이다. 그런 규칙들 속에는 수많은 세대를 통해 수많은 사람이 겪은 경험들이 반영되어 있다. 그 결과, 우리는 서로 이해하고, 서로 어울려 지내며 서로의 행동에 대한 기대를 걸 수 있다. 우리 자신이 계획한 대로 행동할 수 있는 이유다. 이는 비록 우리가 그 중요성을 알지 못하고 그 존재를 의식하지 못하더라도 이러한 관행들을 따르는 것은 그런 행동규칙들은 우리가 사는 세상의 질서를 위해 필요할 뿐만 아니라 우리가 그 속에서 살길을 찾아내기 위한 필수조건이기 때문이다(Hayek, 2023: 106). 그런 관습과 전통으로부터 사람들이 수단을 목적에 맞게 조정할 수 있도록 더 '합리적' 행동을 촉진하는 틀을 제공한다.

그런 틀에서 자생적으로 생성하는 게 가격구조다. 이것이 인간의 구조적 무지를 완화하는 둘째 메커니즘이다. 가격구조는 각처에 분산되어 존재하거나 새로이 등장하는 모든 지식, 심지어 암묵적 지식까지도 한데 모아 부호화하여 필요한 모든 사람에게 전달하기 때문이다. 가격구조는 동시대 사람들이 겪은 경험들을 반영한다. 이런 가격구조의 덕택으로 인간들을 보다 합리적으로 행동하도록 하는 것이 시장경제의 강점이다.

요컨대, 시장경제는 개인이 가진 지식보다 훨씬 더 광범위한 지식의 사용을 모든 사람에게 보장하고 이로써 구조적 무지가 완화된다. 이것이야말로 문명화가 아니고 무엇인가! 이같이 인간 이성은 자유사회를 통해서 비로소 개발된다. 그리고 발전된 이성을 통해서 사회구조와 경제도 발전한다. 이것은 이성과 사회의 공진화(共進化, coevolution)의 결과다(Hayek, 2018: 54).

3.
자유, 자생적 질서 그리고 법

개인의 자유라는 가치는 자유주의자에게는 어떤 다른 가치와도 '바꿀 수 없는' 가치이다. 그래서 자유는 개인의 행위에 관해 정당성 여부를 부여하는 최종 판단자이다. 자유가 최종 잣대이기 때문에 우리의 자유를 제한하고 싶은 사람이 있다면 제한하고자 하는 바로 그 사람이 왜 우리의 자유를 제한해야 하는가를 입증할 책임이 있다(Jasay, 1991).[12] 그런데 개인적 자유를 어떻게 이해하는가에 따라 자유와 질서 그리고 자유와 법의 관계도 서로 달라진다. 따라서 스코틀랜드 전통의 자유 개념을 설명하자.

1) 개인의 자유: 규칙과 결부된 자유

토머스 홉스와 제러미 벤담 전통의 공리주의, 롤스의 계약주의, 그리고 보수주의 등 반자유주의가 비판의 대상으로 여긴 자유주의자들과 똑같이 개인의 자유를 방종이라고 이해하는 사람이 있다. 가짜 개인주의나 사회주의자들이 그렇게 이해하고 있다. 그러나 이것은 자유에 대한 잘못된 이해다. 진짜 개인주의에서 출발하는 스코틀랜드 전통에서 개인의

---

12) 그러나 권리는 자유와 다르다. 권리는 권리를 주장하는 사람이 자신이 권리가 있음을 입증해야 한다.

자유는 규칙과 결부되어 있다는 엄연한 사실을 주목할 필요가 있다. 사회적 행동은 늘 타인 지향적이기 때문에 사람들은 아무 거리낌 없이 제멋대로 행동할 수가 없다. 제멋대로 행동할 경우 타인들로부터 즉각적인 피드백을 만날 것이기 때문이다. 자유는 인간에게 서로 침범할 수 없는 영역을 똑같이 확립하는 행동규칙을 전제로 한다. 이런 의미에서 규칙은 보편적 성격을 지닌 정의규칙'이다.

그런데 공화주의자들은 자유를 간섭이 없는 자유와 지배가 없는 자유로 구분하면서 전자를 자유주의가 추구하는 자유라고, 후자를 공화주의의 고유한 자유 개념이라고 한다. 예컨대 시민들이 아량이 넓은 독재자 밑에서 살고 있지만 전혀 간섭받지 않는다고 한다면, 그들은 자유롭다고 한다. 하지만 비지배로서의 자유에 따르면 그들은 언젠가는 독재자가 제멋대로 간섭할 위험성이 늘 존재하고 그런 위험성은 자유를 억압한다는 것이다. 현재적 간섭이 없는 자유와 잠재적 간섭이 없는 자유의 이분법이 옳은가? 데이비드 흄, 애덤 스미스, 프리드리히 하이에크 등 고전적 자유주의자들이야말로 자유는 강제 또는 억압이 없는 상태로서, 소극적 의미의 자유 개념은 비지배와 불간섭을 모두 포함하고 있다는 사실을 주목해야 한다. 이런 자유 개념이야말로 현재의 불간섭뿐만 아니라 영구적인 불간섭을 포함한다. 자유주의자들은 시민들이 정부로부터 단순히 간섭당하지 않을 자유뿐만 아니라, 개입으로부터의 자유를 확립할 수 있는 유일한 수단은 정부가 개입할 권력을 영구적으로 억제하는 것이라고 믿었다. 단기적 순간적 개입을 막지 않고서는 지속적인 개입도 막기 어렵고 반대로 지속적인 개입을 막을 장치가 없으면, 순간적인 불개입도 막기 어렵다는 이유에서다.

합리주의적 자유주의자들 혹은 반자유주의자들은 '공격(Rothbard)', '지배(공화주의)', '방종(공리주의, 롤시안니즘)', '자율(자율론)', '자유의지(칸트)', '권리(권리론)'에 관한 정의(定義)로부터 정치이론의 근본 문제인 공격, 자율,

자유의 정당성, 그리고 행동의 적법성을 도출하고 있다. 이런 접근법은 각 패러다임이 선택한 개념의 내용 외에는 얻는 것이 없다(민경국, 2021: 43). 그러나 이와는 전적으로 달리, 진짜 개인주의로서 진화사상에 기반을 두고 있는 반합리주의적 자유주의는 '강제'라는 정의(定義)를 통해 강제의 정당성 또는 법 및 자유의 문제를 해결하는 것이 아니라 사회이론을 통해 해결하려고 한다. 자유의 영역을 규정하는 정의의 규칙을 통해 정당한 또는 부당한(자의적) 강제를 따진다. 확립·보호되지만, 금지되지 않은 방식으로 행동할 자유는 개인에게 맡긴다.

특정한 행동을 금지하는 내용의 규칙을 통해 형성하는 게 인간이 자유롭게 행동할 자유 영역이다. 하이에크가 말했듯이 "자유의 조건은 누구나 자신의 목적을 위해 자신의 지식을 사용할 수 있는 상태다"(Hayek, 2018). 이같이 누구나 "정의의 법을 위배하지 않는 한 자기 방식대로 자신의 이익을 완전히 자유롭게 추구하도록 두어야 한다"라는 애덤 스미스의 표현 대신에 하이에크의 표현은 여러 가지 장점이 있다. 첫째로, 스미스에게 '그럴 의도가 없었음에도 불행하게' 개인의 자유를 자기중심주의(egoism) 혹은 이기심(selfshness)과 연결되는 것으로 암시하고 있기 때문이다. 둘째로, 사람들이 현재와 미래를 위한 매우 광범위한 행동들을 발견하여 삶의 모든 부문에서 자신의 개성을 강력하게 표현할 수 있기 때문이다(Sally, 1996: 17). 즉, 자신의 목적을 추구할 자유는 적어도 가장 이기적인 사람들만큼이나 완전히 이타적인 사람에게도 중요한 것이다. 이타주의는 누군가가 다른 사람의 의지를 따라야 한다는 당위적인 것을 전제하고 있지 않다. 따라서 이타적 행위도 선택의 대상이기 때문에 자유와도 양립한다. 개인이 추구하는 목적은 일반적으로 자신의 관심(좁은 자아)은 물론 적어도 자신의 가족, 친구와 친지 또는 각별한 사람에 관한 관심을 포함한다(넓은 자아의 이익).

2) 자유와 자생적 질서

　자유와 질서의 관계에 관한 문제다. 일반적으로 질서와 자유는 상충하는 가치로 여긴다. 자유를 위해서는 질서를 포기해야 하고 질서를 위해서는 자유를 포기해야 한다는 것이다. 이러한 주장에 따라 자유경제라고 말할 경우, 이 용어를 흔쾌히 그리고 선뜻 받아들이기를 꺼려한다. 자유경제를 실현하면 질서가 없는 무방비한 상태가 초래되기 때문에, 시장경제의 질서를 잡기 위해서는 정부가 경제에 개입해야 한다는 것이다. 이런 인식에 따라 자유사회를 보는 것이 공리주의, 롤시안니즘, 보수주의, 공화주의 그리고 공동체주의 등 반자유주의 패러다임이다. 그러나 진화 사상을 기초로 하는 자유주의의 간판 역할을 하는 자생적 질서의 대표적인 예로서 시장이야말로 자유와 양립한다. 어떻게 자유 속에서 질서가 형성되는가를 설명하자.

　애덤 스미스 이후 한 나라의 부는 분업(이에 따른 전문화)에 좌우된다는 사실이 밝혀졌다. 이런 노동의 분업은 시장의 규모에 좌우된다. 시장 관계의 규모와 밀접한 관련이 있는 게 수익 체증이라는 사실이다. 그런데 분업은 시장의 경제적 자유의 본질인 생산과 소비의 자유에 달려 있다. 따라서 생산하고 소비할 자유는 노동 분업과 이에 따른 직업적 및 지리적 전문화를 확대하고 심화하여 자원의 고용과 소득의 배분을 크게 개선한다. 그러나 노동 분업은 자유시장의 한 측면일 뿐이다. 그것은 '지식 분산(division of knowledge)'의 존재로 보완된다. 즉 지식이 분산되어 있기에 노동의 분업이 가능하고, 역으로 노동의 분업은 지식 분산의 원인으로 작동한다. 개인의 자유의 중요한 구성요소는, 앞에서 논의했듯이, 개인이 자신의 목적을 위해 자신의 지식을 사용할 수 있는 상태다. 복잡한 사회에서 지식은 지역화되어 수많은 기술과 연장, 습관, 관행, 전통, 도덕적 신념에 구현되어 있으며, 매우 단편화되고 분산되어 있다. 어떤 사람이나 집단도 '올바른' 결정을 내리는데 필요한 관련 사실들을 완전히 알지 못한다. 모든 사람이 부분적으로만 알고 있을 뿐, 모름은 무한대이고 이런 무지는 영구적이다.

그런데 부분적이고 매우 단편화된 지식에 기반한 수많은 개별 결정이 성공할 수 있으려면, 그들이 서로 조정되어야 한다. 이런 조정을 가능하게 하는 것이 시장의 가격구조 그리고 시장바닥에 두껍게 쌓여있는 관행, 관습, 예의범절, 법 규칙 등이다. 이들이 각처에 분산된 기존 지식과 새로운 지식을 수집·가공하여 필요한 모든 사람에게 전달하는 소통 역할을 수행한다. 그런 소통수단은 언어적 그리고 비언어적 수단이 있다. 비언어적 수단으로서 특히 주요한 것이 가격에 의한 소통이다. 이런 소통을 통해 비로소 인간이 초사회성(supra-sociality)을 가질 수 있다는 것에 대한 흥미로운 설명을 생략할 수밖에 없다(민경국, 2021: 163-166).

어쨌든, 기존의 지식을 조정하고 새로운 지식을 생성하는 그런 분산된 소통 메커니즘만이 복잡한 사회에서 수백만 명의 욕구와 필요를 효과적으로 충족시킬 수 있다. 그 결과는 노동자의 생활 수준의 향상을 포함하여 모든 사람의 삶의 수준의 급격한 향상이었다. 이런 의미의 진보는 의도적인 것이 아니었다. 사회구성원 모두가 암묵적이든 명시적이든 보편적·추상적 행동규칙을 공동으로 지켰기 때문이다. 반면, 중앙 계획경제 또는 광범위한 정부 개입을 허용하는 반자유주의 패러다임의 경제에서처럼, 자원 배분에 대한 정부의 '계획'은 분산된 시장교환의 민첩한 조정 메커니즘과 비교할 수 없을 정도로 열등하다. 자유가 억압되는 획일적인 환경에서는 진보(progress)와 발전이 느린 이유다. 사적 삶을 규제하는 국가의 간섭은 개인의 능력과 역량의 개발을 마비시킨다. 시장경제는 스스로 문제를 찾아서 이를 해결하여 평화, 번영을 안겨주는 '자생적 질서'라는 엄연한 사실이 반자유주의자들에게는 생소한 것처럼 보인다. 현실에서는 사회의 수없이 많은 일이 자생적으로 형성된 자유의 체제 속에서

소리 없이 자율적으로 해결되고 있음에도 말이다.

　　요약하자면, 고전적 자유주의의 규범적 핵심은 사회의 물질적 요구를 충족시키는 가장 효과적인 수단으로서의 개인의 자유 그리고 개성을 표현하는 수단으로서의 개인의 자유에 대한 믿음이다. 이러한 조합은 어딘가에서 말했던 데이비드 흄이 공공 유용성이라고 부르는 것과 일치한다. 흄에 따르면, 개인의 자유의 체제로서 자유주의는 선택을 행사하는 개인과 사회 전체에 유용성을 보여준다. 그리고 그런 체제는 장기적으로 볼 때, 수많은 개인, 더 넓은 사회집단, 문명 자체의 진보에 어떤 실행 가능한 대안적 사회적 조정 체계보다 더 큰 유용성을 보였다.

3) 법과 자유

　　영국의 유명한 정치철학자 오크숏에 따른다면, 특정한 목표를 추구하는 공동체는 목적이 지배하는 사회(teleocratic society)이고 법의 지배가 이뤄지는 공동체는 법이 지배하는 사회(nomocratic society)다(김지훈, 2024: 67). 전자는 조직에, 후자는 자생적 질서에 해당하는 사회다. 자유시장 경제에서 생산자와 소비자는 자신의 재산을 자유롭게 처분하면서, 그들은 가격과 자발적으로 체결한 계약을 통해 상품과 서비스를 교환한다. 특히 주목할 것은 시장의 자생적 질서는 재화와 서비스의 교환만 이루어지는 것이 아니라 지식, 생각, 의견, 논거 등이 소통되는 메커니즘이라는 점이다. 시장은 '거대한 소통체계'다(Hayek, 2023: 51). 그러나 스코틀랜드 전통의 자유주의자들은 이 주장을 독단적인 극단으로 몰고 가지 않도록 매우 조심한다. 그들에게는, 개인의 이익과 공공이익 사이에는 내재적인 그리고 예정된 조화란 없다. 고전적 자유주의자들은 개인의 이익들이 쉽게 충돌할 수 있고, 예를 들어 생산자로서 기업의 이익과 노동조합의 집단 이익이 반드시 공익과 일치하지 않는다는 것을 잘 알고 있다. 경제질서는 진공 상태에서 존재하는 것이 아니라 규칙의 틀에 크게 의존한다는 것도 그들은 간과하지 않았다. 그래서 그들은 논의를 자유사회에 적합한 규칙의 문제와 그런 행동규칙의 원천 그리고 법치주의로 이끈다. 그들은 이익의 갈등을 해소하기 위해서는 제도와 전통이 요구된다는 것을 아주 잘 알았다(Hayek, 2023: 103).

스미스, 흄, 그리고 그들의 후계자들은 보이지 않는 손이 작동하도록 하기 위해, 즉 시장경제가 서로 다른 이해관계를 외부의 개입이 없이도 조정하는 자생적 힘을 발휘할 수 있기 위해 필수 불가결한 행동규칙으로서 모든 개인에게 동등하게 적용되는 보편적·추상적 성격의 행동규칙에 주목했다. 그런 행동규칙은 특정의 행동을 당연히 금지하는, 의도나 목적을 내포하지 않은 성격을 지니고 있다. 그런 행동규칙으로 구성된 '절차적 정의'에 그토록 큰 중요성을 부여한 이유다. 그런 행동규칙은 특정한 행동방식을 이유 여하를 막론하고 당연히 금지함으로써 개인의 사생활 영역을 확립한다. 특히 개인의 신체, 인격 그리고 재산을 다른 사람의 침해로부터 보호한다. '자생적 질서'로서 시장질서의 기초가 되는 행동규칙은 특정한 목적을 달성하려고 의도적으로 만든 '조직'의 기초가 되는 명령이나 지시와는 전혀 다르다.

보편적·추상적 행동규칙으로 구성된 절차적 정의는 사회제도들이 효과적으로 작동하는 데 필요로 하는 최소한의 안정성, 예측 가능성 및 공정한 경쟁을 보장하기 위한 것이다. 간단히 말해, 정의는 법의 지배다. 법의 지배란 정의의 규칙이라는 도덕철학적 개념을 법학에 적용한 것이기 때문이다. 즉 법이 법다우려면 정의에 해당해야 한다는 것을 뜻한다. ① 국가는 물론 모든 개인은 차별 없이 적용하는 법 규칙의 지배를 받는다는 것, ② 특정의 행동을 금지하는 내용을 가진 법 규칙의 지배를 받는다는 것이다. 특히, 법 규칙은 특정한 목적과 결부되어서는 안 된다. ③ 그리고 그런 규칙들은 개인의 자유, 재산, 생명을 보호해야 한다는 것을 의미한다. 이런 속성을 지닌 법이야말로 자유의 법(nomos)이다.

　　법의 지배에 관해서 좀 더 자세히 설명할 필요가 있다. 인간은 매우 제한된 자비심(또는 이타주의)만 가지고 있다. 자비심은 사람들 대부분이 서로가 낯선 현대의 거대한 사회에서 기이한 질서원칙이다. 그것은 이미 앞에서 설명한 바와 같이 가족, 교회 그리고 지역사회 등 자연적 공동체 그리고 취미 그룹, 동물보호단체 등 얼굴과 얼굴을 아는 소규모 그룹에만 적용할 수 있는 질서원칙이다. 복잡한 익명의 사회를 하나로 묶어 통합하기 위해 일반적 자비심이나 기독교의 '이웃 사랑'에 의존하는 것은 지나친 일이다. 보편적·추상적 성격의 정의규칙으로 구성된 자유의 법은 사회의 질서를 유지하고, 시장경제의 생존과 성공에 없어서는 안 될 것들이다. 흄, 스미스, 하이에크 등 자유주의자들은 정의의 규칙을 건물의 대들보에 비유할 만큼 이를 대단히 중요시한다. 정의의 규칙이 지켜지지 않으면, 대들보가 무너지고 건물 전체가 무너지는 것처럼, 사회질서가 무너진다고 믿는다. 사회의 해체는 공동체의 해체와 인간의 원자화를 초래한다는 이유에서다.

　　정의 또는 법의 지배는 거대한 익명의 사회에서 서로 다른 목적을 추구하는 인간들을 통합할 수 있는 유일한 원칙이다. 게다가 고전적 자유주의의 정의 개념 또는 법의 지배는 오늘날 일종의 신앙으로서 대중의 인기를 끌고 있는 '사회정의' 또는 '분배 정의'의 개념과 엄격하게 구분해야 한다. 전자는 '법 아래에서의 자유'를 보장하기 위한 보편적·추상적 행동규칙으로 구성된다. 법의 지배에 어긋나는 법은 지시와 명령의 형태로서 특정의 목적을 담고 있다. 정책적으로 추구하고자 하는 목적에 반(反)하는 그룹이나 그룹들의 행동을 금지하고 그런 목적에 이바지하는 그룹들을 법적·재정적 특혜를 통해 지원하는 법이다. 그런 법은 그래서 차별적이다. 이는 문화적 진화의 선물인 법 앞의 평등과 정면으로 배치된다. 그런 법의 집행은 불의(不義)인 이유다.[13] 이런 의미에서 볼 때, 분배 정의는 사실상 불의다. 소득과 재산을 강제로 재분배하는 것과 관련이 있기 때문이다. 정부는 일부 집단을 위해 차별적인 개입을 하고 다른 집단을 희생시키기 위해 사유재산의 이용과 처분 그리고 용익을 위한 행동에 개입해야 한다. 그래서 이런 정의개념을 고전적 자유주의가 거부하는 것은 당연하다. 정치적 결정에 따라 어떤 집단을 다른 집단보다 자의적으로 우선시함으로써 사회정의를 추구하는 정부는 법치주의를 정면으로 위반하기 때문이다.

요컨대, 시장경제의 분배적 결과나 자원 배분의 결과를 수정하려는 모든 입법은 차별적이고 자유를 억압하고 재산을 침해하는 법률이다.[14] 따라서 법치주의에 해당하는 보편적 행동규칙은 법 앞에서 평등하고 차별 없는 대우를 지지해야 한다. 이런 요구는 인간 본성의 다양성, 즉 개인 능력과 잠재력 차이의 중요성을 인정하고, 개별 인간에게 존엄성을 부여한다. 차이의 중요성을 간과하면 결과는 개인의 자유를 부인하게 된다. 여기서 얻은 교훈은 투명하고 정확한 보편적 행동규칙의 포괄적 프레임, 사법 질서(형법과 민법)가 마련되고 공정한 사법부가 사법 질서를 효과적으로 시행하지 않는 한, 자유와 번영을 약속하는 시장경제는 없을 것이다. '정의'가 없거나 부족하면 재산과 계약을 지배하는 명확한 사법(私法) 규칙의 결함과 사법 제도(司法 制度)의 현저한 부적절성을 초래한다. 정의와 사법(私法), 이 두 가지는 서로 밀접하게 협력해야 한다.

---

13) 분배 정의를 실현하려는 모든 법은 차별적이고 자유를 억압하는 법이다. 시장 결과를 수정하려는 모든 법은 다 이런 종류에 속하는 법이다.

14) 세법과 관련한다면 법의 지배에 해당하는 소득세는 단일 세율이다. 누진세는 법의 지배원칙과 정면으로 대치되는 세율 구조다. 특별소비세도 마찬가지이다. 차별적이라는 이유에서다.

4.
시장질서, 법치, 국가의 역할:
질서의 상호의존성

스미스의 『국부론』과 흄의 『인성론』, 하이에크의 『자유헌정론』에는 만인에 대한 만인의 전쟁에서 싸우는 원자론적 또는 무규범적 개인(토머스 홉스의 인간)에 대한 흔적이 없다. 이에 반해 예를 들면 공리주의와 같은 시카고학파의 합리주의자들은 교환과 계약만 가지면, 다시 말해, 수요와 공급만 가지면, 사회는 제대로 굴러갈 수 있다고 믿는다. 경제질서는 어떤 뒷받침도 없어도 상관이 없다고, 그리고 이른바 수요-공급 법칙이라고 하는 자신의 고유한 법칙에 따라 작동한다고 믿고 있다. 이런 믿음을 전제로 하여 고전적 자유주의를 이해한 대표적인 인물이 시카고대학의 조지 스티글러(George Joseph Stigler)였다. 그래서 그는 상업 사회는 "이기심이라는 화강암으로 지어진 웅장한 궁전"으로 이해한다(Stigler, 1975: 237). 이런 이해는 이기심이 상업 사회의 본질이라는 뜻이다.

그러나 유감스럽게도, 시장 시스템에 대한 이런 인식은 발터 오이켄이 질서의 상호의존성이라고 부른 것(Eucken, 1990: 14)을 전혀 이해하지 못한 데서 생겨난 것이다. 그는 경제질서는 다른 모든 삶의 영역과 서로 의존적이라고 한다. 그는 이런 상호의존성을 특히 법질서와의 관계와 관련하여 상세히 설명했다. 그가 발견했던 것은 자유주의적 법치국가에 해당하는 원칙은 시장질서의 생성을 가능하도록 하는 원칙이라는 것이다(Hayek, 2023: 306-322).

1) 법과 법치국가

　　자유주의적 법치국가란 단순히 법에 따라 통치하는 국가가 아니다. 차별적인 법을 통해 어떤 기업은 경쟁에서 보호받는다면 그런 법은 불공정한 법이다. 따라서 법이 공정해야 한다. 이런 법은 보편적·추상적 성격의 행동규칙으로 구성되어 있다. 이런 의미에서 시장이론이란 자유로운 법치국가의 경제학적 의미를 파악하는 것이다. 시장질서는 자유로운 법치국가를 전제로 하고 또한 역으로 자유로운 법치국가는 시장질서를 전제한다. 법치국가를 완전히 실현하려면, 동시에 법치국가의 법질서와 국가 질서를 통해 '적합한' 경제질서가 실현돼야 한다(Eucken, 1990: 52). 만약 카르텔과 같은 경제력을 허용한다면 이는 법치국가에 적합한 경제질서가 아니다. 따라서 질서의 상호의존성은 시장 시스템이 자유로운 법치국가를 전제할 뿐만 아니라, 동시에 법치국가의 기초라는 것을 의미한다. 그러한 한, 법치국가와 시장 시스템은 동전의 양면과 동일하다. 이것이야말로 오이켄이 질서의 상호의존성을 말했던 바로 그것이다.

　　그러나 사람들은 이런 의미의 질서의 상호의존성을 서로 연결되어 영향을 미치는 그러나 여전히 자율적인 두 영역의 관계로 이해하고 있다. 그들은 이런 이해에 따라 규제법을 다루고 있다. 특정한 법이 자원 배분 또는 소득분배에 미치는 영향을 분석하여 그런 법의 좋고 나쁨을 판단하거나, 또는 역으로 기술변동으로 야기된 시장구조의 변화로 소득분배의 악화나 혹은 실업과 같은 경제문제가 발생한다고 예상되면 구조변동을 막거나 실업자를 구제하기 위해 법을 제정한다. 이런 의미로 질서의 상호의존성 개념을 이해한다면, 이는 별로 주목할 것이 못 된다. 스코틀랜드 전통의 상호의존성 개념은 오로지 동일한 대상의 두 국면, 다시 말해 우리가 열린사회, 또는 자유인의 사회라고 부르는 것의 두 국면, 즉 시장 시스템과 법질서와 관련된 것이다. 이를 두고 호프만은 시장질서와 법질서의 구조가 서로 독립적으로 존재한다는 의미에서 평행적이 아니라 그 두 국면은 구조적으로 서로 동일하다고 말한다(Hoppmann, 1990: 14).

2) 헌법주의: 자유주의 vs. 반자유주의

공리주의와 똑같이 반자유주의 패러다임의 치명적 실수는 정부의 권력을 효과적으로 제한할 어떤 제도적 장치가 없다는 점이다. 존 롤스는 민주정치를 목적 자체로 여기고 있다. 그의 공정한 기회균등의 원칙과 차등 원칙이 정부의 자의적인 권력을 얼마나 효과적으로 제한할 수 있는가에 대해 의구심을 지울 수가 없다. 공정성이라는 가치도 불확정적인 개념이다. 재산과 소득을 얼마나 서민층에 분배하는 것이 차등 원칙에 합당한지도 알 수 없다. 공화주의는 어떤가? 공화주의도 마찬가지다. 공화주의에서 '자의적(arbitrary)' 간섭에 예속되는 한, 인간은 지배로부터 자유롭지가 않다. 공화주의적 자유 개념에 충돌하는 개입은 피지배자의 이해관계에 대한 지배자의 어떤 고려도 없는 간섭이다. 피지배자의 이익을 고려한 간섭은 좋은 간섭이다. 그런데 간섭의 좋음 또는 나쁨, 즉 비자의성 혹은 자의성은 피간섭자가 결정하는 게 아니라 정치과정에서 정한다. 따라서 공화주의적 자의 개념은 강제력을 행사할 수 있는 범위를 국가가 결정한다. 예컨대 정부가 소수가 반대하는 일을 강압적으로 집행할 때 그 소수가 이의를 제기할 경우, 정부는 온정주의에 입각하여 대응할 것이기 때문이다. 공동체주의에서도 공동선을 민주정치에 맡긴다. 숙의민주주의도 다수에 의해 모든 것을 결정하는 체제다. 자유주의에서도 자의적 강제 유무를 따지는 기준이 있는데 정치가 어떻든 정치에 맡기기를 거부하고 자유의 영역을 규정하는 정의의 규칙에 맡긴다.

중요한 것은 왜 반자유주의자들은 민주 정부를 제한할 어떤 의도도 없는가의 문제다. 정치에 대한 낭만주의적 시각, 이것이 바로 프랑스 계몽사상의 특징이다. 그들은 보수주의자들만큼 지배자의 무제한의 지혜와 선한 의지를 믿었다. 이런 낭만적인 생각을 버리고 현실적인 시각에서 정치를 바라보았던 사상이 바로 고전적 자유주의자들이었다. 이들이 발견했던 것은 정치지도자들을 선의 의지가 있는 천재로 보는 낭만적인 시각뿐만 아니라 이와는 전적으로 다르게 정치를 냉소적으로 보는 시각도 우리를 그릇된 길로 인도했다는 사실이다.

우리의 희망은 애덤 스미스가 시장의 보이지 않는 손의 제도적 조건과 관련하여 말했듯 "악한들의 폐해를 최소화할 수 있는"의 제도적 규칙에서 나오는 것이지, 가장 선하고 현명한 사람만이 리더십에 오를 것이라고 가정하거나(플라톤, 헤겔), 냉소주의자들처럼 모든 통치 시스템이 부패와 부도덕으로 전락하고 말 것이라고 가정하는 데서 나오는 것은 아니다. 낭만주의와 냉소주의 사이에는 정치경제학의 현실주의가 있다. 그 현실주의에 따르면 인간이란 천사도 아니고 짐승도 아닌, 인센티브에 따라 움직이는 존재라는 것이다. 그래서 지배자의 권력을 효과적으로 제한하여 개인의 자유를 보호하는 헌법의 중요성(constitutionalism)을 강조했다. 자유주의자들에게 민주적 의사결정 과정을 제한하는 장치가 바로 정의로운 행동규칙 또는 법의 지배원칙이다.

3) 국가의 역할 I: 강제 기능

스코틀랜드 계몽주의 전통의 자유주의는 자유와 번영을 누리려면 정부가 없어져야 한다는 국가철폐주의 또는 내외의 치안에만 전념하는 최소국가를 요구하는 리버태리언니즘과는 전적으로 다르다. 그렇다고 반자유주의나 사회주의 또는 간섭주의처럼 국가에 무제한의 역할을 허용하는 것도 아니다. 정부가 해야 할 일은 무엇이고 정부가 해서는 안 될 일은 무엇인가를 자유주의는 정해놓고 있다. 정부의 역할의 출발점은 언제나 애덤 스미스가 제시한 국가의 세 가지 역할이다.

첫째, 국가가 해야 할 첫 번째 과제로서 국제 관계에서 국가를 방어해야 하는 과제, 즉 안전보장과 대외 외교를 꼽고 있다. 애덤 스미스는 국방을 위해 항해법을 통한 자유의 제한을 지지했다. 특히 주목할 것은 스미시안 전통은 자유무역을 통한 합리주의적 평화론을 믿지 않았다. 전쟁을 억제하기 위한 최선의 정책은 힘의 균형을 위한 가치동맹이라고 믿었다. 국제질서가 자생적 질서인 이유가 힘의 균형이다. 하이에크가 북대서양조약기구(NATO)의 중요성을 역설한 것도 그런 관점에서였다. 스미시안 전통의 자유주의는 특히 국방을 위한 징병제를 선호했다. 제기될 문제는 강제적인 병역의무다. 불가피한 강제라고 한다.[15] 징병제는 스스로 삶을 만들어갈 자유를 제한한다. 더 큰 자유를 위한 자유의 제약은 예측 가능해야 할 뿐만 아니라 일시적이어야 한다. 강제 자체는 부도덕한 것이다. 그래도 강제가 불가피하다면 그 강제는 차별이 있어서는 안 된다. 따라서 바둑 잘 둔다고 면제하고, 연구업적 훌륭하다고 면제하고, 나이 많다고 면제하고 운동 잘한다고 면제하는 등 이런저런 이유를 들어 군 복무를 면제하는 것은 온당한 일이 아니다. 누구는 강제당하고 누구는 강제를 면제받는 것, 이것처럼 부도덕한 것도 없다.

둘째, 강제나 사기, 기만, 폭력을 막고 계약과 재산을 보호하기 위한 정의의 규칙, 자유의 충돌을 막을 수 있는 정의의 규칙을 '발견하고', 이를 집행하는 과제다. 이것은 첫째 과제와 함께 하이에크가 말하는 국가의 '강제 기능'에 해당하는 과제다(Hayek, 2023: 349-352).[16] 이는 법치국가적 기능이다. 정

---

15) 불가피한 강제는 역시 과세 징수이다. 정당한 강제가 아니다. 마찬가지로 예외가 있어서는 안 된다. 그리고 조세는 차별 없는 비례세 제도가 타당하다(Hayek, 2023: 231).

16) 칸트는 이런 기능을 실질적 의미의 법치국가의 과제라고, 그리고 뷰캐넌은 이런 과제를 수행하는

의의 규칙을 의미하는 법 규칙의 목적은 개인들의 '보호 영역'을 확정하여 재산, 생명과 자유를 침해하는 것을 막는 데 있다. 그런 보호 영역의 경계선을 효과적으로 긋는 것은 쉬운 일은 아니다(Hayek, 2018: 185-186). 따라서 행동규칙들은 언제나 불완전하다. 현대사회는 역동적이고, 또한 이에 따라 사회적·기술적인 변화도 역동적이다. 이러한 역동적인 변화를 반영하기 위해 재산권을 새로이 규정하고 정밀화하는 작업 등 기존의 규칙체계를 개선·보완해야 한다(186쪽). 이런 작업은 매우 복잡할 뿐만 아니라 한 번으로 끝나는 것도 아니다. 그런 작업은 기존의 법 규칙들을 환경변화에 적응시키고 때로는 새로운 법 규칙을 찾는 작업이다. 이런 작업은 실험과 검증이 필요한 지속적인 과제이다. 입법과 사법 그리고 행정 측면에서 대단히 큰 지적 노력이 요구되는 부분이다.

스코틀랜드 계몽주의는 중앙집권적인 법 생산체제보다는 분권적 체제, 즉 법관의 법의 형성과정을 중시하고 있다(민경국, 2016: 340-362). 의회의 입법은 법을 정치화할 위험성이 대단히 크기 때문이다. 의회의 입법도 가능하면 지방의회에 이전해야 오히려 효과적인 법이 생산될 수 있다. 가능하면 중앙집권적인 법 생산체제를 지양하는 것이 옳다. 특히 국가는 경쟁 정책적인 과제 ― 스미스가 경시했던 과제 ― 를 가지고 있다. 시장참여자들이 다른 시장참여자들에게 강제를 행사하는 경우나 잠재적인 시장진입을 방해하는 경우, 국가는 이러한 행위를 막아서 자유로운 경쟁을 확립할 과제를 가지고 있다(586-622쪽).

셋째, 스미시안 자유주의자들은 정의의 실현과 관련은 없지만, '안전'이라는 가치 실현을 위해 개인의 자유를 억제하는 정부의 역할을 제안한다. 예를 들면 불길이 번지는 것을 막기 위해 방화벽을 쌓게 하는 법률, 은행에 대한 감독 조치는 자유를 침해하는 것이지만 사회 전체의 안전을

국가를 보호국가라고 말한다(Buchanan, 1987). 국가의 과제가 정의를 실현하는 일이다.

위협하는 자유의 행사는 막아야 한다는 것이 스미스의 믿음이었다(Smith, 2015: II.ii.94: 397).[17] 이런 정책의 성격은 사적 영역의 확립이라기보다는 도로교통법과 같이 안전이라는 목표를 위한 것이다.

따라서 스코틀랜드 계몽주의 전통의 자유주의에서 정부의 과제와 관련하여 우리가 주목할 것은 두 가지 점이다. 첫째로, 법의 지배는 자유사회의 필요조건일 뿐, 충분조건은 아니라는 것이다. 충분조건은 건축 규제, 전염병 예방, 금융감독과 같은 강제 기능과 공공재화의 공급 등과 같은 서비스 기능이다. 둘째로, 정부 활동의 규모보다 성격(정부 활동의 질)을 중시한다는 것이다.

4) 국가의 역할 II: 서비스 기능

공공재화의 산출이 넷째 과제이다. 무엇이 공공재화인가? 그 하나는 사적 영역에서 생산할 경우 비용이 너무 크다거나, 아니면 공급을 꺼리는 재화이다.[18] 중요한 예를 들면 안정적이고 효과적인 통화체제의 확립, 보건위생 및 의료서비스, 도로건설과 유지, 특수한 비밀을 요구하는 군사부문, 거대한 자본이 드는 우주개발 등 무수히 많다. 또 다른 국가의 과제는 스스로 부양할 수 없는 사람들을 위한 사회적 안전망의 설치 또는 초등교육 등이다.

이 맥락에서 우리가 생각해야 할 것이 있다. 즉 식료품을 배달하고, 노인을 돌보고, 건물을 청소하는 일, 또 이삿짐을 나르는 일 등 필수적인 일을 하는 사람들에게 기본적인 의료서비스가 제공되지 않는다면, 그

---

17) 그 밖에도 고리대금에 대한 규제 등 자연권 사상가들이 반대하는 애덤 스미스의 국가과제에 관해서는 임일섭(2023: 136-179) 참조.

18) 예를 들면 가로등, 위생시설에서부터 건강, 공공도로, 항만시설 등이 그것이다.

런 사회가 좋은 사회일까? 그들이 우리 사회의 부를 창출하는 메커니즘을 공격하지 않고도 그들이 직면한 어려움을 해결할 방법은 없을까? 각 구(區)나 면 소재지에 있는 의료 보건소로 충분한가?

이와 같은 국가의 과제는 하이에크의 '서비스 기능'에 해당한다. 서비스 기능은 국가가 강제력을 발동하여 독점적으로 공급할 과제가 아니다. 문제의 서비스들은 정부가 재정적 책임의 일부, 혹은 전부를 부담하지만, 그 업무는 독립적이고 분산된 경쟁적인 민간대행자에게 위임함으로써 제공될 수 있으며, 좀 더 효율적일 수도 있다. 그런 서비스의 공급은 분산된 민간 관리를 위한 충분한 여지가 있다.

5) 중요한 것은 국가 활동의 규모가 아니라 질이다

이같이 열거된 과제들은 '국가가 적극적으로 행해야 할 과제'이다. 열거되지 않은 것들은 국가가 해서는 안 될 과제다. 분배적 결과 또는 자원 배분의 결과를 수정하는 일, 가격과 수량에 정부가 개입하는 일, 지나치게 관대한 복지서비스 공급 등이 해서는 안 될 과제이다. 국가의 적극적 과제를 수행하는 것이 그렇게 간단하지 않다. 그리고 이런 과제가 결코 적은 것도 아니다. 합리주의적 자유주의에 속하는 칸트, 노직 그리고 미제스 등은 국가의 강제 기능에만 치중하여 최소국가를 지지한다. 이에 반해 롤시안니즘, 공화주의, 공동체주의, 보수주의, 자율론, 숙의민주제 등과 제러미 벤담, 존 스튜어트 밀 등의 공리주의를 옹호하는 합리주의적 반자유주의자들은 큰 정부를 요구한다. 그러나 진화사상에 기초한 반합리주의적 자유주의자들에게 중요한 것은 정부 활동의 규모가 작으냐 크냐가 아니라 정부활동의 질이다.

오늘날 영미와 같은 서방국가에서는 정부가 수행해야 할 이런 적극적인 과제를 잘 알고 있다. 그리고 그런 과제도 제대로 발전되어 있다. 예를 들면 사법(私法)의 발달, 공공재의 풍부한 공급 등이 그것이다. 그러나 대부분의 미발전된 나라에서는 시장경제의 분배적 결과 또는 자원 배분의 결과를 수정하는 일처럼 정부가 해서는 안 될 일이 무엇인지를 모르거나 무시하고 있다. 국가가 해서는 안 될 과제를 서슴없이 수행하고 있다. 특히, 분배와 복지를 중시하는 유럽국가가 이런 특징을 가지고 있다. 가격통제도 국가가 해서는 안 될 소극적 과제이다. 그러나 해서는 안 될 소극적 일을 마구 수행하기 때문에 재산과 재산권 그리고 개인의 자유를 제대로 보호하지 못하고 있다.

그러나 샐리가 지적하고 있듯이(Sally, 1998), 흥미롭게도 후진된 국가는 해야 할 일도 제대로 발전하지 못했다. 사법도 제대로 마련하지도 못했고 공공재화 공급도 빈약한 것이 그 증거다. 그러나 해서는 안 될 일은 마구잡이로 수행하고 있다. 경제적 자유를 무시하면서 사적인 경제활동에 자의적으로 개입하고 있다. 이런 국가는 브라질, 아르헨티나, 베네수엘라 등 남미국가들이다. 한국에서도 해서는 안 될 일을 마구잡이식으로 수행하고 있다. 가격 규제, 투자 규제 등이 그것이다. 캐나다의 프레이저 연구소(Fraser Institute)가 매년 발표하는 세계경제자유도 보고서에서 보는 바와 같이, 경제적 자유 지수가 높은 나라는 해서는 안 될 과제와 해야 할 과제 모두 상대적으로 잘하고 있는 반면에 남미와 같이 그런 지수가 낮은 나라는 두 가지 과제를 제대로 이해하지 못하고 있다.

6) 맺는말

두 가지 점을 언급하고 이 책을 끝맺음하려고 한다. 첫째는 번영을 가져다주는 자유, 둘째는 부의 불평등이다. 흔히 억압의 구실로서 미성숙을 말한다. 성숙하지 못했기 때문에 자유를 허용할 수 없고 성숙할 때까지 자유를 억압해야 한다는 것이다. 그러나 이것은 잘못된 생각이다. 오히려 성숙해지고 힘을 증대하려면 자유가 필수적이다. 자유만이 창의력과 진취적인 정신의 개발이 가능하다. 인간은 자유 속에서만이 강인해진다. 이것은 빌헬름 폰 훔볼트(Wilhelm von Humboldt)가 19세기 독일의 관료적 억압을 막고 자유를 요구하던 논리다. 경쟁력이 없다고 경쟁으로부터 보호할 것이 아니라 경쟁에 노출해야 경쟁력이 강화된다는 것이 그의 주장의 핵심이었다(민경국, 2018: 190-193).

　　따라서 개인의 자유는 모든 사람, 특히 사회의 빈곤 계층에게까지도 물질적 이익을 제공하는 데 필수적이다. 수많은 사람의 경제 활동들을 자유를 통해 자생적으로 조정하는 것이야말로 정부의 명령을 통해 인위적으로 조정하는 것보다 훨씬 뛰어나다는 것은 이론과 역사가 입증한 값진 교훈이다. 하지만 이것이 자유를 지지하는 유일한 것은 아니다. 사실 자유주의에 대한 어떤 이론도 '물질적' 기반에 전적으로 안주한다면, 불완전하며 궁극적으로 변호할 수 없을 것이다. 개인의 자유는 물질적 부의 창출에 관한 것만이 아니라 더 일반적으로 삶의 모든 측면, 정치, 경제, 사회 및 문화에서 표현의 자유에 관한 것이며, 이는 칼 포퍼의 "열린사회", 하이에크의 "확장된 질서"의 본질이다.

　　그러함에도 롤시안니즘, 공화주의, 공동체주의, 숙의민주주의, 자율론 등 그리고 제러미 벤담을 중심으로 모였던 급진철학파 전통의 공리주의 등 반자유주의자들은 재산을 소유할 자유, 직업, 이동 및 결사의 자유, 계약을 체결하고 무역할 자유 등 이러한 기본적인 경제적 자유를 과소평가하고 시민적 자유, 예를 들어 사상과 언론의 자유, 인격의 자유(임의의 체포, 고문 등으로부터의 자유)와 그리고 정치적 자유에 더 큰 중점을 두는 경향이 있다. '정치적' 자유는 침해할 수 없지만 '경제적' 자유는 보조적이라고 생각하여 사유재산과 무역 및 계약의 자유에 대한 정부의 개입을 정당화한다.

　이런 입장을 단호히 거부하는 것이 고전적 자유주의, 특히 스코틀랜드 계몽사상이다. 자원이 희소한 세상에 틀어박혀 있는 극히 비현실적이고 무책임한 지식인(freischwebende Intellektuelle), 특히 이른바 비정부조직을 만들어 다양한 종류의 공적 보조금을 받으면서 살아가고 있는 지식인 건달들이 툭하면 공동선, 사회정의, 인권 또는 정치적 권리에 대해 웅변을 늘어놓는 동시에 경제적 자유를 폄훼하는 것은 너무나도 쉬운 일이다. 그들이 간과하는 것은 현대사회에서 대부분의 사람은 생산, 재산 사용 및 거래 등 경제활동에 바쁜 나머지 이들의 일상생활에서 극히 작은 부분만이 정치적 또는 시민적 활동에 사용된다는 사실이다. 물론 후자의 활동을 과소평가해서는 안 되지만, 경제적 자유가 기본적이고 일차적이라는 중요한 사실은 여전히 남아 있다. 경제적 자유는 개인의 자유로서 시민적 자유에 활력을 불어넣는다. 경제적 자유의 생명선이 없다면 그런 시민적 자유는 공허하고 가짜다.

　그러나 우리에게 물질적·비물질적 풍요로움을 안겨주는 개인의 자유로부터 필연적으로 야기되는 것이 부의 불평등이다. 우리는 불평등과 함께 사는 법을 배워야 한다. 그렇지 않고 롤시안니즘, 공화주의 또는 공동체주의 또는 자율론 등 반자유주의가 정의로움을 달성하기 위해 창조했다고 주장하는 '새롭고 더 좋은' 사회적 도덕에 따라 일일이 반응해서는 안 된다. 그 이유는 첫째로, 풍요로운 번영의 대가가 바로 부의 불평등이기 때문이다. 문화적 진화는 부의 불평등 대신에 우리에게 소비패턴의 평준화를 안겨주었다. 처음에는 사치재였던 것을 일반재로 전환시키는 시장의 자생적 힘을 믿어야 한다. 둘째로, 새로운 도덕이라고 주장해본들, 그것은 수천만 명의 풍요로운 삶과 건강을 뒷받침해주는 확장된 열린사회를 지도자의 명령과 지시에 따라 사람들이 행동하는 야만적인 원시사회와 같은 축소된 폐쇄사회로 되돌려놓기 때문이다.

그렇다고 이미 앞에서 설명한 국가의 서비스 과제로서 다양한 과제를 무시해서는 결코 안 된다. 선천적으로 타고난 육체가 물려받는 다양한 질병이 있다. 이런 영구적인 불평등을 우리는 간과해서는 안 된다. 우리는 그런 불평등을 치료할 수 없지만 관리할 수는 있다(Koppelman, 2023: 382).

참고문헌

강정인 외(2010), 『한국정치의 이념과 사상』, 후마니타스.

권혁용 · 한서빈(2018), "소득과 투표참여의 불평등: 한국 사례 연구, 2003-2014", 『정부학연구』 제24권 제2호, pp. 61~84.

김지훈(2024), 『마이클 오크숏』, 커뮤니케이션북스.

문우식(2021), "'대분기(Great Divergence)' 가설의 재검토: 유럽 경제는 언제 어떻게 아시아 경제를 추월하였는가?", 『국제 · 지역연구』 제30권 제4호(겨울), pp. 1-31.

민경국(2000), "구성주의적 합리주의와 진화론적 합리주의", 한국과학철학회, 『과학 철학』 제3권 제2호, pp. 131~156.

_____(2007), 『하이에크, 자유의 길: 하이에크의 자유주의 사상연구』, 한울아카데미.

_____(2021), 『민경국 교수의 자유론』, 북코리아.

_____(2015), "복잡계로서 시장이론: 패턴 예측과 원리의 설명", 한국하이에크소사이어티, 『자유와 시장』 Vol. 7, pp. 3-28.

_____(2016), 『자유주의의 도덕관과 법사상』, 북코리아.

_____(2018), 『국가란 무엇인가: 자유주의의 국가철학』, 북앤피플.

_____(2023), "데이비드 흄의 질서사상: 진화, 정의 그리고 국가", 『제도와 경제』 제17권 제4호, pp. 33~69.

_____(2023a), "애덤 스미스의 도덕감정론: 상업사회와 도덕규칙", 『제도와 경제』 제17권 제4호, pp. 41-74.

박정신(1999), "실력양성론", 『한국사 시민강좌』 제25집, 특집: 20세기 한국을 움직인 10대 사상, 일조각, pp. 41-66.

박지향(2016.12.5), "위기의 대한민국… '보수의 길'을 묻다(7)", 『조선일보』.

설혜심(2024), 『매너의 역사』, 후마니타스.

손병두(2023), "격려사: 경제적 자유를 일깨우는 애덤 스미스", 민경국 외, 『자유의 길: 애덤 스미스와 한국경제』, 북코리아, pp. 333-335.

알릭스 로비라 셀마(2004), 『행운』, 김수진 역, 에이지21.

이나미(2021), 『한국자유주의의 기원』, 책세상.

이승환(2010), "[SNS 이론 3] 복잡계 이론, https://www.arachnelab.com/archives/935

이한구(2019), 『문명의 융합』, 철학과현실사.

자유와창의경제교육원(2016), 『Smart 경제학』, 박영사.

장경덕(2023), 『애덤 스미스 함께 읽기』, 항아리.

장대홍(2015), "자유의 역설: 자생적 질서와 경제적 미래", 한국하이에크소사이어티, 『자유와 시장』 Vol. 7, pp. 29-58.

최기영(1999), "사회진화론", 『한국사 시민강좌』 제25집, 특집: 20세기 한국을 움직인 10대 사상, 일조각, pp. 23-40.

최병선(2023), 『규제 vs. 시장』, 가갸날.

허철행(2013), "한국의 국가발전모델: 발전국가론을 중심으로", 『동양문화연구』 Vol. 13, 통권 13호, pp. 91-117.

Anderson, G. M. & R. D. Tollison (1992), "Morality and Monopoly: The Constitutional Political Economy of Religious Rules," *Cato Journal*, Vol. 12, No. 2, pp. 373-392.

Arnhart, L. (2007), "Hayek and Darwinian Conservatism," Hunt, L. & P. M. McNamara (eds.), *Liberalism, Conservatism, and Hayek's Idea of Spontaneous Order*, New York, pp. 127-148.

Barrington, D. (2019), "Edmund Burke as Economist," *Econ Journal Watch*, Vol. 16, No. 1, pp. 146-154.

Bergson, A. (1967), "Market Socialism Revisited," *Journal of Political Economy*, Vol. 75, No. 5, pp. 655-673.

Berlin, I. (2006), 『이사야 벌린의 자유론』, (원제) *Incorpating four Essays on Liberty* (1996), 박동선 역, 아카넷.

Buchanan, J. M. (1978), *Freedom in Constitutional Contract*, Texas.

_____ (2005), "Why I, too, am not a Conservative," *Why I, too, am not a Conservative: The Normativ Vision of Classical Liberalism*, Sheltenham, pp. 1-10.

Buchanan, J. M. & Yong J. Yoon (2000), "A Smithean Perspective on Increasing Return," *Journal of the History of Economic Thought*, Vol. 22, Issue 1, pp. 43-48.

Burke, E. (2019), "Thoughts and Details on Scarcity," *Econ Journal Watch*, Vol. 16, No. 1, pp. 155-174.

Collins, G. M. (2017), "Edmund Burke on the Question of Commercial Intercourse in the Eighteeth Centuary," *The Review of Politics*, Vol. 79, No. 4, pp. 565-595.

_____ (2021), "Spontaneous order and civilization: Burke and Hayek on markets, contracts and social order," *Philosophy and Social Criticism*, Vol. 48, No. 3, pp. 386-415.

_____ (2019), "The limits of mercantile administration: Adam Smith and Edmund Burke on britain's east india company," *Journal of the History of Economic Thought*, Vol. 41, No. 3, pp. 369-392.

Cowen, N. (2021), "Basic Economic Liberties: John Rawls and Adam Smith, Reconciled," *The Independent Review*, Vol. 26, No. 2 (Fall), pp. 263-285.

Evan, W. & Freeman, R. E. (1993), "A Stakeholder Theory of the Modern Corporation: Kantian Capitalism," in Beauchamp T. L. & N. Bowie (eds.), *Ethical Theory of Buisness*, New Jersey.

Evans-Pritchard, E. E. (1954), *Social Anthropology*, London.

Feldmann, H. (2005), "Hayek's Theory of Cultural Evolution," in Backhous, J. G. (ed.), *Entrepreneurship, Money and Coordination*, Cheltenham.

Flynn, J. T. (2019.5.29), "Republics in History," *Mises Institite Mises Daly Articles*.

Forbes, S. & E. Ames (2011), 『자본주의는 어떻게 우리를 구할 것인가』, 김광수 역, (원제) *How Capitalism Will Save Us*, 아라크네.

Galbraith, J. K. (2006), 『풍요한 사회』, (원제) *Affluent Society*, 노택선 역, 한국경제신문사.

Galston, W. (2013), "The Common Good: Theoretical Content, Practical Utility," *Journal of the American Academy of Arts & Sciences*, Vol. 142, No. 2, pp. 6-13.

Geertz, C. (1973), *The Interpretation of Cultures*, New York.

Givanti, Y. (2018), "The Regulation of Language," *The Journal of Law & Economics*, Vol. 61, No. 3, pp. 397-425.

Goldwater, B. (2019), 『보수주의자의 양심』, (원제) *Conscience of a Conservative*, 박종선 역, 열아홉.

Gray J. (2000), *Two Faces of Liberalism*, New Press.

Hamilton, A. & James Madison & John Jay (1995), 『페더럴리스트 페이퍼』, (원제) *The Federalist Papers*, 김동영 역, 한울아카데미.

Hayek, F. A. (1989), 『자본주의냐 사회주의냐』, 민경국 편역, 문예출판사.

_____ (2018), 『법, 입법 그리고 자유』, (합본 원제) *Law, Legislation, and Liberty*, 민경국 · 서병훈 · 박종운 역, 자유기업원.

_____ (2023), 『자유헌정론』, (원제) *Constitution of Liberty*, 최지희 역, 자유기업원.

_____ (2000), 『감각적 질서』, (원제) *The Sensory Order*, 민경국 역, 자유기업원.

_____ (1997), 『개인주의와 경제질서』, (원제) *Individualism and Economic Order*, 박상수 역, 자유기업원.

_____ (1996), 『치명적 자만』, (원제) *The Fatal Conceit, London*, 신중섭 역, 자유기업원.

_____ (1979), *Law, Legislation, and Liberty*, Vol. 3, Political Order of Free People, London.

_____ (1978), *New Studies in Philosophy, Politics, Economics and The History of Ideas*, Chicago.

_____ (1967), *Studies in Philosophy, Politics and Economics*, Chicago.

_____ (1956), "The Dilemma of Specialization," Leonad D. White (ed.), *The state of the social sciences*, Chicago, pp. 462-473.

_____ (1961), "The Non Sequitur of the 'Dependence Effect'," *Southern Economic Journal*, Vol. 27, No. 4, pp. 346-348.

_____ (1988), *The Fatal Conceit*, London: Routledge.

Hirschman, O. A. (1970), *Exit, Voice, and Loyalty: Responses to Decline in Firms, Organizations, and States*, Cambridge, MA.

Hobbes, Th. (1651/1965), *Hobbes's Leviathan*, Oxford.

Hodgson, G. M. (1993), *Economics and Evolution*, Canmbridge: Polity Press.

Holcombe, R. G. (1999), "Equilibrium and the Invisible Hand," *Review of Austrian Economics*, Vol. 12, pp. 227-243.

Hoppmann, E. (1988), *Wirtschaftsordnung und Wettbewerb*, Tübingen.

_____ (1990), *Moral und Marktsystem*, ORDO, Bd, 41.

Horwitz, S. (2001), "From Smith to Menger to Hayek Liberalism in the Spontaneous Order Tradition," *The Independent Review*, Vol. 6, No. 1, pp. 81-97.

Huizinga, J. (2020), 『호모루덴스』, (원제) *Homo Ludens*, 이종인 역, 연암서가.

Hume D. (1742/1985), *Essays Moral Political and Literary*, Liberty Fund.

_____ (1998), 『인간 본성에 관한 논고』 제3권, "도덕에 관하여", (원제) *A Treatise of Human Nature Book 3: On Moral*, 이준호 역, 서광사.

Jung, C. G. (1966), *Two Essays on Analytical Psychology*, 2nd ed, Princeton.

Jung, Wonsup (1998), "A Property Owning Democracy or a Liberal (Democratic) Socialism: Which One is More Compatible with Rawlsian Justice?," *Twentieth World Congress of Philosophy*, Vol. 41, pp. 132–139.

Kenworthy, L. (2016), "Is Income Inequality Harmful?," *The Good Society*, Retrieved September 13, https://lanekenworthy.net/

Kirzner, I. M. (1989), *Discovery, Capitalism and Distributive Justice*, Oxford: Basil Black Well.

Koppelman, A. (2023), "Rawls, Inequality and Welfare State Capitalism," *American Journal of Law and Equality*, Issue 3, pp. 256–282.

_____ (2024), "Rawls and the Market Economy," *National Affairs*, No. 61.

Lachmann, Ludwig (1971), *The Legacy of Max Weber*, Berkerly.

Langlois, R. (1986), "The New Institutional Economics: An Introductory Essay," Richard Langlois (ed.), *Economics as a Process: Essays in the New Institutionalist Economics*, Cambridges, pp. 1–25.

Laski, H. (1948), *Liberty in Mordern State*, London.

Lomasky, L. E. (1990), "Liberal Autonomy," *Philosophy and Theology*, Vol. 4, No. 3, pp. 297–309.

MacIntyre, A. (2021), 『덕의 상실』, (원제) *After Virtue*, 이진우 역, 문예출판사.

McCann, Ch. R. (2002), "F. A. Hayek: The Liberal as Communitarian," *The Review of Austrian Economics*, Vol. 15(1), pp. 5–34.

Mill, J. S. (2011), 『자유론』, (원제) *On Liberty*, 최요한 역, 홍신문화사.

Mises, L. (2011), 『인간행동』, (원제) *Human Action*, 민경국·박종운 역, 지식을만드는지식.

_____ (1951), *Socialism: An Economic and Sociological Anlysis*, New Haven.

Montes, L. (2010), "Is Friedrich Hayek rowing Adam Smith's boat?," A. Farrant (ed.), *Hayek, Mill and the Liberal Tradition*, London, pp. 7–37.

Montesquieu (2016), 『법의 정신』, (원제) *L'Esprit des Lois*, 하재홍 역, 동서문화사.

Mullhall, S. & A. Swift (2002), 『자유주의와 공동체주의』, (원제) *Liberalism and Communitariansm*, 김혜성·조영달 역, 한울아카데미.

Nickel, J. (2000), "Economic liberties," Davsion, V. & C. Wolf (eds.), *The Idea of Political Liberalism Essay on Rawls*, New York, pp. 155–174.

Norman, J. (2019), 『보수주의의 창시자 에드먼드 버크』, (원제) *Edmund Burke*, 홍지수 역, 살림출판사.

Otteson, J. R. (2011), *Adam Smith*, New York.

Pennington, M. (2005), "Liberty, Markets, and Environmental Values: A Hayekian Defense of Free-Market Environmentalism," *The Independent Review*, Vol. 10, No. 1, pp. 39-57.

Platz, J. (2013), "Are Economic Rights Basic Liberties," *Philosophy, Politics & Economics*, Vol. 13, No. 2, pp. 23-44.

Posner, R. (2013), 『리처드 포스너가 본 신자유주의의 위기』, (원제) *A Failure of Capitalism*, 김규진·김기욱 역, 한울아카데미.

Putnam, R. (1993), *Making Democracy Work*, Princeton.

Raeder, L. (1997), "The liberalism/conservatism of Edmund Burke and F. A. Hayek: A critical comparison," *Humanitas*, Vol. 10, No. 4, pp. 70-88.

Ratnapala, S. (2000), "Republicanism's Debt to Liberalism: Comments on Pettit," *Australian Journal of Legal Philosophy*, Vol. 25, No. 2, pp. 263-271.

Rawls, J. (2020), 『정치적 자유주의』(증보판), (원제) *Political liberalism*, 장동진 역, 동명사.

_____ (2003), 『롤스의 정의론』(개정판), (원제) *A Theory of Justice*, 2nd ed, 황경식 역, 이학사.

Riedl, R. (1975), *Die Ordnung des Lebendigen: Systembedingungen der Evolution*, Hamburg.

Ruggiero, G. (1927), *History of European Liberalism*, Oxford.

Sandel, M. (1998), *Liberalism and Limits of Justice*, Cambrdge.

Savigny, F. C. v. (1840), *System des heutigen Römischen Rechts*, Vol. I, Berlin.

Seabright, P. (2010/2019), *The Company of Strangers*, 김경영 역, 『낯선 사람들과의 동행』, 공작기계.

Smith, A. (2015), 『국부론』(개역판), (원제) An *Inquiry into the Nature and Causes of Wealth of Nations*, 1776, 김수행 역, 비봉출판사.

_____ (2009), 『도덕감정론』, (원제) *A Theory of Moral Sentiments*, 1790, 박세일·민경국 역, 비봉출판사.

Smith, V. (1999), "Reflections on Human Action After 50 Years," *Cato Journal*, Vol. 19, No. 2, pp. 195-209.

Solomon, R. C. (1993), "Beyond Selfishness: Adam Smith and the Limits of the Market," *Business Ethics Quarterly*, Vol. 3, No. 4, pp. 453-460.

Tayler, Q. (2004). "An Origina Omission? Property Right in Rawls's Political Thought," *The Indepenednt Review*, Vol. 8, No. 3, pp. 387-400.

Tocqueville, A. (1840/1995), 『미국 민주주의』, 제1~2권, (원제) *Democracy in America*,

임효선 · 박지동 역, 한길사.

Vasquez, I. (2002), "Globalization and the Poor," *The Independent Review*, Vol. VII, No. 2 (Fall), pp. 197 – 206.

Vile, M. J. C. (1967), *Constitutionalism and Separation of Powers*, Oxford.

Walzer, Ch. (1985), "Atomism," Ch. Talyor (ed.), *Philosophy and the Human Sciences*, pp. 187–210.

White, L. M. (1999), "The Methodology of Human Action," *Cato Journal*, Vol. 19, No 2, pp. 211–214.

Williams, S. (1998), "Holism, Reductionism, and Communitarian Vision," *Social Alternative*, Vol. 17, No. 1, pp. 17–20.

용어 찾아보기

인명 찾아보기